COMO MUDAR O MUNDO

Obras de Eric Hobsbawm publicadas pela Companhia das Letras

Como mudar o mundo
Ecos da marselhesa
Era dos extremos
Globalização, democracia e terrorismo
O novo século
Sobre história
Tempos fraturados
Tempos interessantes
Viva la revolución

ERIC HOBSBAWM

Como mudar o mundo

Marx e o marxismo, 1840-2011

Tradução
Donaldson M. Garschagen

4ª reimpressão

Copyright © 2011 by Eric Hobsbawm

Grafia atualizada segundo o Acordo Ortográfico da Língua Portuguesa de 1990, que entrou em vigor no Brasil em 2009.

Título original
How to change the world — Marx and Marxism, 1840-2011

Capa
Hélio de Almeida

Imagem de capa
Great criticism: power, de Wang Guangyi, 1997.

Preparação
Cacilda Guerra

Índice remissivo
Luciano Marchiori

Revisão
Carmen S. da Costa
Márcia Moura

Dados Internacionais de Catalogação na Publicação (CIP)
(Câmara Brasileira do Livro, SP, Brasil)

Hobsbawm, E. J. (Eric J.)
  Como mudar o mundo : Marx e o marxismo, 1840-2011/ Eric Hobsbawm ; tradução Donaldson M. Garschagen — São Paulo : Companhia das Letras, 2011.

  Título original : How to change the world: Marx and Marxism, 1840-2011.
  ISBN 978-85-359-1970-7

  1. Comunismo 2. Economia marxista 3. Marx, Karl, 1818-1883
  4. Marx, Karl, 1818-1883 - Influência 5. Socialismo I. Título.

11-09734   CDD-335.4

Índice para catálogo sistemático:
1. Socialismo marxista : Economia   335.4

[2019]
Todos os direitos desta edição reservados à
EDITORA SCHWARCZ S.A.
Rua Bandeira Paulista, 702, cj. 32
04532-002 — São Paulo — SP
Telefone (11) 3707-3500
www.companhiadasletras.com.br
www.blogdacompanhia.com.br
facebook.com/companhiadasletras
instagram.com/companhiadasletras
twitter.com/cialetras

Em memória de George Lichtheim

Sumário

Prefácio 9

PARTE I — MARX E ENGELS

1. Marx hoje 13
2. Marx, Engels e o socialismo pré-marxiano 25
3. Marx, Engels e a política 53
4. *A situação da classe trabalhadora na Inglaterra* 88
5. O *Manifesto comunista* 98
6. A descoberta dos *Grundrisse* 116
7. Marx e as formações pré-capitalistas 122
8. A divulgação das obras de Marx e Engels 164

PARTE II — MARXISMO

9. Dr. Marx e os críticos vitorianos 185
10. A influência do marxismo, 1880-1914 196
11. A era do antifascismo, 1929-45 239
12. Gramsci 285
13. A recepção das ideias de Gramsci 302

14. A influência do marxismo, 1945-83 311
15. O marxismo em recessão, 1983-2000 346
16. Marx e o trabalhismo: o longo século 358

Notas 377
Datas e fontes de publicação original 407
Índice remissivo 409

Prefácio

Este livro, uma coletânea de vários textos que escrevi sobre o assunto entre 1956 e 2009, é, em essência, um estudo sobre a evolução e o impacto póstumo do pensamento de Karl Marx (e de seu amigo inseparável, Friedrich Engels). Não é uma história do marxismo no sentido tradicional, embora seu núcleo compreenda seis capítulos que escrevi para uma mais que ambiciosa *Storia del marxismo*, em vários volumes, publicada pela editora Einaudi em italiano (1978-82), projeto do qual fui um dos planejadores e organizadores. Esses textos, revistos, às vezes amplamente reescritos e suplementados por um capítulo sobre o período de recessão marxista a partir de 1983, constituem mais da metade do conteúdo do livro. Além deles, o livro contém alguns estudos adicionais a respeito daquilo que o jargão acadêmico chama de "a recepção" de Marx e do marxismo; um ensaio sobre o marxismo e os movimentos operários desde a década de 1890 (uma versão inicial desse ensaio foi apresentada como palestra, em alemão, na Conferência Internacional de Historiadores do Trabalho, em Linz, Áustria); três introduções a obras clássicas: *A situação da classe trabalhadora*, de Engels, o *Manifesto comunista* e as teses de Marx sobre formas de organização social pré-capitalistas, constantes do importante conjunto de manuscritos de 1850, conhecidos em sua forma publicada como *Grundrisse*. O único marxista pós-Marx/Engels analisado neste livro é Antonio Gramsci.

Cerca de dois terços desses textos não tinham sido ainda dados a público em inglês ou em qualquer outra língua. O capítulo 1 é minha contribuição, ampliada e reescrita, a uma conversa pública sobre Marx, realizada sob os auspícios da Jewish Book Week [Semana do Livro Judaico] em 2007. O mesmo se aplica ao capítulo 12. O capítulo 15 não tinha sido publicado anteriormente.

Que leitores eu tinha em mente ao escrever esses estudos, agora reunidos? Em alguns casos (os capítulos 1, 4, 5, 16 e, talvez, o 12), apenas as pessoas interessadas em conhecer melhor o assunto. No entanto, a maioria dos capítulos dirige-se a leitores com um interesse maior por Marx, pelo marxismo e pela interação entre o contexto histórico, de um lado, e o desenvolvimento e a influência das ideias, de outro. O que tentei fazer foi mostrar a esses dois grupos que a discussão de Marx e do marxismo não pode ficar limitada ao debate a favor ou contra, ao território político e ideológico ocupado pelas diversas e mutantes variações de marxistas e de seus antagonistas. Durante os últimos 130 anos, o marxismo foi um tema importante no concerto intelectual do mundo moderno e, através de sua capacidade de mobilizar forças sociais, uma presença crucial e, em alguns períodos, decisiva, na história do século XX. Espero que meu livro ajude os leitores a refletir sobre a questão de qual será o futuro do marxismo e da humanidade no século XXI.

Eric Hobsbawm
Londres, janeiro de 2011

PARTE I

MARX E ENGELS

1. Marx hoje

I

Em 2007, a Jewish Book Week realizou-se menos de uma quinzena antes da comemoração do aniversário da morte de Karl Marx (14 de março) e a pouca distância da Sala Redonda de Leitura do Museu Britânico, o lugar em Londres a que ele é sempre associado. Dois socialistas muito diferentes, Jacques Attali e eu, participamos do evento para lhe prestar nossas honras póstumas. No entanto, considerando-se a ocasião e a data, a homenagem encerrava duas surpresas. Não se pode dizer que ao morrer, em 1883, Marx tivesse propriamente fracassado, pois seus textos tinham começado a causar impacto na Alemanha (onde um movimento encabeçado por discípulos seus já estava a caminho de controlar o movimento operário alemão) e, principalmente, sobre intelectuais na Rússia. Entretanto, em 1883 havia pouca coisa que justificasse o trabalho de toda a sua vida. Marx havia escrito alguns panfletos brilhantes e a base de sua obra magna, inacabada, *O capital*, trabalho que pouco avançou na última década de vida do autor. "Que obras?", retrucou ele, acabrunhado, quando um visitante lhe perguntou sobre suas obras. A chamada Primeira Internacional de 1864-73, sua principal iniciativa política desde o fracasso da revolução de 1848, tinha ido a pique. Tampouco ele granjeara para si um lugar importante na política ou na vida intelectual da Grã-Bretanha, onde vivera como exilado durante mais de metade da vida.

Entretanto, que extraordinário êxito póstumo! Menos de 25 anos após sua morte, partidos políticos operários fundados em seu nome, ou que afirmavam inspirar-se nele, recebiam de 15% a 47% dos votos em países com eleições democráticas — sendo a Grã-Bretanha a única exceção. Depois de 1918, a maioria desses partidos passou a fazer parte dos governos, deixando de ser apenas oposição, e assim eles permaneceram até depois do fim do fascismo, quando então se dispuseram a repudiar sua inspiração original. Todos existem ainda. Nesse meio-tempo, discípulos de Marx criaram grupos revolucionários em países não democráticos e no Terceiro Mundo. Setenta anos após a morte de Marx, um terço da humanidade vivia sob regimes regidos por partidos comunistas que alegavam representar suas ideias e materializar suas aspirações. Bem mais de 20% da humanidade ainda vivem em países comunistas, embora seus partidos governistas, com pequenas exceções, tenham mudado radicalmente sua política. Em suma, se houve um pensador que deixou uma marca forte e indelével no século XX, foi ele. No Cemitério Highgate estão sepultados dois pensadores do século XIX — Karl Marx e Herbert Spencer — e, curiosamente, da tumba de um se avista a do outro. Quando ambos eram vivos, Herbert era considerado o Aristóteles da época, enquanto Karl era um sujeito que morava nas ladeiras mais baixas de Hampstead à custa do dinheiro do amigo. Hoje ninguém sequer sabe que Spencer está sepultado ali, enquanto peregrinos idosos, vindos do Japão e da Índia, visitam o túmulo de Karl Marx, e comunistas exilados iranianos e iraquianos fazem questão de ser enterrados à sua sombra.

A era de regimes comunistas e de partidos comunistas de massa chegou ao fim com a derrocada da União Soviética, pois mesmo onde ainda sobrevivem, como na China e na Índia, na prática abandonaram o velho projeto do marxismo-leninismo. E, quando assim procederam, Karl Marx viu-se mais uma vez numa terra de ninguém. O comunismo alegara ser seu único herdeiro verdadeiro, e suas ideias tinham sido em grande medida identificadas com o movimento. Isso porque mesmo as tendências marxistas ou marxistas-leninistas dissidentes que fincaram cabeças de ponte aqui e ali, depois que Stálin foi denunciado por Kruchev, em 1956, eram, quase certamente, cisões de partidos comunistas. Assim, durante a maior parte dos primeiros vinte anos depois do centenário de sua morte, Marx se tornou, a rigor, um homem do passado, que já não merecia que nos incomodássemos com ele. Houve mesmo um jornalista que deu a entender que o fato de falarmos sobre ele aqui, esta noite, é uma tentativa de resgatá-lo da "lata de lixo da história". No entanto, Marx é hoje, mais uma vez, e com toda justiça, um pensador para o século XXI.

Não creio que se deva dar demasiada importância à pesquisa de opinião da BBC segundo a qual os ouvintes britânicos o apontavam como o maior de todos os filósofos, mas, se digitarmos seu nome no Google, ele continua a ser a maior de todas as grandes presenças intelectuais, só superada por Darwin e Einstein, mas bem à frente de Adam Smith e Freud.

Em meu entender, há duas razões para isso. A primeira é que o fim do marxismo oficial na União Soviética liberou Marx da identificação pública com o leninismo na teoria e com os regimes leninistas na prática. Ficou claríssimo que havia ainda muitas e boas razões para se levar em conta o que Marx tinha a dizer sobre o mundo. E principalmente — essa é a segunda razão — porque o mundo capitalista globalizado que surgiu na década de 1990 exibia, em vários aspectos vitais, uma estranha semelhança com o mundo previsto por Marx no *Manifesto comunista*. Isso ficou claro na reação do público ao sesquicentenário desse surpreendente panfleto em 1998 — que foi, diga-se de passagem, um ano de enorme perturbação na economia global. Dessa vez, paradoxalmente, quem redescobriu Marx foram os capitalistas, e não os socialistas, que estavam desalentados demais para comemorar a data com muito entusiasmo. Lembro-me de como fiquei atônito ao ser procurado pelo editor da revista de bordo da United Airlines, de cujos leitores 80% devem ser executivos americanos. Eu havia escrito um artigo sobre o *Manifesto*. Como ele achava que os leitores da revista estariam interessados num debate sobre o *Manifesto*, perguntou se eu o autorizava a usar trechos de meu artigo. Fiquei ainda mais espantado quando, num almoço mais ou menos na virada do século, George Soros me perguntou o que eu achava de Marx. Por saber o quanto nossas ideias eram divergentes, preferi evitar uma discussão e dei uma resposta ambígua. "Esse homem", disse Soros, "descobriu uma coisa com relação ao capitalismo, há 150 anos, em que devemos prestar atenção." E tinha descoberto mesmo. Pouco depois disso, autores que, ao que eu saiba, nunca tinham sido comunistas voltaram a olhar para ele com seriedade, como faz Jacques Attali em seu novo estudo sobre Marx. Attali também crê que Marx ainda tem muito a dizer àqueles que desejam que o mundo seja uma sociedade diferente e melhor do que a que temos atualmente.

É bom lembrar que mesmo desse ponto de vista precisamos levar Karl Marx em conta hoje em dia.

Em outubro de 2008, quando o jornal londrino *Financial Times* estampou a manchete "Capitalismo em convulsão", não podia mais haver dúvida de que Marx estava de volta aos refletores. Enquanto o capitalismo mundial estiver passando por sua mais grave crise desde o começo da década de 1930, será improvável que Marx saia de cena. Por outro lado, o Marx do século XXI será, com certeza, bem diferente do Marx do século XX.

Três fatos dominavam o pensamento das pessoas sobre Marx no século passado. O primeiro era a divisão entre os países nos quais a revolução era uma probabilidade e aqueles em que isso não acontecia, ou seja, para falar em termos muito gerais, os países de capitalismo desenvolvido do norte do Atlântico e do Pacífico, de um lado, e os restantes, do outro. O segundo fato decorre do primeiro: a herança de Marx bifurcou-se, naturalmente, numa herança social-democrata e reformista e numa herança revolucionária, esta dominada esmagadoramente pela Revolução Russa. Isso ficou claro depois de 1917 devido a um terceiro fato: o colapso do capitalismo e da sociedade burguesa oitocentistas naquela que chamei de a "Era da Catástrofe", entre, digamos, 1914 e o fim da década de 1940. Essa crise foi tão grave que fez com que muitos duvidassem que o capitalismo pudesse se recuperar. Estaria ele destinado a ser substituído por uma economia socialista, como previra o marxista Joseph Schumpeter na década de 1940? Na realidade, o capitalismo se recuperou, mas não em sua forma anterior. Ao mesmo tempo, na União Soviética, uma alternativa socialista parecia ser imune a esfacelamento. Entre 1929 e 1960, não parecia impossível, mesmo para muitos não socialistas que reprovavam o lado político desses regimes, que o capitalismo estivesse perdendo forças e que a União Soviética estivesse provando que poderia produzir mais do que ele. Em 1957, o ano do Sputnik, isso não parecia absurdo. Mas era, o que ficou mais do que evidente depois de 1960.

Esses fatos e suas implicações para a política e a teoria pertencem ao período posterior à morte de Marx e Engels. Situam-se fora do campo da experiência e das avaliações do próprio Marx. Nosso juízo quanto ao marxismo do século XX não se baseia no pensamento do próprio Marx, e sim em interpretações ou revisões póstumas do que ele escreveu. No máximo podemos dizer que no fim da década de 1890, durante a primeira crise intelectual do marxismo, a primeira geração de marxistas, aqueles que tinham mantido contato pessoal com Marx ou, mais provavelmente, com Friedrich Engels, já começavam a discutir algumas questões que se tornariam relevantes no século XX, como o revisionismo, o imperialismo e o nacionalismo. Grande parte do debate marxista posterior é específico ao século XX, e não é encontrado em Karl Marx, sobretudo o debate sobre como poderia ou deveria ser uma economia socialista, uma discussão que surgiu, em grande parte, da experiência das economias de guerra de 1914-8 e das crises quase revolucionárias ou revolucionárias do pós-guerra.

Assim, dificilmente Marx poderia ter afirmado que o socialismo era superior ao capitalismo como meio de garantir o máximo de rapidez no desenvolvimento das forças de produção. Essa assertiva pertence à era em que a crise capitalista do entreguerras confrontou-se com a União Soviética dos planos quinquenais. Na realidade, o que Karl Marx asseverava não era que o capitalismo havia alcançado o limite de sua capacidade de pôr em marcha as forças de produção, e sim que a irregularidade do crescimento capitalista produzia crises periódicas de superprodução que, mais cedo ou mais tarde, se mostrariam incompatíveis com a maneira capitalista de gerir a economia e geraria conflitos sociais aos quais ele não poderia sobreviver. Por sua própria natureza, o capitalismo era incapaz de estruturar a subsequente economia da produção social. Esta, julgava Marx, teria de ser necessariamente socialista.

Por conseguinte, não surpreende que no século XX o "socialismo" estivesse no cerne dos debates e das avaliações sobre Karl Marx. Isso não aconteceu porque o projeto de uma economia socialista seja especificamente marxista — não é —, mas porque todos os partidos de inspiração marxista tinham em comum esse projeto, e na verdade os partidos comunistas afirmavam tê-lo instituído. Na forma em que existiu no século XX, esse projeto está morto. O "socialismo", como o conceito era entendido na União Soviética e nas demais "economias de planejamento central", vale dizer, nas economias centralizadas, teoricamente sem mercado e de propriedade e controle estatais, morreu e não ressuscitará. As aspirações social-democratas de construir economias socialistas tinham sido sempre ideais para o futuro, porém mesmo como aspirações formais foram abandonadas no fim do século.

Em que medida eram marxianos o modelo de socialismo que existia na mente dos social-democratas e o socialismo criado pelos regimes comunistas? Com relação a esse ponto, é crucial lembrar que o próprio Marx se absteve, deliberadamente, de quaisquer declarações específicas sobre a economia ou as instituições econômicas do socialismo e nada disse a respeito da forma concreta de uma sociedade comunista, exceto que ela não poderia ser construída ou programada, mas que teria de se desenvolver a partir de uma sociedade socialista. As observações genéricas que fez sobre o assunto, como na *Crítica do programa de Gotha*, dos social-democratas alemães, pouca orientação específica dão a seus sucessores, e na realidade esses sucessores não pensaram seriamente naquilo que, segundo eles, seria um problema acadêmico ou um exercício utópico para depois da revolução. Bastava saber que se basearia — para citar o famoso "artigo 4" da constituição do Partido Trabalhista britânico — "na propriedade comum dos meios de produção", o que, de modo geral, julgava-se que seria factível com a nacionalização das indústrias do país.

Curiosamente, a primeira teoria sobre uma economia socialista centralizada não partiu de socialistas, mas de um economista italiano não socialista, Enrico Barone, em 1908. Até que surgisse a questão da nacionalização das indústrias privadas na agenda da política prática, ao fim da Primeira Guerra Mundial, ninguém mais havia pensado no assunto. Na época, os socialistas enfrentavam os problemas de todo despreparados e sem orientação do passado ou de outras pessoas.

Em qualquer forma de economia socialista está implícito o "planejamento", porém Marx nada disse de concreto sobre isso, e, quando o planejamento foi posto em prática na Rússia soviética, depois da revolução, teve de ser em grande medida improvisado. Na teoria, isso foi feito mediante a formulação de conceitos (como a análise de insumo-produto de Leontiev) e o fornecimento das estatísticas relevantes. Mais tarde, esses instrumentos foram adotados amplamente em economias não socialistas. Na prática, isso se fez imitando as economias de guerra, igualmente improvisadas, principalmente a alemã, talvez com especial atenção à indústria elétrica, em relação à qual Lênin era informado por simpatizantes políticos que trabalhavam como executivos em empresas alemãs e americanas de eletricidade. Uma economia de guerra continuou a ser o modelo básico da economia planificada soviética, ou seja, uma economia que define certas metas *a priori* — industrialização ultrarrápida, vitória na guerra, fabricação de uma bomba atômica ou viagem à Lua — e depois planeja o modo de concretizá-las por meio da alocação de recursos, qualquer que seja o custo a curto prazo. Não há nisso nada de exclusivamente socialista. Trabalhar para atingir metas definidas *a priori* pode ser feito com maior ou menor sofisticação, mas a economia soviética nunca, na verdade, foi além disso. E, embora tentasse a partir de 1960, nunca conseguiu sair do beco sem saída que estava implícito na tentativa de ajustar mercados a uma estrutura de comando burocrática.

A social-democracia modificou o marxismo de outra maneira, postergando a construção de uma economia socialista ou, de modo mais positivo, elaborando formas diferentes de uma economia mista. Já que os partidos social-democratas mantiveram-se comprometidos com a criação de uma economia plenamente socialista, impunha-se alguma reflexão sobre o assunto. A contribuição mais interessante proveio de pensadores não marxistas, como os fabianistas Sidney e Beatrice Webb, que imaginaram uma transformação gradual do capitalismo em socialismo mediante uma série de reformas irreversíveis e cumulativas, e que, portanto, dedicaram alguma reflexão política à forma institucional do socialismo, embora sem nenhuma atenção a suas operações econômicas. O principal "revisionista" marxista, Eduard Bernstein, abordou a questão com evasivas, insistindo que o movimento reformista era o mais importante e que o objetivo final não tinha realidade prática. Na verdade, a maioria dos partidos social-democratas que ascenderam ao governo depois da Primeira Guerra Mundial optou pela política de revisionismo, permitindo o funcionamento da economia capitalista, desde que atendesse a algumas das exigências da classe operária. O *locus classicus* dessa atitude foi o livro de Anthony Crosland *The future of socialism* (1956), segundo o qual, como o capitalismo pós-1945 tinha dado solução ao problema de produzir uma sociedade de abundância, a empresa pública (na forma clássica de nacionalização ou outra) não era necessária e a única tarefa dos socialistas se reduzia a garantir uma distribuição equitativa da riqueza nacional. Tudo isso estava bem distante de Marx, e, com efeito, da forma como os socialistas viam o socialismo — em essência como uma sociedade sem mercado, uma tese que provavelmente era também a de Karl Marx.

Quero acrescentar apenas que o debate mais recente sobre o papel do Estado e das empresas estatais, travado entre os neoliberais em matéria de economia, de um lado, e seus críticos, de outro, não é, em princípio, um debate especificamente marxista ou mesmo socialista. Ele repousa na tentativa, surgida na década de 1970, de traduzir uma degeneração patológica do princípio do laissez-faire em realidade econômica pela recusa sistemática dos Estados a qualquer controle ou regulamentação das atividades das empresas com fins lucrativos. Essa tentativa de entregar a sociedade humana ao mercado (supostamente) autocontrolador e maximizador da riqueza e até do bem-estar, integrado (supostamente) por atores dedicados à busca racional de seus interesses, não tinha precedentes em nenhuma fase anterior do desenvolvimento capitalista em nenhuma economia desenvolvida, nem mesmo nos Estados Unidos. Foi uma *reductio ad absurdum* da interpretação que seus ideólogos deram aos textos de Adam Smith, do mesmo modo que a economia totalmente planificada da União Soviética, igualmente extremista, nasceu da leitura que os bolcheviques fizeram das palavras de Marx. Não admira que esse "fundamentalismo de mercado", mais próximo da teologia que da realidade econômica, também fracassasse.

O fim das economias estatais de planejamento central, assim como o virtual abandono da meta de uma sociedade fundamentalmente transformada, que antes fazia parte das aspirações dos desmoralizados partidos social-democratas, eliminou grande parte dos debates sobre o socialismo que se ouviam no século XX. Esses debates estavam a certa distância do pensamento do próprio Karl Marx, ainda que em grande parte fossem inspirados por ele e conduzidos em seu nome. Por outro lado, Marx, por meio de seus textos, continuou a ser uma força colossal em três sentidos: como pensador econômico, como pensador e analista da história e como o reconhecido pai (junto com Durkheim e Max Weber) da reflexão moderna sobre a sociedade. Não estou habilitado a expressar uma opinião quanto à sua persistente e evidentemente séria posição como filósofo. Mas duas coisas, com certeza, nunca perderam relevância para os nossos dias: a visão que Marx tinha do capitalismo como sistema econômico historicamente temporário e a análise que fez de seu *modus operandi* — continuamente expansionista e concentrador, gerador de crises e autotransformador.

II

Qual é a relevância de Marx no século XXI? O modelo de socialismo ao estilo soviético — até agora a única tentativa de construir uma economia socialista — não existe mais. Por outro lado, verificou-se um avanço imenso e acelerado da globalização e da pura e simples capacidade de geração de riqueza por parte dos seres humanos. Isso diminuiu o poder e o âmbito da ação econômica e social por parte dos Estados-nações e, portanto, das políticas clássicas dos movimentos social-democratas, que se baseavam primordialmente em pressionar os governos nacionais em favor de reformas. Em vista do predomínio do fundamentalismo de mercado, a combinação de globalização e riqueza gerou também uma extrema desigualdade econômica dentro dos países e entre regiões, e devolveu o elemento de catástrofe ao ritmo cíclico básico da economia capitalista, incluindo a desordem que se tornou a mais grave crise mundial desde a década de 1930.

Nossa capacidade produtiva possibilitou, pelo menos potencialmente, que grande parte dos seres humanos passasse do reino da necessidade para o da afluência, da educação e de opções de vida antes inimagináveis, embora a maior parte da população do mundo ainda esteja por entrar nesse domínio. No entanto, durante a maior parte do século XX, os movimentos e regimes socialistas ainda atuavam essencialmente dentro do reino da necessidade, mesmo nos países ricos do Ocidente, onde surgiu uma sociedade de afluência popular nos vinte anos que se seguiram a 1945. Contudo, no reino da afluência, os objetivos de alimentação, vestuário, habitação, empregos para garantir renda e um sistema de bem-estar social para proteger as pessoas das vicissitudes da vida, ainda que necessários, já não constituem um programa suficiente para os socialistas.

Um terceiro desdobramento é negativo. Como a expansão espetacular da economia global ameaçou o meio ambiente, tornou-se urgente a necessidade de controlar o crescimento econômico desenfreado. Há um óbvio conflito entre a necessidade de reverter ou de pelo menos controlar o impacto de nossa economia sobre a biosfera e os imperativos de um mercado capitalista: crescimento máximo e contínuo na busca do lucro. Esse é o calcanhar de Aquiles do capitalismo. Não podemos, no presente, prever de onde partirá a flecha que lhe será fatal.

Assim, como devemos ver Karl Marx hoje? Como um pensador para toda a humanidade e não somente para uma parte dela? Claro que sim. Como filósofo? Como analista econômico? Como um dos pais da moderna ciência social e guia para o entendimento da história humana? Sim, porém o ponto que Attali sublinhou corretamente é a abrangência universal de seu pensamento. Não se trata de um pensamento "interdisciplinar" no sentido convencional, mas integra todas as disciplinas. Como escreveu Attali, "antes dele, os filósofos consideraram o homem em sua totalidade, mas ele foi o primeiro a apreender o mundo como um todo que é, ao mesmo tempo, político, econômico, científico e filosófico".

É absolutamente óbvio que grande parte do que ele escreveu está obsoleto, e que parte de seus textos não é — ou não é mais — aceitável. É também evidente que seus textos não formam um *corpus* acabado, mas são, como toda reflexão que merece esse nome, um interminável trabalho em curso. Ninguém mais vai transformá-lo em dogma e muito menos numa ortodoxia protegida por instituições. Isso certamente teria chocado o próprio Marx. No entanto, devemos também rejeitar a ideia de que existe uma nítida diferença entre um marxismo "correto" e outro "incorreto". A forma de investigação de Marx podia produzir diferentes resultados e perspectivas políticas. Com efeito, ela gerou esse resultado com o próprio Marx, que imaginou uma possível transição pacífica para o poder na Grã-Bretanha e na Holanda, e a possível evolução da comunidade rural russa para o socialismo. Kautsky e até Bernstein foram herdeiros de Marx, tanto (ou tão pouco, como se prefira) quanto Plekhanov e Lênin. É por isso que encaro com ceticismo a distinção que Attali faz entre um verdadeiro Marx e uma série de subsequentes simplificadores ou falsificadores de seu pensamento — Engels, Kautsky, Lênin. Era tão legítimo para os russos, os primeiros leitores atentos de *O capital*, ver a teoria marxiana como uma maneira de fazer passar países como o deles do atraso para a modernidade, através do desenvolvimento econômico do tipo ocidental, quanto era também legítimo para o próprio Marx especular se uma transição direta para o socialismo não poderia ocorrer com base nas comunidades rurais russas. Provavelmente, na verdade, isso estava mais de acordo com a linha geral do pensamento do próprio Marx. A experiência soviética não foi criticada porque o socialismo só pudesse ser construído depois que o mundo inteiro tivesse se tornado capitalista, o que não foi o que Marx disse nem o que se pode afirmar com segurança que fosse sua convicção. A crítica tinha uma base objetiva: a Rússia era atrasada demais para produzir qualquer coisa que não fosse a caricatura de uma sociedade socialista — "um império chinês vermelho", como consta que Plekhanov teria avisado. Em 1917, esse teria sido o consenso predominante entre todos os marxistas, até mesmo entre a maioria dos marxistas russos. Por outro lado, a crítica feita aos chamados "marxistas legais" da década de 1890, que defendiam a ideia de Attali, segundo a qual a principal tarefa dos marxistas consistia em criar um florescente capitalismo industrial na Rússia, também era empírica. Uma Rússia capitalista liberal tampouco seria viável com o tsarismo.

No entanto, vários aspectos centrais da análise de Marx continuam válidos e relevantes. O primeiro, obviamente, é a análise da irresistível dinâmica global do desenvolvimento econômico capitalista e de sua capacidade de destruir tudo quanto se antepusesse a ele, até mesmo aqueles elementos do legado do passado humano do qual ele próprio se beneficiara, como as estruturas familiares. O segundo é a análise do mecanismo de crescimento capitalista, pela geração de "contradições" internas — surtos infindáveis de tensões e soluções temporárias, o crescimento levando a crises e mudanças, tudo produzindo concentração econômica numa economia cada vez mais globalizada. Mao sonhou com uma sociedade renovada constantemente pela revolução permanente; o capitalismo realizou esse projeto com a mudança histórica, mediante o que Schumpeter, seguindo Marx, chamou de "destruição criadora" permanente. Marx acreditava que esse processo acabaria por levar — forçosamente — a uma economia enormemente concentrada. E foi isso que Attali quis dizer ao declarar numa entrevista recente que o número de pessoas que decidem o que acontece nessa economia é da ordem de mil, ou no máximo 10 mil. Marx acreditava que isso conduziria à supressão do capitalismo, previsão que ainda me parece plausível, mas de uma forma diferente da imaginada por ele.

Por outro lado, sua previsão de que tal supressão ocorreria mediante a "expropriação dos expropriadores", com um vasto proletariado levando ao socialismo, não se baseava em sua análise do mecanismo do capitalismo, e sim em pressupostos aprioristicos separados. Na melhor das hipóteses, baseava-se na previsão de que a industrialização produziria populações majoritariamente assalariadas, como estava ocorrendo na Inglaterra da época. Isso podia ser correto como uma previsão de médio prazo, mas não, como sabemos, a longo prazo. Depois da década de 1840, Marx e Engels tampouco esperaram que o fenômeno gerasse a pauperização politicamente radicalizadora em que depositavam suas esperanças. Como era óbvio para ambos, não havia de modo algum amplos segmentos do proletariado que estivessem se tornando mais pobres. Com efeito, um observador americano dos congressos proletários do Partido Social-Democrata Alemão na década de 1900 observou que os camaradas que deles participavam pareciam "um ou dois pães acima da pobreza". Por outro lado, o evidente crescimento da desigualdade econômica entre diferentes partes do mundo e entre as classes não produz necessariamente a "expropriação dos expropriadores" a que Marx se referiu. Em suma, as esperanças para o futuro eram vistas em sua análise, mas não derivavam dela.

O terceiro aspecto foi bem expressado pelo falecido sir John Hicks, laureado com o Nobel de economia, que escreveu: "As pessoas que desejam atribuir um rumo geral à história deveriam usar as categorias marxistas ou uma versão modificada delas, uma vez que não existem muitas soluções alternativas".

Não podemos prever as soluções dos problemas com que se defronta o mundo no século XXI, mas, quem quiser solucioná-los, deverá fazer as perguntas de Marx, mesmo que não queira aceitar as respostas dadas por seus vários discípulos.

2. Marx, Engels e o socialismo pré-marxiano

I

Marx e Engels chegaram relativamente tarde ao comunismo. Engels declarou-se comunista no fim de 1842, e é provável que Marx não o tenha feito antes do segundo semestre de 1843, depois de um ajuste de contas mais complexo e prolongado com o liberalismo e a filosofia de Hegel. Mesmo na Alemanha, que vivia um marasmo político, eles não foram os primeiros. Artesãos qualificados (*Handwerksgesellen*) alemães, que trabalhavam no exterior, já tinham feito contato com movimentos comunistas organizados e produziram o primeiro teórico alemão do comunismo, o alfaiate Wilhelm Weitling, cuja primeira obra, *Die Menschheit, wie sie ist und wie sie sein sollte* [A humanidade, como é e como deveria ser], fora publicada em 1838. Entre os intelectuais, Moses Hess precedeu o jovem Friedrich Engels, e até alegava tê-lo convertido. No entanto, a questão da precedência no comunismo alemão não é relevante. No começo da década de 1840, já existia na França, na Grã-Bretanha e nos Estados Unidos um próspero movimento socialista e comunista, tanto teórico quanto prático. O que sabiam os jovens Marx e Engels sobre esses movimentos? Que relação tem o socialismo deles com o de seus predecessores e contemporâneos? Este capítulo examinará essas perguntas.

Antes disso, devemos descartar as figuras pré-históricas da teoria comunista, muito embora os historiadores do socialismo em geral lhes prestem homenagem, pois até os revolucionários gostam de ter ancestrais. O socialismo moderno não deriva de Platão ou de Thomas More, nem mesmo de Campanella, ainda que *A cidade do sol* tenha impressionado o jovem Marx o suficiente para que ele pensasse em incluí-la numa malograda "Biblioteca dos melhores autores socialistas estrangeiros", que ele projetou com Engels e Hess em 1845.[1] Tais obras tinham algum interesse para leitores do século XIX, porque, para os intelectuais urbanos, uma das maiores dificuldades da teoria comunista era o fato de as operações práticas da sociedade comunista não terem precedentes, sendo, portanto difícil torná-las plausíveis. Já o título de um livro de More, *Utopia*, tornou-se o termo usado para descrever qualquer tentativa de delinear a sociedade ideal do futuro, o que no século XIX significava, basicamente, uma sociedade comunista. Como pelo menos um comunista utópico, E. Cabet (1788-1856), admirava More, o nome caía bem. Todavia, o procedimento normal dos socialistas e comunistas do começo do século XIX, quando suficientemente dados ao estudo, não era derivar suas ideias de um autor remoto, e sim, quando partiam para elaborar sua própria crítica da sociedade ou construir uma utopia, descobrir a relevância de algum arquiteto anterior de comunidades ideais, usar suas ideias e louvá-lo. A moda da literatura utópica — não necessariamente comunista — no século XVIII fez com que essas obras se tornassem conhecidas.

Tampouco os numerosos exemplos históricos de comunidades comunistas cristãs, apesar dos diversos graus de familiaridade com elas, estiveram entre as fontes de ideias socialistas e comunistas modernas. Não está claro até que ponto as mais antigas, como as que foram criadas por seguidores dos anabatistas do século XVI, eram muito conhecidas. O jovem Engels, que citou várias dessas comunidades como prova de que o comunismo era viável, limitou-se a exemplos relativamente recentes: os *shakers* (para ele, "os primeiros a organizar uma sociedade com base na comunidade de bens [...] em todo o mundo"),[2] os rappistas* e os separatistas. Quanto mais se tornavam conhecidos, mais confirmavam um preexistente desejo de comunismo do que o inspiraram.

---

* Organizado pelo alemão George Rapp (1757-1847), o grupo dos rappistas ou harmonistas criou uma comunidade utópica no estado norte-americano da Pensilvânia, que durou de 1815 a 1898. (N. T.)

Contudo, não se pode rejeitar assim tão sumariamente as antigas tradições religiosas e filosóficas que, com a ascensão do capitalismo, adquiriram ou revelaram um novo potencial de crítica social (ou confirmaram um potencial já firmado), pois o modelo de uma sociedade econômica liberal de individualismo sem freios conflitava com os valores sociais de praticamente todas as sociedades humanas até então conhecidas. Para a minoria educada, da qual originavam-se praticamente todos os teóricos do socialismo e, com efeito, quaisquer outros teóricos sociais, aquelas antigas tradições estavam incorporadas a uma cadeia ou rede de pensadores e, principalmente, a uma tradição de lei natural que remontava à Antiguidade clássica. Ainda que alguns filósofos do século XVIII se dedicassem a modificar essas tradições para ajustá-las às novas aspirações da sociedade liberal individualista, a filosofia trazia consigo uma forte herança de comunalismo, ou mesmo, em vários casos, a convicção de que uma sociedade sem propriedade privada era, em certo sentido, mais "natural" ou, de qualquer modo, historicamente anterior a uma sociedade com propriedade privada. Isso era ainda mais acentuado na ideologia cristã. Nada é mais fácil do que ver o Cristo do Sermão da Montanha como "o primeiro socialista" ou comunista, e, embora, na maioria, os primeiros teóricos socialistas não fossem cristãos, muitos membros posteriores de movimentos socialistas consideraram útil essa reflexão. Como tais ideias se manifestavam numa sucessão de textos — comentários, elaborações ou críticas a seus predecessores — que faziam parte da educação formal ou informal dos teóricos sociais, a ideia de uma "sociedade boa", e especificamente a de uma sociedade não baseada na propriedade privada, passou a ser ao menos um elemento marginal da bagagem intelectual desses teóricos. É fácil rir de Cabet, que relaciona um imenso elenco de pensadores, de Confúcio a Sismondi, passando por Licurgo, Pitágoras, Sócrates, Platão, Plutarco, Bossuet, Locke, Helvétius, Raynal e Benjamin Franklin, para ver em sua concepção de comunismo a concretização das ideias básicas desses homens — e, com efeito, Marx e Engels zombaram dessa genealogia intelectual em *A ideologia alemã*.[3] Não obstante, ela representa um genuíno elemento de continuidade entre a análise tradicional do que estava errado na sociedade e a nova análise do que estava errado na sociedade burguesa. Pelo menos para os letrados.

Como tais textos e tradições antigos expressavam conceitos comunais, refletiam algo dos poderosos elementos das sociedades pré-industriais europeias — basicamente rurais — e os elementos comunais, ainda mais óbvios, das sociedades exóticas com as quais os europeus entraram em contato a partir do século XVI. O estudo dessas sociedades exóticas e primitivas desempenhou um papel notável na formação da crítica social do Ocidente, em particular no século XVIII, como mostra a tendência a idealizá-las, cotejando-as com a sociedade "civilizada" — na forma do "nobre selvagem", do suíço livre, do camponês corso ou de outra forma. No mínimo, como podemos ver em Rousseau e outros pensadores oitocentistas, essa idealização levava a crer que a civilização implicava a corrupção de um estado humano anterior, em alguns sentidos mais justo, equânime e benevolente. Poderia até dar a entender que essas sociedades anteriores à propriedade privada (o "comunismo primitivo") ofereciam modelos daquilo que as sociedades futuras deveriam novamente aspirar a ser — e a prova de que não eram impraticáveis. Essa linha de pensamento está presente, sem dúvida, no socialismo do século XIX e não menos no marxismo. Entretanto, paradoxalmente, ela emerge com muito mais força perto do fim do século do que em suas primeiras décadas — provavelmente porque Marx e Engels passaram a conhecer melhor as instituições comunais primitivas e se interessaram mais por elas.[4] Exceto Fourier, os primeiros socialistas e comunistas não mostram nenhuma propensão a lançar o olhar, nem mesmo de esguelha, na direção de uma "felicidade primitiva" que pudesse, em algum sentido, servir como modelo para a felicidade futura da humanidade; e isso embora o modelo mais familiar para a construção especulativa de sociedades perfeitas, do século XVI ao XVIII, fosse o romance utópico, que pretendia narrar o que o viajante encontrara durante uma jornada a regiões remotas da Terra. Na peleja entre a tradição e o progresso, o primitivo e o civilizado, aqueles primeiros socialistas e comunistas estavam firmemente comprometidos com um lado. Até Fourier, que identificava o estado primitivo do homem com o Éden, acreditava na inelutabilidade do progresso.

A palavra "progresso" nos conduz àquela que foi claramente a grande matriz intelectual dos pensadores, socialistas e comunistas, que analisaram a sociedade no começo da era moderna, ou seja, ao Iluminismo setecentista (em particular, o francês). Ao menos essa era a firme opinião de Friedrich Engels.[5] O que Engels ressaltava acima de tudo era o racionalismo sistemático do Iluminismo. A razão constituía o fundamento de todas as ações humanas e da formação da sociedade, e também o padrão contra o qual "todas as formas prévias de sociedade e governo, todas as ideias cediças transmitidas pela tradição" deveriam ser rejeitadas. "Doravante a superstição, a injustiça, o privilégio e a opressão deveriam ser substituídos pela verdade eterna, a justiça eterna, a igualdade fundada na natureza e nos direitos inalienáveis do homem."[6] O racionalismo das Luzes implicava uma abordagem fundamentalmente analítica da sociedade, o que incluía, é lógico, a sociedade burguesa. Contudo, as várias escolas e correntes do Iluminismo proporcionavam mais do que um guia para a crítica social e a mudança revolucionária. Ofereciam a crença na capacidade do homem para melhorar suas condições, até mesmo — como no caso de Turgot e Condorcet — em sua perfectibilidade, a crença na história da humanidade como o progresso humano rumo àquela que deveria ser, um dia, a melhor sociedade possível, além de oferecer critérios sociais, com os quais julgar as sociedades, mais concretos do que a razão em geral. Os direitos naturais do homem não eram somente a vida e a liberdade, mas incluíam também "a busca da felicidade", que revolucionários, reconhecendo com razão sua novidade histórica (Saint-Just), transformaram na convicção de que "a felicidade é o único objetivo da sociedade".[7] Mesmo em sua forma mais burguesa e individualista, essas abordagens revolucionárias contribuíram para estimular uma análise socialista da sociedade quando a época fosse propícia. É pouco provável encontrar em Jeremy Bentham qualquer sombra de socialismo. No entanto, o jovem Marx e Friedrich Engels (talvez este mais do que aquele) viam Bentham como um ponto de união entre materialismo de Helvétius e Robert Owen, que "vieram do sistema de Bentham para fundar o comunismo inglês", enquanto "somente o proletariado e os socialistas [...] tenham conseguido levar suas lições um passo à frente".[8] Na verdade, ambos chegaram a propor a inclusão de Bentham — ainda que apenas como consequência da inclusão de *Justiça política*, de William Godwin — na projetada "Biblioteca dos melhores autores socialistas estrangeiros".[9]

Não há por que examinarmos aqui a dívida exata de Marx e Engels para com escolas de pensamento surgidas no âmbito do Iluminismo — por exemplo, no campo da economia política e da filosofia. O fato é que, com razão, consideravam os socialistas e comunistas utópicos, seus antecessores, como pertencentes ao Iluminismo. Entendiam que a tradição socialista remontava a um período anterior à Revolução Francesa, aos filósofos materialistas Holbach e Helvétius, e aos comunistas iluministas Morelly e Mably — os únicos nomes desse período inicial (com exceção de Campanella) que figuravam na projetada "Biblioteca".

Entretanto, embora não pareça ter tido grande influência sobre Marx e Engels, devemos analisar, ainda que sucintamente, o papel de um determinado pensador na formação da posterior teoria socialista: Jean-Jacques Rousseau. Não se pode dizer que Rousseau fosse socialista, pois, ainda que tenha elaborado a versão mais difundida da proposição segundo a qual a propriedade privada é a fonte de toda desigualdade social, ele não argumentou que a boa sociedade deve socializar a propriedade, mas apenas que deve garantir sua distribuição equitativa. Nem mesmo desenvolveu, em nenhum nível, embora o aceitasse, o conceito de que "propriedade é roubo", mais tarde popularizado por Proudhon. Tampouco esse conceito, por si só, como atesta sua elaboração pelo girondino Brissot, implicava socialismo.[10] No entanto, cumpre fazer duas observações sobre Rousseau. A primeira é que a ideia de que a igualdade social deve repousar na propriedade comum da riqueza e no controle central de todo trabalho produtivo é uma extensão natural de seu argumento. A segunda, mais importante, é que não há como negar a influência política do igualitarismo de Rousseau sobre a esquerda jacobina, da qual emergiram os primeiros movimentos comunistas modernos. Em sua defesa, Babeuf apelou para Rousseau.[11] O comunismo com que Marx e Engels primeiro fizeram contato tinha a *igualdade* como seu lema central;[12] e Rousseau foi seu teórico mais influente. Como o socialismo e o comunismo no começo da década de 1840 eram predominantemente franceses, o igualitarismo rousseauniano era um de seus componentes originais. Também não se deve esquecer a influência rousseauniana sobre a filosofia clássica alemã.

II

Como já foi dito, a história contínua do comunismo como movimento social moderno começa na ala esquerda da Revolução Francesa. Uma linha direta de descendência liga a Conspiração dos Iguais, de Babeuf, através de Buonarroti, às sociedades revolucionárias de Blanqui na década de 1830; e estas, por sua vez, através da "Liga dos Justos" (mais tarde, "Liga Comunista") dos exilados alemães que nelas se inspiraram, a Marx e Engels, que redigiram o *Manifesto comunista* em nome da liga. Era natural que a projetada "Biblioteca" de Marx e Engels (1845) começasse com dois ramos de literatura "socialista": Babeuf e

Buonarroti (seguindo-se a Morelly e Mably), que representam a ala abertamente comunista; e os críticos esquerdistas da igualdade formal da Revolução Francesa e dos Enragés (o "Cercle Social", Hébert, Jacques Roux, Leclerc). Todavia, não era grande o interesse teórico pela corrente que Engels viria a chamar de "comunismo ascético, derivado de Esparta" (*Werke* 20, p. 18). Nem mesmo os autores comunistas das décadas de 1830 e 1840 parecem ter impressionado Marx e Engels como teóricos. Na verdade, Marx alegou que era a crueza e a unilateralidade desse comunismo incipiente que "autorizava que outras doutrinas socialistas, como as de Fourier, Proudhon etc. se mostrassem diferentes dele, não por acidente, mas por necessidade".[13] Embora Marx lesse os textos deles — até os de figuras secundárias como Lahautière (1813-82) e Pillot (1809-77) —, é evidente que nada extraiu de suas análises sociais, que valem principalmente por formular a luta de classes como um choque entre os "proletários" e seus exploradores.

Entretanto, o comunismo babouvista e neobabouvista foi significativo em dois aspectos. Em primeiro lugar, à diferença da maior parte da teoria socialista utópica, estava profundamente entranhado na atividade política e, portanto, incorporava não só uma teoria da revolução, como também uma doutrina, ainda que limitada, de práxis política, de organização, estratégia e tática. Seus principais representantes na década de 1830 — Laponneraye (1808-49), Lahautière, Dézamy, Pillot e sobretudo Blanqui — eram revolucionários ativos. Isso, bem como a ligação orgânica deles com a história da Revolução Francesa, que Marx estudou intensamente, tornava-os muito relevantes para o desenvolvimento de suas ideias. Em segundo lugar, ainda que a maioria dos autores comunistas fosse formada por intelectuais de importância secundária, o movimento comunista da década de 1830 atraía visivelmente os trabalhadores. Esse fato, apontado por Lorenz von Stein, claramente chamou a atenção de Marx e Engels, que mais tarde recordariam o caráter proletário do movimento comunista da década de 1840, em contraposição ao caráter de classe média da maior parte do socialismo utópico.[14] Ademais, foi desse movimento francês, que adotou o nome "comunista" por volta de 1840,[15] que os comunistas alemães, entre eles Marx e Engels, tiraram o nome de suas ideias.

O comunismo que surgiu, na década de 1830, da tradição neobabouvista e essencialmente política e revolucionária da França fundiu-se com a nova experiência do proletariado na sociedade capitalista do começo da Revolução Industrial. Foi isso que o transformou num movimento "proletário", embora fosse pequeno. Como as ideias comunistas repousavam diretamente nessa experiência, era bem provável que fossem influenciadas pelo país em que a classe operária industrial já existia como fenômeno de massa — a Grã-Bretanha. Assim, não foi por acaso que o mais destacado teórico comunista da época, Étienne Cabet (1788-1856), se baseasse não no neobabouvismo, mas em suas experiências na Inglaterra durante a década de 1830, e particularmente em Robert Owen, o que o insere na corrente socialista utópica. No entanto, como a nova sociedade industrial e burguesa podia ser analisada por qualquer pensador nas regiões diretamente transformadas por algum aspecto da "revolução dual" da burguesia — a Revolução Francesa e a Revolução Industrial (britânica) —, essa análise estava ligada menos diretamente à experiência real de industrialização. De fato, ela foi empreendida, de forma simultânea e independente, tanto na Grã-Bretanha quanto na França. Tal análise constitui uma base importante para a ulterior evolução do pensamento de Marx e Engels. Cabe observar, de passagem, que, graças à ligação de Engels com a Grã-Bretanha, o comunismo marxiano sofreu, desde o início, a influência intelectual britânica, assim como a francesa, ao passo que o restante da esquerda alemã, a socialista e a comunista, praticamente só conhecia o que se passava na França.[16]

À diferença da palavra "comunista", que sempre remeteu a um programa, a palavra "socialista" era basicamente analítica e crítica. Era utilizada para designar aquelas pessoas que tinham uma determinada visão da natureza humana (por exemplo, a importância fundamental da existência, nela, de "sociabilidade" ou dos "instintos sociais"), o que implicava uma concepção determinada da sociedade humana, ou aquelas que acreditavam na possibilidade ou necessidade de um determinado modo de ação social, particularmente nos negócios públicos (por exemplo, intervenção nas operações do mercado livre). Logo se percebeu que tais ideias tendiam a atrair aqueles que defendiam a igualdade, como os discípulos de Rousseau, e levar à interferência nos direitos de propriedade — a questão já tinha sido levantada, no século XVIII, por adversários italianos do Iluminismo e dos "socialistas".[17] Entretanto, a palavra "socialista" não era identificada de todo com uma sociedade baseada na propriedade e na gestão plenamente coletivas dos meios de produção. Na verdade, ela só veio a ganhar plenamente esse sentido, no uso geral, com o surgimento de partidos políticos socialistas no fim do século XIX, e há quem alegue que mesmo hoje ela não apresenta de todo essa acepção. Por isso, pessoas evidentemente não socialistas (no sentido moderno) podiam, mesmo no fim do século XIX, descrever-se ou ser descritas como "socialistas", como os *Kathedersozialisten* da Alemanha ou o político liberal britânico que declarou: "Somos todos socialistas agora". Essa ambiguidade programática estendeu-se até a movimentos que socialistas consideravam socialistas. Cumpre não esquecer que o saint-simonismo, uma das principais escolas do que Marx e Engels chamaram de "socialismo utópico", estava "mais preocupado com a regulamentação coletiva da indústria do que com a propriedade cooperativa da riqueza".[18] Os owenistas, os primeiros a usar a palavra na Inglaterra (1826) — mas que só se descreveram como "socialistas" vários anos depois —, referiam-se à sociedade por eles desejada como de "cooperação".

Entretanto, numa sociedade em que a própria palavra "individualismo",[19] o antônimo de "socialismo", implicava um específico modelo capitalista liberal da economia de mercado competitiva e sem restrições, era natural que "socialismo" encerrasse também uma conotação programática como a designação genérica de todas as aspirações de organizar a sociedade segundo um modelo associacionista ou cooperativo, isto é, baseado na propriedade cooperativa, e não na propriedade privada. A palavra continuou a ter um sentido impreciso depois da década de 1830, sendo associada principalmente à reformulação mais ou menos drástica da sociedade. Entre os integrantes do movimento havia desde reformadores sociais a excêntricos.

Deve-se distinguir, portanto, dois aspectos dos primórdios do socialismo: o crítico e o programático. O aspecto crítico compreendia dois elementos: uma teoria da natureza humana e da sociedade, derivada principalmente de várias correntes do pensamento setecentista, e uma análise da sociedade produzida pela "revolução dual", às vezes no quadro de uma concepção de desenvolvimento histórico ou "progresso". O primeiro desses elementos interessava pouco a Marx e Engels, salvo quando levava (no pensamento britânico, mas não no francês) à economia política. Já o analisaremos. No entanto, é claro que o segundo os influenciou muitíssimo. O aspecto programático também compunha-se de dois elementos: várias propostas para criar uma nova economia com base na cooperação, em casos extremos pela criação de comunidades comunistas; e uma tentativa de refletir sobre a natureza e as características da sociedade ideal a ser criada. Também neste caso, o primeiro elemento não interessava a Marx e Engels. Julgavam, com justeza, que a criação de comunidades utópicas era politicamente irrelevante. A prática nunca se tornou um movimento com algum significado prático fora dos Estados Unidos, onde era, de certa forma, popular, tanto em sua forma secular quanto na religiosa. No máximo, servia como ilustração da exequibilidade do comunismo. Com relação às formas politicamente mais influentes de associacionismo e cooperação, que exerciam uma forte atração sobre os artesãos e trabalhadores qualificados, na Grã-Bretanha e na França, Marx e Engels pouco as conheciam na época (por exemplo, as "bolsas de trabalho" owenistas na década de 1830) ou desconfiavam delas. Retrospectivamente, Engels comparou os "bazares operários" de Owen com as propostas de Proudhon de "bancos de intercâmbio".[20] Em *Organisation du travail*, de Louis Blanc, livro de notável sucesso (dez edições entre 1839 e 1848), fica claro que essas ideias não eram consideradas importantes, mas quando o fossem, Marx e Engels opunham-se a elas.

Por outro lado, as reflexões utópicas a respeito da natureza da sociedade comunista influenciaram Marx e Engels substancialmente, ainda que a hostilidade de ambos à elaboração dessas perspectivas para o futuro comunista tenha levado muitos comentaristas posteriores a subestimar essa influência. Quase tudo o que Marx e Engels escreveram sobre a forma concreta da sociedade comunista baseia-se em textos utópicos anteriores, como, por exemplo, a abolição da distinção entre cidade e campo (derivada, segundo Engels, de Fourier e Owen)[21] e a abolição do Estado (derivada de Saint-Simon),[22] ou se baseia numa discussão crítica de temas utópicos.

Portanto, o socialismo pré-marxista acha-se integrado à obra tardia de Marx e Engels, mas de forma duplamente distorcida. Ambos fizeram um uso muito seletivo de seus predecessores e, além disso, seus textos de maturidade e tardios não refletem necessariamente o impacto que receberam dos primeiros socialistas em seu período de formação. Assim, os saint-simonianos causaram muito menos impressão sobre o jovem Engels do que lhe causariam mais tarde, ao passo que Cabet, que não figura nem de passagem no *Anti-Dühring*, é mencionado com certa frequência em textos anteriores a 1846.[23]

Contudo, quase desde o começo de seu trabalho conjunto, Marx e Engels pinçaram três pensadores "utópicos", conferindo-lhes uma importância especial: Saint-Simon, Fourier e Robert Owen. Nesse aspecto, o Engels maduro mantém sua avaliação do começo da casa dos quarenta anos.[24] Owen destaca-se um pouco em relação aos outros dois, não só porque Engels, que mantinha contato estreito com o movimento owenista na Inglaterra, claramente o apresentou a Marx (que não poderia tê-lo conhecido antes, já que as obras do inglês ainda não estavam traduzidas). À diferença de como consideram Saint-Simon e Fourier, Marx e Engels, no começo da década de 1840, normalmente falam de Owen como "comunista". Nessa época, como também mais tarde, Engels ficou muito impressionado com o bom senso prático e a maneira pragmática como Owen projetava suas comunidades utópicas ("do ponto de vista de um perito, há pouco o que dizer contra o minucioso planejamento das instalações", *Werke* 20, p. 245). Era evidente que também lhe agradava a obstinada hostilidade de Owen aos três grandes obstáculos que se antepunham à reforma social, "a propriedade privada, a religião e o casamento em sua forma atual" (*ibid.*). Acresce que o fato de Owen, ele próprio um empreendedor capitalista e dono de fábrica, criticar a sociedade burguesa da Revolução Industrial dava a sua análise uma especificidade que faltava aos socialistas franceses. (Engels, que só conheceu os socialistas owenistas na década de 1840, não parece ter tomado conhecimento do fato de que Owen também atraíra um substancial apoio da classe operária nas décadas de 1820 e 1830.)[25] Não obstante, Marx não duvidava que, com relação à teoria, Owen estava bastante abaixo dos franceses.[26] O que seus textos tinham de mais interessante, do ponto de vista teórico, tal como no caso dos outros socialistas britânicos que Marx mais tarde estudou, era sua análise econômica do capitalismo, isto é, a forma como tirava conclusões socialistas das premissas e argumentos da economia política burguesa.

"Em Saint-Simon encontramos a largueza de vistas do gênio, graças à qual quase todas as ideias de socialistas posteriores, que não são estritamente econômicas, já constam de sua obra em embrião."[27] Não resta dúvida de que o julgamento posterior de Engels reflete a dívida substancial que o marxismo tem para com o saint-simonismo, ainda que, curiosamente, não haja muitas referências à escola saint-simoniana (Bazard, Enfantin etc.), que na verdade transformou as intuições do mestre, ambíguas ainda que brilhantes, em alguma coisa parecida com um sistema socialista. A notável influência de Saint-Simon (1759-1825) sobre diversos homens de talento e, muitas vezes, brilhantes, não só na França, mas também no exterior (Carlyle, J. S. Mill, Heine, Liszt), é um fato da história cultural europeia na era do Romantismo que nem sempre é de fácil apreensão para quem lê seus textos hoje. Se há neles uma doutrina coerente, é a da importância vital da indústria produtiva que deve converter os membros autenticamente produtivos de uma sociedade em seus controladores sociais e políticos, além de moldar o futuro da sociedade: uma teoria da revolução industrial. Os "industriais" (palavra criada por Saint-Simon) formam a maioria da população e compreendem os empreendedores produtivos (inclusive, notadamente, os banqueiros), os cientistas, os inovadores tecnológicos e outros intelectuais, e os trabalhadores. Por incluir estes últimos, que, aliás, funcionam como o reservatório do qual os demais são recrutados, as doutrinas de Saint-Simon combatem a pobreza e a desigualdade social e rejeitam frontalmente os princípios de liberdade e igualdade da Revolução Francesa por serem individualistas e levarem à competição e à anarquia econômica. A finalidade das instituições sociais consiste em "*faire concourir les principales institutions à l'accroissement du bienêtre des prolétaires*", definidos simplesmente como "*la classe la plus nombreuse*"* (*De l'organisation sociale*, 1825). Por outro lado, como os "industriais" são empreendedores e planejadores tecnocráticos, opõem-se não só às classes dominantes ociosas e parasitas como também à anarquia do capitalismo liberal burguês, que ele já criticara num de seus primeiros textos. Nas ideias de Saint-Simon está implícito o reconhecimento de que a industrialização é, fundamentalmente, incompatível com uma sociedade não planejada.

O surgimento da "classe industrial" é resultado da história. Até que ponto as ideias de Saint-Simon são dele próprio ou mostram a influência de seu secretário (1814-7), o historiador Augustin Thierry, é uma questão com que não temos de nos preocupar. De qualquer modo, os fatos sociais são determinados pelo modo de organização da propriedade, a evolução histórica repousa no desenvolvimento do sistema produtivo, e o poder da burguesia se apoia na propriedade dos meios de produção. Saint-Simon parece ter uma concepção um tanto simplista da história da França como uma luta de classes, iniciada com a subjugação dos gauleses pelos francos, concepção que foi elaborada por seus seguidores e transformada numa história mais específica das classes exploradas que antecipa Marx: os escravos são sucedidos pelos servos, e estes por proletários nominalmente livres, mas sem propriedades. Contudo, com relação à história de sua própria época, Saint-Simon foi mais específico. Como mais tarde Engels comentou com admiração, ele via a Revolução Francesa como

---

* Em francês no original: "fazer com que as instituições contribuam para o aumento do bem-estar dos proletários [...] a classe mais numerosa". (N. T.)

uma luta de classes entre a nobreza, os burgueses e as massas despossuídas. (Seus seguidores elaboraram esse ponto, argumentando que a revolução havia libertado os burgueses, mas que era chegada a hora de libertar os proletários.)

À parte a história, Engels ressaltaria duas outras importantes constatações: a subordinação (logo transformada em absorção) da política pela economia e, em consequência, a abolição do Estado na sociedade do futuro: a "administração de coisas" substituiria o "governo de homens". Se essa frase saint-simoniana é ou não encontrada nos escritos do fundador, o conceito claramente está lá. Vários conceitos que se tornaram parte do marxismo também têm origem na escola saint-simoniana, ainda que não explicitamente no próprio Saint-Simon. "A exploração do homem pelo homem" é uma frase saint-simoniana, do mesmo modo que a fórmula, ligeiramente alterada por Marx, que descreve o princípio distributivista da primeira fase do comunismo: "De cada um conforme sua capacidade, a cada um conforme seu trabalho"; e também a frase, frisada por Marx em *A ideologia alemã*, segundo a qual "a todo homem deve ser garantido o livre desenvolvimento de suas capacidades naturais". Em suma, é evidente que o marxismo deve muito a Saint-Simon, embora não seja fácil definir a natureza exata dessa dívida, já que nem sempre se pode distinguir as contribuições de Saint-Simon das de outros contemporâneos. Por exemplo, era provável que qualquer pessoa que houvesse estudado a Revolução Francesa, ou que a tivesse vivenciado, descobrisse a luta de classes na história. De fato, Marx atribuiu tal descoberta aos historiadores burgueses da Restauração Francesa. Ao mesmo tempo, o mais importante deles no entender de Marx, Augustin Thierry, fora, como vimos, muito ligado a Saint-Simon em certo período de sua vida. No entanto, não importa como seja definida essa influência, ela não pode ser posta em dúvida. A maneira sempre favorável como Engels se referiu a Saint-Simon fala por si mesma. Engels comentou que "ele sofria, sem dúvida, de uma pletora de ideias" e chegou a compará-lo a Hegel como "o espírito mais enciclopédico de seu tempo".[28]

O Engels maduro louvava Charles Fourier (1772-1837) sobretudo por três motivos: como um brilhante, espirituoso e contundente crítico da sociedade burguesa, ou, antes, do comportamento burguês;[29] por sua defesa da emancipação das mulheres; e por sua concepção da história, essencialmente dialética. (O último ponto parece mais de acordo com Engels do que com Fourier.) No entanto, o primeiro impacto que o pensamento de Fourier exerceu sobre ele, e o que talvez tenha deixado as marcas mais profundas no socialismo marxista, foi sua análise do trabalho. A contribuição de Fourier para a tradição socialista foi idiossincrática. Ao contrário de outros socialistas, ele suspeitava do progresso e mostrava uma convicção rousseauniana de que a humanidade de alguma maneira seguira pelo caminho errado ao adotar a civilização. Desconfiava da indústria e dos avanços técnicos, embora se dispusesse a aceitá-los e usá-los, e estava convencido de que a roda da história não podia girar para trás. Suspeitava também — e nisso se juntava a vários outros utópicos — da soberania popular e da democracia dos jacobinos. Filosoficamente, Fourier era um ultraindividualista cujo supremo objetivo para a humanidade era a satisfação das compulsões psicológicas de todas as pessoas e a conquista do máximo prazer por parte de cada indivíduo. Uma vez que — para citarmos as primeiras impressões que Engels registrou dele[30] — "cada indivíduo tem uma inclinação ou preferência para um determinado tipo de trabalho, a soma de todas as inclinações individuais deverão, de modo geral, constituir uma força suficiente para atender às necessidades de todos. Segue-se desse princípio que, se todos os indivíduos puderem fazer ou não fazer seja o que for que corresponda a suas inclinações pessoais, as necessidades de todos estarão satisfeitas", e Fourier demonstrou "que [...] a *inatividade absoluta* é um contrassenso, nunca existiu nem poderá jamais existir [...]. Ele demonstra ainda que trabalho e prazer são idênticos, e que é o irracionalismo da atual ordem social que separa as duas coisas". A insistência de Fourier na emancipação da mulher, com o corolário explícito de radical liberação sexual, é uma extensão lógica — na verdade, talvez a essência — de sua utopia da liberação de todos os instintos e impulsos pessoais. Não seria Fourier, decerto, o único feminista entre os socialistas de primeira hora, mas seu engajamento exaltado tornou-o o mais vigoroso deles, e pode-se detectar sua influência na guinada dos saint-simonianos nessa direção.

O próprio Marx talvez estivesse mais consciente do que Engels do possível conflito entre a concepção que Fourier tinha do trabalho como satisfação essencial de um instinto humano, idêntico à recreação, e o pleno desenvolvimento de todas as capacidades humanas, que, como ele e Engels acreditavam, o comunismo viria garantir, embora a abolição da divisão do trabalho (isto é, a abolição da especialização funcional permanente) talvez produzisse resultados que poderiam ser interpretados segundo o ideário fourierista ("caçar de manhã, pescar à tarde, pastorear à noite, fazer crítica depois do jantar").[31] Na verdade, mais tarde ele rejeitou especificamente a concepção de Fourier do trabalho como "mero prazer, mera diversão",³² o que significou rejeitar, implicitamente, a equiparação fourierista entre autorrealização e liberação dos instintos. Os comunistas de Fourier eram homens e mulheres como a natureza os tinha feito, livres de toda repressão; os de Marx eram mais que isso. Não obstante, o fato de Marx, na maturidade, reconsiderar especificamente Fourier em sua discussão do trabalho como atividade humana indica o significado que tinha esse autor para ele. Quanto a Engels, suas contínuas referências laudatórias a Fourier (por exemplo, em *A origem da família*) atestam uma influência permanente e uma simpatia duradoura pelo único autor socialista utópico que ainda pode ser lido hoje com a mesma sensação de prazer, iluminação — e exasperação — que no começo da década de 1840.

Os socialistas utópicos contribuíram, pois, com muitas coisas: uma análise da sociedade burguesa, os rudimentos de uma teoria da história, a certeza de que o socialismo era não só factível como necessário naquele momento histórico e um grande volume de reflexões sobre como se organizariam as atividades humanas (inclusive a conduta pessoal) nessa sociedade. No entanto, suas ideias mostravam enormes deficiências teóricas e práticas. Apresentavam um pequeno e um grande defeito prático. Vinham de cambulhada, para sermos gentis, com vários tipos de excentricidades românticas, que iam do visionarismo perspicaz à perturbação psíquica, da confusão mental, nem sempre desculpável pela superabundância de ideias, a cultos curiosos e exaltadas seitas semirreligiosas. Para resumir, os saint-simonianos tendiam a cair no ridículo, e, como observou o jovem Engels a respeito deles, "na França, depois que uma coisa cai no ridículo, está inapelavelmente perdida".³³ Embora considerassem os elementos de fantasia nos grandes utópicos como o preço a pagar por sua imaginação ou por sua originalidade, Marx e Engels não podiam imaginar que papel prático esses grupos de excêntricos, cada vez mais bizarros e, com frequência, cada vez mais isolados, poderiam desempenhar na transformação socialista do mundo.

Em segundo lugar, e mais concretamente, eles eram em essência apolíticos e, por isso, mesmo em tese, não contribuíam com nenhum meio eficaz para que essa transformação ocorresse. Não era provável que o êxodo para comunidades comunistas fosse mais eficiente, no sentido de gerar os resultados desejados, do que os anteriores apelos de Saint-Simon a Napoleão, ao tsar Alexandre ou aos grandes banqueiros parisienses. Exceto os saint-simonianos, cujo instrumento preferencial, os dinâmicos empreendedores capitalistas, os afastava do socialismo, os utopistas não reconheciam nenhuma classe ou grupo especial como veículo de suas ideias e, mesmo quando atraíam os trabalhadores (como Engels mais tarde admitiu no caso de Owen), o movimento proletário não tinha nenhum papel particular em seus planos, voltados para todos aqueles que deveriam reconhecer a verdade óbvia que só eles tinham descoberto, mas não o faziam. No entanto, por si sós, a propaganda doutrinária e a educação jamais teriam êxito, sobretudo na forma abstrata que o jovem Engels criticou nos owenistas britânicos. Em suma, como ele percebeu claramente, graças à sua experiência na Grã-Bretanha, "o socialismo, que em sua base vai muito além do comunismo francês, em seu desenvolvimento fica atrás dele. Precisará, por um momento, retornar ao ponto de vista francês, a fim de, mais tarde, ir além dele".[34] O ponto de vista francês era o da luta de classes revolucionária — e política — do proletariado. Como veremos, Marx e Engels eram ainda mais críticos dos desdobramentos não utópicos do socialismo incipiente em vários tipos de cooperação e mutualismo.

Entre as numerosas deficiências teóricas do socialismo utópico, uma sobressaía notavelmente: sua carência de uma análise econômica da propriedade privada que "os socialistas e comunistas franceses [...] não só haviam analisado de várias formas como também 'transcendido' [*aufgehoben*] de maneira utópica",[35] mas que não haviam analisado de modo sistemático como a base do sistema capitalista de exploração. O próprio Marx, estimulado por *Esboço de uma crítica da economia política*, de Engels (1843-4),[36] concluíra que essa análise deveria constituir o cerne da teoria comunista. Como mais tarde ele se expressou, ao descrever seu próprio processo de desenvolvimento intelectual, a economia política era "a anatomia da sociedade civil" (prefácio a *Para a crítica da economia política*). Não seria encontrada nos socialistas "utópicos" franceses. Daí sua admiração e sua prolongada defesa de P.-J. Proudhon (1809-65) em *A sagrada família* (1845). Marx lera *O que é a propriedade?* (1840) em fins de 1842, e fez questão de elogiar Proudhon como "o mais sólido e arguto autor socialista".[37] Dizer que Proudhon "influenciou" Marx ou contribuiu para a formação de seu pensamento é exagero. Já em 1844, Marx o comparava em alguns aspectos, desfavoravelmente, com o alfaiate comunista alemão Wilhelm Weitling,[38] cuja única importância real estava no fato de ser um trabalhador (como o próprio Proudhon). Todavia, embora Marx julgasse Proudhon intelectualmente inferior a Saint-Simon e Fourier, ainda assim se dava conta do avanço que ele lograra em relação a estes dois, um avanço que mais tarde ele compararia com o de Feuerbach em relação a Hegel; e a despeito de sua hostilidade posterior e cada vez mais feroz contra Proudhon e seus seguidores, jamais mudou de opinião.[39] Isso não se devia tanto aos méritos econômicos da obra, pois "numa história estritamente científica da economia política, a obra não mereceria menção". Na verdade, Proudhon não era e nunca veio a ser um economista importante. Se Marx o elogiava, não era porque tivesse qualquer coisa a aprender com ele, mas porque o via como um pioneiro naquela "crítica da economia política" que, em seu próprio entender, constituía a tarefa teórica central, e o elogiava ainda mais generosamente porque Proudhon, além de ser um trabalhador, era original, e quanto a isso não havia dúvida. Marx não precisou ir muito longe em seus estudos de economia para que as deficiências na teoria de Proudhon lhe causassem maior impressão do que seus méritos: elas são verberadas em *Miséria da filosofia* (1847).

Nenhum outro socialista francês teve influência significativa na formação do pensamento marxista.

III

É consabida a tríplice origem do socialismo marxista: o socialismo francês, a filosofia alemã e a economia política britânica. Já em 1844 Marx observou algo análogo a essa divisão internacional do trabalho intelectual no "proletariado europeu".[40] O presente capítulo trata das origens do pensamento marxista apenas no que se refere ao pensamento socialista ou operário pré-marxista e, consequentemente, trata das ideias econômicas marxistas somente quando elas derivaram desse pensamento ou foram por ele mediadas, ou nos casos em que Marx descobriu nele antecipações de sua análise. Ora, o socialismo britânico derivava intelectualmente da economia política britânica de duas maneiras: do utilitarismo benthamista, através de Owen, mas, acima de tudo, através dos chamados "socialistas ricardianos" (alguns deles originalmente utilitaristas), principalmente William Thompson (1775-1833), John Gray (1799-1883), John Francis Bray (1809-97) e Thomas Hodgskin (1787-1869). Esses autores são importantes não só porque utilizaram a teoria do valor-trabalho de Ricardo para elaborar uma teoria da exploração econômica dos trabalhadores, mas também por sua ativa ligação com movimentos socialistas (owenistas) e da classe operária. Na verdade, não há nenhuma comprovação de que mesmo Engels conhecesse muitos desses textos no começo da década de 1840, e até 1851 com certeza Marx não tinha lido Hodgskin, "o socialista mais convincente entre os autores pré-marxistas",[41] mas quando o fez manifestou seu apreço com a habitual honestidade intelectual.[42] O fato de que esses autores viriam a contribuir para os estudos econômicos de Marx talvez seja mais conhecido do que a contribuição britânica — antes radical que socialista — à teoria marxista da crise econômica. Já em 1843-4, Engels formulou — ao que parece com base em *History of the middle and working classes* (1835) [*História da classe média e da classe operária*],[43] de John Wade — a ideia de que crises de periodicidade regular eram um aspecto integral do funcionamento da economia capitalista, usando o fato para criticar a lei de Say.

Comparada aos vínculos de Marx com os economistas britânicos de esquerda, sua dívida para com os da Europa continental é menor. Se é possível afirmar que o socialismo francês tinha uma teoria econômica, ela se formou ligada aos saint-simonianos, possivelmente sob a influência do economista suíço heterodoxo Sismondi (1773-1842), sobretudo através de Constantin Pecqueur (1801-87), que já foi descrito como "um elo entre o saint-simonismo e o marxismo" (Lichtheim). Ambos estavam entre os primeiros economistas que Marx estudou a sério (1844), e em *Capital* III ele cita Sismondi com frequência e analisa Pecqueur. Nenhum dos dois, porém, figura em *Teorias da mais-valia*, ainda que Marx, em dado momento, tenha cogitado em incluir Sismondi. Por outro lado, os socialistas ricardianos britânicos estão lá. Afinal de contas, Marx foi, ele próprio, o último e, de longe, o maior dos socialistas ricardianos.

Entretanto, se podemos examinar por alto o que ele aprovava ou o que desenvolveu na economia esquerdista de sua época, devemos analisar também, sucintamente, o que ele rejeitava. Marx rejeitava (*Manifesto comunista*) o que considerou "burguês" e, mais tarde, "pequeno-burguês" — tentativas de algum modo equivocadas para lidar com os problemas do capitalismo mediante instrumentos como reforma creditícia, manipulação da moeda, reforma dos aluguéis, medidas para inibir a concentração capitalista pela abolição das heranças ou outros meios, mesmo quando visavam beneficiar não pequenos proprietários individuais, mas associações de trabalhadores que atuavam dentro do capitalismo e, com o tempo, deveriam substituí-lo. A hostilidade de Marx contra Sismondi, a quem respeitava como economista, e contra Proudhon, a quem não respeitava, assim como suas críticas a John Gray decorrem dessa atitude. Na época em que ele e Engels formularam suas próprias concepções comunistas, essas deficiências na teoria esquerdista contemporânea não os obstaram muito. Contudo, a partir de meados da década de 1840, eles se viram obrigados, cada vez mais, a dedicar mais atenção crítica a esses economistas com relação à sua atuação política e, em consequência, a suas teorias.

IV

O que dizer da contribuição alemã para a formação do pensamento de Marx e Engels? País econômica e politicamente atrasado, a Alemanha da juventude de Marx não tinha socialistas com os quais ele pudesse aprender qualquer coisa de importante. Com efeito, até quase o momento da conversão de Marx e Engels ao comunismo e, em certos sentidos, até depois de 1848, é ilusório falar de uma esquerda socialista ou comunista distinta das tendências democráticas ou jacobinas que formavam a oposição radical ao reacionarismo e ao absolutismo principesco no país. Como o *Manifesto comunista* deixou claro, na Alemanha (ao contrário do que ocorria na França e na Grã-Bretanha), os comunistas não tinham outra escolha senão marchar junto com a burguesia contra a monarquia absoluta, a propriedade agrária feudal e as condições pequeno-burguesas (*die Kleinbürgerei*),[44] e, enquanto isso, incentivar os trabalhadores a tomarem plena consciência de sua oposição aos burgueses. Política e ideologicamente, a esquerda radical alemã tinha os olhos postos no Ocidente. Desde os jacobinos alemães da década de 1790, a França, além de oferecer um modelo, servia de abrigo para refugiados políticos e intelectuais e como fonte de informações sobre as tendências progressistas: nos primeiros anos da década de 1840, até mesmo a pesquisa sobre o socialismo e o comunismo na Alemanha, feita por Lorenz von Stein, serviu principalmente como tal, embora a intenção de Von Stein fosse justamente criticar esses movimentos. Nesse meio-tempo, um grupo, composto principalmente de artesãos qualificados alemães que trabalhavam em Paris, havia se separado dos refugiados liberais (pós-1830) na França para adaptar o comunismo da classe operária francesa a seus próprios objetivos. Portanto, a primeira versão clara do comunismo alemão foi revolucionária e proletária, embora em forma primitiva.[45] Quer esses jovens intelectuais radicais da esquerda hegeliana desejassem deter-se na democracia, quer desejassem avançar política e socialmente além dela, a França lhes proporcionou os modelos intelectuais e o catalisador para suas ideias.

Entre esses artesãos expatriados foi importante Moses Hess (1812-75), não por seus dotes intelectuais — estava longe de ser um pensador claro —, mas porque tornou-se socialista antes dos demais e conseguiu converter toda uma geração de jovens rebeldes. Sua influência sobre Marx e Engels foi crucial em 1842-5, embora ambos logo deixassem de levá-lo a sério. Sua variante pessoal de "Verdadeiro Socialismo" (basicamente um tipo de saint-simonismo traduzido para o jargão de Feuerbach) não estava fadada a ter muita importância. É lembrada principalmente por ter sido embalsamada na catilinária que Marx e Engels dirigiram contra ela (no *Manifesto comunista*), visando sobretudo ao justamente esquecido Karl Grün (1817-87). Hess, cujo desenvolvimento intelectual por algum tempo convergiu com o de Marx, a ponto de ele provavelmente se considerar, em 1848, um de seus seguidores, era medíocre não só como pensador, mas também como político, e lhe coube apenas o papel de eterno precursor: do marxismo, do movimento operário alemão e, finalmente, do sionismo.

Contudo, apesar da pouca importância do socialismo pré-marxista alemão na gênese do ideário marxista — salvo, por assim dizer, biograficamente —, cumpre dizer duas palavras sobre a crítica não socialista alemã ao liberalismo, que feriu notas possivelmente classificáveis como "socialistas" no ambíguo sentido que a palavra tinha no século XIX. A tradição intelectual alemã encerrava um forte componente hostil a qualquer forma de "Iluminismo" setecentista (e, portanto, ao liberalismo, ao individualismo, ao racionalismo e à abstração — por exemplo, a qualquer forma de argumentos benthamistas ou ricardianos), um componente devotado a uma concepção organicista da história e da sociedade, que encontrou expressão no romantismo alemão, de início um movimento militantemente reacionário, ainda que, em certos aspectos, a filosofia hegeliana proporcionasse uma espécie de síntese do Iluminismo e da visão romântica. Na Alemanha, a práxis política, e, consequentemente, a teoria social aplicada, era dominada pelas atividades de uma administração estatal onipresente. De modo geral, a burguesia alemã — que amadureceu mais tarde do que o normal como classe empreendedora — não exigia supremacia política ou liberalismo econômico sem restrições, e grande parte de seus membros reivindicantes eram, em todo caso, servidores do Estado de uma forma ou de outra. Os liberais alemães não tendiam a uma fé ilimitada no mercado livre sem restrições, nem como servidores civis (inclusive professores), nem como empreendedores. Ao contrário da Grã-Bretanha e da França, o país produzia autores confiantes em que uma combinação de planejamento estatal e reforma social pudesse evitar o pleno desenvolvimento de uma economia capitalista, como a que já era visível na Grã-Bretanha, e com ela os problemas da pobreza das massas. Na realidade, as teorias desses autores às vezes aproximavam-se bastante de um tipo de socialismo, como no caso de J. K. Rodbertus-Jagetzow (1805-75), um monarquista conservador (foi titular de um ministério prussiano em 1848), que na década de 1840 elaborou uma análise subconsumista do capitalismo e uma doutrina de "socialismo de Estado" com base numa teoria do valor-trabalho. Essa doutrina foi utilizada na era bismarckiana, para fins de propaganda, como prova de que a Alemanha imperial era tão "socialista" quanto qualquer país social-democrata, e ademais como prova de que o próprio Marx havia plagiado um honesto pensador conservador. A acusação era absurda, pois Marx só leu Rodbertus por volta de 1860, quando suas ideias já estavam plenamente formadas, e Rodbertus "no máximo poderia ter ensinado a Marx como não proceder em seu trabalho e como evitar os erros mais crassos".[46] A controvérsia há muito está esquecida. Por outro lado, pode-se perfeitamente argumentar que o tipo de atitude e de discussão exemplificados por Rodbertus tiveram influência na formação do tipo de socialismo de Estado de Lassalle (os dois trabalharam juntos algum tempo).

Creio ser desnecessário dizer que essas versões não socialistas de anticapitalismo, além de não terem desempenhado nenhum papel na formação do socialismo marxiano,[47] eram combatidas ativamente pela jovem esquerda alemã, devido a suas óbvias associações conservadoras. A teoria que poderíamos rotular como "romântica" só pertence à pré-história do marxismo em sua forma menos política, isto é, a da chamada "filosofia natural", pela qual Engels sempre nutriu um certo apreço (cf. seu prefácio para o *Anti-Dühring*, 1885) e, na medida em que ela fora assimilada pela filosofia alemã clássica, na forma hegeliana. A tradição conservadora e a liberal, de intervenção do Estado na economia, que incluía a propriedade e a administração de empresas pelo Estado, só confirmaram para Marx e Engels que a nacionalização da indústria não era, por si só, socialista.

Assim, nem a experiência econômica, social e política alemã, nem os textos destinados especificamente a analisar seus problemas, contribuíram com qualquer coisa de grande significado para o pensamento marxiano. E isso era mesmo o que se poderia esperar. Como já foi observado com frequência, e não só por Marx e Engels, as questões que na França e na Grã-Bretanha afloravam concretamente em sua forma política e econômica, na Alemanha de sua juventude só apareciam revestidas de investigação filosófica abstrata. Inversamente, e sem dúvida por esse motivo, o desenvolvimento da filosofia na Alemanha, nesse período, foi muito mais expressivo que em outros países. Se isso a privou de contato com as realidades concretas da sociedade — não há nenhuma referência real em Marx, antes do outono de 1848,[48] à "classe sem propriedade", cujos problemas "clamam aos céus em Manchester, Paris e Lyon" —, deu-lhe uma poderosa capacidade de generalizar, de ir além dos fatos imediatos. Entretanto, para atingir seu pleno potencial, a reflexão filosófica tinha de se transformar num meio de agir sobre o mundo, e a generalização filosófica especulativa tinha de unir-se ao estudo e à análise concretos do mundo real da sociedade burguesa. Sem essa união, era provável que o socialismo alemão, nascido de uma radicalização política do desenvolvimento da filosofia, sobretudo da filosofia hegeliana, produziria na melhor das hipóteses aquele socialismo alemão ou "verdadeiro" que Marx e Engels satirizaram no *Manifesto comunista*.

Os passos iniciais dessa radicalização filosófica tomaram a forma de uma análise crítica da religião e, mais tarde (uma vez que o tópico era mais delicado do ponto de vista político), do Estado, sendo essas as duas principais questões "políticas" que interessavam diretamente à filosofia como tal. Os dois grandes marcos pré-marxianos dessa radicalização foram *Life of Jesus* (1835) [Vida de Jesus], de Strauss, e sobretudo *A essência do cristianismo* (1841), de Feuerbach, livro já claramente materialista. Se é bem conhecido o significado crucial de Feuerbach como uma ponte entre Hegel e Marx, nem sempre é claramente percebido o papel central da análise da religião no pensamento maduro de Marx e Engels. Todavia, nesse estágio vital da radicalização de suas ideias, os jovens rebeldes político-filosóficos alemães podiam beber diretamente da tradição radical e mesmo socialista, uma vez que a escola de materialismo filosófico mais familiar e consistente, a da França setecentista, estava ligada não só à Revolução Francesa como até aos primórdios do comunismo francês — Holbach e Helvétius, Morelly e Mably. O desenvolvimento filosófico francês facilitou — ou pelo menos estimulou — a evolução do pensamento marxista, tal como fez a tradição filosófica britânica através de seus pensadores seiscentistas e setecentistas, diretamente ou por meio da economia política. Contudo, o processo pelo qual o jovem Marx "pôs Hegel de cabeça para cima" realizou-se fundamentalmente no seio da filosofia alemã clássica e deveu pouco às tradições revolucionárias e socialistas pré-marxianas, exceto uma percepção da direção em que esse processo seguiria.

v

Durante a década de 1840, a política, a economia e a filosofia, a experiência francesa, a britânica e a alemã, além do socialismo e do comunismo "utópicos", fundiram-se, transformaram-se e transcenderam na síntese marxiana. Não foi decerto por acaso que tal transformação ocorreu nesse momento histórico.

Em algum momento, por volta de 1840, a história europeia adquiriu uma nova dimensão: tanto o "problema social" quanto (observado de outro ponto de vista) a possível revolução social expressavam-se tipicamente no fenômeno do "proletariado". Os autores burgueses tornavam-se sistematicamente conscientes do proletariado como um problema empírico e político, uma classe, um movimento — em última análise, uma força capaz de subverter a sociedade. Numa ponta, essa consciência se expressava em pesquisas sistemáticas, muitas vezes comparativas, sobre as condições dessa classe (Villermé para a França, em 1840; Buret para a França e a Grã-Bretanha, em 1840; Ducpétiaux para vários países, em 1843); na outra, em generalizações históricas que já lembravam o argumento marxista:

> Mas esse é o conteúdo da história: nenhum grande antagonismo histórico desaparece ou morre a menos que surja um novo antagonismo. Assim, o antagonismo entre os ricos e os pobres polarizou-se recentemente na tensão entre os capitalistas e os contratadores de mão de obra, de um lado, e os operários industriais de todos os gêneros, de outro; dessa tensão surge uma oposição cujas dimensões tornam-se

cada vez mais ameaçadoras com o crescimento proporcional da população industrial. [Artigo "Revolução" em Rotteck e Welcker, *Lexicon der Staatswissenschaften* XIII, 1842.][49]

Já vimos que nessa época surgiu na França um movimento comunista, revolucionário e conscientemente proletário, e que as próprias palavras "comunismo" e "comunista" passaram a circular por volta de 1840 para designar o movimento e seus integrantes. Ao mesmo tempo, um grande movimento de classe, proletário, observado de perto por Engels, chegava a seu ponto culminante na Grã-Bretanha: o cartismo. Diante dele, formas anteriores de socialismo "utópico" na Europa Ocidental recuaram para as margens da vida pública, com exceção de fourierismo, que prosperou de forma modesta, mas persistente, no solo proletário.[50]

Uma classe operária em visível crescimento e mobilização possibilitou uma nova e colossal fusão dos jacobinos-revolucionários-comunistas e da experiência e das teorias socialistas-associacionistas. Buscando a força que iria transformar a sociedade pela negação da sociedade existente, Marx, o hegeliano, encontrou-a no proletariado, e, embora não tivesse nenhum conhecimento concreto dele (a não ser através de Engels), nem tivesse pensado muito no funcionamento da economia política e do capitalismo, imediatamente começou a estudar ambas as coisas. É um equívoco supor que Marx não tenha concentrado a atenção na economia antes do começo da década de 1850, pois ele começou a estudá-la seriamente pelo menos em 1844.

O que precipitou essa fusão de teoria e movimento social foi a combinação, nesse período, de triunfo e crise nas sociedades burguesas, desenvolvidas e aparentemente paradigmáticas, da França e da Grã-Bretanha. Politicamente, as revoluções de 1830 e as correspondentes reformas britânicas de 1832-5 instauraram regimes que, evidentemente, atendiam aos interesses da parte predominante da burguesia liberal, mas ficavam muitíssimo aquém das expectativas no tocante à democracia política. Do ponto de vista econômico, a industrialização, já dominante na Grã-Bretanha, avançava visivelmente em partes do continente — mas num clima de crise e incerteza que a muitos parecia pôr em questão todo o futuro do capitalismo como sistema. Nas palavras de Lorenz von Stein (1842), o primeiro a estudar sistematicamente o socialismo e o comunismo:

Não há mais dúvida alguma de que, na parte mais importante da Europa, a reforma política e a revolução chegaram ao fim; a revolução social já teve lugar e agiganta-se sobre todos os movimentos dos povos com seu tremendo poder e suas graves dúvidas. Há poucos anos, aquilo com que ora nos confrontamos não passava de uma sombra vazia. Agora, encara todo o Direito como um inimigo, e são inúteis todos os esforços para comprimi-lo em sua antiga insignificância.[51]

Ou, como Marx e Engels viriam a escrever alguns anos depois, "um espectro ronda a Europa — o espectro do comunismo".

Por conseguinte, a transformação marxiana do socialismo dificilmente teria sido possível antes da década de 1840. Talvez tampouco teria sido possível nos principais países burgueses, onde tanto o movimento político radical quanto o da classe operária se achavam inseridos numa história, numa tradição e numa prática antigas, das quais tinham dificuldade de livrar-se. Como mostraria a história ulterior, a esquerda francesa resistiria longamente ao marxismo, apesar da força da tradição revolucionária e associacionista autóctone — na verdade, por causa dela; e o movimento operário britânico permaneceu avesso ao marxismo por mais tempo ainda, apesar de seu sucesso em criar um movimento de classe consciente e uma análise da exploração — na verdade, por causa dele. Sem a contribuição francesa e britânica, a síntese marxiana teria sido de todo impossível; e, como já ficou dito, sem dúvida foi importante o fato biográfico de Marx haver mantido durante toda a vida uma parceria com Engels, que conhecia bem a Grã-Bretanha (e não só como capitalista em Manchester). Não obstante, talvez fosse mais provável que a nova fase do socialismo ganhasse força não no centro da sociedade burguesa, mas em sua periferia alemã, e por meio de uma reconstrução da arquitetura especulativa universalista da filosofia alemã.

Os pormenores do desenvolvimento do socialismo marxiano estão além do objetivo deste capítulo. Aqui só precisamos recordar que Marx diferia de seus predecessores em três aspectos. Primeiro, substituía uma análise crítica parcial da sociedade capitalista por uma análise abrangente, baseada num exame da relação fundamental (nesse caso, econômica) que regia essa sociedade. Como sua análise se aprofundava além dos fenômenos superficiais acessíveis à crítica empírica, implicava uma análise da "falsa consciência" obstaculizadora e de suas motivações históricas. Segundo, ele inseria o socialismo no quadro de uma análise histórica evolucionista, o que explicava duas coisas ao mesmo tempo: por que o socialismo surgiu como teoria e como movimento; e por que o desenvolvimento histórico do capitalismo deve por fim gerar uma sociedade socialista. (Diga-se de passagem que, ao contrário dos socialistas anteriores, para os quais a nova sociedade era um produto acabado que só tinha de ser instituído numa forma final, de acordo com o modelo preferido e no momento adequado, a futura sociedade de Marx continua a evoluir historicamente, de modo que apenas seus princípios e contornos muito gerais podem ser previstos, quanto mais projetados.) Terceiro, ele elucidava a forma de transição da antiga sociedade para a nova: o proletariado seria seu executor, através de um movimento de classe empenhado numa luta de classes que só alcançaria seu objetivo através da revolução — "a expropriação dos expropriadores". O socialismo deixara de ser "utópico" para se tornar "científico".

Na verdade, a transformação marxiana do socialismo não só substituíra como absorvera seus predecessores. Em termos hegelianos, essa transformação os havia *sublatado* (*aufgehoben*). Para a maioria das finalidades, além da redação de teses acadêmicas, foram esquecidos, fazem parte da pré-história do marxismo ou (como no caso de alguns tipos de saint-simonismo) desenvolveram-se em direções ideológicas que nada têm a ver com o socialismo. No máximo, tal como Owen e Fourier, sobrevivem entre os teóricos da educação. O único autor socialista do período pré-marxista que ainda conserva certo valor como teórico na área geral dos movimentos socialistas é Proudhon, que continua a ser citado por anarquistas (sem mencionar, de vez em quando, os ultradireitistas franceses e vários outros antimarxistas). Em certos aspectos, isso é uma injustiça para com homens que, mesmo quando abaixo das iluminações dos melhores utópicos, eram pensadores originais, com ideias que, se propostas hoje, com frequência seriam levadas muito a sério. A realidade, porém, é que, como socialistas, eles só interessam atualmente aos historiadores.

Isso não deve nos levar a crer, erroneamente, que o socialismo pré-marxiano morreu assim que Marx formulou suas ideias. Sequer nominalmente o marxismo se tornou influente nos movimentos operários antes da década de 1880 ou, no máximo, da década anterior. Não podemos entender a história do pensamento de Marx e de suas controvérsias políticas e ideológicas se não lembrarmos que, durante o resto de sua vida, as tendências que ele criticou, combateu ou às quais teve de se adaptar dentro do movimento operário eram, primordialmente, as da esquerda radical pré-marxiana ou que delas se derivavam. Pertenciam à progênie da Revolução Francesa, na forma de democracia radical, republicanismo jacobino ou do comunismo proletário revolucionário neobabouvista que sobrevivia sob a liderança de Blanqui. (Esta última era uma tendência à qual, por motivos políticos, o próprio Marx se aliava de vez em quando.) Ocasionalmente, brotavam — ou pelo menos eram por eles precipitados — daquele hegelianismo ou feuerbachismo de esquerda pelo qual o próprio Marx havia passado, como era o caso de vários revolucionários russos, notadamente Bakunin. Mas, de modo geral, eram a prole do socialismo pré-marxiano. Na realidade, eram a sua continuação.

É verdade que os utópicos originais não sobreviveram à década de 1840. No entanto, enquanto doutrinas ou movimentos, já estavam agonizantes no começo da década, com exceção do fourierismo, que, modestamente, sobreviveu até a revolução de 1848, na qual seu líder, Victor Considérant, viu-se desempenhando um papel inesperado e malsucedido. Por outro lado, vários tipos de associacionismo e de teorias cooperativas, em parte derivadas de fontes utópicas (Owen, Buchez), em parte elaboradas de forma menos messiânica na década de 1840 (Louis Blanc, Proudhon), continuaram a florescer. Até mesmo mantinham, de forma cada vez mais indistinta, a aspiração de transformar toda a sociedade dentro do espírito do cooperativismo, do qual se originavam. Se isso ocorria até na Grã-Bretanha, onde o sonho da utopia cooperativista que libertaria o trabalho da exploração capitalista havia se diluído no pequeno comércio cooperativo, a ideia estava mais viva ainda em outros países, onde a cooperação de produtores continuava dominante. Para o grosso dos trabalhadores, no tempo de Marx, isso era socialismo; ou melhor, o socialismo que ganhou apoio da classe operária, ainda na década de 1860, era um socialismo que previa grupos independentes de produtores sem capitalistas, mas apoiados pela sociedade, com capital suficiente para torná-los viáveis, protegidos e encorajados pela autoridade pública, porém, por sua vez, com deveres coletivos para com o público. Daí o significado político do proudhonismo e do lassallenismo. Isso era natural numa classe operária cujos membros politicamente conscientes compunham-se majoritariamente de artesãos ou de pessoas próximas a eles. Ademais, o sonho da unidade produtiva que controlasse seus próprios negócios não pertencia somente a homens (e, mais raramente, mulheres) que ainda não eram plenamente proletários. Em alguns sentidos, essa visão "sindicalista" primitiva também refletia o dia a dia de proletários nas oficinas de meados do século XIX.

Por isso seria errôneo dizer que o socialismo pré-marxiano morreu durante a vida de Marx. Sobreviveu entre os proudhonianos, os anarquistas bakuninianos, entre sindicalistas revolucionários tardios e outros, mesmo quando passaram a adotar, por falta de uma teoria adequada que lhes fosse própria, grande parte da análise marxiana para seus próprios fins. Contudo, a partir de meados da década de 1840 não se pode dizer que Marx tenha recolhido alguma coisa da tradição pré-marxista do socialismo. Depois de sua detida dissecção de Proudhon (*Miséria da filosofia*, 1847), não se pode dizer sequer que a crítica do socialismo pré-marxista tenha desempenhado um papel relevante na formação de seu próprio pensamento. De maneira geral, essa crítica passou a fazer parte de sua polêmica política, e não de seu desenvolvimento teórico. Talvez a única exceção importante seja a *Crítica do programa de Gotha* (1875), em que seus veementes protestos contra as concessões injustificadas do Partido Social-Democrata Alemão aos lassallianos levou-o a fazer uma declaração teórica que, se provavelmente não era nova, de qualquer modo ele não formulara publicamente antes. É também possível que o desenvolvimento de suas ideias sobre crédito e finanças devesse alguma coisa à necessidade de criticar a fé em várias panaceias cambiais e creditícias que tinham ainda livre circulação em movimentos operários do tipo proudhoniano. Todavia, em meados da década de 1840, Marx e Engels tinham, no geral, aprendido com o socialismo pré-marxiano tudo de que precisavam. Os alicerces do "socialismo científico" tinham sido lançados.

3. Marx, Engels e a política

Este capítulo aborda as ideias e concepções políticas de Marx e Engels, vale dizer, tanto suas concepções sobre o Estado e suas instituições quanto o aspecto político da transição do capitalismo para o socialismo: a luta de classes, a revolução, o modo de organização, a estratégia e táticas do movimento socialista e questões semelhantes. Analiticamente, elas eram, sob certos aspectos, questões secundárias. "As relações jurídicas, assim como as formas do Estado, não podiam ser compreendidas por si mesmas [...], mas radicam-se nas condições materiais de vida", naquela "sociedade civil" cuja anatomia era a economia política (prefácio de *Crítica da economia política*). O que determinava a transição do capitalismo para o socialismo eram as contradições internas do desenvolvimento capitalista e, em particular, o fato de o capitalismo gerar, inevitavelmente, seu próprio coveiro, o proletariado, "uma classe sempre crescente, e disciplinada, unida e organizada pelo próprio processo da produção capitalista" (*O capital* I, capítulo 32). Além disso, embora o poder do Estado fosse vital para o domínio de classe, a autoridade dos capitalistas sobre os trabalhadores "só está investida em seus detentores como uma personificação do fato de os requisitos do trabalho estarem acima do trabalhador. Não está investido neles em sua capacidade como detentores de poder político ou teocrático, da forma como ocorria em anteriores modos de produção" (*Werke* 1, iii, p. 888). Por isso, a política e o Estado não precisam ser integrados à análise básica, podendo ser examinados num estágio posterior.¹

Na prática, é claro, os problemas da política não eram secundários e sim fundamentais para os revolucionários ativos. Por isso, um enorme volume de textos de Marx trata desses problemas. No entanto, esses textos diferem, em caráter, de sua obra teórica principal. Embora ele nunca tenha completado sua abrangente análise econômica do capitalismo, seu rascunho inacabado está presente em vários manuscritos longos que ele pretendia que fossem publicados ou que realmente o foram. Marx também dedicou atenção sistemática, na década de 1840, à análise da filosofia social e do que pode ser chamado de análise filosófica da natureza da sociedade burguesa e do comunismo. Não houve um esforço teórico sistemático análogo em relação à política. Nesse campo, quase todos os seus textos assumem a forma de matérias jornalísticas, investigações do passado político imediato, contribuições para a discussão dentro do movimento e cartas pessoais. Engels, que chegou a escrever sobre a questão principalmente comentários sobre posições políticas, tentou no entanto um tratamento mais sistemático desses assuntos, não apenas no *Anti-Dühring*, como sobretudo em vários textos posteriores à morte de Marx.

Por isso, a natureza exata das ideias de Marx e, em menor grau, de Engels é muitas vezes incerta, sobretudo no tocante a assuntos que não lhes interessavam de perto. Com efeito, é possível que desejassem desestimulá-los, já que "o que cega as pessoas é, acima de tudo, a ilusão de uma história autônoma de constituições dos Estados, de sistemas jurídicos e das representações ideológicas em todos os campos especiais" (carta de Engels a Mehring, *Werke* 39, p. 96 ss.). O próprio Engels admitiu, já idoso, que, embora ele e Marx tivessem razão ao sublinhar, antes de mais nada, que "as teses políticas, jurídicas e outras concepções ideológicas derivavam dos fatos econômicos básicos", de certa forma tinham negligenciado o lado formal desse processo em benefício do conteúdo. Isso vale não só para a análise do conteúdo ideológico das instituições políticas, jurídicas e de outra natureza, mas também — como ele destacou nas conhecidas cartas em que fez comentários sobre a concepção materialista da história — para a relativa autonomia desses elementos da superestrutura. Há lacunas substanciais nas ideias conhecidas de Marx e Engels sobre esses assuntos, e, por conseguinte, incertezas a respeito de quais eram ou poderiam ter sido essas ideias.

É evidente que essas lacunas não preocupavam Marx ou Engels, uma vez que decerto poderiam tê-las preenchido, se isso tivesse se mostrado necessário no curso de sua práxis política concreta. Assim, quase não há referências específicas a leis nos textos de Marx, mas Engels não encontrou dificuldade para improvisar uma discussão sobre jurisprudência (em colaboração com Kautsky) quando isso pareceu oportuno (1887).[2] Tampouco é difícil entender por que Marx e Engels não se deram o trabalho de preencher certas lacunas teóricas que a nós parecem óbvias. O tempo histórico em que escreveram e sobre o qual escreveram não só era totalmente diferente do nosso, como também (salvo certa superposição nos últimos anos da vida de Engels) muito diferente da época em que os partidos marxistas se transformaram em organizações de massa ou em forças políticas de relevo. Com efeito, a situação real de Marx e Engels como comunistas ativos só ocasionalmente foi comparável à de seus seguidores marxistas que lideraram esses movimentos posteriores ou tiveram uma ativa atuação política neles. Isso porque, embora Marx, talvez mais do que Engels, tenha exercido um papel importante na política prática, sobretudo durante a revolução de 1848, como editor do *Neue Rheinische Zeitung*, e na Primeira Internacional, nenhum deles jamais dirigiu ou foi membro de partidos políticos do tipo que se tornou característico do movimento no período da Segunda Internacional. No máximo, assessoraram seus dirigentes, e estes (por exemplo, Bebel), apesar da enorme admiração e respeito por Marx e Engels, nem sempre acataram seus conselhos. A única experiência política de Marx e Engels que justifica uma comparação com a de organizações marxistas posteriores foi a liderança da Liga Comunista (1847-52), a que, por essa razão, os leninistas tenderam a recorrer desde 1917. Era inevitável que o pensamento político prático de Marx e Engels ficasse marcado pelas situações históricas específicas que eles enfrentaram, ainda que fossem situações perfeitamente suscetíveis de análise e resolução para aplicação em outros casos.

Não obstante, devemos distinguir entre aquela parte de seu pensamento que era simplesmente *ad hoc* e a parte que era cumulativa, embora embasada por uma análise que, além de coerente, era gradualmente moldada, alterada e aprimorada à luz de sucessivas experiências históricas. Tal é, em especial, o caso dos problemas do Estado e da revolução, que Lênin fez bem em juntar na tentativa de apresentar essa análise de modo sistemático.

O pensamento de Marx sobre o Estado começou com a tentativa de ajustar contas com a teoria hegeliana sobre o tema em *Crítica da filosofia do direito de Hegel* (1843). Nessa fase, Marx era democrata, mas não ainda comunista, e por isso sua abordagem apresenta certa semelhança com a de Rousseau, ainda que os estudiosos que procuraram estabelecer vínculos diretos entre os dois pensadores tenham sido derrotados pelo fato indubitável de que "Marx nunca deu indicação alguma de ter ao menos uma consciência remota [dessa suposta dívida para com Rousseau]"[3] e na verdade parece tê-lo interpretado erroneamente. Esse texto antecipou alguns aspectos das posteriores ideias políticas de Marx, notadamente, de modo vago, a identificação do Estado com uma forma específica de relações de produção ("propriedade privada"), o Estado como criação histórica e sua eventual dissolução (*Auflösung*), juntamente com a da "sociedade civil" quando a democracia põe fim à separação de Estado e povo. Contudo, a obra é memorável sobretudo como uma crítica da teoria política ortodoxa e, portanto, constitui a primeira e única ocasião em que a análise de Marx opera sistematicamente em termos de constituições, problemas de representações etc. Cabe notar sua conclusão de que as formas constitucionais eram secundárias em relação ao conteúdo social — tanto os Estados Unidos como a Prússia baseavam-se numa ordem social de propriedade privada — e a análise que ele faz do governo exercido por representantes (parlamentares, por exemplo), isto é, vendo na democracia uma parte *formal* do Estado, em vez de vê-la como sua essência.[4] Marx imaginava um sistema de democracia em que a participação e a representação não seriam mais separadas, "um mecanismo, não um corpo parlamentar", nas palavras que mais tarde aplicou à Comuna de Paris,[5] embora seus detalhes formais, em 1843 como em 1871, ficassem obscuros.

A forma comunista inicial da teoria do Estado de Marx esboçava quatro pontos básicos: a essência do Estado era o poder político, que "é a expressão oficial da oposição de classes dentro da sociedade burguesa"; por conseguinte, ele deixaria de existir na sociedade comunista; no atual sistema, representava não um interesse geral da sociedade, mas o interesse da(s) classe(s) dominante(s); porém, com a vitória revolucionária do proletariado, ele não desapareceria imediatamente durante o esperado período de transição, e assumiria a forma temporária de "proletariado organizado como classe dominante" ou "ditadura do proletariado" (embora essa expressão só tenha sido usada por Marx depois de 1848).

Essas ideias, ainda que Marx e Engels as tenham mantido íntegras pelo resto da vida, foram consideravelmente elaboradas, sobretudo em dois aspectos. Primeiro, o conceito de Estado como poder de classe foi modificado, sobretudo à luz do bonapartismo de Napoleão III na França e dos demais regimes pós-1848, que não podiam ser descritos simplesmente como o domínio de uma burguesia revolucionária (ver abaixo). Segundo, principalmente depois de 1870, Marx e mais especialmente Engels delinearam um modelo mais geral da gênese e do desenvolvimento históricos do Estado como consequência do desenvolvimento da sociedade de classes, formulado mais plenamente em *A origem da família* (1884), que, aliás, constitui o ponto de partida da discussão posterior feita por Lênin. Com o crescimento de irreconciliáveis e intratáveis antagonismos de classe na sociedade, "faz-se necessário um poder situado aparentemente sobre a sociedade e chamado a amortecer o choque, mantê-lo nos limites da 'ordem'", isto é, para evitar que o conflito de classe consumisse tanto as classes quanto a sociedade "em luta estéril".[6] Ainda que "como norma" o Estado represente claramente os interesses da classe mais poderosa e dominante, a qual, por meio de seu controle, adquiriu novos meios de manter sob sujeição os oprimidos, cumpre notar que Engels aceita tanto a função social geral do Estado, pelo menos negativamente, como um mecanismo para impedir a desagregação social, e também aceita o elemento de ocultação do poder, ou domínio por mistificação ou consentimento ostensivo, implícito no fato de o Estado parecer colocar-se acima da sociedade. Assim, a teoria do Estado do marxismo maduro tornou-se bem mais sofisticada do que a simples equação "estado = poder de coerção = domínio de classe".

Uma vez que tanto Marx quanto Engels acreditavam na futura dissolução do Estado e na necessidade de um Estado ("proletário") de transição, bem como na necessidade de planejamento e gestão social até, pelo menos, o primeiro estágio do comunismo ("socialismo"), o futuro da autoridade política suscitava problemas complexos, que seus sucessores não solucionaram nem na teoria nem na prática. Já que o "Estado", como tal, era definido como o aparelho para governar homens, podia-se aceitar que o aparelho de governo que lhe sobreviveria se limitaria à "administração de coisas" e, portanto, não seria mais um Estado.[7] A distinção entre governo de homens e administração de coisas foi tirada, provavelmente, de um pensamento socialista anterior. Fora usada em especial por Saint-Simon. A distinção só se torna algo além de um artifício semântico se relacionada a certos pressupostos utópicos ou, de qualquer modo, muito otimistas, como, por exemplo, a ideia de que a "administração de coisas" seria tecnicamente mais simples e menos especializada do que se mostrou até agora, e, portanto, ao alcance de cidadãos não especializados — o ideal de Lênin de que todo cozinheiro fosse capaz de governar o Estado. Não parece haver dúvida de que Marx tinha a mesma ideia otimista.[8] Entretanto, durante o período de transição, o governo de homens ou, na frase mais precisa de Engels, "a intervenção do poder do Estado nas relações sociais" (*Anti-Dühring*) desapareceria, mas só aos poucos. Duas coisas ficam obscuras: quando o Estado começaria a desaparecer na prática, e como se processaria esse desaparecimento. A famosa passagem de Engels no *Anti-Dühring* só diz que isso ocorreria "por si só", mediante "definhamento". Para fins práticos, de pouco nos vale a declaração formal, puramente tautológica, de que esse processo começaria com "o primeiro ato em que o Estado apareça como o representante real de todo o conjunto da sociedade", a transformação dos meios de produção em propriedade social, pois isso só afirma que, ao representar o conjunto da sociedade, o Estado não pode mais ser classificado como Estado.

A preocupação de Marx e Engels com o fim do Estado é interessante não pelos prognósticos que se possam inferir dela, mas principalmente como uma clara indicação de suas esperanças para a futura sociedade comunista e da forma que lhe atribuíam: tanto mais clara porque as previsões deles para essa sociedade contrastam com a habitual relutância em especular sobre um futuro imprevisível. O legado que Marx e Engels deixaram para seus sucessores com relação a esse problema permaneceu enigmático e incerto.

Cumpre mencionar brevemente outra complicação da teoria marxista do Estado. Na medida em que não era um mero aparelho de governo, mas um aparelho baseado em *território* (*A origem da família*, Werke 21, p. 165), o Estado tinha também uma função no desenvolvimento econômico burguês como "nação", que seria a unidade desse desenvolvimento, pelo menos na forma de várias grandes unidades territoriais desse tipo (ver adiante). O futuro dessas unidades não é debatido por Marx ou por Engels, mas a insistência deles na manutenção da unidade nacional, em alguma forma centralizada, depois da revolução, ainda que levantasse problemas apontados por Bernstein e confrontados por Lênin,[9] não pode ser posta em dúvida. Marx sempre desaprovou o federalismo.

As ideias de Marx sobre a revolução começaram com a análise da principal experiência revolucionária de sua época, a da França a partir de 1789.[10] A França continuaria a ser, pelo resto de sua vida, o exemplo "clássico" da luta de classes em sua forma revolucionária e o principal laboratório de experiências históricas em que se formaram a estratégia e as táticas revolucionárias. Contudo, a partir do momento em que ele entrou em contato com Engels, a experiência francesa foi suplementada pela experiência do movimento proletário de massas, de que a Grã-Bretanha era então e continuou a ser, durante várias décadas, o único exemplo importante.

O momento crucial da Revolução Francesa, de ambos os pontos de vista, foi o período jacobino. O episódio teve uma relação ambígua com o Estado burguês,[11] uma vez que a natureza desse Estado consistiu em proporcionar campo livre para as operações anárquicas da sociedade civil/burguesa, enquanto, cada qual à sua maneira, tanto o Terror quanto Napoleão procuravam encaminhá-las para um quadro, dirigido pelo Estado, de nação/comunidade, o primeiro subordinando-as a uma "revolução permanente" — expressão usada pela primeira vez nesse contexto por Marx (*A sagrada família*, p. 130) —, o segundo levando-as à conquista e à guerra permanentes. A verdadeira sociedade burguesa surgiria depois do Termidor, e por fim a burguesia descobriu sua forma efetiva, "a expressão *oficial* de seu poder *exclusivo*, e o reconhecimento *político* de seus interesses *específicos*" no Estado parlamentar constitucional (*Repräsentativstaat*) na revolução de 1830 (*ibid.*, p. 132).

Todavia, ao aproximar-se o ano de 1848, passou-se a dar ênfase a outro aspecto do jacobinismo: a liquidação dos resquícios do feudalismo, que de outra forma poderiam ter perdurado durante décadas. Paradoxalmente, isso se deveu à intervenção, na revolução, do "proletariado", ainda demasiado imaturo para poder alcançar seus próprios objetivos.[12] O argumento continua relevante, apesar de que hoje não veríamos o movimento dos *sans-culottes* como "proletário", pois ele levanta o problema crucial do papel das classes populares numa revolução burguesa e também o problema das relações entre os burgueses e a revolução proletária. Tais problemas constituiriam os principais temas do *Manifesto comunista*, dos textos de 1848 e das discussões pós-1848, e haveriam de ser sempre um tema importante do pensamento político de Marx e Engels e do marxismo no século XX. Além disso, na medida em que o advento da revolução burguesa oferecia a possibilidade, seguindo o precedente jacobino, de levar a regimes que fossem *além* do governo burguês, o jacobinismo também indicava algumas características políticas desses regimes, como o centralismo e o papel do Legislativo.

Portanto, a experiência do jacobinismo lançou luz sobre o problema do Estado revolucionário de transição, inclusive sobre a "ditadura do proletariado", um conceito muito controverso nas posteriores discussões marxistas. A expressão surgiu pela primeira vez na análise marxista — não importa que tenha vindo de Blanqui ou não — depois da derrota de 1848-9, ou seja, no ambiente de uma possível reedição de alguma coisa como as revoluções de 1848. Referências posteriores ao conceito ocorrem principalmente após a Comuna de Paris e em conexão com as perspectivas do Partido Social-Democrata da Alemanha na década de 1890. Embora o conceito nunca tenha deixado de ser um elemento crucial na análise de Marx,[13] o contexto político em que era discutido mudou profundamente. Daí algumas das ambiguidades do debate subsequente.

Ao que parece, o próprio Marx nunca usou o termo "ditadura" para aludir a uma forma de governo institucional específica, mas sempre apenas para descrever o *conteúdo*, e não a forma, do domínio de um grupo ou uma classe. Assim, para ele a "ditadura" da burguesia podia existir com ou sem sufrágio universal.[14] É provável, porém, que numa situação revolucionária, quando o principal objetivo do novo regime proletário tem de ser ganhar tempo mediante a imediata tomada "das medidas necessárias para intimidar suficientemente a massa da burguesia",[15] tal domínio tendesse a ser mais abertamente ditatorial. O único regime que Marx realmente descreveu como uma ditadura do proletariado foi a Comuna de Paris, cujas características políticas que ele enfatizou eram o oposto de ditatoriais (no sentido literal). Engels mencionou tanto a "república democrática" como sua forma política específica, "como a Revolução Francesa já demonstrou",[16] quanto a Comuna de Paris. Entretanto, como Marx e Engels não construíram um modelo universalmente aplicável da *forma* da ditadura do proletariado, nem previram todos os tipos de situações em que ela poderia vigorar, de suas observações só podemos depreender que ela deveria combinar a transformação democrática da vida política das massas com medidas para evitar a contrarrevolução pela classe dominante derrotada. Não dispomos de textos que nos permitam especular sobre qual seria a atitude deles em relação a regimes pós-revolucionários do século XX, mas supõe-se quase com certeza que dariam absoluta prioridade inicial à manutenção do poder revolucionário proletário contra os perigos de derrubada. Um exército do proletariado era a precondição de sua ditadura.[17]

Como é notório, a experiência da Comuna de Paris indicou a necessidade de reformulações importantes das ideias de Marx e Engels sobre o Estado e a ditadura do proletariado. Não bastava simplesmente assumir o comando da velha máquina do Estado — era preciso eliminá-la. Aqui Marx parece ter pensado basicamente na burocracia centralizada de Napoleão III, assim como em seu exército e sua polícia. A classe operária "tinha de se proteger de seus próprios representantes e de suas autoridades" a fim de evitar "a transformação do Estado e dos órgãos do Estado, de servos da sociedade em seus senhores", como acontecera em todos os Estados prévios.[18] Embora nas discussões marxistas posteriores essa mudança tenha sido interpretada sobretudo como a necessidade de salvaguardar a revolução contra os perigos representados pela manutenção da *velha* máquina estatal, o perigo previsto diz respeito a *qualquer* máquina estatal à qual se conceda um poder autônomo, inclusive a da própria revolução. O sistema resultante, discutido por Marx com relação à Comuna de Paris, tem sido objeto de intensos debates desde então. No tocante a ele, pouca coisa é inequivocamente clara, exceto que deve ser formado por "servidores responsáveis (eleitos) da sociedade" e não por uma "corporação que se coloque acima da sociedade".[19]

Seja qual for sua forma precisa, o poder do proletariado sobre a burguesia derrotada tem de ser mantido durante um período de transição, de duração incerta e, sem dúvida, variável, enquanto a sociedade comunista gradualmente transforma a sociedade capitalista. Parece claro que Marx esperava que o governo, ou melhor, seus custos sociais, "definhasse" durante esse período.[20] Embora Marx fizesse distinção entre a "primeira fase da sociedade comunista, tal como brotou da sociedade capitalista depois de um longo e doloroso parto" e "uma fase superior", quando passa a ser possível a aplicação do princípio "de cada qual segundo sua capacidade, a cada qual, segundo suas necessidades", porque as velhas motivações e limitações sobre a capacidade e a produtividade humanas terão sido deixadas para trás,[21] ele não parece ter previsto nenhuma separação cronológica nítida entre as duas fases. Como Marx e Engels eram inflexíveis em sua recusa de pintar imagens da futura sociedade comunista, deve-se evitar, por ser capciosa, qualquer tentativa de concatenar observações fragmentárias ou genéricas sobre o assunto a fim de compor essa imagem. É óbvio que os comentários do próprio Marx sobre esses pontos, pinçados em um único documento insuficiente (o *Programa de Gotha*), não são exaustivos. Limitam-se a reafirmar princípios gerais.

Ao longo de todo o documento, a perspectiva pós-revolucionária é mostrada como um processo de desenvolvimento longo, complexo, não necessariamente linear e, em essência, imprevisível.

> As demandas gerais da burguesia francesa antes de 1789 estavam mais ou menos definidas, tal como, *mutatis mutandis*, estão as demandas imediatas do proletariado hoje em dia. Eram mais ou menos as mesmas em todos os países de produção capitalista. Contudo, nenhum pré-revolucionário francês do século XVIII tinha a mais longínqua ideia, *a priori*, da maneira como essas demandas da burguesia francesa viriam realmente a ser impostas.[22]

Mesmo depois da revolução, como ele fez notar em relação à Comuna, "a substituição das condições econômicas da escravidão do trabalho pelas condições do trabalho livre e associado só pode ser obra progressiva do tempo", e "a atual 'operação espontânea das leis naturais do capital e da propriedade fundiária' só pode ser substituída pela 'operação espontânea das leis da economia social do trabalho livre e associado' no decorrer de um prolongado processo de desenvolvimento de novas condições",[23] como ocorrera no passado com a economia escravagista e a feudal. Tudo o que a revolução podia fazer era dar início a esse processo.

Essa cautela com a previsão do futuro devia-se, em grande parte, ao fato de ser o proletariado, o principal agente e líder da revolução, ele próprio uma classe em processo de desenvolvimento. Os amplos contornos das ideias de Marx e Engels a respeito desse desenvolvimento, evidentemente baseadas, em essência, na experiência britânica de Engels na década de 1840, estão no *Manifesto comunista*: um progresso que parte da rebelião pessoal, avança por lutas econômicas localizadas e seccionais, primeiro informais, depois cada vez mais organizadas através dos sindicatos profissionais, e chega por fim a "uma só luta nacional entre as classes", que deve ser também uma luta política pelo poder. "A organização dos trabalhadores como uma classe" deve ser feita, "por conseguinte, na forma de um partido político." Esta análise não se alterou substancialmente durante o restante da vida de Marx, embora fosse um pouco modificada por causa da estabilidade e da expansão do capitalismo depois de 1848, e também em vista da experiência real acumulada por movimentos operários organizados. À proporção que diminuía a perspectiva de uma revolta imediata dos trabalhadores desencadeada por crises econômicas, Marx e Engels tornaram-se um pouco mais otimistas acerca da possibilidade de êxito da luta dos trabalhadores dentro do quadro do capitalismo, por meio da ação de sindicatos ou da aprovação de leis favoráveis,[24] embora Engels já houvesse esboçado, em 1845, o argumento de que o salário dos trabalhadores dependia, em algum grau, de um padrão de vida costumeiro ou adquirido, bem como de forças de mercado.[25] Segue-se que o desenvolvimento pré-revolucionário da classe operária seria mais longo do que Marx e Engels tinham desejado ou previsto antes de 1848.

Ao examinar esses problemas, é essencial, embora difícil, evitar ler nos textos clássicos o que não existe neles: um século de posteriores controvérsias marxistas. Na época de Marx e Engels, e no entender deles, o fundamental era transformar o movimento operário em um movimento de classe, pôr às claras o objetivo implícito em sua existência, que era substituir o capitalismo pelo comunismo. Mais urgente ainda era transformar o movimento operário num movimento político, num partido da classe operária, separado de todos os partidos das classes dominantes e voltado para a conquista do poder político. Por isso, era vital para os trabalhadores não se abster de ação política, nem permitir qualquer separação entre seu "movimento econômico e sua atividade política".[26] Por outro lado, a natureza desse partido era secundária, desde que ele fosse um partido de classe.[27] A palavra "partido" não tem aqui as acepções que adquiriu mais tarde, e não há nos textos de Marx e Engels referência alguma a tais acepções. Em meados do século XIX, a palavra indicava tanto os adeptos de um ideário ou causa política quanto os membros de um grupo formal organizado. Na década de 1850, Marx e Engels usavam a palavra com frequência para se referir à Liga Comunista, ao grupo da antiga *Neue Rheinische Zeitung* ou ao que sobrava de ambos, mas com o cuidado de explicar que a liga, tal como outras organizações revolucionárias anteriores, "era um mero episódio na história do partido, que se forma de maneira espontânea no solo da sociedade", ou seja, "o partido no sentido histórico mais amplo".[28] Nesse sentido, Engels podia aludir ao partido dos trabalhadores como um partido político "já existente na maioria dos países" (1871).[29] É evidente que a partir da década de 1870 Marx e Engels apoiaram, onde possível, a formação de um partido político *organizado*, desde que não fosse uma seita; e era natural que, nos partidos formados por seus seguidores ou sob a influência deles, problemas de organização interna, estrutura, disciplina etc. requeressem opiniões emanadas de Londres. Onde não existiam tais partidos, Engels continuou a usar o termo "partido" para se referir ao conjunto total dos grupos políticos (isto é, eleitorais) que expressavam a independência da classe operária, sem considerar sua forma: "não importa como, desde que seja um partido separado de trabalhadores".[30] Marx e Engels interessavam-se pouco, a não ser de passagem, pelos problemas de estrutura e organização partidária, ou de sociologia, que viriam a preocupar teóricos posteriores.

Por outro lado,

> os "rótulos" sectários devem ser evitados [...]. Os objetivos e tendências da classe operária procedem das condições gerais em que ela se encontra. Por conseguinte, esses objetivos e tendências são encontrados em toda a classe, ainda que o movimento se reflita, na cabeça de seus membros, das formas mais variadas, mais ou menos imaginárias, mais ou menos relacionadas a essas condições. Os que melhor compreendem o sentido oculto da luta de classes que acontece diante de nossos olhos — os comunistas — devem ser os últimos a cometer o erro de aprovar ou promover o sectarismo [1870].[31]

O partido deveria pretender ser a classe organizada, e Marx e Engels nunca se desviaram do que haviam declarado no *Manifesto*: que os comunistas não constituíam um partido separado, oposto a outros partidos da classe operária, nem criavam princípios sectários próprios com os quais moldar o movimento proletário.

Todas as controvérsias políticas do Marx maduro visaram a defender o tríplice conceito de (a) um movimento *político* do proletariado; (b) uma revolução vista não somente como uma transferência definitiva de poder, a ser sucedida por alguma utopia sectária, e sim como um momento crucial que daria início a um período de transição complexo e não prontamente previsível; (c) a manutenção, consequentemente necessária, de um sistema de autoridade política, uma "forma revolucionária e transitória de Estado".[32] Daí a especial contundência de sua oposição aos anarquistas, que rejeitavam tudo isso.

Assim, é inútil procurar em Marx alguma coisa que antecipe controvérsias posteriores, como aquela entre "reformistas" e "revolucionários", ou ler seus textos à luz de debates subsequentes entre direita e esquerda nos movimentos marxistas. O fato de seus textos terem sido lidos dessa forma faz parte da história do marxismo, mas pertence a um estágio tardio dessa história. Para Marx, o importante não era saber se os partidos da classe operária eram reformistas ou revolucionários, ou mesmo o que esses termos implicavam. Ele não via nenhum conflito, em princípio, entre a luta cotidiana dos trabalhadores pela melhoria de suas condições sob o capitalismo e a formação de uma consciência política que previsse a substituição do capitalista pela sociedade socialista, ou as ações políticas que levavam a esse fim. O importante para ele era a melhor forma de superar as várias expressões de imaturidade que impediam o desenvolvimento de partidos proletários — por exemplo, mantê-los sob a influência de vários tipos de radicalismo democrático (e, portanto, da burguesia ou da pequena burguesia), tentar associá-los a diferentes utopias ou fórmulas prontas para alcançar o socialismo, ou até mesmo desviá-los da necessária unidade na luta econômica e política. É anacrônico identificar Marx com uma ala "direita" ou "esquerda", "moderada" ou "radical" no movimento operário, internacional ou não. Daí a irrelevância e até o absurdo das discussões sobre se Marx, em algum momento dado, deixou de ser revolucionário para tornar-se gradualista.

A forma que tomariam a transferência do poder e a posterior transformação da sociedade dependeria do grau de desenvolvimento do proletariado e de seu movimento, que refletia tanto o estágio alcançado pelo desenvolvimento capitalista quanto seu próprio processo de aprendizado e amadurecimento pela práxis. Esse grau dependeria, naturalmente, da situação socioeconômica e política na época. Como era patente que Marx não se dispunha a esperar o proletariado se tornar uma ampla maioria numérica e a polarização de classes atingir um estágio avançado, é seguro dizer que ele previa que a luta de classes continuaria depois da revolução, ainda que "da maneira mais racional e humana".[33] Antes da revolução e durante um período indefinido depois dela, cabia esperar, pois, que o proletariado atuasse politicamente como o núcleo e o líder de uma coalizão de classes, com a vantagem de, graças à sua posição histórica, poder ser "visto como a única classe capaz de iniciativa social", mesmo que fosse ainda minoria. Não é exagero dizer que Marx considerava que a única "ditadura do proletariado" que ele realmente analisou, a Comuna de Paris, estava destinada idealmente a avançar mediante algo semelhante a uma frente popular de "todas as classes da sociedade que não vivem do trabalho alheio" sob a liderança e hegemonia dos trabalhadores.[34] Contudo, essas eram questões de avaliação concreta. Elas apenas confirmam que Marx e Engels não confiavam na atuação espontânea das forças históricas, e sim em ação política dentro dos limites do que a história possibilitava. Em todas as etapas da vida, eles sempre analisaram as situações tendo em mente a ação. Por isso, cumpre examinarmos a avaliação dessas situações.

Podemos distinguir três etapas na evolução da análise que Marx e Engels empreenderam: de 1845 a 1855, aproximadamente; os 25 anos seguintes, quando uma duradoura vitória da classe operária não parecia estar para acontecer; e os últimos anos de Engels, quando o surgimento de partidos proletários de massa parecia abrir novas perspectivas de transição nos países capitalistas avançados. Em outros lugares permanecia válida uma modificação das análises anteriores. Veremos a seguir os aspectos internacionais da estratégia de Marx e Engels.

A perspectiva de "1848" repousava em dois pressupostos. De acordo com o primeiro, que se mostrou correto, uma crise dos velhos regimes conduziria a uma generalizada revolução social; de acordo com o segundo, incorreto, a economia capitalista se desenvolvera o suficiente para permitir o triunfo do proletariado como resultado dessas revoluções. A classe operária, qualquer que fosse a sua definição, era na época, claramente, uma pequena minoria da população, exceto na Grã-Bretanha, onde — contra a previsão de Engels — não aconteceu revolução alguma. Além disso, era imatura e muito pouco organizada. Como previu Marx, de certa forma antecipando-se a Lênin, a burguesia alemã não poderia ou não desejaria fazer sua própria revolução, e um proletariado embrionário, dirigido por intelectuais comunistas, assumiria sua liderança,[35] ou, como ocorrera na França, a radicalização da revolução burguesa, iniciada pelos jacobinos, poderia continuar.

A primeira possibilidade mostrou-se inteiramente irrealista. A segunda ainda parecia possível mesmo depois da derrota de 1848-9. O proletariado tomara parte na revolução, como um membro subalterno, porém importante, de uma aliança de classes que se inclinava para a esquerda, partindo de segmentos da burguesia liberal. Numa tal revolução, as possibilidades de radicalização surgiram em vários momentos, com os moderados concluindo que a revolução já avançara o suficiente, enquanto os radicais desejavam aumentar a pressão, com exigências "que eram, pelo menos em parte, do interesse da grande massa do povo".[36] Na Revolução Francesa, essa radicalização só servira para reforçar a vitória da burguesia moderada. Não obstante, a possível polarização de antagonismos de classes na era capitalista, como na França de 1848-9, entre uma classe dominante burguesa, agora unida e reacionária, e uma frente de todas as demais classes poderia possibilitar que, pela primeira vez, uma derrota da burguesia tornasse "o proletariado, amadurecido pela derrota, o fator decisivo". Essa referência histórica à Revolução Francesa perdeu grande parte de seu sentido com o triunfo de Luís Napoleão.[37] Estava claro que muita coisa — como se veria, coisas demais — dependia da dinâmica específica da evolução política da revolução, pois as classes operárias da Europa continental, inclusive a parisiense, tinham atrás de si uma economia capitalista muito pouco desenvolvida.

A principal tarefa do proletariado consistia em radicalizar a revolução que viria, na qual, assim que a burguesia liberal se unisse no "partido da ordem", o "partido democrata", mais radical, provavelmente sairia vencedor. Isso era "manter permanente a revolução", que foi o principal lema da Liga Comunista em 1850[38] e que seria a base da efêmera aliança entre marxistas e blanquistas. Entre os democratas, a "pequena burguesia republicana" era o grupo mais radical e, como tal, o que mais dependia de apoio proletário. Era o estrato que deveria tanto pressionar o proletariado quanto ser combatido por ele. No entanto, o proletariado continuava a ser uma pequena minoria e, por isso, precisava de aliados, mesmo quando procurava substituir os democratas pequeno-burgueses na liderança da aliança revolucionária. Cabe observar, de passagem, que durante 1848-9 Marx e Engels, como a maioria da esquerda, subestimaram o potencial revolucionário ou até radical dos camponeses, que pouco lhes interessavam. Só depois da derrota, talvez incentivado por Engels (cujo livro *As guerras camponesas na Alemanha*, de 1850, já revelava o intenso interesse do autor pelo assunto), Marx veio a imaginar, pelo menos para a Alemanha, "alguma reedição da guerra camponesa" que apoiasse a revolução proletária (1856). O desenvolvimento revolucionário de tal confluência seria complexo e talvez prolongado. Tampouco era possível prever em que etapa surgiria a "ditadura do proletariado". Contudo, o modelo básico era, naturalmente, uma transição mais ou menos rápida de uma fase liberal inicial, seguida por uma etapa democrata-radical, para culminar naquela liderada pelo proletariado.

Até 1857, ano da crise capitalista mundial, Marx e Engels continuaram a desejar e até prever uma repetição, ampliada, das revoluções de 1848. Depois daquele ano, durante cerca de duas décadas, não tiveram esperança alguma de uma iminente e bem-sucedida revolução proletária, embora Engels mantivesse, mais que Marx, seu eterno otimismo. Com certeza não esperavam muito da Comuna de Paris e tiveram o cuidado de evitar declarações otimistas durante sua breve vida. Por outro lado, o rápido desenvolvimento, em todo o mundo, da economia capitalista e, principalmente, da industrialização na Europa Ocidental e nos Estados Unidos geravam agora grandes proletariados em vários países. Era na força crescente, na consciência de classe e na organização desses movimentos operários que eles agora depunham suas esperanças. Não se deve supor que isso fizesse alguma diferença fundamental para suas perspectivas políticas. Como já vimos, a revolução de fato, no sentido da transferência de poder (presumivelmente violenta), poderia se dar em várias etapas do longo processo de desenvolvimento, e iniciaria, por sua vez, um dilatado processo de transição pós-revolucionária. O adiamento da transferência de poder para uma etapa posterior do desenvolvimento da classe operária e do capitalismo sem dúvida afetaria a natureza do período de transição ulterior, mas, embora desapontasse revolucionários ansiosos de ação, dificilmente poderia alterar o caráter essencial do processo previsto. Entretanto, o importante nesse período da estratégia política de Marx e Engels é que, conquanto quisessem ter planos para qualquer eventualidade, não consideravam iminente ou provável uma bem-sucedida transferência de poder para o proletariado.

O crescimento dos partidos socialistas de massa, sobretudo depois de 1890, pela primeira vez criou a possibilidade, em alguns países desenvolvidos, de uma transição direta para o socialismo, sob governos proletários que haviam chegado ao poder via eleições. Esse fenômeno ocorreu depois da morte de Marx, e portanto não sabemos como ele o teria visto, embora haja indícios de que talvez reagisse de modo mais flexível e menos "ortodoxo" do que Engels.[39] No entanto, como Marx morreu antes que a tentação de se identificar com um florescente partido marxista de massa do proletariado alemão fosse tão forte, só se pode especular sobre isso. Há indícios de que foi Bebel quem persuadiu Engels de que agora era possível uma transição direta para o poder, passando ao largo da "etapa burguesa-radical intermediária",[40] antes vista como necessária em países que não tinham feito uma revolução burguesa. Seja como for, pareceu que daí em diante a classe operária não seria mais uma minoria, e sim — à frente de uma ampla aliança revolucionária, se tivesse sorte — um vasto estrato social que avançava para ser maioria, organizada como um *partido* de massa e reunindo aliados de outras camadas *ao redor daquele partido*. Aqui estava a diferença entre a nova situação e aquela (ainda singular) que havia na Grã-Bretanha, na qual o proletariado constituía a maioria numa economia francamente capitalista e havia alcançado "um certo grau de maturidade e universalidade", mas que — por motivos que Marx não se dera o trabalho de investigar — não criara um correspondente movimento político de classe.[41] Foi a essa perspectiva de uma "revolução da maioria", que poderia ser alcançada por meio de partidos socialistas de massa, que Engels dedicou seus últimos textos, ainda que devam ser lidos, até certo ponto, como reações a uma situação específica (alemã) nesse período.

Três peculiaridades caracterizavam a nova situação histórica que Engels tentou compreender. Existiam pouquíssimos precedentes para partidos de massa socialistas da classe operária desse novo tipo e nenhum para um fenômeno que se alastrava cada vez mais: partidos "social-democratas" nacionais praticamente sem concorrência na esquerda, como na Alemanha. As condições que lhes permitiram crescer, e que se tornaram mais comuns depois de 1890, foram a legalidade, a política constitucional e a ampliação do direito de voto. Ademais, as perspectivas de revoluções, como concebidas tradicionalmente, estavam agora muito mudadas (as mudanças internacionais serão examinadas adiante). As controvérsias entre os socialistas na era da Segunda Internacional refletem os problemas decorrentes dessas mudanças. Engels se envolveu somente em parte nas fases iniciais dessas polêmicas, que só se acirraram depois de sua morte. Na verdade, pode-se até dizer que Engels nunca analisou plenamente as possíveis implicações da nova situação. Não obstante, suas opiniões eram obviamente relevantes para essas controvérsias, ajudaram a lhes dar forma e vieram a ser tema de muito debate na imprensa, devido à própria impossibilidade de identificá-las com qualquer uma das tendências divergentes.

O que particularmente viria a provocar controvérsias foi a insistência de Engels nas novas possibilidades implícitas no sufrágio universal e o fato de ele abandonar as velhas perspectivas insurrecionais — posições claramente formuladas em um de seus últimos textos, a atualização de *A luta de classes na França* (1895), de Marx. A polêmica decorria da combinação de duas coisas: a afirmação de que a burguesia e o governo da Alemanha "temem muito mais a ação legal do partido dos trabalhadores do que a ilegal, mais o sucesso eleitoral do que a rebelião".[42] Na verdade, embora haja nos últimos textos de Engels certa ambiguidade, certamente não se pode ver em suas palavras uma aprovação das ilusões legalistas e eleitoreiras de posteriores social-democratas alemães e de outros países.

Engels renunciou às velhas esperanças de insurreição, não só por motivos técnicos, mas também porque o surgimento de claros antagonismos de classe, que possibilitaram os partidos de massa, também tornaram mais difíceis as velhas insurreições, vistas com simpatia por todas as camadas da população. Com isso, a reação podia agora angariar apoio junto a setores bem maiores das camadas médias. "Por isso, 'o povo' sempre parecerá dividido e com isso desaparece uma alavanca poderosa, que foi tão eficaz em 1848."[43] No entanto, ele se recusou — mesmo no caso da Alemanha — a deixar de lado ideias de confronto armado e, com seu habitual e excessivo otimismo, previu uma revolução alemã no período 1898-1904.[44] Aliás, sua argumentação em 1895 quase se limitou a demonstrar que, na situação vigente, partidos como o Partido Social-Democrata da Alemanha [Sozialdemokratische Partei Deutchland — SPD] ganhariam mais se utilizassem suas possibilidades legais. Assim, era provável que confrontos violentos e armados seriam iniciados não por insurretos, mas pela direita, contra os socialistas. Isso deu prosseguimento a uma linha de raciocínio já esboçada por Marx na década de 1870[45] em relação a países onde não existiam obstáculos constitucionais à eleição de um governo socialista nacional. A hipótese aqui era que, nesse caso, a luta revolucionária assumiria a forma de um conflito entre um governo "legítimo" e "rebeldes" contrarrevolucionários (como na Revolução Francesa e na Guerra de Secessão americana). Não há nenhum motivo para supormos que Engels tenha jamais discordado do parecer de Marx, para quem "nenhum grande movimento nasceu sem derramamento de sangue".[46] É evidente que Engels não achava que estivesse abandonando a revolução, mas simplesmente adaptando a estratégia e a tática revolucionárias a uma nova situação, como ele e Marx tinham feito durante toda a vida. O que lançou dúvida com relação a sua análise foi a descoberta de que o crescimento dos partidos social-democratas de massa não levava a alguma forma de confronto, e sim a alguma forma de integração do movimento no sistema. Se ele merece crítica, é por ter subestimado essa possibilidade.

Por outro lado, ele tinha intensa consciência dos perigos do oportunismo — "sacrificar o futuro do movimento em prol de seu presente"[47] — e fez o quanto pôde para salvaguardar os partidos dessas tentações, recordando e sistematizando as principais doutrinas e experiências daquele *corpus* que começava a ser chamado de "marxismo", ressaltando a necessidade de uma "ciência socialista",[48] insistindo na base essencialmente proletária do avanço socialista,[49] e, sobretudo, fixando os limites além dos quais tornavam-se inaceitáveis alianças políticas, transigências e concessões programáticas com vistas à conquista de apoio eleitoral.[50] No entanto, na realidade — e contra a intenção de Engels — isso contribuiu, sobretudo no partido alemão, para o alargamento da brecha entre a teoria e a doutrina, por um lado, e a atuação política real, por outro. A tragédia dos últimos anos de Engels, como podemos ver agora, foi que seus comentários sobre a situação concreta dos movimentos — lúcidos, realistas e, não raramente, de imensa perspicácia — serviram não para influenciá-los em sua práxis, e sim para fortalecer uma doutrina geral cada vez mais distante do que ele dizia. Sua previsão mostrou-se mais do que acertada: "Qual poderá ser a consequência de tudo isso, a não ser que o partido, de repente, no momento da decisão, não saiba o que fazer, que exista falta de clareza e insegurança quanto aos pontos mais terminantes, porque esses pontos nunca foram discutidos?".[51]

Quaisquer que fossem as perspectivas do movimento da classe operária, as condições políticas para a tomada do poder foram complicadas pela inesperada transformação da política burguesa após a derrota de 1848. Nos países que haviam passado por uma revolução, o regime político "ideal" da burguesia — o Estado parlamentar constitucional — ou não foi alcançado ou (como na França) foi posto de lado em favor de um novo bonapartismo. Em suma, a revolução burguesa havia fracassado em 1848 ou levara a regimes imprevistos cuja natureza causava mais preocupação a Marx do que qualquer outro problema relativo ao Estado burguês: Estados que visivelmente serviam aos interesses da burguesia, mas que não a representavam diretamente como classe.[52] Isso suscitava uma questão mais ampla, cujo interesse está longe de esgotado: a questão das relações entre uma classe dominante e o aparelho de Estado centralizado, criado primeiro pelas monarquias absolutistas, fortalecido pela revolução burguesa a fim de alcançar "a unidade burguesa da nação", que era a condição do desenvolvimento capitalista, mas que constantemente tendia a impor sua autonomia em relação a todas as classes, inclusive a burguesia.[53] (Esse é o ponto de partida da argumentação segundo a qual o proletariado, vitorioso, não pode meramente assumir a máquina do Estado, mas deve destruí-la.) Essa visão da convergência de classe e Estado, economia e "elite do poder", antecipa de modo claro grande parte dos desdobramentos no século XX. O mesmo acontece com a tentativa de Marx de proporcionar ao bonapartismo francês uma base social específica, neste caso o campesinato pequeno-burguês pós-revolucionário, isto é, uma classe "incapaz de fazer valer seu interesse de classe em seu próprio nome [...]. Não podem representar-se, têm de ser representados. Seu representante tem, ao mesmo tempo, de aparecer como seu senhor, como autoridade sobre eles, como um poder governamental ilimitado que os protege das demais classes e que do alto lhes manda o sol ou a chuva".[54] Aqui estão previstas várias formas posteriores de populismo demagógico, fascismo etc.

Marx e Engels não analisaram claramente o motivo pelo qual prevaleceriam essas formas de governo. A argumentação de Marx, segundo a qual o governo democrata-burguês esgotara suas possibilidades e que um sistema bonapartista, o derradeiro reduto contra o proletariado, seria, portanto, também a última forma de governo antes da revolução proletária,[55] mostrou-se evidentemente equivocada. Mais tarde, numa forma mais geral, Engels formulou (especialmente em *A origem da família*) uma teoria de "equilíbrio de classes" para explicar esses regimes bonapartistas ou absolutistas, com base em várias formulações de Marx, derivadas da experiência francesa. Essas formulações iam desde a sofisticada análise, no *18 de brumário*, de como os temores e as divisões internas do "partido da ordem", em 1849-51, haviam "destruído todas as condições de seu próprio regime, do regime parlamentar, no decorrer de sua luta contra as outras classes da sociedade" até afirmativas simplistas de que a causa residia "na fadiga e na impotência das duas classes antagônicas da sociedade".[56] Por outro lado, como muitas vezes ocorria, Engels, teoricamente mais modesto mas também mais empírico, insistiu na ideia de que o bonapartismo era aceitável para a burguesia porque ela não queria se aborrecer com governar diretamente — ou "não tem estofo" para isso.[57] A propósito de Bismarck, fazendo pilhéria ao dizer que o bonapartismo era "a religião da burguesia", ele argumentou que essa classe podia, como ocorria na Grã-Bretanha, permitir que uma oligarquia aristocrática se encarregasse das tarefas de governo segundo seu interesse, ou, na falta de tal oligarquia, adotar uma "semiditadura bonapartista" como a forma "normal" de governo. Essa insinuação fecunda só seria elaborada mais tarde, com relação às peculiaridades da coexistência de aristocratas e burgueses na Grã-Bretanha,[58] mas como uma observação de passagem. Ao mesmo tempo, depois de 1870, Marx e Engels mantiveram a ênfase no caráter constitucional-parlamentar do típico regime burguês — ou voltaram a ela.

Mas o que aconteceria à velha perspectiva de uma revolução burguesa, a ser radicalizada e transcendida por uma "revolução permanente", nos Estados onde as rebeliões de 1848 tinham sido simplesmente derrotadas, e os antigos regimes, restabelecidos? Em certo sentido, o próprio fato de a revolução ter ocorrido prova que os problemas que ela levantava *tinham* de ser resolvidos: "as tarefas reais [isto é, históricas], em contraposição às tarefas ilusórias de uma revolução, são sempre solucionadas em resultado dela".[59] Neste caso, elas foram resolvidas "por seus testamenteiros, Bonaparte, Cavour e Bismarck". Marx e Engels admitiram isso e, com sentimentos contraditórios, até com prazer. Mas no caso da unificação alemã por Bismark, "historicamente progressista", não elaboraram plenamente suas implicações. Assim, o apoio a um passo "historicamente progressista", dado por uma força reacionária, poderia conflitar com o apoio a aliados políticos da esquerda que se opusessem a esse passo. De fato, isso ocorreu com relação à Guerra Franco-Prussiana, a que Liebknecht e Bebel se opunham por motivos antibismarckianos (com o apoio da maior parte da esquerda de 1848), enquanto Marx e Engels inclinavam-se, em privado, a apoiá-la até certo ponto.[60] Apoiar "realizações historicamente progressistas", sem considerar quem as executa, encerra perigo, a não ser, é claro, *ex post facto*. (A antipatia e o desprezo de Marx por Napoleão III pouparam-no de dilemas análogos quanto à unificação da Itália.)

Mais seriamente, porém, havia a questão de como avaliar as indubitáveis concessões feitas à burguesia de cima para baixo (por exemplo, por Bismarck), às vezes descritas até como "revoluções de cima para baixo".[61] Embora as visse como historicamente inevitáveis, Engels — Marx pouco escreveu sobre elas — demorou a abandonar a opinião de que não eram duradouras. Ou Bismarck seria obrigado a uma solução mais burguesa ou a burguesia alemã "mais uma vez se veria compelida a cumprir seu dever político, opor-se ao presente sistema, de modo que finalmente haja algum progresso de novo".[62] Historicamente, Engels tinha razão, pois no decurso dos 75 anos seguintes a transigência bismarckiana e o poder dos junkers foram varridos, embora de maneiras que ele não previra. No entanto, no curto prazo — e na teoria geral do Estado que formularam —, Marx e Engels não se avieram de todo com o fato de que as soluções de compromisso de 1849-71 eram, para a maioria das classes burguesas, basicamente o equivalente a outro 1848 e não um sucedâneo medíocre. Elas exibiam poucos sinais de desejo ou necessidade de mais poder ou de um Estado mais completa e inequivocamente burguês — como o próprio Engels insinuara.

Nessas circunstâncias, continuou a luta por "democracia burguesa", mas sem seu anterior conteúdo de revolução burguesa. Embora essa luta, realizada cada vez mais sob a liderança da classe operária, conquistasse direitos que facilitaram enormemente a mobilização e a organização de partidos de massa da classe operária, não havia nenhuma comprovação da tese de Engels segundo a qual a república democrática, "a forma lógica [*konsequente*] do domínio burguês", seria também a forma em que se polarizaria e seria enfim travado o conflito entre a burguesia e o proletariado.[63] Ficou obscuro o caráter da luta de classes e das relações entre burgueses e proletários na república democrática, ou em seu equivalente. Em suma, deve-se admitir que a questão da estrutura política e da função do Estado burguês num capitalismo desenvolvido e estável não foi objeto de uma análise sistemática nos textos de Marx e Engels, à luz da experiência histórica dos países desenvolvidos depois de 1849. Isso não diminui o brilho e, em muitos casos, a profundidade de suas percepções e observações.

Contudo, apreciar a análise política de Marx e Engels sem sua dimensão internacional equivale a representar *Otelo* como se a ação não transcorresse em Veneza. A revolução era para eles um fenômeno essencialmente internacional, e não um mero agregado de transformações nacionais. A estratégia que imaginaram era essencialmente internacional. Não foi por acaso que o discurso de abertura que Marx proferiu na instalação da Primeira Internacional concluiu com um apelo às classes trabalhadoras para que dominassem os mistérios da política internacional e tomassem parte ativa nela.

Uma política e uma estratégia internacionais eram essenciais não só porque existia um sistema internacional de Estados, que afetava as probabilidades de sobrevivência de qualquer revolução, mas também, de modo mais geral, porque o desenvolvimento do capitalismo mundial se fazia, necessariamente, através da formação de unidades sociopolíticas separadas, como fica implícito no uso, por Marx, dos termos "sociedade" e "nação" quase como sinônimos.[64] Embora cada vez mais unificado, o mundo criado pelo socialismo era "uma interdependência universal de nações" (*Manifesto comunista*). Além disso, a sorte da revolução dependia de um sistema de relações internacionais, pois a história, a geografia, as forças desiguais e o desenvolvimento desigual punham seu desenvolvimento em cada país à mercê do que acontecia em outros lugares ou lhe conferia ressonância internacional.

O fato de Marx e Engels acreditarem no desenvolvimento capitalista por meio de várias unidades separadas ("nacionais") não deve ser confundido com a crença no que na época era chamado de "o princípio da nacionalidade", e hoje de "nacionalismo". Embora de início se vissem ligados a uma esquerda republicana-democrática profundamente nacionalista, uma vez que essa era a única esquerda efetiva, no plano nacional ou internacional, antes e durante 1848, eles rechaçavam o nacionalismo e a autodeterminação das nações como um fim em si mesmo.[65] Muitos de seus seguidores viriam a ser menos cautelosos ao traçar a linha entre socialistas proletários e democratas pequeno-burgueses (nacionalistas). É sabido que Engels nunca perdeu alguma coisa do nacionalismo alemão de sua juventude, bem como dos preconceitos nacionais a ele associados, principalmente contra os eslavos.[66] (Marx era menos afetado por tais sentimentos.) No entanto, sua crença no caráter progressista da unidade alemã, ou seu apoio à Alemanha em guerras, não se baseava no nacionalismo, embora ele, como alemão, certamente se agradasse disso. Durante grande parte da vida, Marx e Engels consideraram que era a França, e não sua própria pátria, o país decisivo para a revolução. A atitude de ambos em relação à Rússia, durante muito tempo o principal alvo de seus ataques e de seu desdém, modificou-se assim que uma revolução naquele país se tornou possível.

Assim, Marx e Engels podem ser criticados por subestimar a força política do nacionalismo em sua época ou por deixar de oferecer uma análise satisfatória desse fenômeno, mas não por incoerência política ou teórica. Eles não eram a favor de nações enquanto tais, e menos ainda a favor da autodeterminação para qualquer uma ou todas as nacionalidades enquanto tais. Como observou Engels, com seu habitual realismo, "não existe um único país na Europa em que nacionalidades diferentes não sejam submetidas ao mesmo governo [...]. E é quase certo que sempre será assim".[67] Como analistas, eles compreendiam que a sociedade capitalista se desenvolvia mediante a subordinação de interesses locais e regionais a grandes unidades — e provavelmente terão desejado, a partir do *Manifesto*, a formação de uma verdadeira sociedade mundial. Compreendiam, e na perspectiva da história aprovavam, a formação de várias "nações" através das quais atuavam esse processo e o progresso histórico e, por isso, rejeitavam propostas federalistas de "substituir aquela unidade dos grandes povos que, se em suas origens foi instaurada pela violência, se transformou num poderoso fator da produção social".[68] De início, compreenderam e aprovaram a conquista de áreas atrasadas, na Ásia e na América Latina, por nações burguesas avançadas, por motivos semelhantes. Da mesma forma, aceitaram que muitas nações pequenas não tinham justificativa para gozar de independência, e algumas poderiam até deixar de existir como nacionalidades, se bem que aqui estivessem claramente cegos a alguns processos contrários e visíveis na época, como ocorria entre os tchecos. Como Engels explicou a Bernstein,[69] sentimentos pessoais eram secundários, muito embora, quando coincidiam com uma avaliação política (como no caso de Engels em relação aos tchecos), deixassem um espaço indevido para a manifestação de preconceitos nacionais e, como se veria mais tarde, para o que Lênin haveria de chamar de "chauvinismo de grande nação".

Por outro lado, como políticos revolucionários, Marx e Engels defendiam aquelas nações e nacionalidades, grandes e pequenas, cujos movimentos apoiavam objetivamente a revolução e opunham-se àquelas que se achavam, objetivamente, do lado da reação. Em princípio, adotavam a mesma atitude para com as políticas dos Estados. Assim, o principal legado que deixaram a seus sucessores foi o firme princípio segundo o qual as nações e os movimentos de libertação nacional não deveriam ser encarados como fins em si mesmos, mas somente em relação ao processo, aos interesses e às estratégias da revolução mundial. Na maioria dos outros aspectos, o que deixaram foi uma herança de problemas, para não falar de vários comentários depreciativos que tinham de ser explicados habilmente por socialistas que tentavam organizar movimentos entre povos desdenhados pelos fundadores como anistóricos, atrasados ou condenados. Dispondo apenas do princípio básico, marxistas posteriores tiveram de construir uma teoria da "questão nacional" com pouca ajuda dos clássicos. Cumpre assinalar que isso se deveu não somente a uma grande mudança das circunstâncias históricas da era imperialista, como também ao fato de Marx e Engels não terem feito mais que uma análise muito parcial do fenômeno nacional.

A história determinou as três fases principais da estratégia revolucionária internacional de Marx e Engels: até 1848, inclusive esse ano; 1848-71; e de 1871 até a morte de Engels.

O palco decisivo da futura revolução proletária era a região de revoluções burguesas e de desenvolvimento capitalista avançado, ou seja, mais ou menos a área da França, da Grã-Bretanha, dos territórios alemães e, talvez, dos Estados Unidos. Marx e Engels mostraram pouco interesse, a não ser circunstancial, pelos países "avançados" menores e não decisivos do ponto de vista político, até que o surgimento de movimentos socialistas nesses países exigiu comentários por parte deles. Na década de 1840 podia-se esperar alguma revolução nessa zona, e isso realmente ocorreu, ainda que, como reconheceu Marx,[70] estivesse fadada ao fracasso pelo fato de a Grã-Bretanha não participar dela. Por outro lado, não existia ainda nenhum proletariado real ou movimento proletário de classe, a não ser na Grã-Bretanha.

Depois de 1848, a rápida industrialização promoveu o crescimento tanto das classes trabalhadoras quanto dos movimentos proletários, mas a perspectiva de revolução social na zona "avançada" tornava-se cada vez mais improvável. O capitalismo se estabilizara. Durante esse período, Marx e Engels só podiam esperar que alguma combinação de tensão política interna e conflito internacional produzisse uma situação capaz de gerar revolução, como realmente ocorreu na França em 1870-1. Contudo, no período final, que mais uma vez foi de crise capitalista em escala global, a situação mudou. Primeiro, partidos de massa da classe operária, principalmente sob influência marxista, transformaram as perspectivas de desenvolvimento interno nos países "avançados". Segundo, um novo elemento de revolução social surgiu nas margens da sociedade capitalista desenvolvida — na Irlanda e na Rússia. O próprio Marx tomou conhecimento dos dois casos mais ou menos ao mesmo tempo, em fins da década de 1860. (A primeira referência específica às possibilidades de uma revolução russa ocorre em 1870.)[71] A Irlanda deixou de estar muito presente nos cálculos de Marx depois da derrocada do fenianismo,[72] mas a Rússia se tornou cada vez mais importante: sua revolução poderia "constituir o sinal para a revolução proletária no Ocidente, de modo que uma complemente a outra" (1882).[73] O principal significado de uma revolução russa seria, é claro, transformar a situação nos países desenvolvidos.

Essas mudanças nas perspectivas de revolução levaram a uma importante transformação na atitude de Marx e Engels em relação à guerra. Em princípio, não eram mais pacifistas do que, também em princípio, democratas republicanos ou nacionalistas. E, como sabiam que a guerra era "a continuação da política por outros meios", no dizer de Clausewitz, tampouco acreditavam numa exclusiva causa econômica para a guerra, ao menos na época. Não há em seus textos nada que indique isso.[74] Em poucas palavras, esperavam que nas duas primeiras fases a guerra promovesse sua causa diretamente, e a esperança de guerra desempenhou uma parte importante, às vezes decisiva, em seus cálculos. Do fim da década de 1870 em diante — o ponto de virada se deu em 1879-80[75] —, passaram a ver uma guerra geral como um obstáculo, a curto prazo, para o avanço do movimento. Ademais, em seus últimos anos, Engels convenceu-se cada vez mais de que a nova guerra que havia previsto, provavelmente global, teria um caráter terrível. Como declarou profeticamente, ela teria "apenas um resultado garantido: uma carnificina em massa, em escala até então desconhecida, a exaustão da Europa num grau até então desconhecido e, por fim, o colapso de todo o velho sistema" (1886).[76] Previa que tal guerra acabasse com uma vitória do partido proletário, mas, como uma guerra "não era mais necessária" para se alcançar a revolução, ele esperava, é claro, que "evitaremos toda essa carnificina" (1885).[77]

Havia duas razões principais para que, de início, a guerra fosse parte integral e necessária da estratégia revolucionária, inclusive a de Marx e Engels. Primeira: era necessário vencer a Rússia, o maior baluarte da reação na Europa, a fiadora e restauradora do *statu quo* conservador. Na época a Rússia estava imune à subversão interna, salvo em seu flanco ocidental, na Polônia, cujo movimento revolucionário, por conseguinte, havia muito desempenhava um papel importante na estratégia internacional de Marx e Engels. A revolução estaria perdida, a menos que se transformasse numa guerra europeia de libertação contra a Rússia, e que essa guerra por sua vez ampliasse o âmbito da revolução, desintegrando os impérios da Europa Oriental. O ano de 1848 a estendera a Varsóvia, Debreczen e Bucareste, escreveu Engels em 1851; a próxima revolução deveria estendê-la a São Petersburgo e Constantinopla.[78] Tal guerra deveria forçosamente envolver a Inglaterra, a grande adversária da Rússia, e caberia a ela opor-se a um predomínio russo na Europa, o que teria a vantagem adicional e crucial de solapar outro esteio do *statu quo*, uma Grã-Bretanha estável e capitalista que dominava o mercado mundial — talvez até levando os cartistas ao poder.[79] A derrota da Rússia era a condição internacional essencial para progresso. É possível que a campanha um tanto obsessiva de Marx contra o ministro do Exterior britânico, Palmerston, fosse matizada por seu desapontamento com a recusa da Grã-Bretanha a arriscar-se a causar, com a guerra geral, uma grande perturbação no equilíbrio de poder na Europa. Isso porque, sem uma revolução europeia — e talvez até mesmo com ela —, era impossível uma grande guerra europeia contra a Rússia que não tivesse a participação da Inglaterra. Por outro lado, quando uma revolução russa se mostrou provável, essa guerra não era mais uma condição indispensável para a revolução em países adiantados, embora o fato de não ocorrer uma revolução na Rússia tenha levado Engels mais uma vez a ver esse país como o supremo baluarte da reação.

Em segundo lugar, essa guerra seria o único meio de unificar e radicalizar as revoluções europeias — processo para o qual as guerras revolucionárias francesas da década de 1790 ofereciam um precedente. Uma França revolucionária, que voltasse às tradições internas e externas do jacobinismo, era a única líder óbvia de tal aliança bélica contra o tsarismo, tanto porque a França dera início às revoluções europeias quanto porque contava com o mais poderoso exército revolucionário. Essa esperança também se desfez em 1848, e, embora a França continuasse a desempenhar um papel crucial nos cálculos de Marx e Engels — e, aliás, ambos subestimaram de maneira bastante consistente a estabilidade e as realizações do Segundo Império e previam sua derrubada iminente —, a partir da década de 1860 a França tornou-se incapaz de representar o papel principal na revolução europeia que antes lhe era atribuído.

Entretanto, se no período de 1848 uma guerra era vista como o resultado lógico e como a ampliação da revolução europeia, assim como a condição de seu êxito, nos vinte anos que se seguiram ela teve de ser vista como a maior esperança de desestabilizar o *statu quo* e, assim, liberar as tensões internas nos países. A esperança de que isso fosse alcançado mediante uma crise econômica morreu em 1857.[80] Depois disso, nunca mais Marx e Engels nutriram seriamente esse tipo de esperança em relação a qualquer crise econômica, nem mesmo em 1891.[81] O cálculo deles estava correto: as guerras desse período tiveram o efeito previsto, embora não do modo que desejavam, pois não provocaram revolução em nenhum país europeu importante, salvo na França, cujo papel internacional, como vimos, havia mudado. Por isso, como já se disse, Marx e Engels viram-se cada vez mais compelidos à nova posição de decidir entre as políticas internacionais das potências existentes, todas burguesas ou reacionárias.

Essas escolhas eram acadêmicas, naturalmente, uma vez que Marx e Engels não tinham como influenciar as políticas de Napoleão III, Bismark ou qualquer outro estadista, nem havia movimentos socialistas e operários cuja atitude os governos tivessem de levar em conta. De mais a mais, embora às vezes a política "historicamente progressista" fosse bem clara — cumpria fazer oposição à Rússia, apoiar o Norte contra o Sul na Guerra de Secessão americana —, as complexidades da Europa criavam espaço ilimitado para especulações e debates inconclusivos. Não é em absoluto evidente que Marx e Engels estivessem mais certos do que Lassalle na atitude que tomaram em relação à guerra italiana de 1859,[82] se bem que na prática a atitude de nenhum dos dois lados importasse muito na época. Quando houvesse partidos socialistas de massa que se sentissem obrigados a prestar apoio a um Estado burguês em conflito com outro, as implicações políticas desses debates se tornariam maiores. Com certeza, uma razão que fez com que Engels (e até Marx) começasse a abandonar, em seus cálculos, a ideia de que a guerra internacional pudesse ser um instrumento de revolução foi a descoberta de que ela levaria ao "recrudescimento do chauvinismo em todos os países",[83] o que beneficiaria as classes dominantes e debilitaria os movimentos que agora se fortaleciam.

Se as perspectivas de revolução no período que se seguiu a 1848 não eram boas, isso aconteceu em grande parte porque a Grã-Bretanha era o principal baluarte da estabilidade capitalista, como a Rússia era a praça-forte da reação. "A Rússia e a Inglaterra são as duas grandes pedras angulares do atual sistema europeu."[84] A longo prazo, os britânicos só começariam a se mexer quando o monopólio mundial do país se aproximasse do fim, e isso começou a acontecer na década de 1880, fato que em várias ocasiões foi analisado e bem acolhido por Engels. Enquanto a perspectiva de revolução na Rússia corroía uma das pedras angulares do sistema, o fim do monopólio mundial britânico corroía a outra, se bem que ainda na década de 1890 as expectativas de Engels em relação ao movimento britânico continuassem bastante modestas.[85] A curto prazo, Marx esperava "acelerar a revolução social na Inglaterra", tarefa que ele reputava como a mais importante da Primeira Internacional — e não de forma inteiramente irrealista, porquanto "é o único país em que as condições materiais para a revolução (da classe operária) alcançaram um certo grau de maturidade"[86] —, através da Irlanda. A Irlanda dividia os trabalhadores britânicos segundo linhas raciais, dava-lhes um evidente interesse comum em explorar outro povo e proporcionava a base econômica para a oligarquia fundiária britânica, cuja derrubada teria de ser o primeiro passo no avanço da Grã-Bretanha.[87] A descoberta de que um movimento de libertação nacional numa colônia agrária podia tornar-se um elemento crucial para fazer a revolução num império avançado antecipou desdobramentos marxistas na era de Lênin. Tampouco foi por acaso que na mente de Marx essa descoberta estivesse associada a outra, a do potencial da revolução na Rússia agrária.[88]

Na fase final da estratégia de Marx (ou, mais precisamente, de Engels), a situação internacional achava-se radicalmente transformada pela prolongada depressão capitalista mundial, pelo declínio do monopólio mundial da Grã-Bretanha, pelo contínuo avanço industrial da Alemanha e dos Estados Unidos e pela probabilidade de revolução na Rússia. Além disso, pela primeira vez desde 1815, era visível que se aproximava uma guerra mundial, observada e analisada com notável discernimento e conhecimento militar por Engels. Todavia, como vimos, a política internacional das potências agora desempenhava um papel muito menor, ou antes, mais negativo, em seus cálculos. Ela era levada em consideração sobretudo à luz de suas repercussões sobre a sorte dos partidos socialistas, que vinham crescendo, e como um obstáculo, não como possível ajuda ao avanço desses partidos.

Em certo sentido, o interesse de Engels pela política internacional vinha se concentrando cada vez mais no movimento operário, que, em seus últimos anos de vida, organizou-se mais uma vez como uma Internacional. Isso porque os avanços de cada movimento podiam fortalecer, promover ou inibir os demais. Isso fica claro em seus textos, embora não precisemos atribuir significados excessivos em suas ocasionais comparações da situação na década de 1890 com a que existia antes de 1848.[89] Ademais, era natural supor que a sorte do socialismo seria determinada na Europa (na falta de um movimento forte nos Estados Unidos) e nos movimentos operários nas principais potências continentais, que agora incluíam também a Rússia (na ausência de um movimento forte na Grã-Bretanha). Apesar de bem-vindos, Engels não dedicou muita atenção aos movimentos na Escandinávia ou nos Países Baixos, praticamente nenhuma aos dos Bálcãs, e tendia a considerar quaisquer movimentos em países coloniais como irrelevantes ou como consequência de fatos ocorridos nas metrópoles.

Além de reafirmar o firme princípio de que "o proletariado vitorioso não pode forçar nenhum tipo de 'felicidade' sobre nenhum povo estrangeiro sem diminuir sua própria vitória" (*ibid.*, p. 358), ele pouco pensou no problema da libertação colonial.[90] Com efeito, é surpreendente a pouca atenção que ele dedicou a esses problemas, que, quase tão logo suas cinzas foram espalhadas, se impuseram à esquerda internacional na forma do amplo debate sobre o imperialismo. "Temos de trabalhar pela libertação do proletariado da Europa Ocidental", disse ele a Bernstein em 1882, "e subordinar todas as outras metas a esse objetivo."[91]

Nessa área central de avanço proletário, o movimento internacional era agora de partidos nacionais, e tinha de ser assim, à diferença do período anterior a 1848.[92] Isso suscitava o problema de coordenar suas operações e do que fazer em relação a conflitos que surgiam de reivindicações e presunções nacionais nos vários movimentos. Alguns desses conflitos podiam ser diplomaticamente adiados para um futuro indefinido mediante fórmulas adequadas (por exemplo, alusão a uma eventual autodeterminação),[93] embora socialistas na Rússia e na Áustria-Hungria estivessem mais conscientes do que Engels de que no caso de certos conflitos isso não era possível. Pouco mais de um ano depois da morte de Engels, Kautsky admitiu francamente que a "velha posição de Marx quanto aos poloneses", à Questão Oriental e aos tchecos não podia mais ser mantida.[94] Além disso, a força desigual e a importância estratégica de vários movimentos criavam dificuldades menores, porém incômodas. Por exemplo, os franceses haviam assumido tradicionalmente "uma missão como libertadores do mundo e, portanto, o direito de estar à testa" do movimento internacional.[95] Todavia, a França já não tinha condições de exercer esse papel, e o movimento francês, cindido, confuso e muito infiltrado pelo republicanismo radical pequeno-burguês e outros elementos perturbadores, mostrava-se desapontador — e pouco disposto a escutar Marx e Engels.[96] Em dado momento Engels chegou a sugerir que o movimento austríaco substituísse o francês como "vanguarda".

Por outro lado, o crescimento espetacular do movimento alemão, para não falar de sua estreita ligação com Marx e Engels, agora o tornava, claramente, a principal força no avanço socialista internacional.[97] Embora Engels não acreditasse na subordinação de outros movimentos a um partido condutor, exceto, talvez, num momento de ação imediata,[98] estava evidente que os interesses do socialismo mundial seriam mais bem atendidos pelo progresso do movimento alemão. Esse juízo não se limitava aos socialistas alemães. Ainda se fazia muito presente nos primeiros anos da Terceira Internacional. Já a ideia, também exposta por Engels no começo da década de 1890, de que, na eventualidade de uma guerra europeia, seria desejável[99] a vitória da Alemanha sobre uma aliança franco-russa não era aceita em outros países, ainda que a perspectiva de a revolução surgir da derrota, que ele expôs aos franceses e russos, certamente tenha agradado a Lênin. É ocioso especular sobre o que Engels teria pensado em 1914, se ainda estivesse vivo na época, e ilegítimo supor que teria mantido as mesmas posições que defendia na década de 1890. É provável também que os países socialistas, de modo geral, decidissem apoiar seus governos, mesmo que o partido alemão não apelasse para a autoridade de Engels. Entretanto, o legado que ele deixou para a Internacional no tocante a questões de relações internas e, sobretudo, quanto à guerra e à paz foi ambíguo.

Como resumir o legado geral de ideias sobre política que Marx e Engels deixaram a seus sucessores? Em primeiro lugar, esse legado acentuava a subordinação da política ao desenvolvimento histórico. A vitória do socialismo era historicamente inevitável em virtude do processo sumarizado por Marx na famosa passagem sobre a tendência histórica da acumulação capitalista em *O capital* I, culminando na profecia sobre a "expropriação dos expropriadores".[100] O esforço político socialista não criava "a revolta da classe operária, uma classe em constante aumento numérico e disciplinada, unida, organizada pelo próprio mecanismo do processo da produção capitalista", mas se baseava nela. As perspectivas do esforço político socialista dependiam fundamentalmente da etapa alcançada pelo desenvolvimento capitalista, em todo o mundo e em cada país, e portanto uma análise marxista da situação, sob essa luz, constituía a base necessária para a estratégia política socialista. A política integrava-se à história, e a análise marxista mostrava quanto a política era impotente para atingir seus fins se não estivesse assim integrada; e, inversamente, como era invencível o movimento da classe operária, sempre integrado à história.

Em segundo lugar, a política era crucial na medida em que a classe operária, inevitavelmente triunfante, se organizaria politicamente (isto é, como "partido") e visaria à transferência do poder político, que seria exercido por um sistema transitório de autoridade do Estado submetida ao proletariado. A ação política era, assim, a essência do papel do proletariado na história. O proletariado atuava *através* da política, ou seja, dentro dos limites fixados pela história — escolha, decisão e ação consciente. É provável que durante a vida de Marx e Engels, bem como durante a Segunda Internacional, o principal critério que distinguia os marxistas da maioria dos demais socialistas, comunistas e anarquistas (exceto os anarquistas que seguiam a tradição jacobinista) e dos movimentos cooperativos e sindicalistas "puros" era a fé no papel essencial da política antes, durante e após a revolução. A ênfase na política pode ter sido exagerada por causa da controvérsia entre Marx e os anarquistas proudhonianos e bakuninianos, mas não resta nenhuma dúvida quanto à sua importância. Para o período pós-revolucionário, as implicações dessa atitude ainda eram acadêmicas. Para a etapa pré-revolucionária, elas envolviam o partido proletário, forçosamente, em todo tipo de atividades políticas sob o capitalismo.

Em terceiro lugar, eles viam essa política essencialmente como uma luta de classes dentro de Estados que representavam a classe dominante (ou as classes), a não ser em certas conjunturas históricas especiais, como as de equilíbrio de classes. Do mesmo modo que Marx e Engels defendiam o materialismo contra o idealismo na filosofia, também criticavam constantemente a ideia de que o Estado se superpunha às classes, representava o interesse comum de toda a sociedade (exceto negativamente, como salvaguarda contra seu colapso) ou era neutro em relação às classes. O Estado era um fenômeno histórico da sociedade de classes, mas enquanto existisse representaria o domínio de classe — embora não necessariamente na forma simplificada, para fins de agitação, de um "comitê executivo da classe dominante". Isso impunha limites tanto ao envolvimento dos partidos proletários na vida política do Estado burguês quanto sobre o que se podia esperar que esse Estado lhes concedesse. Assim, o movimento proletário operava tanto nos domínios da política burguesa quanto fora deles. Como o poder era definido como o principal conteúdo do Estado, seria fácil supor (apesar de Marx e Engels não o terem feito) que o poder era sempre a única questão significativa na política e na discussão do Estado.

Em quarto lugar, quaisquer que fossem as atividades por ele exercidas, o Estado proletário transitório deveria eliminar a separação entre povo e governo, entendido este como um conjunto especial de governantes. Poderíamos dizer que o Estado tinha de ser "democrático", se essa palavra não estivesse identificada no linguajar cotidiano com um tipo de governo institucional e específico, formado por assembleias de representantes parlamentares periodicamente eleitos, o que Marx rejeitava. No entanto, num sentido não identificado com instituições específicas e que lembravam certos aspectos de Rousseau, o Estado era uma "democracia". Esta tem sido a parte mais difícil do legado de Marx para seus sucessores, uma vez que — por motivos que vão além do âmbito desta exposição — até agora todas as tentativas reais de construir o socialismo segundo princípios marxistas têm fortalecido um aparelho de Estado independente (tal como nos regimes não socialistas), ao passo que os marxistas têm se mostrado relutantes a abandonar a aspiração que Marx com tanta firmeza considerava um aspecto essencial do desenvolvimento da nova sociedade.

Por fim, e até certo ponto deliberadamente, Marx e Engels deixaram para seus sucessores um pensamento político com vários espaços vazios ou preenchidos de modo ambíguo. Como as formas reais da estrutura política e constitucional antes da revolução só eram relevantes para eles na medida em que facilitavam ou inibiam o progresso do movimento, deram-lhes pouca atenção sistemática, embora tecessem livremente comentários sobre uma ampla variedade de casos e situações concretas. Como se recusassem a especular a respeito dos detalhes da sociedade socialista vindoura e de suas disposições, ou mesmo sobre os detalhes do período transitório depois da revolução, deixaram para seus sucessores pouco mais do que alguns princípios gerais dentro dos quais essa sociedade seria construída. Assim, não restou nenhuma orientação concreta, de aplicação prática, com relação a problemas como a natureza da socialização da economia ou os meios de planejá-la. Além disso, há algumas questões para as quais não ofereceram nenhuma orientação, fosse ela geral, ambígua ou até mesmo obsoleta, porque nunca tiveram necessidade de levá-las em consideração.

No entanto, o que deve ser ressaltado não é o que os marxistas posteriores puderam ou não puderam extrair do legado de seus fundadores, ou o que tiveram de criar por conta própria, e sim sua extrema originalidade. O que Marx e Engels rejeitaram — persistente, militante e polemicamente — foi a abordagem tradicional da esquerda revolucionária de sua época, inclusive a de todos os socialistas anteriores,[101] uma abordagem que ainda não perdeu suas tentações. Eles rejeitaram as dicotomias simples daqueles que se dispunham a substituir a sociedade ruim pela boa, a desrazão pela razão, o preto pelo branco. Rejeitavam os modelos programáticos aprioristicos das diversas variantes da esquerda, não sem observar que, embora cada variante tivesse esse modelo, que chegava aos mais elaborados planos de utopia, e por vezes os incorporava, poucos desses modelos concordavam entre si. Rejeitavam também a tendência a criar modelos operacionais fixos — por exemplo, prescrever a forma exata da mudança revolucionária, declarando ilegítimas todas as demais, rejeitar ou confiar exclusivamente em ação política etc. Rejeitavam o voluntarismo anistórico.

Em vez disso, inseriam firmemente a ação do movimento no contexto do desenvolvimento histórico. A forma do futuro e as tarefas de ação só podiam ser discernidas mediante a descoberta do processo de desenvolvimento social que levaria a elas, e essa descoberta só se tornava possível, ela própria, em certo estágio do desenvolvimento. Se isso limitava a visão do futuro a alguns poucos princípios estruturais aproximados, excluindo as previsões especulativas, dava às esperanças socialistas a certeza da inevitabilidade histórica. Em termos da ação política concreta, decidir o que era necessário e possível (tanto no plano global quanto em regiões e países específicos) requeria uma análise do desenvolvimento histórico e de situações concretas. Assim, a decisão política inseria-se num quadro de mudança histórica, o que não dependia de decisão política. Era inevitável que isso tornasse ambíguas e complexas as tarefas dos comunistas na política.

Ambíguas porque os princípios gerais da análise marxista eram demasiado amplos para oferecer uma orientação política específica, se tal fosse necessário. Isso é particularmente válido para os problemas da revolução e da subsequente transição para o socialismo. Gerações de comentaristas esquadrinharam os textos em busca de uma afirmação clara de como seria a "ditadura do proletariado", mas em vão, porque os fundadores estavam interessados basicamente em estabelecer a necessidade histórica desse período. E eram complexas porque a atitude de Marx e Engels em relação às *formas* da ação e da organização política, em contraposição a seu *conteúdo*, e às instituições formais entre as quais eles atuavam era tão determinada pela situação concreta em que eles se viam que não podia ser reduzida a nenhum conjunto de regras *permanentes*. Em qualquer momento dado e em qualquer país ou região, a análise política marxista podia ser formulada como um conjunto de recomendações de políticas (como, por exemplo, nos Discursos do Conselho Geral em 1850), mas não se aplicavam, por definição, a situações diferentes daquelas para as quais tinham sido compiladas — como Engels observou em suas reflexões posteriores sobre *As lutas de classes na França*, de Marx. As situações pós-marxianas, porém, eram inevitavelmente diferentes das que se verificaram durante a vida de Marx, e as semelhanças entre elas só podiam ser descobertas por uma análise histórica tanto da realidade enfrentada por Marx quanto daquela para as quais os marxistas posteriores buscavam orientação. Tudo isso tornava praticamente impossível extrair dos textos clássicos algo semelhante a um manual de instrução estratégica e tática, sendo até perigoso usar aqueles textos como um conjunto de precedentes, muito embora tenham sido utilizados assim. O que se podia aprender com Marx era o método com que enfrentava as tarefas de análise e ação; não havia como extrair dos textos clássicos lições prontas.

E era isso, com certeza, que Marx desejaria que seus adeptos aprendessem. No entanto, a tradução de suas ideias em fórmulas para inspirar movimentos de massa, partidos e grupos políticos organizados trouxe consigo, inelutavelmente, o que E. Lederer uma vez chamou de "a conhecida estilização abreviada e simplificadora que brutaliza o pensamento e à qual toda grande ideia é e deve ser exposta, para que faça as massas se moverem".[102] Continuamente, um guia de ação era tentado a deixar-se transformar em dogma. Em nenhuma parte da teoria marxista isso foi tão nocivo, tanto para a teoria quanto para o movimento, do que no campo do pensamento político de Marx e Engels. Mas isso representa o que o marxismo se tornou, o que talvez fosse inevitável, talvez não. Representa uma derivação de Marx e Engels, ainda mais depois que os textos dos fundadores adquiriram um *status* clássico ou até canônico. Isso não representa o que Marx e Engels pensaram e escreveram; representa apenas, às vezes, como eles agiam.

4. A situação da classe trabalhadora na Inglaterra

Friedrich Engels, muitas vezes esquecemos, tinha 24 anos de idade quando escreveu *A situação da classe trabalhadora na Inglaterra*. Suas qualificações para essa tarefa não podiam ser melhores. Ele pertencia a uma família de fabricantes de tecidos de Barmen, na Renânia, que, além de abastada, tivera o bom senso de criar uma filial (Ermen & Engels) em Manchester, o centro nevrálgico do capitalismo industrial. Cercado pelos horrores dos primórdios do capitalismo industrial e reagindo à carolice estreita e hipócrita de seu lar, o jovem Engels seguiu o caminho habitual dos jovens intelectuais progressistas alemães do fim da década de 1830. Tal como seu contemporâneo Karl Marx, ligeiramente mais velho, tornou-se um "hegeliano de esquerda" — na época, a filosofia de Hegel dominava a educação superior em Berlim, capital da Prússia —, inclinando-se cada vez mais para o comunismo, e começou a publicar artigos em vários periódicos nos quais a esquerda alemã procurava formular sua análise crítica da sociedade. Logo passou a considerar-se comunista. Não está claro se a decisão de residir na Inglaterra por algum tempo foi dele ou de seu pai. É provável que ambos a desejassem por diferentes motivos: o velho Engels, para afastar o filho revolucionário da agitação da Alemanha e transformá-lo num respeitável homem de negócios; o filho, para estar no centro do capitalismo e perto dos grandes movimentos do proletariado britânico, que ele já via como a força revolucionária crucial do mundo moderno.

Engels partiu para a Inglaterra no outono de 1842, fazendo seu primeiro contato pessoal com Marx durante a viagem, e lá permaneceu durante quase dois anos, observando, estudando e formulando suas ideias.[1] É seguro afirmar que nos primeiros meses de 1844 estava trabalhando no livro, embora a maior parte dele tenha sido escrita no inverno de 1844-5. A obra foi lançada em sua forma final em Leipzig, no verão de 1845, com um prefácio e uma dedicatória (em inglês) "às classes trabalhadoras da Grã-Bretanha".[2] Foi publicada em inglês, com ligeiras revisões do autor, mas com prefácios alentados, em 1887 (edição americana) e 1892 (edição britânica). Ou seja, foi preciso quase meio século para que essa obra-prima sobre os estágios iniciais da indústria na Inglaterra chegasse ao país que a tinha inspirado. Contudo, desde então tornou-se uma obra conhecida por todos que estudam a Revolução Industrial.

A ideia de escrever um livro sobre as condições das classes trabalhadoras não era em si original. Já na década de 1830 estava claro para todo observador perspicaz que as áreas economicamente adiantadas da Europa enfrentavam um problema social que não era mais simplesmente dos "pobres", e sim de uma classe que não tinha precedentes históricos, o proletariado. Por isso, as décadas de 1830 e 1840, um período decisivo na evolução do capitalismo e do movimento operário, assistiram a uma multiplicação de livros, panfletos e pesquisas sobre a situação das classes trabalhadoras em toda a Europa Ocidental. O livro de Engels é a obra mais importante nessa linha, embora *Tableau de l'état physique et moral des ouvriers employés dans les manufactures de coton, de laine et de soie* [Descrição do estado físico e moral de trabalhadores empregados nas manufaturas de algodão, lã e seda] (1840), de L. Villermé, mereça menção como um excelente trabalho de pesquisa social. Estava claro também que o problema do proletariado não era só regional ou nacional, mas internacional. Buret comparou a situação da classe operária inglesa à da francesa (*La misère des classes laborieuses en France et en Angleterre*, 1840), e Ducpétiaux compilou dados sobre as condições de trabalhadores jovens em toda a Europa em 1843. Portanto, o livro de Engels não foi um fenômeno literário isolado, fato que periodicamente leva antimarxistas a acusá-lo de plágio, quando não conseguem pensar em coisa melhor.[3]

Entretanto, em vários aspectos o livro diferia de obras contemporâneas aparentemente semelhantes. Em primeiro lugar, como o próprio Engels afirmou corretamente, era o primeiro livro, na Grã-Bretanha ou em qualquer outro país, a tratar da classe operária como um todo e não somente de determinados segmentos e setores industriais. Em segundo lugar, e isso era mais importante, não se tratava de um mero levantamento das condições da classe operária, mas de uma análise geral da evolução do capitalismo industrial, do impacto social da industrialização e de suas consequências políticas e sociais — inclusive do crescimento do movimento operário. Na realidade, era a primeira tentativa em grande escala de aplicar o método marxista ao estudo concreto da sociedade e, provavelmente, a primeira obra de Marx ou Engels que os fundadores do marxismo julgavam ter valor suficiente para merecer preservação permanente.[4] Entretanto, como Engels deixa claro no prefácio de 1892, seu livro ainda não representava um marxismo maduro, e sim "uma das fases de seu desenvolvimento embrionário". Para a interpretação madura e plenamente formulada, temos de recorrer a *O capital*, de Marx.

ARGUMENTO E ANÁLISE

O livro começa com um breve apanhado da Revolução Industrial, que transformou a sociedade britânica e criou, como seu principal produto, o proletariado (capítulos 1-2). Essa é a primeira das realizações pioneiras de Engels, pois a *Situação* é, provavelmente, a primeira obra de envergadura cuja análise se baseia, de maneira sistemática, no conceito de Revolução Industrial — um conceito que era então inovador e experimental, tendo surgido apenas na década de 1820 em discussões socialistas britânicas e francesas. A exposição histórica que Engels faz dessa transformação não pretende originalidade histórica. Embora ainda útil, foi superada por obras posteriores e mais completas.

Do ponto de vista social, Engels vê as transformações ocasionadas pela Revolução Industrial com um gigantesco processo de concentração e polarização, cuja tendência é criar um crescente proletariado e uma burguesia decrescente, formada por capitalistas cada vez mais ricos, reunindo as duas classes numa sociedade cada vez mais urbanizada. A ascensão da indústria capitalista destrói os pequenos produtores de bens acabados, o campesinato e a pequena burguesia, e o declínio dessas camadas intermediárias, ao privar o trabalhador da possibilidade de se tornar um pequeno mestre, o confina às fileiras do proletariado, que se torna assim "uma classe definida na população, ao passo que antes fora apenas uma etapa transitória para o ingresso na classe média". Os trabalhadores, por conseguinte, desenvolvem uma consciência de classe — expressão não utilizada por Engels — e organizam um movimento operário. Essa foi uma das grandes realizações de Engels. Nas palavras de Lênin, "ele foi um dos primeiros a dizer que o proletariado *não é só* uma classe que sofre; que é precisamente sua condição econômica vergonhosa que a impele irresistivelmente para a frente e a obriga a lutar por sua emancipação final".[5]

No entanto, esse processo de concentração, polarização e urbanização não é fortuito. A indústria mecanizada em grande escala requer investimentos cada vez maiores de capital, enquanto sua divisão de trabalho exige a reunião de um elevado número de proletários. Essas grandes unidades de produção, mesmo quando construídas no campo, criam comunidades a seu redor, que produzirão uma força de trabalho excedente, de modo que os salários caem e outros industriais são atraídos para ali. Assim, vilas industriais se convertem em cidades que continuam a se expandir, devido às vantagens econômicas que proporcionam aos industriais. Embora a indústria tenda a migrar dos salários urbanos mais altos para os rurais mais baixos, isso, por sua vez, lança as sementes da urbanização no campo.

Para Engels, as grandes cidades são, pois, os ambientes mais característicos do capitalismo, e ele as analisa no capítulo 3. Nelas, a exploração e a competição desenfreada se mostram em sua forma mais crua: "por toda parte, indiferença bárbara, insensibilidade egoísta de um lado e miséria indescritível de outro, guerra social em toda parte, a casa de cada pessoa sitiada, em toda parte saqueadores que roubam sob a proteção da lei". Nessa anarquia, aqueles que não possuem nenhum meio de vida e de produção são esmagados e reduzidos a trabalhar por uma ninharia e a passar fome quando desempregados. E, pior, a uma vida de profunda insegurança, na qual o futuro é absolutamente desconhecido e incerto. Na verdade, sua vida é regida pelas leis da concorrência capitalista, que Engels examina no capítulo 4.

Os salários dos trabalhadores flutuam entre um valor de subsistência mínimo — embora este não seja um conceito rígido para Engels —, que é fixado pela competição entre os trabalhadores, mas limitado pela impossibilidade de ele trabalhar abaixo do nível de subsistência, e um valor máximo, definido pela competição entre os capitalistas em épocas de carência de mão de obra. O salário médio tende a fixar-se num nível pouco acima do mínimo: o valor depende do padrão de vida habitual ou adquirido dos trabalhadores. Mas certos tipos de trabalho, notadamente na indústria, exigem trabalhadores mais qualificados e, por isso, seu nível de salário é superior ao dos demais, se bem que parte desse nível mais elevado reflita também o custo mais alto de viver nas cidades. (Esse salário urbano e industrial mais alto também contribui para aumentar a classe operária, ao atrair imigrantes rurais e estrangeiros — irlandeses.) Contudo, a competição entre os trabalhadores cria uma "população excedente" permanente — o que mais tarde Marx chamaria de exército industrial de reserva — que mantém baixo o padrão de todos.

Isso acontece a despeito da expansão do conjunto da economia, criada pelo barateamento dos bens, este, por sua vez, decorrente do progresso tecnológico, o que aumenta a demanda e reabsorve em novas indústrias muitos trabalhadores que perdem o emprego devido a esse progresso. Daí a população cresce e a produção aumenta, o mesmo acontecendo com a demanda de mão de obra. Contudo, a "população excedente" se mantém, em decorrência da atuação do ciclo periódico de prosperidade e crise, que Engels foi um dos primeiros a apontar como parte integrante do capitalismo, tendo sido também um dos primeiros a indicar uma periodicidade precisa para tal ciclo.[6] O reconhecimento da existência de um exército de reserva como parte essencial e permanente do capitalismo e a definição de ciclo industrial são dois outros aspectos importantes de seu pioneirismo teórico. Como opera por meio de flutuações, o capitalismo *precisa* de uma reserva permanente de trabalhadores, a não ser nos picos de prosperidade. A reserva compõe-se em parte de proletários, e em parte de proletários em potencial — camponeses, imigrantes irlandeses, pessoas oriundas de ocupações economicamente menos dinâmicas

Que tipo de classe operária o capitalismo gera? Quais são suas condições de vida, que tipo de comportamento individual e coletivo essas condições materiais criam? Engels dedica a maior parte do livro (capítulos 3, 5-11) à descrição e à análise dessas questões, e com isso produz sua mais madura contribuição à ciência social, uma análise do impacto social causado pela industrialização e urbanização capitalistas, em muitos sentidos ainda sem igual. Ela deve ser lida e estudada em minúcias. A argumentação pode ser sintetizada como segue. O capitalismo lança o novo proletariado, muitas vezes composto de imigrantes com antecedentes pré-industriais, num inferno social em que são esmagados, mal remunerados e submetidos à fome, deixados a apodrecer em cortiços, abandonados, desprezados e coagidos não só pela força impessoal da competição, como também pela burguesia como classe, que os vê como objetos, e não como homens, como mão de obra e não como seres humanos (capítulo 12). Apoiado pelo direito burguês, o capitalista impõe sua disciplina fabril, multa-os, faz com que sejam presos, impõe-lhes normas a seu bel-prazer. A burguesia, como classe, os discrimina, cria contra eles a teoria malthusiana da população e lhes impõe as crueldades da "Nova Lei dos Pobres", de 1834. Não obstante, essa desumanização sistemática também mantém os trabalhadores fora do alcance da ideologia e dos falsos juízos burgueses — por exemplo, do egoísmo, da religião e da moralidade burguesas. A industrialização e a urbanização crescentes os obrigam a aprender as lições de sua condição social, e, ao se concentrarem nelas, eles tomam consciência de sua força. "Quanto mais de perto os trabalhadores estiverem ligados à indústria, mais avançados estarão." (Contudo, Engels observa também o efeito radicalizador da imigração em massa, como a que ocorria entre os irlandeses.)

Os trabalhadores enfrentam sua situação de diferentes maneiras. Alguns sucumbem a ela, perdendo todos os princípios morais; mas o aumento nos índices de alcoolismo, perversão, criminalidade e gastos irracionais é um fenômeno *social*, produto do capitalismo, e não deve ser explicado como resultado da debilidade e da falta de objetivo das pessoas. Outros se submetem passivamente a sua sina e vivem da melhor forma possível como cidadãos ordeiros e respeitáveis, não se interessam pelas causas públicas e com isso na verdade ajudam a classe média a apertar os grilhões que manietam os trabalhadores. Mas humanidade e dignidade reais só são encontradas na luta contra a burguesia, no movimento operário que as condições dos trabalhadores inevitavelmente produzem.

Esse movimento passa por várias etapas. A revolta individual — a criminalidade — pode ser uma; a destruição de máquinas, outra, embora nem esta nem aquela ocorram sempre. O sindicalismo e as greves são as primeiras formas gerais tomadas pelo movimento. São importantes não por sua eficácia, mas pelas lições de solidariedade e consciência de classe que ministram. O movimento político do cartismo assinala um nível mais elevado de desenvolvimento. Junto com esses movimentos, teorias socialistas foram elaboradas por pensadores de classe média que, segundo Engels, de modo geral até 1844 haviam permanecido distantes do movimento operário, se bem que cooptando uma pequena minoria dos melhores trabalhadores. Mas o movimento deve se encaminhar para o socialismo, à medida que a crise do capitalismo avança.

No entender de Engels em 1844, essa crise se desenvolveria inevitavelmente em um de dois sentidos. Ou a concorrência americana (ou talvez a alemã) poria fim ao monopólio industrial britânico e precipitaria uma situação revolucionária, ou a polarização da sociedade continuaria a crescer até que os trabalhadores, que já então constituiriam a grande maioria da população nacional, perceberiam sua força e tomariam o poder. (É interessante notar que a argumentação de Engels não dá nenhuma ênfase à pauperização absoluta, a longo prazo, do proletariado.) No entanto, em vista das condições intoleráveis dos trabalhadores e da crise da economia, era provável que ocorresse uma revolução antes que essas tendências houvessem se consumado. Engels previa que isso haveria de ocorrer entre as duas depressões econômicas seguintes, isto é, entre 1846-7 e meados da década de 1850.

Embora a obra seja imatura, as realizações científicas de Engels são extraordinárias. As falhas que cometeu decorreram sobretudo da juventude e, em certa medida, de condensação histórica. Para alguns equívocos há uma sólida explicação histórica. Na época em que Engels escreveu, o capitalismo britânico se encontrava na etapa mais intensa do primeiro de seus longos períodos de crise, e ele chegou à Inglaterra praticamente no pior período daquela que foi, decerto, a mais catastrófica depressão econômica do século XIX, a de 1841-2. Não era, de modo algum, inteiramente irrealista considerar o período de crise da década de 1840 como a agonia final do capitalismo e o prelúdio à revolução. Engels não foi o único observador que pensou assim.

Sabemos hoje que essa não foi a crise final do capitalismo, e sim o começo de um importante período de expansão, baseado em vários fatores: o enorme crescimento das indústrias de bens de capital (ferrovias, ferro e aço, em lugar dos têxteis da fase anterior); a conquista de esferas ainda mais amplas de atividade capitalista em países até então atrasados; a derrota dos interesses especiais agrários; a descoberta de métodos novos e eficazes de explorar a classe operária, métodos, aliás, que acabaram possibilitando o crescimento substancial dos salários reais dos trabalhadores. Sabemos também que a crise revolucionária de 1848, que Engels previu com notável precisão, não afetou a Grã-Bretanha. Isso se deveu principalmente a um fenômeno de desenvolvimento desigual, que lhe

seria dificílimo prever, pois, enquanto na Europa continental a fase correspondente de desenvolvimento econômico alcançou sua crise mais aguda em 1846-
-8, na Grã-Bretanha o ponto equivalente fora atingido em 1841-2. Em 1848, já estava em curso o novo período de expansão, cujo primeiro sintoma foi o vasto "boom ferroviário" de 1844-7. O equivalente britânico da revolução de 1848 foi a greve geral de 1842. A crise que no continente provocou revoluções na Grã-
-Bretanha apenas interrompeu um período de rápida recuperação. Engels teve a especial má sorte de escrever num momento em que isso não podia ser visto com clareza. Ainda hoje os estatísticos não sabem com exatidão em que ponto, entre 1842 e 1848, devem traçar a fronteira que separa os "anos sombrios" do dourado surto vitoriano do capitalismo britânico. Não é justo que censuremos Engels por não ter visto as coisas com mais clareza.

No entanto, o leitor isento há de considerar secundárias as falhas de Engels e admirar suas proezas, que não se devem somente a seu óbvio talento, mas também a seu comunismo. Foi isso que lhe deu uma perspicácia econômica, social e histórica tão superior à dos defensores do capitalismo na época. O bom cientista social, como ele mostrou, só podia ser uma pessoa livre das ilusões da sociedade burguesa.

A DESCRIÇÃO DA INGLATERRA EM 1844 SEGUNDO ENGELS

Até que ponto é confiável e completa a descrição feita por Engels da classe operária britânica? Até onde a pesquisa subsequente confirmou suas declarações? Nossa avaliação do valor histórico do livro dependerá em larga medida das respostas a essas perguntas. Ele tem sido criticado com frequência, desde a década de 1840, quando V. A. Huber e B. Hildebrand concordaram com os fatos, mas julgaram sua interpretação demasiado lúgubre, até os anos da Guerra Fria, quando seus editores mais recentes declararam que os "historiadores não podem mais considerar o livro de Engels uma obra fidedigna, que ofereça um retrato valioso da Inglaterra social na década de 1840".[7] A primeira opinião é defensável; a segunda, uma bobagem.

O relato de Engels baseia-se em observações pessoais e em outras fontes disponíveis. Ele evidentemente conhecia como a palma da mão a zona industrial de Lancashire, em particular a área de Manchester, e visitou as principais cidades industriais de Yorkshire — Leeds, Bradford, Sheffield —, além de passar algumas semanas em Londres. Ninguém jamais disse a sério que ele tenha deturpado o que viu. Entre as passagens descritivas, fica claro que grande parte dos capítulos 3, 5, 7, 9 e 12 baseia-se em observações de primeira mão, e esse conhecimento contribui também para os outros capítulos. Não esqueçamos de que Engels (ao contrário da maioria dos demais visitantes estrangeiros) não era um simples turista, e sim um empresário de Manchester que conhecia bem os empresários de sua roda, um comunista que conhecia de perto cartistas e socialistas e um homem com considerável conhecimento direto da vida da classe operária (inclusive graças a sua ligação com uma operária irlandesa, Mary Burns, e seus parentes e amigos). Por isso, o livro é uma valiosa fonte primária para o conhecimento da Inglaterra industrial na época.

No restante do livro e para confirmar suas próprias observações, Engels apoiou-se em outros informantes, assim como em materiais publicados, tendo o cuidado de levar em conta o viés político desses materiais, citando, quando possível, dados de fontes simpáticas ao capitalismo. (Ver o último parágrafo de seu prólogo.) Embora não seja exaustiva, sua documentação é ampla e completa. Apesar de alguns lapsos em suas transcrições (em certos casos corrigidos mais tarde por ele próprio) e de uma tendência a resumir as palavras dos autores por ele citados, em vez de transcrevê-las na íntegra, a acusação de que ele seleciona e adultera seus dados é insustentável. Seus detratores não puderam encontrar, num livro grande, mais do que um punhado de exemplos do que consideram "declarações falsas", e a maioria dessas acusações são ou insignificantes ou estão equivocadas.[8] Há, na verdade, fontes disponíveis que ele não usou, mas algumas delas apresentam, no mínimo, um quadro ainda mais contundente. De acordo com todas as normas lógicas, a *Situação* é um trabalho de excelente documentação, tratada com um sólido domínio dos dados.

Podemos mostrar a falsidade das acusações de que ele retratou as condições do proletariado com tintas desnecessariamente carregadas ou deixou de levar em consideração a benevolência da burguesia britânica. O leitor cuidadoso não verá base para a alegação de que Engels descreveu todos os operários como indigentes ou famintos, seu padrão de vida como de pura subsistência, o proletariado como uma massa indiferenciada de miseráveis ou para muitas das outras afirmações extremadas que críticos que nem sempre leram seu livro lhe imputaram. Ele não negou que não tivesse havido melhorias nas condições da classe operária (ver o resumo no fim do capítulo 3). Não apresentou a burguesia como uma massa uniforme e desumana (ver a longa nota de rodapé no fim do capítulo 12). Seu ódio ao que a burguesia representava e ao que a fazia proceder de determinada forma não era o ódio ingênuo a homens desapiedados. Era parte da análise da desumanidade do capitalismo, que de modo automático transmudava os exploradores, coletivamente, numa "classe profundamente destituída de valores morais, irremediavelmente corrompida e interiormente roída de egoísmo".

A objeção dos críticos a Engels muitas vezes não passa de relutância a admitir os fatos que ele apresenta. Ninguém, comunista ou não, poderia visitar a Inglaterra naqueles anos sem ser tomado de choque e horror, que muitos liberais burgueses respeitáveis expressavam em palavras tão candentes quanto as de Engels — mas sem sua análise.

"A civilização opera seus milagres", escreveu Alexis de Tocqueville sobre Manchester, "e o homem civilizado é reconvertido quase num selvagem."

"A cada dia que vivo", escreveu o americano Henry Colman, "rendo graças aos céus por não ser um pai de família pobre na Inglaterra."

É fácil localizar inúmeras declarações a respeito da implacável indiferença utilitarista dos industriais para cotejar com as de Engels.

A verdade é que o livro de Engels continua a ser hoje, como foi em 1845, de longe a melhor obra sobre a classe operária do período. Outros historiadores o consideraram e continuam a considerá-lo assim, com exceção de um recente grupo de críticos, motivados por aversão ideológica. A *Situação* não é a última palavra sobre o tema, pois 125 anos de pesquisas ampliaram nosso conhecimento da situação da classe operária, sobretudo nas áreas com as quais Engels não tinha contato pessoal estreito. É um livro de sua época. Mas nenhum outro pode ocupar seu lugar na biblioteca do historiador dos primórdios do século xix e de qualquer pessoa interessada no movimento da classe operária. Continua a ser uma obra imprescindível e um marco na luta pela emancipação da humanidade.

5. O *Manifesto comunista**

I

No segundo trimestre de 1847, Karl Marx e Friedrich Engels resolveram aderir à chamada Liga dos Justos (Bund der Gerechten), um ramo da anterior Liga dos Proscritos (Bund der Geächteten), sociedade secreta revolucionária que artesãos alemães qualificados (na maioria alfaiates e marceneiros) haviam fundado na década de 1830, em Paris, sob influência de revolucionários franceses. Convencida pelo "comunismo crítico" de Marx e Engels, a liga dispôs-se a publicar um manifesto redigido por eles como sua declaração política e também a modernizar a organização de acordo com os princípios que eles defendiam. Ela passou por essa reorganização em meados de 1847, ganhou um novo nome — Liga dos Comunistas (Bund der Kommunisten) — e comprometeu-se com algumas metas: a "derrubada da burguesia, o domínio do proletariado, o fim da velha sociedade baseada na contradição de classes [*Klassengegensätzen*] e a criação de uma nova sociedade sem classes ou propriedade privada".[1] Um segundo congresso da entidade, também realizado em Londres em novembro-

---

* Este capítulo foi escrito como introdução a uma edição do *Manifesto comunista* em seu sesquicentenário, em 1998.

-dezembro de 1847, aceitou formalmente os objetivos e os novos estatutos, e incumbiu Marx e Engels de redigir o manifesto que explicitava as metas e políticas da liga.

Embora tanto Marx como Engels tivessem preparado os esboços, e o documento represente claramente as ideias de ambos, o texto final foi, quase com certeza, redigido por Marx — depois de um frio lembrete da comissão executiva, pois ele, já nessa época, como em toda a vida, achava difícil completar seus textos a não ser sob a pressão de um inflexível prazo final. A quase inexistência de rascunhos prévios parece indicar que o documento foi escrito rapidamente.[2] O texto resultante, de 23 páginas, intitulado *Manifesto do Partido Comunista* (mais conhecido desde 1872 como *Manifesto comunista*) foi "publicado em fevereiro de 1848" e impresso na oficina da Associação Educacional dos Trabalhadores (mais conhecida como Communistischer Arbeiterbildungsverein, que existiu até 1914), na rua Liverpool, número 46, em Londres.

Pode-se dizer quase com certeza que o panfleto foi, de longe, o texto político mais influente desde a *Declaração dos direitos do homem e do cidadão*, dos revolucionários franceses. Por um golpe de sorte, chegou às ruas apenas uma ou duas semanas antes que rebentassem as revoluções de 1848, que, partindo de Paris, se espalharam como um incêndio florestal pelo continente europeu. Embora sua perspectiva fosse decididamente internacional — a primeira edição anunciava com esperança, mas equivocadamente, a iminente publicação do *Manifesto* em inglês, francês, italiano, flamengo e dinamarquês —, de início seu impacto não ultrapassou as fronteiras da Alemanha. Embora a Liga Comunista fosse uma entidade modesta, não foi insignificante o papel que desempenhou na revolução alemã, sobretudo por causa do jornal *Neue Rheinische Zeitung* (1848-9), que Karl Marx editava. A primeira edição do *Manifesto* teve três reimpressões em poucos meses, foi publicada em folhetim no *Deutsche Londoner Zeitung*, recomposta e corrigida em abril ou maio de 1848 em trinta páginas, mas sumiu de circulação com o fracasso das revoluções de 1848. Quando Marx se radicou na Inglaterra, em 1849, para o exílio que duraria o resto de sua vida, o panfleto já se tornara raro o bastante para que ele julgasse conveniente republicar a terceira parte do *Manifesto* ("Socialistische und kommunistische Literatur") na última edição de sua revista londrina *Neue Rheinische Zeitung, politisch-ökonomische Revue* (novembro de 1850), que praticamente não tinha leitores.

Ninguém teria vaticinado um futuro vitorioso para o opúsculo na década de 1850 e no início da seguinte. Uma nova edição, privada e pequena, foi publicada em Londres, por um impressor alemão, provavelmente em 1864, e outra, também modesta, saiu em Berlim em 1866, sendo essa a primeira edição na Alemanha. Ao que tudo indica, entre 1848 e 1868 não houve traduções, salvo uma versão em sueco, provavelmente no fim de 1848, e outra em inglês em 1850, só importante na história bibliográfica do *Manifesto* porque acredita-se que a tradutora consultou Marx, ou mais provavelmente Engels, já que ela residia em Lancashire. Essas versões sumiram sem deixar rastro. Em meados da década de 1860, praticamente tudo o que Marx havia escrito antes disso achava-se esgotado.

O destaque de Marx na Associação Internacional dos Trabalhadores (a chamada "Primeira Internacional", 1864-72) e o surgimento, na Alemanha, de dois importantes partidos da classe operária, ambos fundados por ex-membros da Liga Comunista que tinham Marx em alta consideração, levaram a uma renovação do interesse pelo *Manifesto* e por outros trabalhos seus. Em particular, sua eloquente defesa da Comuna de Paris de 1871 (mais conhecida como *A guerra civil na França*) deu-lhe ampla notoriedade na imprensa como um perigoso líder da subversão internacional, temida pelos governos. Mais especificamente em março de 1872, o julgamento, por traição, de Wilhelm Liebknecht, August Bebel e Adolf Hepner, líderes do Partido Social-Democrata da Alemanha, deu ao documento uma inesperada publicidade. A promotoria leu o texto do *Manifesto*, que passou a fazer parte dos autos do processo, e isso deu aos social-democratas oportunidade de publicá-lo legalmente, em grande tiragem. Como era óbvio que um documento publicado antes da revolução de 1848 requeria alguma atualização e comentários explicativos, Marx e Engels escreveram o primeiro de uma série de prefácios que desde então têm acompanhado as novas edições do *Manifesto*.[3] Por razões legais, o prefácio não pôde ser amplamente distribuído na época, mas a edição de 1872, baseada na de 1866, tornou-se a base de todas as edições posteriores. Entretanto, pelo menos nove edições do *Manifesto* foram lançadas, em seis línguas, entre 1871 e 1873.

Nos quarenta anos seguintes, o *Manifesto* conquistou o mundo, disseminado pela ascensão dos novos partidos operários (socialistas), nos quais a influência marxista cresceu rapidamente na década de 1880. Nenhuma dessas organizações quis denominar-se Partido Comunista até os bolchevistas russos retornarem ao nome original depois da Revolução de Outubro, mas o título *Manifesto do Partido Comunista* se manteve inalterado. Mesmo antes da Revolução Russa de 1917 ele havia sido lançado em várias centenas de edições, em cerca de trinta línguas, inclusive três edições em japonês e uma em chinês. Todavia, sua principal área de influência era o cinturão central da Europa, que se estendia da França à Rússia. Como era de esperar, o maior número de edições foi editado em russo (setenta), além de outras 35 nas línguas do império tsarista: onze em polonês, sete em iídiche, seis em finlandês, cinco em ucraniano, quatro em georgiano, duas em armênio. Houve outras 55 edições em alemão, para o império Habsburgo, outras nove em húngaro e oito em tcheco (mas apenas três em croata, uma em eslovaco e uma em esloveno); 34 em inglês (destinadas também aos Estados Unidos, onde a primeira tradução apareceu em 1871); 26 em francês; e onze em italiano — a primeira somente em 1889.[4] O impacto da obra no sudoeste da Europa foi discreto: seis edições em espanhol (e isso incluindo as edições latino-americanas), uma em português. O mesmo se diga quanto a seu impacto no sudeste da Europa: sete edições em búlgaro, quatro em sérvio, quatro em romeno e uma única edição em ladino, presumivelmente publicada em Salônica. A Europa setentrional esteve bem representada, com seis edições em dinamarquês, cinco em sueco e duas em norueguês.[5]

Essa distribuição geográfica desigual refletia não só o desenvolvimento desigual do movimento socialista, como a própria influência de Marx, em contraste com outras ideologias revolucionárias, como o anarquismo, mas nos adverte também para o fato de que não havia nenhuma correlação forte entre o tamanho e o poder dos partidos social-democratas e operários e a circulação do *Manifesto*. Assim, até 1905, o Partido Social-Democrata da Alemanha (SPD), que tinha centenas de milhares de membros e milhões de eleitores, publicou novas edições do *Manifesto* com tiragens que não passavam de 2 mil ou 3 mil exemplares. Do *Programa de Erfurt*, do partido (1891), publicaram-se 120 mil exemplares, enquanto o SPD parece ter publicado não mais que 16 mil exemplares do *Manifesto* entre 1895 e 1905, ano em que a circulação de seu jornal teórico, *Die Neue Zeit*, foi de 6400 exemplares.[6] Não se esperava que o membro médio de um partido social-democrata marxista fosse aprovado em exames de teoria. Já as setenta edições russas pré-revolucionárias representaram uma combinação de organizações, ilegais durante a maior parte do tempo, cujo número total de membros não poderia ultrapassar alguns milhares. Do mesmo modo, as 34 edições em inglês foram publicadas por e para um punhado de seitas marxistas no mundo anglo-saxão, que atuavam na ala esquerda de partidos operários e socialistas, quando existiam. Esse era o ambiente em que, invariavelmente, "a firmeza de um camarada podia ser avaliada pelo número de trechos marcados em seu exemplar do *Manifesto*".[7] Em suma, embora seus leitores fossem membros dos novos e crescentes movimentos ou partidos operários socialistas, é quase certo que não constituíssem uma amostra representativa do conjunto desses grupos. Eram homens e mulheres que tinham especial interesse pela teoria que embasava esses movimentos. É provável que esse ainda seja o caso.

Essa situação modificou-se depois da Revolução de Outubro, ao menos nos partidos comunistas. Ao contrário dos partidos de massa da Segunda Internacional (1889-1914), os da Terceira (1919-43) esperavam que todos os seus membros compreendessem a teoria marxista, ou pelo menos seus rudimentos. Esmaeceu a dicotomia entre líderes políticos efetivos que não tinham interesse em escrever livros, de um lado, e "teóricos" como Karl Kaustky, conhecidos e respeitados como tais, mas não como ativistas políticos práticos, de outro. Após Lênin, passou-se a esperar que os líderes fossem teóricos importantes, pois todas as decisões políticas eram justificadas com base na análise marxista ou, no mais das vezes, por referência à autoridade textual dos "clássicos" — Marx, Engels, Lênin e, mais tarde, Stálin. Por isso, a publicação e a distribuição dos textos de Marx e Engels tornaram-se muito mais importantes para o movimento do que no tempo da Segunda Internacional. Variavam desde a série dos textos mais breves, que tiveram como pioneiros, provavelmente, o *Elementarbücher des Kommunismus* [Cartilhas do comunismo] alemão, durante a República de Weimar, e leituras adequadamente selecionadas, como o excelente *Selected correspondence of Marx and Engels* [Correspondência escolhida de Marx e Engels] até as *Selected works of Marx and Engels* [Obras escolhidas de Marx e Engels], em dois, e depois três, volumes, e a preparação de suas *Obras completas* (*Gesamtausgabe*) — todas essas obras apoiadas (para esses propósitos) pelos recursos ilimitados do Partido Comunista soviético, e muitas vezes impressas na União Soviética em diversas línguas estrangeiras.

O *Manifesto comunista* foi beneficiado pela nova situação em três sentidos. Sua circulação sem dúvida cresceu. A edição barata publicada em 1932 pelas editoras oficiais dos partidos comunistas americano e britânico, em "centenas de milhares" de exemplares, foi descrita como "decerto a maior edição em massa já feita em inglês".⁸ O título do panfleto não era mais uma relíquia histórica, mas o ligava diretamente à ação política corrente. Como um país importante declarava agora representar a ideologia marxista, cresceu o prestígio do *Manifesto* como texto de ciência política, e ele veio a figurar no currículo de universidades, que se expandiriam rapidamente depois da Segunda Guerra Mundial, e onde o marxismo viria a encontrar seu público intelectual mais entusiástico nas décadas de 1960 e 1970.

A União Soviética terminou a Segunda Guerra Mundial como uma das duas superpotências mundiais, liderando uma vasta região de Estados comunistas, independentes e dependentes. Os partidos comunistas ocidentais (com a notável exceção do alemão) saíram da guerra mais fortes do que jamais tinham sido ou poderiam aspirar a ser. Apesar do início da Guerra Fria, no ano de seu centenário o *Manifesto* já não era publicado apenas por editores comunistas ou de outra linha marxista, mas em grandes tiragens, por editoras comerciais com introduções de intelectuais preeminentes. Em suma, não era mais somente um documento marxista clássico, tinha se tornado um clássico político *tout court*.

Continua a sê-lo, mesmo com o fim do comunismo soviético e o declínio dos partidos e movimentos marxistas em muitas partes do mundo. Em países sem censura, é quase certo que qualquer pessoa com acesso a uma boa biblioteca, para não falar da internet, com certeza pode lê-lo. Por conseguinte, o objetivo de uma nova edição não é disponibilizar o texto dessa assombrosa obra-prima, e menos ainda repassar um século de debates doutrinários quanto à interpretação "correta" desse documento basilar do marxismo. O objetivo é lembrar a nós mesmos que o *Manifesto* ainda tem muito o que dizer ao mundo às vésperas do século XXI.

II

O que ele tem a dizer?

O *Manifesto* é, naturalmente, um documento escrito para um determinado momento na história. Parte dele tornou-se obsoleta quase imediatamente — por exemplo, as táticas recomendadas aos comunistas na Alemanha, e que eles não puseram em prática durante a revolução de 1848 e depois dela. Em outros aspectos, tornou-se obsoleto à medida que aumentava o tempo entre a época em que tinha sido escrito e a de seus leitores. Guizot e Metternich há muito saíram da política ativa para descansar nos livros de história, e o tsar (embora ao contrário do papa) não existe mais. Quanto à discussão de "Literatura socialista e comunista", em 1872 Marx e Engels admitiam, eles mesmos, que já então essa parte estava anacrônica.

Mais concretamente, com a passagem do tempo a linguagem do *Manifesto* não era mais a dos leitores. Por exemplo, muito já se falou do trecho segundo o qual o avanço da sociedade burguesa arrancara "uma parte significativa da população à idiotia da vida rural". Mas, embora não haja dúvida de que Marx, nessa época, como os citadinos em geral, desprezava e desconhecia o meio camponês, a frase no original alemão, analiticamente mais interessante ("*dem Idiotismus des Landlebens entrissen*"), referia-se não a "estupidez", e sim aos "horizontes estreitos" ou à "distância da sociedade mais ampla" em que as pessoas no campo viviam. A palavra repercutia o sentido original do termo grego *idiótes*, ou seja, "uma pessoa preocupada apenas com seus próprios assuntos particulares, e não com os da comunidade mais ampla". Com o passar dos anos desde 1840, e em movimentos cujos membros, ao contrário de Marx, não tinham formação clássica, a acepção original da palavra evaporou-se e ela foi mal interpretada.

Isso fica ainda mais evidente no vocabulário político. Termos como "*Stand*" ("propriedade rural"), "*Demokratie*" ("democracia") e "*Nation/national*" ("nação/ nacional") têm pouca aplicação à política atual ou não apresentam mais o sentido que tinham no discurso político ou filosófico da década de 1840. Para dar um exemplo óbvio, o "Partido Comunista" que aparece no *Manifesto* não tinha nada a ver com os partidos da política democrática moderna ou com os "partidos de vanguarda" do comunismo leninista, e muito menos com os partidos estatais do tipo soviético ou chinês. Nada disso existia. "Partido" ainda significava, em essência, uma tendência ou corrente de opinião ou uma política, ainda que Marx e Engels reconhecessem que, nem bem essas tendências, correntes de opinião ou políticas encontravam expressão em movimentos de classe, adquiriam algum tipo de organização ("*diese Organisation der Proletarier zur Klasse, und damit zur politischen Partei*"). Daí a distinção, feita na parte IV, entre os partidos "operários já constituídos [...] os cartistas na Inglaterra e os reformadores agrários na América do Norte" e os outros, ainda não constituídos assim.[9] Como o texto deixa claro, o Partido Comunista de

Marx e Engels nessa fase não era nem tentava criar uma organização, muito menos uma organização com um programa específico diferente de outras organizações.[10] Diga-se de passagem que a entidade em cujo nome o *Manifesto* foi escrito, a Liga Comunista, em nenhum momento é mencionada no documento.

Ademais, está claro que o *Manifesto* foi não só escrito numa e para uma situação histórica determinada como também representava uma fase (relativamente imatura) da evolução do pensamento marxista. Isso fica mais do que evidente em seus aspectos econômicos. Marx havia começado a estudar economia política com seriedade em 1843, mas não se dispôs a desenvolver a análise econômica feita em *O capital* até chegar a seu exílio na Inglaterra, após a revolução de 1848, e ter acesso aos tesouros da Biblioteca do Museu Britânico, no verão de 1850. Por conseguinte, a distinção entre a venda, pelo proletário, de seu *trabalho* ao capitalista e a venda de sua *força de trabalho*, uma distinção essencial para a teoria marxista da mais-valia e da exploração, evidentemente ainda não fora feita no *Manifesto*. Tampouco Marx, na maturidade, sustentava que o preço do "trabalho" da mercadoria fosse seu custo de produção, isto é, o custo do mínimo essencial para manter o trabalhador vivo. Em suma, Marx escreveu o *Manifesto* menos como um economista marxista do que como um ricardiano comunista.

No entanto, embora lembrassem aos leitores que o *Manifesto* era um documento histórico, anacrônico em muitos aspectos, Marx e Engels promoveram e facilitaram a publicação do texto de 1848, com relativamente poucas emendas e esclarecimentos.[11] Ambos tinham consciência de que o *Manifesto* continuava a ser um importante enunciado da análise que distinguia seu comunismo de todos os demais projetos para a criação de uma sociedade melhor. Em essência, essa análise era histórica. Seu cerne era a demonstração do desenvolvimento histórico das sociedades, e, especificamente, da sociedade burguesa, que substituiu as que a tinham precedido, revolucionou o mundo e, por seu turno, criou necessariamente as condições para a sua inevitável substituição. Ao contrário da economia marxiana, a "concepção materialista da história", que embasava essa análise, já fora objeto de formulação madura em meados da década de 1840 e permaneceu praticamente sem alterações no futuro.[12] Nesse sentido, o *Manifesto* já era um documento definidor do marxismo. Incorporava uma visão histórica, ainda que seu contorno geral tivesse de ser elaborado por uma análise mais completa.

III

Como reagirá quem lê o *Manifesto* pela primeira vez? Será difícil o novo leitor não se deixar arrebatar pela convicção passional, pela brevidade das frases, pela força intelectual e estilística desse panfleto assombroso. Ele foi escrito, como que numa única explosão criativa, em frases lapidares que se transformam, de forma quase natural, em aforismos inesquecíveis que se tornaram conhecidos muito além do mundo dos debates políticos: desde a abertura ("Um espectro ronda a Europa — o espectro do comunismo") até o remate ("Os proletários nada têm a perder senão seus grilhões. Têm um mundo a ganhar").[13] Fato igualmente raro em textos alemães do século XIX, o texto é vazado em parágrafos apodícticos breves, em geral de uma a cinco linhas; em apenas cinco ocorrências em mais de duzentas, os parágrafos têm quinze linhas ou mais. Seja mais o que for, o *Manifesto comunista*, como retórica política, tem uma força quase bíblica. Em suma, não há como negar seu vigor irresistível como literatura.[14]

Entretanto, o que sem dúvida há de impressionar também o leitor de hoje é o notável diagnóstico que o *Manifesto* faz do caráter e do impacto revolucionários da "sociedade burguesa". A questão não é somente o fato de Marx reconhecer e proclamar as extraordinárias realizações e o dinamismo de uma sociedade que ele detestava, para surpresa de muitos defensores posteriores do capitalismo contra a ameaça vermelha. É que o mundo transformado pelo capitalismo que Marx descreveu em 1848, numa prosa de sombria e lacônica eloquência, é, visivelmente, o mundo em que vivemos 160 anos depois. É curioso que o otimismo bastante irrealista, do ponto de vista político, de dois revolucionários, um de 28 anos e o outro de trinta, seja a qualidade mais duradoura do *Manifesto*. Isso porque, embora o "espectro do comunismo" realmente assombrasse os políticos, e a Europa estivesse atravessando um grave período de crise econômica e social e a ponto de mergulhar na maior revolução de âmbito continental de sua história, não havia, claramente, um fundamento adequado para a convicção expressa no *Manifesto* de iminente derrocada do capitalismo ("a revolução burguesa na Alemanha só pode ser o prelúdio de uma revolução proletária que a seguirá de imediato"). Pelo contrário. Como sabemos hoje em dia, o capitalismo se preparava para sua primeira era de triunfante avanço global.

Duas coisas conferem força ao *Manifesto*. A primeira é sua percepção, mesmo no limiar da marcha triunfal do capitalismo, de que esse modo de produção não era permanente, estável, "o fim da história", e sim uma fase temporária na história da humanidade, e, como suas predecessoras, uma fase a ser suplantada por outro tipo de sociedade (a menos — a frase do *Manifesto* não tem sido muito observada — que ele tropece "na ruína comum das classes em conflito"). A segunda é o reconhecimento das necessárias tendências históricas *a longo prazo* do desenvolvimento capitalista. O potencial revolucionário da economia capitalista já estava evidente. Marx e Engels não pretendiam ter sido os primeiros a reconhecê-lo. Desde a Revolução Francesa, era patente que algumas das tendências por eles observadas vinham tendo um efeito substancial — por exemplo, o declínio de "províncias independentes, ligadas apenas por laços federativos, com interesses, leis, governos e sistemas tributários diferentes" agora reunidas "em uma só nação, com um só governo, um só código de leis, um só interesse internacional de classe, uma só fronteira e uma só barreira alfandegária". Não obstante, no fim da década de 1840 o que "a burguesia" realizara era muito mais modesto do que os milagres a ela atribuídos no *Manifesto*. Afinal, em 1850 o mundo produzia não mais que 71 mil toneladas de aço (quase 70% na Grã-Bretanha) e havia construído menos de 39 mil quilômetros de estradas de ferro (dois terços dessa malha na Grã-Bretanha e nos Estados Unidos). Não era difícil para os historiadores demonstrar que, mesmo na Grã-Bretanha, a Revolução Industrial (expressão usada especificamente por Engels a partir de 1844)[15] de modo algum criara um país industrial ou mesmo um país predominantemente urbano antes da década de 1850. Marx e Engels não descreveram o mundo como o capitalismo já o transformara em 1848, mas previram como o capitalismo estava destinado inelutavelmente a transformá-lo.

Vivemos hoje num mundo em que essa transformação em grande medida já aconteceu, ainda que os leitores do *Manifesto* no terceiro milênio do calendário ocidental haverão, sem dúvida, de observar a contínua aceleração de seu avanço. Em certos aspectos, podemos até ver a força das predições do *Manifesto* mais claramente do que as gerações que se seguiram a sua publicação. Porque até a revolução nos transportes e nas comunicações iniciada com a Segunda Guerra Mundial, houve limites à globalização da produção, ao anseio de dar "um caráter cosmopolita à produção e ao consumo em todos os países". Até a década de 1970, a industrialização manteve-se predominantemente confinada a suas regiões de origem. Algumas escolas de marxistas podiam até argumentar que o capitalismo, ao menos em sua forma imperialista, longe de "forçar todas as nações, sob pena de extinção, a adotarem o modo burguês de produção", estava, por sua própria natureza, perpetuando, ou mesmo criando, "subdesenvolvimento" no chamado Terceiro Mundo. Enquanto um terço da humanidade vivia em economias do tipo comunista soviético, parecia que o capitalismo jamais teria êxito em forçar "todas as nações a se tornarem burguesas". Ele não conseguiria "criar um mundo à sua imagem". Do mesmo modo, antes da década de 1960 a declaração, contida no *Manifesto*, de que o capitalismo acarretava a destruição da família parecia não ter se concretizado, mesmo nos países ocidentais adiantados, nos quais, hoje, cerca de metade das crianças tem mães solteiras (ou descasadas) ou são por elas criadas, e metade dos domicílios nas grandes cidades é ocupada por pessoas solteiras.

Em suma, aquilo que em 1848 um leitor imparcial poderia ver como retórica revolucionária ou, no máximo, como previsão plausível pode ser considerado hoje uma caracterização concisa do começo do novo milênio. De qual outro documento da década de 1840 pode-se dizer o mesmo?

IV

Não obstante, se hoje nos impressiona a agudeza com que o *Manifesto* anteviu o futuro, então remoto, de um capitalismo enormemente globalizado, o insucesso de outra de suas previsões é igualmente digno de nota. Está agora evidente que a burguesia não produziu "principalmente seus próprios coveiros" no proletariado. "Sua queda e a vitória do proletariado" não se mostraram "igualmente inevitáveis". O contraste entre as duas metades da análise do *Manifesto* em sua parte intitulada "Burgueses e proletários" pede maiores explicações depois de 150 anos do que na época de seu centenário.

O problema reside não na visão de Marx e Engels de um capitalismo que necessariamente transformava a maioria das pessoas que ganhavam a vida nessa economia em homens e mulheres que dependiam, para seu sustento, de vender-se em troca de salários e ordenados. O capitalismo sem dúvida tendeu a criar essa situação, ainda que hoje algumas pessoas que são, tecnicamente, empregados assalariados, como, por exemplo, executivos de empresas, auferem rendimentos que dificilmente permitem que sejam classificadas como proletários. Tampouco o problema reside essencialmente no fato de Marx e Engels acreditarem que essa população trabalhadora seria formada por uma mão de obra *industrial*. Embora a Grã-Bretanha tenha sido o caso excepcional de um país em que trabalhadores manuais assalariados formavam a maioria absoluta da população, o crescimento da produção industrial requereu uma enorme e crescente quantidade de mão de obra durante bem mais de um século depois do *Manifesto*. É indiscutível que esse não é mais o caso da produção moderna de alta tecnologia e alto investimento, um fenômeno não considerado no *Manifesto*, ainda que em estudos econômicos mais tardios o próprio Marx previsse o possível surgimento de uma economia com cada vez menos mão de obra, ao menos numa era pós-capitalista.[16] Até mesmo nas velhas economias industriais do capitalismo, a percentagem de pessoas empregadas na indústria manufatureira permaneceu estável até a década de 1970, excetuados os Estados Unidos, onde o declínio começou um pouco mais cedo. Com efeito, com pouquíssimas exceções, como a Grã-Bretanha, a Bélgica e os Estados Unidos, em 1970 os trabalhadores industriais provavelmente constituíam uma proporção da população total ocupada maior do que em qualquer época anterior em todo o mundo industrializado e em industrialização.

Seja como for, a derrubada do capitalismo prevista no *Manifesto* não se baseava na transformação prévia da *maioria* da população ocupada em proletários, e sim no pressuposto de que a situação do proletariado na economia capitalista era tal que, uma vez organizado como movimento necessariamente político, ele poderia assumir o comando e reunir ao redor de si os descontentes de outras classes e, assim, adquirir poder político como "o movimento independente da imensa maioria, em proveito da imensa maioria". Assim, o proletariado haveria de "tornar-se a classe dirigente da nação, [...] tornar-se a própria *nação*".[17]

Como o capitalismo não foi derrubado, preferimos deixar de lado essa previsão. No entanto, por mais improvável que isso pudesse parecer em 1848, a vida política da maioria dos países capitalistas da Europa viria a ser transformada pela ascensão de movimentos políticos organizados que tinham como base trabalhadores com consciência de classe, quase inexistentes fora da Grã-Bretanha. Partidos operários e socialistas surgiram na maior parte do mundo "desenvolvido" da década de 1880 e tornaram-se partidos de massa em países onde vigorava o direito de voto democrático pelo qual eles tanto haviam lutado.

Durante a Primeira Guerra Mundial e depois dela, um ramo dos "partidos proletários" seguiu o caminho revolucionário dos bolcheviques e outro ramo se tornou o pilar do capitalismo democratizado. O ramo bolchevique não tem mais muito significado na Europa, ou partidos desse gênero foram absorvidos pela social-democracia. A social-democracia, como era entendida no tempo de Bebel ou mesmo de Clement Attlee, estava travando um combate de retaguarda na década de 1990. Contudo, no fim do século, os descendentes dos partidos social-democratas da Segunda Internacional, às vezes com seus nomes originais, são os partidos governistas em todos os Estados da Europa Ocidental, com exceção da Alemanha e da Espanha, e em ambos organizaram o governo no passado e é provável que venham a fazê-lo de novo.

Para resumir, o que deu errado não foi a predição do *Manifesto* quanto ao papel central dos movimentos políticos baseados na classe operária (e que ainda, às vezes, ostentam o nome da classe, como os Partidos Trabalhistas da Grã-Bretanha, Holanda, Noruega e Australásia). Foi a afirmação de que "de todas as classes que hoje confrontam a burguesia, apenas o proletariado é uma classe verdadeiramente revolucionária", uma classe cujo destino inevitável, implícito na natureza e no desenvolvimento do capitalismo, é derrubar a burguesia: "Sua queda e a vitória do proletariado são igualmente inevitáveis".

Até mesmo durante os "*hungry forties*",* o mecanismo que garantiria isso, a inevitável pauperização dos operários,[18] não era de todo convincente, a não ser com base no pressuposto, implausível mesmo então, segundo o qual o capitalismo estava em sua crise final e prestes a ser *imediatamente* derrubado. Era um mecanismo duplo. Além do efeito da pauperização sobre o movimento operário, provava que a burguesia "é incapaz de exercer seu domínio porque não pode mais assegurar a existência de seu escravo em sua escravidão, porque é obrigada a deixá-lo cair num estado tal que deve nutri-lo em lugar de se fazer nutrir por ele". Assim, longe de proporcionar o lucro que alimentava o motor do capitalismo, o proletariado agora o dissipava. Mas, em vista do enorme potencial econômico do capitalismo, proclamado de maneira tão vívida no próprio *Manifesto*, por que seria inevitável que ele não fosse capaz de garantir um meio de vida, por mais miserável que fosse, à maior parte de sua classe operária,

* "Quarenta famintos", período no começo da década de 1840 em que a Grã-Bretanha viveu uma depressão econômica que levou muitos pobres à miséria. (N. T.)

ou, alternativamente, que não pudesse arcar com o custo de um sistema de bem-estar? Por que o "pauperismo [no sentido estrito] cresce ainda mais rapidamente do que a população e a riqueza"?[19] Se o capitalismo tinha uma vida longa à sua frente — como ficou óbvio logo depois de 1848 —, isso não teria de acontecer, e de fato não aconteceu.

A visão que tinha o *Manifesto* do desenvolvimento histórico da "sociedade burguesa", inclusive a classe operária por ele gerada, não levava necessariamente à conclusão de que o proletariado derrubaria o capitalismo e, com isso, abriria caminho para o desenvolvimento do comunismo, porque a visão e a conclusão não provinham da mesma análise. O objetivo do comunismo, adotado antes que Marx se tornasse "marxista", não procedia de uma análise da natureza e do desenvolvimento do capitalismo, mas de uma discussão filosófica, na realidade escatológica, sobre a natureza e o destino do homem. A ideia — fundamental para Marx a partir de então — de que o proletariado era uma classe que não poderia se libertar sem libertar a sociedade como um todo surgiu como "uma dedução filosófica e não como um produto da observação".[20] Como disse George Lichtheim, "o proletariado faz sua primeira aparição nos textos de Marx como uma força social necessária para concretizar os anseios da filosofia alemã", como Marx a entendia em 1843-4.[21]

Nessa época Marx pouco sabia sobre o proletariado além de que "ele só está surgindo na Alemanha como resultado do crescente desenvolvimento industrial", e era exatamente esse o seu potencial como força libertadora, já que, ao contrário das massas pobres da sociedade tradicional, era filho de uma "*dissolução drástica* da sociedade" e, portanto, pelo fato de existir, "proclama[va] a *dissolução da ordem social até então existente*". Sabia menos ainda a respeito de movimentos operários, embora conhecesse bem a história da Revolução Francesa. Ao entrar em contato com Engels, Marx adquiriu um parceiro que lhe trouxe o conceito de "Revolução Industrial", uma compreensão da dinâmica da economia capitalista como ela existia de fato na Grã-Bretanha e os rudimentos de uma análise econômica,[22] e as duas coisas o levaram a predizer uma futura revolução social, a ser empreendida por uma classe operária que ele conhecia muito bem, pelo fato de viver e trabalhar na Grã-Bretanha no começo da década de 1840. As formas como Marx e Engels abordavam "o proletariado" e o comunismo se complementavam. O mesmo se pode dizer da concepção que os dois tinham da luta de classes como motor da história, no caso de Marx derivada em grande parte do estudo da Revolução Francesa e, no de Engels, da experiência de movimentos sociais na Grã-Bretanha pós-napoleônica. Não é de admirar que eles se vissem, nas palavras de Engels, "de acordo em todos os campos teóricos".[23] Engels trouxe para Marx os elementos de um modelo que demonstrava a natureza flutuante e autodesestabilizadora das operações da economia capitalista — notadamente os delineamentos de uma teoria das crises econômicas[24] — e material empírico a respeito da expansão do movimento da classe operária britânica e sobre o papel revolucionário que ele poderia desempenhar na Grã-Bretanha.

Na década de 1840, a conclusão de que a sociedade estava à beira da revolução não era implausível. Tampouco a predição de que caberia à classe operária, por mais imatura que fosse, conduzi-la. Afinal de contas, poucas semanas depois da publicação do *Manifesto*, um movimento de trabalhadores derrubou em Paris a monarquia francesa e deu à metade da Europa o sinal para a revolução. No entanto, a perspectiva de que o desenvolvimento capitalista geraria um proletariado essencialmente *revolucionário* não podia ser deduzida da análise do desenvolvimento capitalista. Tratava-se de uma consequência possível desse desenvolvimento, mas não havia como demonstrar que fosse a única consequência possível. Menos ainda se podia demonstrar que uma derrubada bem-sucedida do capitalismo pelo proletariado necessariamente deixaria o caminho aberto para o desenvolvimento comunista. (Tudo o que o *Manifesto* afirma é que essa derrubada daria início então a um processo de mudança muito gradual.)[25] A visão de Marx de um proletariado cuja própria essência o destinava a emancipar toda a humanidade e assim pôr fim à sociedade de classes, mediante a derrubada do capitalismo, representa uma esperança que ele inseriu em sua análise do capitalismo, mas não uma conclusão imposta por essa análise.

A análise do capitalismo contida no *Manifesto* poderia levar, sem dúvida, — sobretudo quando ampliada pela análise, por Marx, da concentração econômica, a que ele fez uma tênue alusão em 1848 —, a uma conclusão mais genérica e menos específica sobre as forças autodestrutivas embutidas no desenvolvimento capitalista. Esse desenvolvimento chegará forçosamente a um ponto — e hoje em dia não são só os marxistas que aceitam isso — em que "as relações burguesas de produção e de troca, as relações de propriedade burguesas, a sociedade burguesa moderna, que conjurou meios tão poderosos de produção e de troca, assemelha-se ao feiticeiro que já não consegue dominar as forças subterrâneas que invocara. [...] As relações burguesas tornaram-se demasiado estreitas para conter a riqueza por elas gerada".

Não é desarrazoado concluir que jamais poderão ser superadas as "contradições" inerentes a um sistema de mercado baseado em "nenhum outro vínculo entre os seres humanos além do frio interesse pessoal, o insensível 'pagamento em dinheiro vivo'", um sistema de exploração e de acumulação sem fim; que, em algum ponto de uma série de transformações e reestruturações, o desenvolvimento desse sistema essencialmente autodesestabilizador levará a um estado de coisas que não pode mais ser descrito como capitalismo. Ou, para citar um Marx mais velho, quando a "centralização dos meios de produção e a socialização do trabalho por fim chegarem a um ponto em que se tornam incompatíveis com seu tegumento capitalista" e esse "tegumento se rompe em pedaços".[26] É irrelevante o nome que se dê ao subsequente estado de coisas. Contudo, como demonstram os efeitos da explosão econômica mundial sobre o meio ambiente global, ele terá de marcar, necessariamente, uma nítida mudança da apropriação privada para a gestão social em escala global.

É extremamente improvável que essa "sociedade pós-capitalista" venha a corresponder aos modelos tradicionais do socialismo, e menos ainda aos modelos de "socialismo real" da era soviética. As formas que ela poderá tomar e até que ponto incorporará os valores humanistas do comunismo de Marx e Engels dependerão da ação política por meio da qual ocorreu essa mudança. Pois isso, como sustenta o *Manifesto*, é fundamental para a moldagem da mudança histórica.

V

Na visão marxiana, não importa como descrevamos o momento histórico em que "o tegumento se rompe em pedaços", a atividade política será um elemento essencial nesse momento. O *Manifesto* tem sido lido principalmente como um documento de inevitabilidade histórica e, na realidade, sua força decorria, em grande parte, da confiança que dava a seus leitores de que o capitalismo estava inevitavelmente destinado a ser enterrado por seus coveiros, e que só então, e em nenhum momento anterior da história, as condições para a emancipação tinham passado a existir. Mas, ao contrário do que creem muitos, e uma vez que Marx acreditava que a mudança histórica se realiza mediante ações de homens que fazem sua própria história, o *Manifesto* não é um documento determinista. As covas precisam ser abertas por ação humana.

Realmente, é possível uma leitura determinista. Já houve quem dissesse que Engels se inclinava para ela com mais naturalidade do que Marx, com importantes consequências para o desenvolvimento da teoria marxista e para o movimento operário marxista após a morte de Marx. Entretanto, embora rascunhos anteriores do próprio Engels tenham sido apresentados como prova,[27] na verdade não se pode afirmar isso por uma leitura do *Manifesto*. Quando ele deixa o campo da análise histórica e entra no presente, é um documento de opções, de possibilidades políticas, e não de probabilidades, quanto mais de certezas. Entre o "agora" e a época imprevisível em que "no curso do desenvolvimento" haverá "uma associação na qual o livre desenvolvimento de cada um é a condição do livre desenvolvimento de todos" situa-se o domínio da ação política.

Na essência do *Manifesto* está a mudança histórica através da práxis social, através da ação coletiva. Ele vê o desenvolvimento do proletariado como a "organização dos proletários numa classe e, consequentemente, num partido político". A "tomada do poder político pelo proletariado" ("a conquista da democracia") é "o primeiro passo na revolução dos trabalhadores", e o futuro da sociedade depende das ações políticas subsequentes do novo regime ("como o proletariado usará sua supremacia política"). O empenho na *política* é o que historicamente distinguiu o socialismo marxiano dos anarquistas e dos sucessores daqueles socialistas cuja rejeição a toda e qualquer ação política o *Manifesto* condena especificamente. Mesmo antes de Lênin, a teoria marxiana não cuidava apenas daquilo que "a história nos mostra que vai acontecer", mas também do que "deve ser feito". Reconhecidamente, a experiência soviética no século XX nos ensinou que poderia ser melhor não fazer "o que deve ser feito" em condições históricas que praticamente punham o êxito fora do alcance. Essa lição, contudo, também poderia ter sido aprendida pelo exame das implicações do *Manifesto comunista*.

Por outro lado, o *Manifesto* — e esta não é a menor de suas extraordinárias qualidades — é um documento que previa a possibilidade de fracasso. Manifestava a esperança de que o resultado do desenvolvimento capitalista fosse uma "reconfiguração revolucionária de toda a sociedade", mas, como já vimos, não excluía a alternativa — "o declínio comum das classes em luta".

Muitos anos depois, outro marxista reformulou a ideia, dizendo que seria uma escolha entre o socialismo e a barbárie. Qual opção há de prevalecer? Essa é uma pergunta que caberá ao século XXI responder.

6. A descoberta dos *Grundrisse**

O lugar dos *Grundrisse* na obra de Marx e as peripécias de sua história são, em muitos aspectos, singulares. Em primeiro lugar, eles são o único exemplo de textos importantes da maturidade de Marx que, para todos os fins práticos, se mantiveram totalmente desconhecidos dos marxistas durante mais de meio século depois da morte do autor; e, na verdade, praticamente inacessíveis durante quase um século desde a redação dos manuscritos reunidos sob esse título. Quaisquer que sejam os resultados dos debates sobre o significado desses textos de 1857-8, que claramente fazem parte dos preparativos para a elaboração de *O capital*, eles refletem a maturidade de Marx, e não só como economista. É isso que distingue os *Grundrisse* do outro acréscimo póstumo ao *corpus* da obra marxiana, os *Fruehschriften*, de 1932. O lugar exato desses textos dos primeiros anos da década de 1840 no desenvolvimento teórico de Marx tem sido discutido à saciedade, justificadamente ou não, mas não há desacordo semelhante em relação à maturidade dos escritos de 1857-8.

Em segundo lugar, e isso até surpreende um pouco, a publicação de todo o conjunto dos *Grundrisse* ocorreu em condições que podem ser descritas como

---

* Prólogo para Marcello Musto (org.), *Karl Marx's* Grundrisse: *Foundations of the* Critique of political economy *150 years later* (Routledge, 2008).

as menos favoráveis para qualquer ampliação dos estudos sobre Marx e o pensamento marxista, ou seja, na União Soviética e na República Democrática Alemã, durante o auge da era de Stálin. A publicação de textos de Marx e Engels continuou a depender do imprimátur das autoridades políticas até depois disso, como os responsáveis pela publicação de suas obras em outros países tiveram oportunidade de descobrir. Ainda não ficou claro como foram superados os obstáculos para a publicação, que incluíram o expurgo do Instituto Marx-Engels e o afastamento e o posterior assassinato de seu fundador e diretor; ou como Paul Weller, que entre 1925 e 1939 foi o responsável pela preparação dos originais, sobreviveu ao terror de 1936-8 para realizar essa tarefa. O fato de as autoridades não terem ideia do que fazer com esse texto longo e difícil pode ter ajudado. Entretanto, é evidente que nutriam dúvidas com relação a seu valor, quando nada porque, na opinião de Stálin, rascunhos tinham menos importância que os três volumes de *O capital*, que refletiam a posição e as ideias do autor na maturidade. Na verdade, os *Grundrisse* só foram publicados na íntegra em 1968-9, numa tradução para o russo, e sequer a edição original em alemão (Moscou), de 1939-41, nem sua reimpressão de 1953 (Berlim) foram publicadas como parte do projeto MEGA* (mas somente "no formato MEGA") ou como parte das *Werke* de Marx-Engels. No entanto, ao contrário dos *Fruehschriften* de 1844, que desapareceram do *corpus* oficial da obra de Marx depois de sua inclusão original do projeto MEGA (1932), os *Grundrisse* foram publicados na União Soviética, mesmo no apogeu da era stalinista.

    A terceira singularidade é a sempiterna incerteza quanto ao *status* dos manuscritos de 1857-8, que se reflete nas várias mudanças de nome do conjunto de textos, no Instituto Marx-Engels-Lênin na década de 1930, antes de se chegar ao título de *Grundrisse* pouco antes de irem ao prelo. De fato, continua controversa a natureza precisa de sua relação com os três volumes de *O capital*, da forma como foram publicados por Marx e editorados por Engels, e com o quarto volume de *Teorias da mais-valia*, compilado por Kaustky com base em anotações de Marx em 1861-3. Kautsky, que os examinou, parece não ter chegado a uma conclusão a respeito dos manuscritos. Publicou dois excertos deles em sua revista *Die Neue Zeit*, e só. Foram eles o breve *Bastiat e Carey* (1904), que

---

* Acrônimo do projeto Marx-Engels-Gesamtausgabe [Edição Integral de Marx e Engels], em 114 volumes. (N. T.)

teve pouco impacto, e a chamada Introdução a *Para a crítica da economia política* (1903), nunca completada e, por isso, não publicada com o livro do mesmo título em 1859, que viria a se tornar um texto para aqueles que desejavam ampliar a interpretação marxista além das ortodoxias dominantes, sobretudo os austro-marxistas. Até hoje, a Introdução é, provavelmente, a parte mais lida e debatida dos *Grundrisse*, ainda que pelo menos um comentarista, no mais recente livro sobre o assunto, questione se esses dois excertos fazem parte deles. O restante dos manuscritos permaneceu inédito, e na verdade desconhecido de comentaristas, até que Ryazanov e seus colaboradores obtiveram fotocópias deles em 1923, passaram a ordená-los e planejaram publicá-los no projeto MEGA. É interessante imaginar qual teria sido seu impacto se publicados em 1931, como se pretendia de início. Como só foram publicados, em duas etapas, no fim de 1939 e em 1941, uma semana depois que Hitler invadiu a União Soviética, permaneceram quase totalmente desconhecidos no Ocidente até a reimpressão de 1953, em Berlim Oriental, embora alguns raros exemplares tivessem chegado aos Estados Unidos. A partir de 1948 os *Grundrisse* foram analisados, mas não publicados nos Estados Unidos antes de 1967-8, por seu grande intérprete, Roman Rosdolsky (1898-1965), que chegara pouco antes ao país via Auschwitz e vários outros campos de concentração. É difícil crer que o grosso da edição alemã original, "enviada à frente de combate como material para agitação entre os soldados alemães e mais tarde a campos de concentração como material de estudo para prisioneiros de guerra", tenha alcançado seus objetivos teóricos ou práticos.

Não sabemos o motivo pelo qual a reimpressão na íntegra de 1939 e 1941, que se tornou a *editio princeps* para a recepção internacional dos *Grundrisse*, foi republicada na Alemanha Oriental em 1953, alguns anos antes da publicação das *Werke* de Marx-Engels, e deliberadamente sem conexão com elas, ainda que tenham sido feitas algumas sugestões plausíveis. Com uma única exceção, a obra só começou a deixar uma marca significativa nos estudos sobre Marx na década de 1960. Essa exceção é a parte sobre "Formações que precedem a produção capitalista", publicada primeiro em russo, separadamente, em 1938 (como também acontecera, um pouco antes, com o capítulo sobre a moeda), traduzida para o japonês em 1947 e para o alemão em 1952, este último imediatamente vertido para o húngaro, o japonês e o italiano (1953-4) e decerto discutido entre historiadores marxistas no mundo anglófono. A tradução inglesa, com uma introdução explicativa (1964), foi logo publicada em versões para o espanhol na Argentina e na Espanha franquista (1966-7). É de presumir que o especial interesse dos historiadores marxistas e dos antropólogos sociais por esse texto, além de sua relevância específica para a muito contestada análise marxista das sociedades do Terceiro Mundo, ajudem a explicar a sua ampla distribuição, bem antes da íntegra dos *Grundrisse*. O texto lançou luz sobre o debate a respeito do "modo de produção asiático", revivido polemicamente no Ocidente por obras como *Oriental despotism* (1957), de Wittfogel.

A história da recepção dos manuscritos de 1857-8 começa, na verdade, com o grande esforço, empreendido após a crise de 1956, de livrar o marxismo da camisa de força da ortodoxia soviética, tanto dentro quanto fora dos partidos comunistas, que não eram mais monolíticos. Como não pertenciam ao cânone dos "clássicos", mas sem dúvida tinham sido escritos por Marx, tanto os textos de 1844 quanto os manuscritos de 1857-8 podiam ser vistos, dentro dos partidos comunistas, como uma base para uma abertura legítima de posições até então fechadas. A descoberta internacional dos textos de Gramsci, quase simultânea — a primeira publicação de seus textos na União Soviética data de 1957-9 —, teve a mesma função. A ideia de que os *Grundrisse* tivessem potencial para induzir heterodoxia é demonstrada pelo surgimento de traduções não oficiais, como as dos reformistas das Editions Anthropos (1968), na França, e, sob os auspícios da *New Left Review*, de Martin Nicolaus (1971). Fora dos partidos comunistas, os *Grundrisse* tiveram a função de justificar um marxismo não comunista, porém inquestionável. Contudo, essa função só adquiriu significado político na época das rebeliões estudantis da década de 1960, embora sua relevância já tivesse sido reconhecida na década de 1950 por intelectuais alemães próximos da tradição de Frankfurt, como Lichtheim e o jovem Habermas, mas não no ambiente de ativismo político. A radicalização estudantil nas universidades, que se expandiam rapidamente, também proporcionou um número maior de leitores do que se poderia esperar no passado para textos de extrema dificuldade como esses. Não fosse isso, editoras comerciais como a Penguin Books com certeza não estariam dispostas a publicar os *Grundrisse*, mesmo como parte de uma "Pelican Marx Library". Nesse ínterim, o texto fora aceito, com certa relutância, como parte integrante do *corpus* das obras de Marx na União Soviética, sendo acrescentado à edição anterior das obras de Marx-Engels em 1968-9, embora numa edição menor que a de *O capital*. Logo se deu a publicação na Hungria e na Tchecoslováquia, bem como, depois da morte de Mao, na China.

Por isso, não é fácil separar os debates sobre os *Grundrisse* do meio político em que tiveram lugar e que os estimulou. Na década de 1970, quando eram mais intensos, foram prejudicados também por uma desvantagem geracional ou cultural, a saber, a perda da maior parte da geração pioneira de especialistas em textos marxistas (oriundos principalmente da Europa Central ou Oriental) de dedicação e saber monumentais, homens como David Ryazanov e Roman Rosdolsky. Na verdade, intelectuais trotskistas mais jovens empreenderam esforços sérios para desenvolver as análises anteriores do lugar dos manuscritos de 1857-8 no desenvolvimento do pensamento de Marx e, mais especificamente, sobre seu lugar no plano geral do que veio a ser a parte principal de *O capital*. Não obstante, autores como Louis Althusser, na França, e Antonio Negri, na Itália, com uma formação francamente insuficiente na literatura marxista, às vezes desencadeavam veementes polêmicas teóricas marxistas, assistidas por rapazes e moças que podiam ainda não ter muito conhecimento dos textos ou capacidade de julgar as controvérsias do passado sobre eles, quando mais não fosse por motivos linguísticos.

Este volume coletivo é dado a público numa época em que só raramente os partidos e movimentos marxistas são atores significativos no cenário global e em que os debates sobre as doutrinas, estratégias, métodos e objetivos desses partidos já não ocorrem necessariamente no quadro da discussão sobre as obras de Marx, Engels e seus seguidores. E, no entanto, ele sai também numa época em que o mundo parece demonstrar a perspicácia da visão de Marx do *modus operandi* econômico do sistema capitalista. Talvez este seja o momento certo para retornar a um estudo dos *Grundrisse* menos inibido pelas considerações transitórias da política esquerdista no período que vai da denúncia de Stálin por Kruchev à queda de Gorbachev. Trata-se de um texto de imensa dificuldade em todos os sentidos, mas também enormemente gratificante, ao menos por proporcionar o único guia para o pleno entendimento do tratado do qual *O capital* é apenas uma pequena parte, e uma inigualável introdução à metodologia do Marx maduro. Os *Grundrisse* contêm análises e comentários (por exemplo, sobre tecnologia) que levam a análise que Marx faz do capitalismo muito além do século XIX — até a era de uma sociedade em que a produção já não requer grande massa de mão de obra, a era da automação, da possibilidade de lazer e das transformações da alienação nessas circunstâncias. É o único texto que avança um pouco além dos palpites, dados pelo próprio Marx, sobre o futuro comunista em *A ideologia alemã*. Para resumir, é um texto que já foi descrito como "o pensamento de Marx no que ele tem de mais suntuoso".

7. Marx e as formações pré-capitalistas

I

Em 1857-8, Marx estava escrevendo um longo trabalho preliminar que seria a base de *Crítica da economia política* e de *O capital*. Esse texto foi publicado com o título de *Grundrisse der Kritik der Politischen Ökonomie* [Elementos fundamentais para a crítica da economia política] em Moscou, em duas partes, em 1939 e 1941, embora alguns breves excertos tivessem aparecido na revista *Neue Zeit* em 1903 e 1904. A época e o local de publicação fizeram com que a obra permanecesse praticamente desconhecida até 1952, quando uma parte dela foi publicada em forma de panfleto em Berlim. No ano seguinte, os *Grundrisse* foram republicados na íntegra, também em Berlim. Essa edição alemã de 1953 foi, durante muito tempo, a única disponível. Os *Grundrisse* pertencem, pois, ao grande grupo de manuscritos de Marx e Engels que nunca foram publicados em vida dos autores e só se tornaram disponíveis para estudo a partir de 1930.* A maioria deles, como os *Manuscritos econômico-filosóficos*, de 1844, que de algum tempo para cá tornaram-se objeto de intensos de-

---

* Este capítulo foi escrito como introdução a uma seção dos *Grundrisse* intitulada *Formações econômicas pré-capitalistas* (Lawrence & Wishart, 1964).

bates, pertence à juventude de Marx e do marxismo. Entretanto, os *Grundrisse* são de sua plena maturidade. Resultaram de uma década de estudos intensos na Inglaterra, e representam claramente o estágio de seu pensamento que precede imediatamente a redação de *O capital*, no começo da década de 1860, e para o qual, como já foi dito, constituem um trabalho preparatório. Os *Grundrisse* são, portanto, os últimos textos importantes do Marx maduro que chegaram ao público.

Diante disso, a incúria com que foi tratada essa obra causa extrema surpresa. Isso é especialmente verdadeiro com relação às seções intituladas *Formações econômicas pré-capitalistas*, em que Marx tenta abordar o problema da evolução histórica pré-capitalista, pois não se trata de anotações sem maior importância ou casuais. As *Formações* não só representam, como o próprio autor escreveu orgulhosamente a Lassalle (12 de novembro de 1858), "o resultado de quinze anos de pesquisas, ou seja, dos melhores anos de minha vida", como mostram Marx no auge de seu brilho e profundidade e são também, em muitos aspectos, o complemento indispensável ao soberbo prefácio a *Para a crítica da economia política*, que foi escrito pouco tempo depois e apresenta o materialismo histórico em sua forma mais fecunda. Pode-se afirmar sem hesitação que qualquer discussão histórica marxista que não leve em conta os *Grundrisse* — vale dizer praticamente todas as discussões anteriores a 1941 e (infelizmente) muitas das que se deram desde então — deve ser reconsiderada à luz dessa obra.

Há, porém, razões óbvias para que os *Grundrisse* tenham ficado assim esquecidos. Eram, como escreveu Marx a Lassalle, "monografias, escritas em fases muito espaçadas, para meu próprio esclarecimento, e não para publicação". Eles exigem do leitor grande familiaridade com a forma de pensar de Marx — isto é, com toda a sua evolução intelectual e sobretudo com a filosofia de Hegel — e além disso foram escritos numa espécie de taquigrafia intelectual privada, que às vezes é impenetrável, na forma de anotações toscas misturadas com digressões que, por mais claras que fossem para Marx, são com frequência ambíguas para nós. Quem quer que tenha tentado traduzir o manuscrito ou mesmo estudá-lo e interpretá-lo sabe que às vezes é de todo impossível compreender o sentido de uma ou outra passagem sibilina sem que restem dúvidas.

Mesmo que Marx tivesse se esforçado para tornar claro seu pensamento, o texto ainda estaria longe de ser fácil, pois a análise é realizada num altíssimo nível de generalidade, ou seja, em termos muito abstratos. Em primeiro lugar,

Marx está interessado — como no prefácio à *Crítica* — em estabelecer o mecanismo geral de *toda* mudança social: a formação das relações sociais de produção que correspondam a uma etapa definida de desenvolvimento das forças materiais de produção; o surgimento periódico de conflitos entre essas forças e as relações de produção; as "épocas de revolução social" em que as relações mais uma vez se ajustam ao nível das forças. Essa análise geral não implica nenhuma afirmação sobre períodos históricos específicos ou quaisquer forças e relações de produção. Assim, a palavra "classe" sequer é mencionada no prefácio, pois as classes são meramente casos especiais de relações sociais de produção em certos períodos — ainda que longuíssimos — da história. A única declaração real a respeito de formações e períodos históricos é a lista curta, não substanciada nem explicada, das "épocas no progresso da formação econômica da sociedade" — a saber, "asiática, antiga, feudal e burguesa moderna", em que a final é a última forma "antagonística" do processo social de produção.

As *Formações* são, a um tempo, um texto mais geral e específico do que o prefácio, embora nem elas — é importante notar isso desde o começo — sejam "história" no sentido estrito. Num aspecto, o texto tenta descobrir na análise da evolução social as características de *qualquer* teoria dialética ou, com efeito, de qualquer teoria satisfatória sobre qualquer tema, seja ele qual for. Procura revestir-se, e realmente se reveste, de economia intelectual, generalidade e uma irrevocável lógica interna, qualidades que os cientistas inclinam-se a chamar de "beleza" ou "elegância", e as busca mediante a utilização da dialética hegeliana, se bem que numa base materialista, e não idealista.

Isso nos conduz imediatamente ao segundo aspecto. As *Formações* buscam formular o *conteúdo* da história em sua forma mais geral. Esse conteúdo é o *progresso*. Nem aqueles que negam a existência do progresso histórico nem os que (muitas vezes baseando-se nos textos do jovem Marx) veem o pensamento de Marx como uma mera exigência ética da libertação do homem encontrarão aqui apoio algum. Para Marx, o progresso é algo que pode ser definido objetivamente e, ao mesmo tempo, aponta para o que é desejável. A força da fé marxista no triunfo do livre desenvolvimento de todos os homens não depende da esperança que Marx depositava nesse triunfo, e sim da pressuposta correção da análise segundo a qual é realmente para esse fim que o desenvolvimento histórico conduz a humanidade.

A base objetiva do humanismo de Marx e ao mesmo tempo de sua teoria da evolução social e econômica é sua análise do homem como animal social. O homem, ou melhor, os homens executam *trabalho*, isto é, criam e reproduzem sua existência na prática diária, respirando, buscando alimento, abrigo, amor etc. Fazem-no atuando *na* natureza, tirando da natureza (e, às vezes mudando conscientemente a natureza) para essa finalidade. Essa interação entre o homem e a natureza é, e produz, evolução social. Tirar da natureza ou determinar o uso de algum pedaço da natureza (inclusive o próprio corpo) pode ser visto, e realmente é, na linguagem comum, como apropriação, que, portanto, é na origem um mero aspecto do trabalho. A apropriação se expressa no conceito de *propriedade* (que não é, de modo algum, o mesmo que o caso historicamente especial de propriedade *privada*). No começo, diz Marx, "a relação do trabalhador com as condições objetivas de seu trabalho é uma relação de propriedade; essa é a unidade natural do trabalho com seus pré-requisitos materiais [*sachliche*]" (p. 67). Sendo um animal social, o homem cria tanto cooperação quanto uma *divisão social do trabalho* (isto é, especialização de funções), que não só é possibilitada pela produção de um *excedente* sobre o necessário para sua manutenção e também a da comunidade de que ele é parte, como aumenta as possibilidades dessa produção excedente. A existência concomitante do excedente e da divisão social do trabalho possibilita a *troca*. Mas, nas origens, tanto a produção quanto a troca têm como objetivo meramente o *uso* — a manutenção do produtor e de sua comunidade. Esses são os principais elementos analíticos com os quais se constrói a teoria, e todos são, na verdade, expansões ou corolários do conceito original do homem como um animal social de um tipo especial.[1]

O progresso, é claro, pode ser observado no fato de o homem tornar-se progressivamente independente da natureza, que ele controla cada vez mais. Essa emancipação — da forma como vivem os homens primitivos e das relações originais e espontâneas (ou, como escreve Marx, *naturwüchsig*, "como ocorrem na natureza") que brotam do processo evolucionário pelo qual animais se convertem em grupos humanos — afeta não só as forças de produção como também as relações de produção.

É desse último aspecto que as *Formações* se ocupam. Por um lado, as relações que os homens criam como resultado da especialização do trabalho — e principalmente da *troca* — progressivamente vão se diferenciando e ganhando complexidade, até que a invenção da *moeda* e com ela a criação da *produção de mercadorias* e a troca proporcionam a base para fenômenos antes inimagináveis, entre os quais a acumulação de capital. Esse processo, embora mencionado no começo da obra (p. 67), não é seu tema principal. Por outro lado, a dupla relação trabalho-propriedade é progressivamente destruída, à medida que o homem se distancia da *naturwüchsig*, ou seja, das primitivas relações com a natureza por evolução espontânea. Esse distanciamento toma a forma de uma progressiva "separação entre o trabalho livre e as condições objetivas de sua realização — os meios de trabalho [*Arbeitsmittel*] e o material de trabalho [...]. Portanto, acima de tudo, de uma separação entre o trabalhador e a terra como seu laboratório natural" (p. 67). Essas relações finalmente são postas a nu com o capitalismo, quando o trabalhador é reduzido a nada mais que força de trabalho e, podemos acrescentar, a propriedade se reduz a um controle dos meios de produção totalmente dissociado do trabalho, ao passo que no processo de produção ocorre uma separação total entre o uso (que não tem nenhuma relevância direta) e a troca e a acumulação (que é a finalidade direta da produção). Esse é o processo que, em suas possíveis variações, Marx tenta analisar aqui. Embora determinadas formações socioeconômicas, expressando fases particulares dessa evolução, sejam muito relevantes, o que ele tem em mente é todo o processo, que abarca séculos e continentes. Por isso, a questão da periodização só é importante no sentido mais amplo, e os problemas, digamos, da transição de uma fase para outra não são sua preocupação maior, a não ser na medida em que elucidam a transformação a longo prazo.

Ao mesmo tempo, porém, esse processo pelo qual o homem se emancipa de suas condições naturais originais de produção é um processo de *individualização*. "O homem só se individualiza [*vereinzelt sich*] através do processo da história. Surge originalmente como um ser genérico, um ser tribal, um animal gregário [...]. A própria troca é um agente importante dessa individualização. Ela torna supérfluo o animal gregário e o dissolve" (p. 96). Isso implica automaticamente uma transformação nas relações do indivíduo com o que era na origem a comunidade em que ele atuava. No entanto, esse processo encerra possibilidades imensas para a humanidade. Como observa Marx, numa passagem carregada de esperança e grandeza (pp. 84-5):

> A concepção antiga, em que o homem sempre aparece (em qualquer que fosse a estreita definição nacional, religiosa ou política) como o alvo da produção, parece muitíssimo mais nobre do que o mundo moderno, no qual a produção é o alvo do

homem, e a riqueza, o alvo da produção. Na verdade, entretanto, quando a estreita forma burguesa é retirada, que é a riqueza senão a universalidade das necessidades, capacidades, prazeres, forças produtivas etc. dos indivíduos, geradas na troca universal? O que, senão o pleno desenvolvimento do controle humano sobre as forças da natureza — aquelas de sua própria natureza, bem como aquelas da chamada "natureza"? O que, senão a elaboração absoluta de suas aptidões criativas, sem quaisquer precondições outras além da evolução histórica antecedente que torna a totalidade dessa evolução — isto é, a evolução de todas as forças humanas como tais, não mensuradas por qualquer medida *definida previamente* — um fim em si? Que é isso, senão uma situação em que o homem não reproduz a si mesmo em qualquer forma determinada, mas produz sua totalidade? Onde ele não procura permanecer uma coisa formada pelo passado, mas que existe no movimento absoluto de vir a ser? Na economia política burguesa — e na época de produção a que ela corresponde — essa elaboração completa do que está dentro do homem se apresenta como a alienação total, e a destruição de todos os propósitos unilaterais, fixos, como o sacrifício do fim em si a uma compulsão totalmente externa.

Mesmo nessa forma desumanizada e aparentemente contraditória, o ideal humanista do desenvolvimento individual livre está mais perto do que jamais esteve em todas as fases anteriores da história. Só espera a transição do que Marx chama, numa frase lapidar, de etapa pré-histórica da sociedade humana — a era das sociedades de classe, das quais o capitalismo é a última — para a era em que o homem esteja no controle de seu destino, a era do comunismo.

A visão de Marx é, pois, uma força maravilhosamente unificadora. Seu modelo de desenvolvimento social e econômico, ao contrário do de Hegel, pode ser aplicado à história para produzir resultados frutíferos e originais, e não tautologia. Ao mesmo tempo, contudo, pode ser apresentado como o desdobramento das possibilidades lógicas latentes em um punhado de declarações elementares e quase axiomáticas sobre a natureza do homem — uma interação dialética das contradições trabalho/propriedade e da divisão do trabalho.[2] É um modelo de fatos, mas, visto de um ângulo ligeiramente diferente, o *mesmo* modelo nos oferece juízos de valor. É essa multidimensionalidade da teoria de Marx que leva todos, excetuados os obtusos ou preconceituosos, a respeitá-lo e admirá-lo como pensador, mesmo quando não concordam com ele. Ao mesmo tempo, porém, principalmente porque Marx não faz concessões às necessidades do leitor não iniciado, ela contribui para aumentar a dificuldade do texto.

Um exemplo dessa complexidade deve ser destacado: trata-se da recusa de Marx em separar as várias disciplinas científicas. É possível fazer isso em seu lugar. Assim, o falecido J. Schumpeter, um dos mais inteligentes críticos do pensador, tentou estabelecer uma distinção entre Marx como sociólogo e Marx como economista, e seria possível distinguir, com facilidade, Marx como historiador. Mas essas divisões mecânicas são um equívoco, além de inteiramente contrárias ao método de Marx. Foram os economistas acadêmicos burgueses que tentaram traçar uma linha nítida entre a análise estática e a dinâmica, com a esperança de transformar uma em outra mediante a injeção de algum elemento "dinamizador" no sistema estático, da mesma forma como são os economistas acadêmicos que ainda elaboram um modelo perfeito de "crescimento econômico", de preferência um modelo que possa ser expresso em equações, e relegam tudo o que não puder ser encaixado nesse modelo ao domínio dos "sociólogos". Os sociólogos acadêmicos fazem distinções semelhantes num nível um pouco mais baixo de interesse científico, e os historiadores num nível ainda mais baixo. As relações sociais de produção (a organização social em seu sentido mais amplo) e as forças materiais de produção, a cujo nível elas correspondem, não podem ser dissociadas. "A estrutura econômica da sociedade é formada pela totalidade dessas relações de produção" (prefácio, *Werke* 13, p. 8). O desenvolvimento econômico não pode ser reduzido a "crescimento econômico", e menos ainda à variação de fatores isolados como a produtividade ou a taxa de acumulação de capital, como fazia o vulgar economista moderno que afirmava existir crescimento quando são investidos mais que, digamos, 5% da renda nacional.[3] O desenvolvimento econômico só pode ser discutido em termos de determinadas épocas históricas e estruturas sociais. Sua análise de vários modos de produção pré-capitalistas é um exemplo brilhante disso e ilustra o completo equívoco que é considerar o materialismo histórico uma interpretação *econômica* (ou, também, *sociológica*) da história.[4]

No entanto, mesmo que estejamos plenamente conscientes de que Marx não deve ser subdividido em segmentos de acordo com as especializações acadêmicas de nossa época, talvez seja difícil apreender a unidade de seu pensamento, em parte porque o mero esforço no sentido de uma exposição sistemática e lúcida tende a nos levar a analisar seus diferentes aspectos *sequencialmente*, e não simultaneamente, e em parte porque a tarefa de pesquisa e verificação científicas em algum momento nos leva a fazer o mesmo. Essa é uma das razões pelas quais alguns escritos de Engels, que têm como objetivo uma exposição clara, deixam a impressão de, por assim dizer, simplificar exageradamente ou diluir a densidade do pensamento de Marx. Algumas exposições marxistas posteriores, como *Materialismo dialético e materialismo histórico*, de Stálin, foram muito mais longe nessa direção; provavelmente, longe demais. Já o desejo de enfatizar a unidade dialética e a interdependência de Marx pode produzir apenas generalizações vagas sobre a dialética ou observações como a de que a superestrutura não é determinada pela base mecanicamente ou a curto prazo, mas retroage sobre ela e pode, de vez em quando, dominá-la. Tais afirmações podem ter valor pedagógico e servem de advertência contra visões simplistas do marxismo (e foi como tal que, por exemplo, Engels as fez em sua conhecida carta a Bloch), mas na realidade não nos fazem avançar muito. Como Engels fez ver a Bloch, existe uma maneira satisfatória de evitar essas dificuldades.[5] Consiste em "estudar melhor essa teoria a partir de fontes originais e não em materiais secundários". É por isso que as *Formações*, em que o leitor pode acompanhar Marx *enquanto ele está refletindo*, merecem um estudo atento e respeitoso.

A maioria dos leitores se interessará por um aspecto importante do ensaio: o exame das épocas de desenvolvimento histórico feito por Marx, que é o fundamento da listinha apresentada no prefácio a *Para a crítica da economia política*. Esse é um tema difícil, que requer do leitor algum conhecimento sobre o desenvolvimento do pensamento de Marx e Engels sobre a história e a evolução histórica, bem como sobre as principais periodizações ou divisões históricas propostas nas discussões marxistas subsequentes.

É no prefácio a *Para a crítica da economia política*, de que os *Grundrisse* são um esboço preliminar, que ocorre a formulação clássica dessas épocas de progresso humano. Marx escreveu ali que "em suas grandes linhas, os modos de produção asiático, antigo, feudal e, modernamente, o burguês podem ser designados como épocas no progresso da formação econômica da sociedade". A análise que o levou a essa tese, e o modelo teórico de evolução econômica que ela implica, não são discutidos no prefácio, ainda que vários trechos da *Crítica* e de *O capital* (em especial o volume III) façam parte dela ou sejam difíceis de compreender sem ela. Por outro lado, as *Formações* tratam quase que apenas desse problema. Por isso, são uma leitura essencial para quem desejar compreender o modo de pensar de Marx em geral ou sua abordagem do problema da evolução e da classificação histórica em particular.

Isso não significa que sejamos obrigados a aceitar a lista de épocas históricas que Marx propõe no prefácio, ou nas *Formações*. Como veremos, poucas partes do pensamento de Marx foram mais revisadas por seus mais dedicados seguidores do que essa lista — não necessariamente com igual justificação —, e nem Marx nem Engels se satisfizeram com ela durante o resto da vida. A lista e grande parte da análise que está por trás dela nas *Formações* não são resultado de teoria, mas de observação. A teoria geral do materialismo histórico só requer que haja uma sucessão de modos de produção, porém não necessariamente esses ou aqueles modos particulares, e talvez nem mesmo numa ordem predeterminada qualquer.[6] Examinando as fontes históricas, Marx julgou poder distinguir um certo número de formações socioeconômicas e uma certa sucessão. Mas, se ele tivesse se equivocado em suas observações, ou se estas tivessem se baseado em informações parciais e, por conseguinte, enganosas, a teoria geral do materialismo histórico não seria afetada. Pode-se dizer que há hoje em dia um consenso de que as observações de Marx e Engels a respeito das épocas pré-capitalistas baseiam-se em estudos muito menos meticulosos do que a descrição e a análise que Marx fez do capitalismo. Marx concentrou suas energias no estudo do capitalismo, e lidou com o restante da história com diferentes graus de detalhe, mas principalmente na medida em que ele se relacionava às origens e ao desenvolvimento do capitalismo. Ele e Engels eram, até onde se sabe, leigos muito lidos, e tanto o talento quanto a teoria de ambos lhes permitiam usar as suas leituras muitíssimo melhor do que qualquer um de seus contemporâneos. Dependiam, todavia, do acervo historiográfico a que tinham acesso, bem mais exíguo do que na atualidade. Por isso, examinaremos brevemente o que Marx e Engels conheciam de história e o que não podiam ainda conhecer. Isso não significa que o conhecimento de ambos fosse *insuficiente* para a elaboração de suas teorias sobre as sociedades pré-capitalistas. Pode ter sido perfeitamente adequado. É comum entre intelectuais a ideia maluca de que a mera acumulação de livros e artigos amplia o conhecimento. Isso pode apenas abarrotar estantes. No entanto, o conhecimento da base factual da análise histórica de Marx só pode nos ajudar a compreendê-la.

No tocante à história da Antiguidade clássica (greco-romana), Marx e Engels estavam quase tão bem equipados quanto o estudioso moderno que se baseia somente em fontes literárias, embora a maior parte do trabalho arqueológico e a coleta de inscrições, que desde então revolucionaram o estudo da Antiguidade clássica, como também os papiros, não estivessem disponíveis quando Marx escreveu as *Formações*. (Schliemann só começou suas escavações em Troia em 1870, e o primeiro volume do *Corpus Inscriptionum latinarum*, de Mommsen, só saiu em 1863.) Como homens de formação clássica, eles não tinham nenhuma dificuldade para ler latim e grego, e sabemos que conheciam bem até autores relativamente obscuros, como Jordanes, Amiano Marcelino, Cassiodoro e Orósio.[7] Por outro lado, nem uma educação clássica nem o material então disponível possibilitava um conhecimento profundo do Egito e do antigo Oriente Médio. Marx e Engels não trataram dessa região nesse período. Mesmo referências casuais a ela são escassas, embora isso não signifique que eles desconsiderassem seus problemas históricos.[8]

No campo da história oriental, a situação era um tanto diferente. Não há nenhum indício de que antes de 1848 Marx ou Engels refletissem ou lessem muito sobre o tema. É provável que sobre a história do Oriente só soubessem o que havia em *Palestras sobre a filosofia da história*, de Hegel (que não são muito informativas), além de outros dados que fossem do conhecimento de alemães educados naquele período. O exílio na Inglaterra, os acontecimentos políticos da década de 1850 e, acima de tudo, os estudos econômicos de Marx transformaram celeremente seus conhecimentos. É claro que Marx adquiriu algum conhecimento sobre a Índia com os economistas clássicos que leu ou releu no começo da década de 1850 (*Princípios*, de J. S. Mill; Adam Smith; *Palestra introdutória*, de Richard Jones, em 1851).[9] Em 1853 ele começou a publicar no *New York Daily Tribune* artigos sobre a China (14 de junho) e a Índia (25 de junho). É evidente que naquele ano tanto ele quanto Engels estavam profundamente interessados nos problemas históricos do Oriente, a ponto de Engels tentar aprender o persa.[10] No começo do verão de 1853, a correspondência deles faz referência a *A historical geography of Arabia*, do reverendo C. Foster; a *Voyages*, de Bernier; a sir William Jones, o orientalista; e a documentos parlamentares sobre a Índia, além de *History of Java*, de Stamford Raffles.[11] É razoável supor que as ideias de Marx sobre a sociedade asiática ganharam sua primeira formulação madura durante esses meses. Como ficará evidente, elas se baseavam em muito mais do que um estudo superficial.

Já o estudo de Marx e Engels sobre o feudalismo na Europa Ocidental parece ter se realizado de maneira diferente. Marx estava a par das pesquisas da época sobre a história agrária medieval, ou seja, sobretudo os trabalhos de Hanssen, Meitzen e Maurer,[12] aos quais Marx já aludia no primeiro volume de O capital, mas na verdade há poucos indícios de que nessa época ele estivesse seriamente interessado nos problemas da evolução da agricultura ou da servidão na Idade Média. (As referências correspondem à servidão real na Europa Oriental, principalmente na Romênia.) Não foi senão *depois* da publicação do volume I de O capital (ou seja, também depois de grande parte dos volumes II e III ter sido redigida) que esse problema começou, evidentemente, a preocupar os dois amigos, notadamente a partir de 1868, quando Marx passou a estudar seriamente a obra de Maurer, que a partir daí ele e Engels vieram a considerar o fundamento de seus conhecimentos nesse campo.[13] No entanto, ao que parece, o interesse de Marx concentrou-se na luz que Maurer e outros autores lançavam sobre a comunidade camponesa original, e não sobre a servidão, embora Engels pareça ter se interessado desde o começo também por esse aspecto, que discutiu, com base em Maurer, em sua exposição sobre *A marca* (escrita em 1882). Algumas das últimas cartas trocadas pelos dois, em 1882, tratam da evolução histórica da servidão.[14] Parece claro que o interesse de Marx pelo tema cresceu no fim da vida, quando os problemas da Rússia o preocupavam cada vez mais. As seções do volume III de O capital que tratam das transformações da renda não revelam nenhum sinal de um estudo minucioso dos trabalhos publicados sobre a agricultura feudal no Ocidente.

O interesse de Marx pelas origens medievais da burguesia e pelo comércio e finanças feudais era muito mais intenso, como demonstra o volume III de *O capital*. Fica claro que ele estudou não só obras gerais sobre a Idade Média ocidental, mas também, na medida em que estavam disponíveis, os trabalhos mais especializados sobre os preços na Idade Média (Thorold Rogers), o sistema bancário e o comércio medieval.[15] É claro que o estudo desses temas estava apenas começando no período de trabalho mais intenso de Marx, nas décadas de 1850 e 1860, de modo que algumas de suas fontes sobre a história da agricultura e do comércio devem ser consideradas há muito obsoletas.[16]

De modo geral, o interesse de Engels pelo medievo ocidental, sobretudo o germânico, era muito mais vívido que o de Marx. Ele lia muito, inclusive fontes primárias e monografias locais, redigia resumos da história antiga da Alemanha e da Irlanda, tinha intensa consciência da importância não só de informações textuais, mas também da arqueologia (principalmente o trabalho escandinavo que já na década de 1860 Marx declarara ser de excepcional qualidade) e se mostrava tão consciente quanto qualquer estudioso moderno da importância crucial de documentos econômicos medievais como o "Políptico", do abade Irmino, de Saint-Germain-des-Prés. Todavia, não há como fugir da sensação de que ele, como também Marx, se interessava mais pela comunidade camponesa antiga do que pelo desenvolvimento do feudo.

No que se refere à sociedade comunal primitiva, as concepções históricas de Marx e Engels foram quase certamente influenciadas pelo estudo de dois autores: Georg von Maurer, que tentou demonstrar a existência da propriedade comunal como uma etapa da história alemã, e, acima de tudo, Lewis Morgan, cujo livro *Ancient society* (1877) constituiu a base da análise que fizeram do comunalismo primitivo. *A marca* (1882), de Engels, baseia-se no primeiro, e sua *A origem da família, da propriedade privada e do Estado* (1884) tem uma forte e franca dívida para com o segundo. Ambos consideravam a obra de Maurer (que, como vimos, começou a causar impressão nos dois amigos em 1868), em certo sentido, uma libertação do medievalismo romântico que reagia contra a Revolução Francesa. (A antipatia de ambos por esse romantismo talvez explique um pouco o fato de terem desdenhado até certo ponto a história feudal do Ocidente.) Lançar os olhos para além da Idade Média, procurando ver as épocas primitivas da história humana, como fez Maurer, parecia compatível com a tendência socialista, muito embora os intelectuais alemães que assim procediam não fossem socialistas.[17] Lewis Morgan, é claro, cresceu num ambiente socialista utópico, e delineou claramente a relação entre o estudo da sociedade primitiva e o futuro. Por isso, foi natural que Marx, que conheceu sua obra logo após ser publicada e notou de imediato a semelhança entre os resultados de Maurer e os dele próprio, aplaudiu a obra e a utilizou, reconhecendo como sempre sua dívida com a escrupulosa honestidade científica tão característica dele. Uma terceira fonte que Marx usou bastante em seus últimos anos foram os muitos trabalhos de origem russa, sobretudo as obras de M. M. Kovalevsky.

Portanto, na época da elaboração das *Formações*, o conhecimento que Marx e Engels tinham da sociedade primitiva era incompleto. Não se baseava em um estudo detido das sociedades tribais, uma vez que a antropologia moderna estava em sua infância, e, apesar da obra de Prescott (que Marx leu em 1851 e visivelmente utilizou nas *Formações*), o mesmo acontecia com o conhecimento das civilizações pré-colombianas nas Américas. Até Morgan, a maior parte do que eles sabiam sobre o assunto baseava-se em parte em autores clássicos, e parte em material do Oriente, mas principalmente em materiais do começo da Idade Média europeia ou no estudo de sobrevivências comunais na Europa. Entre estas, a eslava e as da Europa Oriental desempenhavam um papel de destaque, pois sua força naquelas áreas atraía a atenção dos estudiosos havia muito tempo. A divisão em quatro tipos básicos — oriental (indiano), greco-romano, germânico e eslavo (ver p. 95) — se ajusta ao estado de seus conhecimentos na década de 1850.

Quanto à história do desenvolvimento capitalista, Marx já era especialista na matéria no fim dessa década, menos pela leitura de estudos de história econômica, que quase não existiam então, e mais pela leitura de volumosos estudos de teoria econômica, que ele conhecia em profundidade. Seja como for, a natureza de seu conhecimento é bem conhecida. Um olhar às bibliografias acrescentadas à maioria das edições de *O capital* a ilustra. Pelos padrões modernos, as informações disponíveis nas décadas de 1850 e 1860 eram insatisfatórias ao extremo, mas nem por isso devemos desprezá-las, especialmente quando utilizadas por um homem com a acuidade mental de Marx. Assim, pode-se argumentar que o que sabemos sobre o aumento dos preços no século XVI e o papel que nele tiveram as barras de ouro provenientes das Américas só foi adequadamente documentado por volta de 1929 ou até mais tarde. É fácil esquecer que pelo menos uma obra básica sobre o assunto já existia antes da morte de Marx,[18] e mais fácil ainda é desconsiderar que muito antes disso já se sabia o suficiente a respeito da questão para que ela fosse examinada de maneira inteligente, como faz Marx em *Para a crítica da economia política*.[19] Creio ser desnecessário dizer que tanto Marx quanto Engels sempre acompanharam as pesquisas subsequentes nesse campo.

Tanto basta para o estado geral do conhecimento histórico de Marx e Engels. Ele era (ao menos no período da redação preliminar das *Formações*) ralo com relação à pré-história, às sociedades comunais primitivas e sobre a América pré-colombiana, e praticamente nulo quanto à África. Não era amplo com relação ao Oriente Médio antigo ou medieval, porém substancialmente melhor no tocante a certas partes da Ásia, notadamente da Índia, mas não sobre o Japão. Era bom em relação à Antiguidade clássica e à Idade Média europeia, embora o interesse de Marx (e, em menor grau, também o de Engels) por esse período fosse desigual. Era excelente para a época quanto ao período da ascensão do capitalismo. Um e outro, naturalmente, estudavam história com atenção. Contudo, é provável que tenha havido dois períodos na carreira de Marx em que ele se ocupou mais particularmente com a história das sociedades pré-industriais ou não europeias: a década de 1850, ou seja, o período que precede a redação de *Para a crítica da economia política*, e a década de 1870, após a publicação do volume I de *O capital* e de grande parte da redação dos volumes II e III, quando Marx parece ter retornado aos estudos de história, principalmente da Europa Oriental e da sociedade primitiva — talvez devido a seu interesse nas possibilidades da revolução na Rússia.

II

Acompanhemos, a seguir, a evolução das ideias de Marx e Engels sobre a periodização e a evolução históricas. A primeira etapa dessa evolução é mais bem estudada com base em *A ideologia alemã*, de 1845-6, que já aceita (o que, claro está, não era nenhuma novidade) que vários estágios na divisão social do trabalho correspondem a diferentes formas de propriedade. A primeira dessas etapas foi a comunal, e correspondeu à "etapa pouco desenvolvida de produção, em que as pessoas tiram seu sustento da caça, da pesca, do pastoreio ou, no máximo, da lavoura".[20] Nesse estágio, a estrutura social baseia-se no desenvolvimento e na modificação do grupo de parentesco e em sua divisão interna de trabalho. Esse grupo de parentesco (a "família") tende a criar em seu interior não só a distinção entre chefes e chefiados, como também a escravidão, que se desenvolve com o aumento da população e de suas necessidades e com o crescimento das relações externas, sejam elas a guerra ou o escambo. O primeiro grande avanço da divisão social do trabalho consiste na separação entre o trabalho industrial e comercial, por um lado, e o agrícola, por outro, e por isso leva à distinção e à oposição entre cidade e campo. Esta, por sua vez, conduz à segunda fase histórica das relações de propriedade, a "propriedade comunal e estatal da Antiguidade". Marx e Engels veem sua origem na formação de cidades pela união (mediante acordo ou conquista) de grupos tribais, continuando a existir a escravidão. A propriedade comunal urbana (inclusive a propriedade dos escravos urbanos pelos cidadãos) é a principal forma de propriedade, mas lado a lado com ela surge a propriedade privada, ainda que de início subordinada à comunal. Com o surgimento, primeiro, da propriedade privada mobiliária, e, mais tarde, e principalmente, da imobiliária, essa ordem social se degenera, o mesmo acontecendo à posição dos "cidadãos livres", cuja situação em comparação com os escravos se baseava em seu *status* coletivo como membros de uma tribo primitiva.

Nessa altura, a divisão social do trabalho já é mais complexa. Não só existe a divisão entre cidade e campo (e, com o passar do tempo, até entre estados que representam interesses urbanos e rurais), como também, dentro da cidade, a divisão entre indústria e comércio marítimo; e, naturalmente, a divisão entre homens livres e escravos. A sociedade romana representou a última etapa de desenvolvimento dessa fase da evolução.[21] Sua base era a cidade, e ela nunca conseguiu ir além de seus limites físicos.

A terceira forma histórica de propriedade, a "propriedade feudal (ou por ordens)",[22] segue-se cronologicamente, embora, na verdade, *A ideologia alemã* não proponha nenhuma ligação lógica entre elas, mas apenas indique a sucessão e o efeito da mistura de instituições romanas derrotadas e as das tribos (germânicas) conquistadoras. O feudalismo parece uma evolução *alternativa*, saída do comunalismo primitivo, em condições nas quais não surge cidade alguma, por ser baixa a densidade da população dispersa numa ampla região. O *tamanho* da área parece ser de importância decisiva, pois Marx e Engels afirmam que "o desenvolvimento feudal começa num território muito mais extenso, preparado pelas conquistas romanas e pela difusão da agricultura a elas inicialmente ligada".[23]

Nessas circunstâncias, é o campo, e não a cidade, que se torna o ponto de partida da organização social. Novamente sua base é a propriedade comunal — que na realidade se transforma na propriedade dos senhores feudais como grupo, apoiado pela organização militar dos conquistadores tribais germânicos. Todavia a classe explorada, em oposição à qual a nobreza feudal organizava sua hierarquia e reunia seus dependentes armados, não era uma classe de escravos, mas de servos. Ao mesmo tempo, existia uma divisão paralela nas cidades. Nelas, a forma básica de propriedade era o trabalho privado das pessoas, porém vários fatores — as necessidades de defesa, a competição e a influência da estrutura feudal no campo circundante — produziram uma organização social análoga: as guildas de mestres artesãos ou comerciantes, que com o passar do tempo puseram em confronto oficiais e aprendizes. Tanto a propriedade fundiária trabalhada por servos quanto a atividade artesanal em pequena escala, com aprendizes e oficiais, são nesse estágio descritas como a "principal forma de propriedade" no feudalismo (*Haupteigentum*). A divisão do trabalho era relativamente incipiente, mas se expressava sobretudo na nítida separação entre várias "ordens" — no campo, príncipes, nobres, clero e camponeses; nas cidades, mestres, oficiais, aprendizes e, por fim, uma "plebe" de jornaleiros. Esse sistema, fundamentado na grande extensão territorial, requeria unidades políticas relativamente grandes, no interesse da nobreza agrária e das cidades: as monarquias feudais, que por isso se tornaram universais.

A transição do feudalismo para o capitalismo, no entanto, é um produto da evolução feudal.[24] Ela começa nas cidades, pois desde o nascimento da civilização até o século XIX a separação entre cidade e campo é seu elemento fundamental e constante na divisão social do trabalho, assim como sua expressão. Nas cidades, que voltaram a surgir na Idade Média, criou-se uma divisão do trabalho entre a produção e o comércio onde já não sobrevivia a divisão instaurada desde a Antiguidade. Isso proporcionou a base para o comércio de longa distância, e uma consequente divisão do trabalho (especialização da produção) entre diferentes cidades. A defesa dos burgueses contra os senhores feudais e a interação entre as cidades produziram uma *classe* de burgueses a partir de grupos de residentes das diversas cidades.

> A própria burguesia se desenvolve gradualmente à medida que surgem as condições para sua existência, cinde-se de novo em diferentes facções depois que ocorre a divisão do trabalho, e com o passar do tempo acaba por absorver todas as classes possuidoras existentes (ao mesmo tempo que transforma a maioria das classes não possuidoras e uma parte das classes até aí possuidoras numa nova classe, o proletariado), a ponto de que toda a propriedade existente é transformada em capital comercial ou industrial.

Marx acrescenta uma nota: "Começa por absorver os ramos de trabalho diretamente pertencentes ao Estado, e depois todos os estamentos mais ou menos ideológicos".[25]

Enquanto o comércio não se torna mundial nem se baseia na indústria em grande escala, os avanços tecnológicos devidos a esses fenômenos permanecem inseguros. Por terem sido criados numa cidade ou numa região, esses avanços podem se perder em consequência de invasões bárbaras ou guerras, e os avanços locais podem não se espalhar. (Cabe observar, a propósito, que *A ideologia alemã* toca aqui no importante problema da decadência e da regressão históricas.) O fenômeno crucial no capitalismo, portanto, é o surgimento do mercado mundial.

A primeira consequência da divisão de trabalho entre as cidades foi a ascensão das manufaturas independentes das guildas, baseadas (como nos centros pioneiros da Itália e de Flandres) no comércio exterior, ou (como na Inglaterra e na França) no mercado interno. Elas se assentam também num aumento cada vez maior da densidade da população — sobretudo no campo — e numa crescente concentração de capital nas guildas e fora delas. Entre essas ocupações manufatureiras, a tecelagem tornou-se a mais importante (por depender do uso de máquinas, ainda que toscas). Por sua vez, o crescimento das manufaturas criou meios de fuga para os camponeses feudais, que até então fugiam para as cidades, mas viam-se cada vez mais excluídos delas pelas regras corporativas das guildas. A fonte dessa mão de obra consistiu, em parte, nos antigos séquitos e exércitos feudais, em parte na população desalojada pelos aperfeiçoamentos agrícolas e pela substituição de pastagens por lavouras.

Com a ascensão das manufaturas, as nações começam a competir entre si, e o mercantilismo (com suas guerras comerciais, tarifas e proibições) cresce em escala nacional. Nas manufaturas, surge a relação entre capitalista e operário. A tremenda expansão do comércio em decorrência da descoberta da América e a conquista do caminho marítimo para a Índia, bem como a importação em massa de produtos de ultramar, especialmente barras de ouro e prata, abalaram tanto a posição da propriedade fundiária feudal *quanto* a da classe operária. A mudança consequente nas relações entre as classes, a conquista e a colonização, e "acima de tudo a transformação, agora possível, dos mercados em um mercado mundial, o que agora efetivamente ocorria cada vez mais",[26] deram origem a uma nova fase do desenvolvimento histórico.

Não precisamos acompanhar o exame além desse ponto, e basta observar que *A ideologia alemã* registra dois períodos adicionais de desenvolvimento antes do triunfo da indústria, até meados do século XVII e daí até o fim do século XVIII, e também propõe que o sucesso da Grã-Bretanha no desenvolvimento industrial deveu-se à concentração do comércio e da manufatura durante o século

XVII, que progressivamente criou "um relativo mercado mundial em benefício desse país e, com ele, uma procura de seus produtos manufaturados que já não podia ser satisfeita pelas forças de produção industrial até então existentes".[27]

Essa análise é, claramente, o fundamento das seções históricas do *Manifesto comunista*. Sua base histórica é escassa — a Antiguidade clássica (principalmente romana) e a Europa Ocidental e Central. Só reconhece três formas de sociedade de classes: a sociedade escravagista da Antiguidade, o feudalismo e a sociedade burguesa. A análise parece propor as duas primeiras como saídas *alternativas* da sociedade comunal primitiva, só relacionadas pelo fato de o feudalismo ter se formado sobre as ruínas da primeira. Não descreve nenhum mecanismo para o colapso desta sociedade antiga, embora seja provável que esse mecanismo esteja implícito na análise. O leitor vê a sociedade burguesa surgindo, por assim dizer, nos interstícios da sociedade feudal. Seu crescimento é delineado inteiramente — pelo menos no começo — como o das cidades e nas cidades, cuja ligação com o feudalismo agrário consistia principalmente em buscar entre os antigos servos sua população original e os posteriores reforços. Não há ainda nenhum esforço sério para descobrir as fontes da população excedente que proporcionará a mão de obra para as cidades e as manufaturas, sendo as observações a respeito desses pontos demasiado vagas para contribuir com um considerável peso analítico. A análise deve ser vista como uma hipótese bastante aproximada e provisória de desenvolvimento histórico, ainda que algumas de suas observações sejam interessantes, e outras, brilhantes.

O estágio do pensamento de Marx representado pelas *Formações* é bem mais desenvolvido e meditado, e baseia-se, é claro, em estudos históricos muito mais profundos e mais variados, não limitados à Europa. A principal inovação na tábua de períodos históricos é o sistema "asiático" ou "oriental", incorporado ao famoso prefácio a *Para a crítica da economia política*.

Em linhas gerais, há agora três ou quatro saídas alternativas do sistema comunal primitivo, cada qual representando uma forma de divisão social do trabalho já existente ou implícita nele: a *oriental*, a *antiga*, a *germânica* (ainda que Marx, naturalmente, não o limite a nenhum povo determinado) e uma forma *eslava* um tanto obscura que não é analisada em mais minúcias, mas tem afinidades com a *oriental* (pp. 88, 97). Uma diferença importante entre essas formas é a distinção historicamente crucial entre sistemas que resistem à evolução histórica e aqueles que a favorecem. O modelo de 1845-6 mal toca nesse problema, ainda que, como vimos, a maneira como Marx via o desenvolvimento histórico nunca foi simplesmente unilinear, nem ele jamais o considerou um mero registro de progresso. Não obstante, em 1857-8 a discussão estava bastante mais avançada.

O desconhecimento da existência das *Formações* fez com que no passado a análise do sistema oriental se baseasse principalmente em cartas trocadas entre Marx e Engels em 1853 e nos artigos de Marx sobre a Índia (também de 1853),[28] nos quais se diz que aquele sistema se caracteriza — de acordo com as ideias dos primeiros observadores estrangeiros — pela "ausência de propriedade fundiária". Julgava-se que isso se devesse a condições especiais, que requeriam excepcional centralização, como, por exemplo, a necessidade de obras públicas e sistemas de irrigação em áreas que não podiam ser cultivadas com eficiência de outra maneira. Contudo, depois de maiores reflexões, Marx evidentemente sustentou que a característica fundamental desse sistema era "a unidade autossuficiente da manufatura e da agricultura" na comuna da aldeia, que assim "contém em si mesma todas as condições para a reprodução e a produção de excedente" (pp. 70, 83, 91), e que, portanto, resistia à desintegração e à evolução econômica mais tenazmente do que qualquer outro sistema (p. 83). Assim, a ausência teórica de propriedade no "despotismo oriental" mascara a "propriedade tribal ou comunal" que constitui sua base (pp. 69-71). Esses sistemas podem ser descentralizados ou centralizados, "mais despóticos ou mais democráticos" em sua forma e organizados de várias maneiras. Onde essas pequenas unidades comunais existem como parte de uma unidade maior, elas podem dedicar parte de seu produto excedente a pagar "os custos da comunidade (maior), isto é, a guerra, o culto religioso etc.", e para operações economicamente necessárias, como a irrigação ou a manutenção das comunicações, que parecerão assim ser realizadas pela comunidade maior, "o governo despótico superposto às pequenas comunidades". Entretanto, essa alienação do produto excedente contém o germe do "*dominium* senhorial em seu sentido original" e o feudalismo (servidão) pode se desenvolver a partir dele. A natureza "fechada" das unidades comunais faz com que as cidades dificilmente se integrem na economia, surgindo "apenas onde a localização é especialmente favorável ao comércio externo, ou onde o governante e seus sátrapas trocam sua receita (produto excedente) por trabalho, que eles despendem como um fundo de trabalho" (p. 71). Por conseguinte, o sistema asiático não é ainda uma sociedade de classes ou, se é, será a sua forma mais primitiva. Marx parece classificar as sociedades mexicana e peruana no mesmo gênero, como também certas sociedades celtas, embora tornadas mais complexas — e talvez mais elaboradas — pela conquista de algumas tribos ou comunidades por outras (pp. 70, 88). Observo que isso não *exclui* maior evolução, mas a admite somente como um luxo, por assim dizer; apenas na medida em que ela pode se desenvolver com o excedente dado pelas unidades econômicas autossustentáveis básicas ou extorquido delas.

O segundo sistema a emergir da sociedade primitiva — "o produto de uma vida histórica mais dinâmica" (p. 71) — produz a *cidade* e, através dela, o modo *antigo*, uma sociedade expansionista, dinâmica, em mutação (pp. 71-7 e *passim*); "a cidade com seu território agregado [*a marca*] formava o todo econômico" (p. 79). Em sua forma desenvolvida — Marx tem o cuidado de insistir no longo processo que a precede, assim como em sua complexidade — ela se caracteriza pela escravidão. Mas isso, por sua vez, tem suas limitações econômicas, e precisou ser substituído por uma forma mais flexível e produtiva de exploração, a de camponeses dependentes subordinados a senhores, o *feudalismo*, que por sua vez deu lugar ao *capitalismo*.

Um terceiro tipo tem como sua unidade básica nem a comunidade aldeã nem a cidade, mas "cada domicílio separado, que forma um centro independente de produção (a manufatura é meramente o trabalho subsidiário doméstico de mulheres etc.)" (p. 79). Esses domicílios separados acham-se ligados uns aos outros de modo mais ou menos frouxo (desde que pertençam à mesma tribo) e ocasionalmente se unem "para guerra, religião, solução de disputas jurídicas etc." (p. 80), ou para uso — pelos domicílios individualmente autossuficientes — de pastos comunais, território de caça etc. Assim, a unidade básica é mais fraca e potencialmente mais "individualista" do que a comunidade aldeã. Esse é o tipo que Marx chama de *germânico*, ainda que, reitero, ele claramente não o confine a um povo determinado.[29] Como os tipos *antigo* e *germânico* distinguem-se do tipo *oriental*, podemos inferir que Marx considerava que o tipo *germânico* era também potencialmente mais dinâmico que o oriental, e realmente isso é plausível.[30] As observações de Marx sobre esse tipo são muito genéricas, mas sabemos com certeza que ele e Engels deixaram a porta aberta para uma transição direta da sociedade primitiva ao feudalismo, como entre as tribos germânicas.

A divisão entre cidade e campo (ou entre produção agrícola e não agrícola), fundamental para a análise de Marx em 1845-6, continua a ser essencial nas *Formações*, mas passa a ter uma base maior e uma formulação mais precisa e refinada:

> A história antiga é a história de cidades, mas de cidades fundadas com base na agricultura e na propriedade agrária. A história asiática é uma espécie de unidade indiferenciada da cidade e do campo (a cidade grande, propriamente dita, deve ser considerada apenas como um acampamento de nobres superposto à estrutura econômica real. A Idade Média (período germânico) parte do campo como o palco da história, cujo desenvolvimento ulterior se processa na oposição entre cidade e campo. A história moderna é a urbanização da área rural, e não, como na Antiguidade, a ruralização da cidade [pp. 77-8].

Entretanto, embora essas diferentes formas de divisão social do trabalho sejam, claramente, formas alternativas da dissolução da sociedade comunal, parecem ser apresentadas — no prefácio de *Para a crítica da economia política*, porém não nas *Formações* — como etapas históricas *sucessivas*. No sentido literal isso é claramente falso, pois não só o modo de produção asiático coexistiu com todos os demais, como não há na análise das *Formações*, ou em outro lugar, nenhuma indicação de que o modo antigo tenha evoluído a partir dele. Devemos entender, portanto, que Marx não se refere a uma sucessão cronológica, ou mesmo à evolução de um sistema a partir de seu predecessor (ainda que esse seja obviamente o caso no que se refere ao capitalismo e ao feudalismo), mas à evolução num sentido mais geral. Como vimos anteriormente, "o homem só se torna um indivíduo [*vereinzelt sich selbst*] por meio do processo histórico. Ele aparece originalmente como um ser genérico, um ser tribal, um animal gregário". As diferentes formas dessa progressiva individualização do homem, que significa a dissolução da unidade original, correspondem às diversas etapas da história. Cada uma delas representa, por assim dizer, um passo para longe da "unidade original de uma forma específica de comunidade (tribal) e da propriedade na natureza ligada a ela, ou da relação com as condições objetivas de produção existentes naturalmente [*Naturdaseins*]" (p. 94). Em outras palavras, representam passos na evolução da propriedade privada.

Marx distingue quatro estágios analíticos, embora não cronológicos, nessa evolução. O primeiro é a propriedade comunal direta, como no sistema oriental, e numa forma modificada do sistema eslavo, nenhum dos quais, ao que parece, já pode ser visto como uma sociedade de classes plenamente formada. O segundo é a propriedade comunal, que constitui o substrato do que já é um sistema "contraditório", isto é, de classes, como nas formas antiga e germânica. O terceiro estágio aparece, ainda seguindo a análise de Marx, menos através do feudalismo do que da ascensão da manufatura do tipo *artesanal*, na qual o artesão independente (organizado corporativamente em guildas) já representa uma forma mais individual de controle sobre os meios de produção e também de controle sobre o consumo, o que lhe permite viver do que produz. Parece que Marx tem em mente aqui uma certa autonomia do setor artesanal de produção, pois deliberadamente exclui as manufaturas do Oriente antigo, embora sem dar razões. O quarto estágio é aquele em que surge o proletariado. Ou seja, aquele em que a exploração não é mais realizada na forma crua de apropriação de *homens* — como escravos ou servos —, mas como apropriação de "trabalho". "Para o capital, o que constitui uma condição de produção é o trabalho, e não o trabalhador. Se o trabalho puder ser executado por máquinas, ou até mesmo por meio da água ou do ar, tanto melhor. E aquilo de que o capital se apropria não é o trabalhador, mas seu trabalho — e não diretamente, mas por meio de troca" (p. 99).

Ao que parece — embora não possamos ter certeza, em vista da dificuldade de apreender o pensamento de Marx e da natureza elíptica de suas notas —, essa análise se ajusta a um esquema dos estágios históricos da maneira que se expõe a seguir. As formas orientais (e a eslava) estão historicamente mais próximas à origem do homem, uma vez que mantêm a comunidade primitiva (a aldeia) funcionando no centro da superestrutura social mais elaborada, ao mesmo tempo que apresentam um sistema de classes insuficientemente desenvolvido. (É claro que, na época em que Marx escreveu, notou que ambos os sistemas estavam se desintegrando sob o impacto do mercado mundial e que, portanto, o caráter especial de que se revestiam caminhava para o desaparecimento.) O sistema antigo e o germânico, embora também primários — isto é, não *derivados* do oriental —, representam uma forma um pouco mais articulada de evolução a partir do comunalismo primitivo; entretanto, o "sistema germânico" não constitui uma formação socioeconômica especial. Constitui a formação socioeconômica do feudalismo em conjunção com a cidade medieval (o foco do advento da produção artesanal autônoma). Essa combinação, que surge durante a Idade Média, constitui a terceira fase. A sociedade burguesa, que surge no feudalismo, constitui a quarta. Por conseguinte, a afirmação de que as formações asiática, antiga, feudal e burguesa constituem etapas progressivas não implica nenhuma visão unilinear e simples da história, uma ideia simplista de que toda a história é feita de progresso. Declara apenas que cada um desses sistemas está, em aspectos cruciais, um pouco mais distante do estado primitivo do homem.

III

O próximo ponto a ser examinado é a dinâmica interna desses sistemas: o que os faz ascender e declinar? A resposta é relativamente simples no caso do sistema oriental, cujas características o tornam resistente à desintegração e à evolução econômica, até ser destruído pela força externa do capitalismo. Marx diz pouquíssimo sobre o sistema eslavo, nesse estágio, para que possamos tecer muitos comentários. Já suas ideias a respeito da contradição interna dos sistemas antigo e feudal são complexas e suscitam alguns problemas difíceis.

A escravidão é a principal característica do sistema antigo, porém o que Marx levanta sobre suas contradições internas é mais complexo do que dizer simplesmente que a escravidão impõe limites à evolução econômica e com isso leva a sua própria derrocada. Cumpre observar, de passagem, que a base física de sua análise parece ser a metade romana ocidental do Mediterrâneo, e não a metade grega. Roma começa como uma comunidade camponesa, embora sua organização seja urbana. A história antiga é "uma história de cidades, mas de cidades fundadas com base na propriedade fundiária e na agricultura" (p. 77). Não se trata de uma comunidade inteiramente igualitária, pois fenômenos tribais, combinados com casamentos exogâmicos e conquistas territoriais, já tendem a produzir grupos de parentesco socialmente superiores e inferiores, mas o cidadão romano é essencialmente um proprietário de terras, e "a continuação da comuna é a reprodução de todos os seus membros como camponeses autossuficientes, cujo tempo excedente pertence precisamente à comuna, ao trabalho (comunal) de guerra etc." (p. 74). Isso porque a guerra é a sua atividade fundamental, pois a única ameaça a sua existência provém das outras comunidades, que desejam suas terras, e a única forma de garantir a terra de cada cidadão, à medida que a população se expande, é ocupá-la pela força (p. 71). Mas as tendências muito belicosas e expansionistas dessas comunidades camponesas levam forçosamente à dissolução das qualidades campesinas que constituem sua base. Até certo ponto, a escravidão, a concentração da propriedade fundiária, a troca, a economia monetária, a conquista etc. são compatíveis com os fundamentos dessa comunidade. Passado esse ponto, levam à dissolução da sociedade e tornam impossível a evolução coletiva e individual (pp. 83-4). Mesmo *antes* do desenvolvimento de uma economia escravagista, portanto, a forma antiga de organização social é crucialmente limitada, como indica o fato de que, com ela, o aumento da produtividade não é nem pode ser uma preocupação fundamental.

> Nunca encontramos entre os antigos uma investigação sobre que formas de propriedade fundiária etc. são as mais produtivas, criam a máxima riqueza [...]. A inquirição é sempre a respeito do tipo de propriedade que cria o melhor cidadão. A riqueza como um fim em si mesma só surge entre alguns povos mercantis — monopolistas do comércio de transporte de mercadorias — que vivem nos poros do mundo antigo como os judeus na sociedade medieval [p. 84].

Por conseguinte, dois fatores importantes tendem a corroê-la. O primeiro é a diferenciação social dentro da comunidade, contra a qual a peculiar combinação antiga de propriedade fundiária comunal e privada não proporciona salvaguarda alguma. É possível que o cidadão *perca* sua propriedade — isto é, a base de sua cidadania. Quanto mais rápido for o desenvolvimento econômico, mais aumenta essa possibilidade: daí a desconfiança com que os antigos viam o comércio e a manufatura, que era melhor deixar para os libertos, clientes ou estrangeiros, e seu temor quanto a interações com estrangeiros, o desejo de trocar produtos excedentes etc. O segundo fator, naturalmente, é a existência da escravidão. Isso porque a própria necessidade de restringir a cidadania (ou a propriedade fundiária, o que dá no mesmo) a membros da comunidade conquistadora leva, como seria de esperar, à redução dos conquistados à condição de escravos ou servos. "A escravização e a servidão, desse modo, são simplesmente novos desdobramentos da propriedade baseada no tribalismo" (p. 91).

Por isso, "a preservação da comunidade implica a destruição das condições em que ela repousa, transformando-a em seu oposto" (p. 93). A "comunidade", no começo constituída por todos os cidadãos, é representada pelos patrícios aristocratas, que se tornam os únicos plenos proprietários de terras, em oposição aos homens de menor importância e escravos, e também pelos cidadãos em oposição aos não cidadãos e escravos. Marx não diz uma palavra, nesse contexto, sobre as contradições econômicas reais de uma economia escravagista. No nível muito geral de sua análise nas *Formações*, elas são somente um aspecto da contradição fundamental da sociedade antiga. Tampouco ele aborda aqui o motivo pelo qual na Antiguidade surgiu a escravidão, e não a servidão. Pode-se conjeturar que isso se deveu ao nível das forças produtivas e da complexidade das relações sociais de produção já existentes no antigo Mediterrâneo.

Assim, a dissolução do modo de produção antigo está implícita em seu caráter socioeconômico. Não parece haver nenhuma razão lógica para que ela leve *inevitavelmente* ao feudalismo, e não a outras "formas novas, combinações de trabalho" (p. 93) que possibilitariam uma maior produtividade. Por outro lado, a análise exclui uma transição direta do modo antigo para o capitalismo.

Ao chegarmos ao feudalismo, do qual *realmente* saiu o capitalismo, a questão se torna bem mais enigmática, talvez porque Marx tenha dito muito pouco a respeito. Não se encontra nas *Formações* um delineamento das contradições internas do feudalismo que seja comparável com o que ele fez em relação ao modo antigo. Não há tampouco, em nenhum momento, uma verdadeira análise da servidão (nem da escravidão). Com efeito, essas duas relações de produção com frequência aparecem associadas, às vezes como "a relação de dominação e subordinação", em contraste com a situação do trabalhador livre.[31] O elemento da sociedade feudal do qual deriva o capitalismo parece ser, em 1857-8, como em 1845-6, a *cidade* — mais especificamente, os comerciantes e artesãos urbanos (ver pp. 97-8, 100). Quando os meios de produção deixam de ser propriedade comunitária como ocorre entre os artesãos medievais, cria-se a base da separação entre "trabalho" e "condições objetivas de produção". É o mesmo fenômeno que constitui a base da evolução do capitalista — o surgimento do "proprietário trabalhador", ao lado e fora da propriedade fundiária, em consequência da evolução artesanal e urbana do trabalho, o que "não é [...] um aspecto [*Akzident*] da propriedade fundiária nem se subsume nela" (p. 100).

Marx não analisa o papel do feudalismo agrícola nesse processo, mas ele parece ser negativo. Deve, no momento correto, possibilitar que o camponês seja separado da terra, o servo de seu senhor, para que se transforme em assalariado. É irrelevante que isso assuma a forma de dissolução da servidão (*Hörigkeit*), de propriedade privada ou de existência de homens livres ou parceiros, ou ainda de várias formas de clientela. O importante é que nenhuma dessas possibilidades sirva de obstáculo à transformação de homens em mão de obra ao menos potencialmente livre.

Entretanto, embora isso não seja examinado nas *Formações* (Marx examinará essa questão em *O capital* III), a servidão e outras relações de dependência análogas diferem da escravidão em aspectos significativos do ponto de vista econômico. Ainda que subordinado ao senhor, o servo é, na verdade, um produtor economicamente independente; o escravo, não.[32] Se afastarmos os senhores dos servos, resta uma pequena produção de mercadorias; se separarmos plantações e escravos (até os escravos fazerem outra coisa), não resta nenhum tipo de economia. "Assim sendo, o que se faz necessário são condições de dependência pessoal, sujeição pessoal em qualquer forma, a fixação de homens à gleba, servidão no sentido próprio da palavra" (*O capital* III, p. 841). Isso porque, em condições de servidão, o servo produz não apenas o excedente de trabalho que o senhor, de uma forma ou de outra, apropria, como pode também acumular um lucro para si mesmo. Já que, por várias razões, em sistemas economicamente primitivos e subdesenvolvidos como o feudalismo há uma tendência para que o excedente permaneça inalterado como grandeza convencional, e como "o uso da força de trabalho [do servo] de modo algum se confina à agricultura, mas inclui manufaturas domésticas rurais, existe aqui a possibilidade de uma certa evolução econômica [...]" (*O capital* III, pp. 844-5).

Marx não analisa esses aspectos da servidão, como também não examina as contradições internas da escravidão, porque não lhe cabe, nas *Formações*, fazer um resumo da "história econômica" de uma ou de outra. Na verdade, como em outras obras — ainda que nesta de uma forma mais geral — não lhe interessa a dinâmica interna dos sistemas pré-capitalistas, salvo na medida em que explicam as precondições do capitalismo.[33] Aqui ele só está interessado em duas perguntas negativas: por que o "trabalho" e o "capital" não poderiam surgir de outras formações socioeconômicas que não o feudalismo? E por que o feudalismo em sua forma agrária permitiu que surgissem e não impôs colossais obstáculos a seu surgimento?

Isso explica lacunas óbvias em sua exposição. Tal como em 1845-6, ele não faz nenhum exame do *modus operandi* específico da agricultura feudal. Nenhuma análise da relação específica entre a cidade feudal e a gleba, ou do motivo pelo qual uma deveria produzir a outra. Por outro lado, há a ilação de que o feudalismo europeu é *singular*, pois nenhuma outra forma desse sistema produziu a cidade medieval, que é crucial para a teoria marxiana da evolução do capitalismo. Na medida em que o feudalismo é um modo geral de produção existente fora da Europa (ou talvez fora do Japão, que em lugar nenhum Marx examina em minúcias), não há nada na obra de Marx que nos autorize a buscar alguma "lei geral" de desenvolvimento que explique a tendência do feudalismo a evoluir para o capitalismo.

O que é analisado nas *Formações* é o "sistema germânico", ou seja, uma subvariedade particular de comunalismo primitivo, que, por conseguinte, tende a gerar um tipo particular de estrutura social. Seu elemento essencial, como vimos, parece ser o assentamento disperso em unidades familiares autossuficientes, em oposição à cidade camponesa dos antigos: "Cada domicílio particular contém o conjunto econômico, formando por si mesmo um centro autônomo de produção (a manufatura é aqui uma atividade acessória puramente doméstica, reservada às mulheres etc.). No mundo antigo, a cidade, com o seu território circundante rural [*a marca*], constitui o conjunto econômico; no mundo germânico, esse conjunto é o domicílio individual" (p. 79). Sua existência é defendida por seu vínculo com outros domicílios semelhantes pertencentes à mesma tribo, um vínculo expresso na reunião ocasional de todos os chefes de família para fins de guerra, religião, solução de litígios e, de modo geral, para segurança mútua (p. 80). Na medida em que existe propriedade comum, como pastos, terrenos de caça etc., ela é utilizada por cada membro como indivíduo, e não, como na sociedade antiga, como representante da comunidade. Pode-se comparar a organização social romana a um *college* de Oxford ou Cambridge, cujos *fellows* têm a posse em comum da terra e dos edifícios na medida em que formam uma corporação de docentes, mas dos quais não se pode dizer que, como indivíduos, sejam "proprietários" desses imóveis ou de uma parte deles. O sistema germânico poderia ser comparado, então, a uma cooperativa habitacional na qual a ocupação individual do apartamento de uma pessoa depende de sua adesão à cooperativa e de cooperação contínua com os outros membros, mas na qual, não obstante, a posse individual existe de forma identificável. Essa forma de comunidade mais frouxa, que implica uma maior potencialidade de individualização econômica, torna o "sistema germânico" (através do feudalismo) o ancestral direto da sociedade burguesa.

A forma como esse sistema se transforma no feudalismo não é examinada, ainda que se apresentem várias possibilidades de diferenciação social interna e externa (por exemplo, pelo efeito de guerras e conquistas). Pode-se arriscar o palpite de que Marx atribuía considerável importância à organização militar (uma vez que a guerra é, no sistema germânico, como no antigo, "uma das atividades mais antigas de todas essas comunidades primitivas [*naturwüchsig*], tanto para a preservação quanto para a aquisição de sua propriedade" (p. 89). É esta, decerto, a linha explicativa posterior em *A origem da família*, de Engels, em que a realeza surge da transformação da liderança militar clânica entre as tribos teutônicas. Não há razão alguma para supormos que Marx pensasse diferente.

Quais eram as contradições internas do feudalismo? Como ele veio a se transformar no capitalismo? Essas perguntas têm ocupado cada vez mais os historiadores marxistas, como demonstram o acirrado debate internacional causado pelos *Studies in the development of capitalism*, de M. H. Dobb, no começo da década de 1950, e a discussão, pouco depois, sobre a "lei econômica fundamental do feudalismo" na União Soviética. Quaisquer que sejam os méritos dessas discussões — e os da primeira parecem maiores que os da segunda —, ambas são evidentemente prejudicadas pela ausência de qualquer indicação das opiniões do próprio Marx quanto ao tema. Não é impossível que Marx concordasse com Dobb em que a causa do declínio feudal foi "a insuficiência do feudalismo como sistema de produção, aliada às crescentes necessidades de receita por parte da classe dominante" (*Studies in the development of capitalism*, p. 42), ainda que Marx pareça enfatizar a inflexibilidade relativa das demandas da classe dominante feudal e sua tendência a fixá-las convencionalmente.[34] É também possível que ele aprovasse a tese de R. H. Hilton, segundo a qual "a luta pela renda foi o *primum mobile* na sociedade feudal",[35] ainda que quase com certeza teria rejeitado a ideia simplista de Porshnev de que a simples luta das massas exploradas era esse *primum mobile*. Mas o importante é que em parte alguma Marx dá mostras de antecipar qualquer uma dessas linhas de debate. E, seguramente, não nas *Formações*.

Se for lícito dizer que algum dos participantes desses debates segue as pegadas identificáveis de Marx, será P. M. Sweezy, que argumenta (seguindo

Marx) que o feudalismo é um sistema de produção para uso,³⁶ e que em tais formações econômicas "nenhuma sede insaciável de trabalho excedente surge da própria natureza da produção" (*O capital* I, p. 219, cap. 10, seção II). Logo, o principal agente de desintegração foi o crescimento do comércio, atuando mais particularmente através dos efeitos do conflito e da interação entre um campo feudal e as cidades que se desenvolveram em sua margem (*The transition from feudalism to capitalism*, pp. 2, 7-12). Essa linha de argumentação é muito semelhante à das *Formações*.

Para Marx, era necessária a conjunção de três fenômenos para explicar o surgimento do capitalismo a partir do feudalismo: primeiro, como vimos, uma estrutura social rural que permita ao campesinato ser "libertado" em certo momento; segundo, o surgimento do artesanato urbano, que leva à produção de bens não agrícolas; e terceiro, as acumulações de riqueza monetária derivada do comércio e da usura (Marx é categórico com relação a esse ponto) (pp. 107--8). A formação dessas acumulações monetárias "pertence à pré-história da economia burguesa" (p. 113); elas ainda não constituem capital. Sua mera existência, ou mesmo seu aparente predomínio, não produz automaticamente desenvolvimento capitalista, pois, se fosse assim, "a antiga Roma, Bizâncio etc. teriam concluído sua história com o trabalho livre e o capital" (p. 109). Mas essas acumulações são essenciais.

Também essencial é o elemento artesanato urbano. As observações de Marx sobre esse ponto são labirínticas e oblíquas, mas a análise patenteia sua importância. O que ele ressalta acima de tudo é o elemento de perícia, orgulho e organização.³⁷ A principal razão da importância da formação dos ofícios medievais parece estar em que ao desenvolver "o próprio trabalho enquanto perícia determinada pelo artesanato [ele se torna] em si propriedade e não apenas fonte de propriedade" (p. 104) e, assim, introduz uma separação potencial entre o trabalho e as outras condições de produção, que expressa um grau de individualização superior à comunal e permite a formação da categoria de trabalho livre. Ao mesmo tempo, desenvolve perícias especiais e seus instrumentos. Entretanto, no estágio da guilda de artesãos, "o próprio instrumento ainda está tão intimamente ligado ao trabalho vivo que verdadeiramente não circula" (p. 108). Não obstante, embora não possa, *por si mesmo*, produzir o mercado de trabalho, o surgimento da produção para a troca e do dinheiro só pode criar o mercado de trabalho "com a precondição da *atividade artesanal* urbana, que não se baseia no capital e no trabalho assalariado mas na organização do trabalho em guildas" (p. 112).

Tudo isso, porém, requer também a estrutura rural potencialmente solúvel, pois o capitalismo não pode surgir sem "o envolvimento de todo o campo na produção, não de valores de uso, mas de troca" (p. 116). Este é outro motivo pelo qual os antigos — que, embora desprezando os ofícios e desconfiando deles, tinham produzido sua versão das "atividades artesanais urbanas" — não podiam chegar à indústria em grande escala (*ibid.*). Marx não nos diz o que, exatamente, torna a estrutura rural do feudalismo tão solúvel, além das características do "sistema germânico" que é seu substrato. Na verdade, no contexto da análise de Marx nesse ponto, não é preciso sondar mais fundo. Diversos efeitos do crescimento da economia de troca são mencionados de passagem (por exemplo, pp. 112-3). Ele observa também que "em parte, esse processo de separação [do trabalho das condições objetivas de produção — alimento, matérias-primas, instrumentos] teve lugar sem [riqueza monetária]" (p. 113). O que mais se aproxima de uma exposição geral (pp. 114 ss.) deixa implícito que o capital aparece primeiro esporadicamente ou *localmente* (grifo de Marx) e *junto* (grifo de Marx) dos velhos modos de produção, mas depois os destrói em toda parte.

A manufatura para o mercado externo surge primeiro ligada ao comércio de longa distância e nos centros desse comércio, não nos ofícios urbanos, mas nas atividades suplementares do campo, atividades como fiação e tecelagem, que requerem pouquíssima qualificação em nível de guilda, embora também em atividades urbanas diretamente ligadas à navegação e à construção naval. Por outro lado, é no campo que aparece o rendeiro camponês, além da transformação da população rural em jornaleiros livres. Todas essas manufaturas exigem a preexistência de um mercado de massa. A dissolução da servidão e o advento das manufaturas transformam aos poucos todos os ramos de produção em atividades operadas pelo capital, ao passo que, nas cidades, uma classe de jornaleiros de fora das guildas contribui para a criação de um proletariado (pp. 114-7).[38]

A destruição das atividades suplementares no campo cria um mercado *interno* de capital, baseado na substituição das manufaturas ou na produção industrial para a oferta de bens de consumo. "Esse processo surge naturalmente [*von selbst*] do processo que separa os trabalhadores da terra e de sua propriedade (ainda que apenas propriedade servil) nas condições de produção" (p.

118). A transformação dos ofícios em indústrias ocorre mais tarde, pois isso requer um desenvolvimento considerável dos métodos produtivos, a fim de possibilitar a produção fabril. Nesse ponto termina o manuscrito de Marx, que trata somente de formações pré-capitalistas. As fases do desenvolvimento capitalista não são examinadas.

IV

Examinaremos a seguir como as reflexões e estudos posteriores de Marx e Engels os levaram a modificar, ampliar e complementar as ideias gerais expostas nas *Formações*.

Isso ocorreu principalmente no estudo sobre o comunalismo primitivo. É certo que os interesses históricos do próprio Marx após a publicação de *O capital* (1867) centravam-se fundamentalmente nessa etapa do desenvolvimento social, para a qual os trabalhos de Maurer, Morgan e o grande número de estudos russos, que ele devorou a partir de 1873, proporcionavam uma base de estudo muito mais sólida do que a existente em 1857-8. Além da orientação agrária de seu trabalho em *O capital* III, podemos propor dois motivos para essa síntese de interesses. Em primeiro lugar, o desenvolvimento de um movimento revolucionário russo levou Marx e Engels a depositar cada vez mais esperanças numa revolução europeia na Rússia. (Nenhuma interpretação de Marx é mais errônea ou grotesca do que aquela segundo a qual ele esperava uma revolução somente nos países industriais avançados do Ocidente.)[39] Como a posição da comunidade aldeã provocava uma fundamental discórdia teórica entre os revolucionários russos, que consultaram Marx sobre o assunto, era natural que ele a estudasse em maior profundidade.

É interessante que, um tanto inesperadamente, suas ideias pendessem para as dos *narodniks*, que acreditavam que a comunidade aldeã russa pudesse constituir a base de uma transição para o socialismo, sem prévia desintegração por meio do desenvolvimento do capitalismo. Essa ideia não decorre da tendência natural do pensamento histórico anterior de Marx, não era aceita pelos marxistas russos (que se alinhavam entre os adversários dos *narodniks* com relação a esse ponto) ou por marxistas posteriores, e, seja como for, mostrou-se infundada. Talvez a dificuldade de Marx para redigir uma justificativa teórica da ideia[40] reflita uma certa sensação de embaraço. Ela contrasta bastante com o lúcido e brilhante retorno de Engels à principal tradição marxista — e ao apoio aos marxistas russos — ao discutir o mesmo assunto alguns anos depois.[41] Todavia, ela pode nos levar à segunda razão para a crescente preocupação de Marx com o comunalismo primitivo: o ódio e o desprezo crescentes que ele nutria pela sociedade capitalista. (A ideia de um Marx mais velho que perdeu parte de seu ardor revolucionário da juventude é sempre abraçada por críticos que querem abandonar a prática revolucionária do marxismo, mas, ao mesmo tempo, mantêm o apreço pela teoria que ele elaborou.) Parece provável que Marx, que antes vira com bons olhos o efeito do capitalismo ocidental como uma força desumana porém historicamente progressista que atuava nas economias pré-capitalistas estáticas, se sentisse cada vez mais estarrecido com sua desumanidade. Sabemos que ele sempre admirara os valores sociais positivos presentes na comunidade primitiva, ainda que de forma retrógrada. E é certo que depois de 1957-8 — tanto em *O capital* III[42] quanto em discussões russas posteriores[43] — ele acentuou cada vez mais a visibilidade da comuna primitiva, seus poderes de resistência à desintegração histórica e até — embora talvez apenas no contexto do debate sobre os *narodniks* — sua capacidade de converter-se numa forma superior de economia sem prévia destruição.[44] Não farei aqui uma exposição detalhada do resumo de Marx sobre a evolução primitiva em geral, que está em *A origem da família*,[45] de Engels, e sobre a comunidade agrária em particular. Contudo, são relevantes duas observações gerais sobre esse conjunto de trabalhos. Em primeiro lugar, a sociedade pré-classista constitui uma grande e complexa época histórica à parte, com sua própria história e leis evolutivas, e suas próprias variedades de organização socioeconômica, que Marx tende agora a denominar, coletivamente, "a Formação arcaica" ou "Tipo".[46] Essa formação, parece claro, engloba as quatro variantes básicas do comunalismo primitivo, tal como expostas nas *Formações*. Provavelmente inclui ainda o "modo asiático" (que, como vimos, é a mais primitiva das formações socioeconômicas desenvolvidas) e pode explicar por que esse modo desaparece dos tratamentos sistemáticos da questão feitos por Engels no *Anti-Dühring* e em *A origem da família*.[47] É possível que Marx e Engels tivessem em mente algum tipo de fase histórica intermediária de desintegração comunal, da qual classes dominantes de diversos tipos poderiam surgir.

Em segundo lugar, o exame da evolução social "arcaica" é, em todos os aspectos, compatível com a análise esboçada em *A ideologia alemã* e nas *Formações*. Ele meramente desenvolve esta análise, quando, por exemplo, as breves referências à importância crucial da reprodução (sexual) humana e da família feitas em *A ideologia*[48] são expandidas, à luz de Morgan, e transformadas em *A origem da família*, ou quando a sucinta análise da propriedade comunal primitiva é completada e modificada (à luz de intelectuais como Kovalevsky, que, aliás, fora ele próprio influenciado por Marx), chegando aos estágios de desintegração da comunidade agrária dos rascunhos para a carta a Zasulich.

Um segundo campo em que os fundadores do marxismo continuaram seus estudos especiais foi o do período feudal. Esse era o campo predileto de Engels, não de Marx.[49] Grande parte do trabalho do primeiro sobre a origem do feudalismo sobrepõe-se parcialmente aos estudos do segundo sobre as primitivas formas comunais. Ainda assim, os interesses de Engels parecem meio diferentes dos de Marx. É provável que ele estivesse menos interessado na sobrevivência ou desintegração da comunidade primitiva, e mais na ascensão e declínio do feudalismo. Seu interesse pela dinâmica da agricultura servil era mais acentuado que o de Marx. As análises de que dispomos desses problemas, datadas dos anos finais de Marx, estão vazadas na formulação de Engels. Ademais, o componente político e militar desempenha um papel mais destacado no trabalho deste. Por fim, ele se concentrou quase inteiramente na Alemanha medieval (com uma ou duas digressões sobre a Irlanda, país com o qual tinha ligações pessoais), e sem dúvida estava mais preocupado do que Marx com a ascensão do nacionalismo e sua função no desenvolvimento histórico. Essas diferenças de ênfase se devem, em parte, meramente ao fato de a análise de Engels operar num nível menos geral que a de Marx. Esta é uma das razões por que muitas vezes ela é mais acessível e instigante para aqueles que se aproximam pela primeira vez do marxismo. Outras diferenças, porém, têm causa diferente. Entretanto, embora os dois reconhecessem que não eram gêmeos siameses e que (como admitia Engels) Marx era muito maior como pensador, devemos nos acautelar contra a tendência moderna de comparar Marx e Engels, em geral em detrimento deste. Quando dois homens trabalham juntos durante mais de quarenta anos, como fizeram Marx e Engels, sem nenhum desacordo teórico substancial, cabe presumir que um saiba o que passa pela cabeça do outro. Se Marx houvesse escrito o *Anti-Dühring* (que foi publicado durante sua vida), sem dúvida o livro teria outro conteúdo, e talvez trouxesse ideias novas e profundas. Mas não há razão alguma para crermos que ele discordasse do texto. Isso também se aplica às obras que Engels escreveu depois da morte de Marx.

A análise que Engels fez do desenvolvimento feudal (visto unicamente em termos europeus) tentou preencher várias lacunas deixadas na análise de 1857--8. Em primeiro lugar, ele estabeleceu uma conexão lógica entre o declínio do modo antigo e a ascensão do feudal, embora este tenha sido criado por invasores bárbaros sobre as ruínas daquele. Nos tempos antigos, a única forma possível de agricultura em grande escala era o latifúndio baseado no trabalho escravo, mas passado um certo ponto essa forma se tornava antieconômica e dava lugar, outra vez, à agricultura em pequena escala, "a única forma lucrativa [*lohnende*]".[50] Por isso, a agricultura antiga já se achava a meio caminho da medieval. O cultivo em pequena escala era a forma dominante na agricultura feudal, sendo irrelevante, "operacionalmente", que alguns camponeses fossem livres enquanto outros tinham vários deveres em relação aos senhores. O mesmo tipo de produção em pequena escala, por pequenos proprietários de seus próprios meios de produção, predominava nas cidades.[51] Ainda que esta fosse, nas circunstâncias, uma forma de produção mais econômica, o atraso geral na vida econômica no começo do período feudal — o predomínio de autossuficiência local, que deixava pouca margem para a venda ou o desvio de apenas um excedente marginal — impunha suas limitações. Embora ela garantisse que qualquer sistema de senhorio (que necessariamente se baseava no controle de grandes propriedades ou dos corpos daqueles que as cultivavam) devesse "produzir necessariamente poderosos latifundiários e pequenos camponeses dependentes", tornava também impossível explorar essas propriedades tão grandes quer pelos sistemas antigos de escravidão, quer pela agricultura moderna em grande escala, à base do trabalho servil, como prova o fracasso das vilas imperiais de Carlos Magno. A única exceção eram os mosteiros, que eram "corporações sociais anormais", baseadas no celibato, e, por conseguinte, o excepcional desempenho econômico deles continuaria sendo uma exceção.[52]

Embora essa análise subestime um pouco o papel da agricultura leiga em grande escala nos domínios senhoriais durante a alta Idade Média, ela é extremamente arguta, sobretudo ao distinguir a grande propriedade como uma unidade social, política e fiscal e como uma unidade de *produção*, e em sua ênfase no predomínio de uma agricultura de camponeses e não de uma agricultura no domínio senhorial, como no feudalismo. Entretanto, ela deixa meio no ar a origem da servidão e do senhorio feudal. A explicação de Engels parece ser social, política e militar, e não econômica. Os camponeses teutônicos livres estavam empobrecidos pelas guerras constantes, e, em vista da debilidade do poder real, tinham de colocar-se sob a proteção de nobres ou do clero.[53] No fundo, isso se devia à incapacidade de uma forma de organização social baseada em parentesco gerir as grandes estruturas políticas criadas por suas conquistas bem-sucedidas: portanto, essas conquistas implicavam, automaticamente, tanto a origem das classes quanto de um Estado.[54] Em sua formulação singela, essa hipótese não é muito satisfatória, mas destacar que o surgimento das classes deriva das contradições da estrutura social (e não apenas de um determinismo econômico primitivo) é importante. Isso dá continuidade à linha de raciocínio dos manuscritos de 1857-8 — por exemplo, no tocante à escravidão.

O declínio do feudalismo decorre da ascensão dos ofícios e do comércio, assim como da divisão e do conflito entre cidade e campo. Em termos de desenvolvimento agrário, ele se expressou num aumento da demanda, por parte dos senhores feudais, de bens de consumo (e de armas ou equipamentos), só disponíveis mediante compra.[55] Até certo ponto, em vista das condições técnicas estagnadas da agricultura, um aumento no excedente arrancado aos camponeses só podia ser obtido extensivamente — pelo cultivo de novas terras ou criação de novas aldeias. Mas isso implicava um "acordo amistoso com os colonos, fossem eles servos ou homens livres". Por isso — e também porque a forma primitiva de senhorio não continha nenhum incentivo à intensificação da exploração, e sim uma tendência a que os encargos fixos dos camponeses fossem aliviados com o passar do tempo —, a liberdade dos camponeses tendeu a crescer acentuadamente, sobretudo depois do século XIII. (O compreensível desconhecimento, por parte de Engels, do desenvolvimento da agricultura de mercado nos domínios feudais na baixa Idade Média e da "crise feudal" do século XIV simplifica demais e distorce seu quadro.)

A partir do século XV, porém, prevaleceu a tendência oposta, e os senhores reconverteram homens livres à servidão e transformaram terras de camponeses em propriedades deles próprios. Isso se deveu, pelo menos na Alemanha, não apenas às necessidades cada vez maiores dos senhores, que daí em diante só poderiam ser atendidas por vendas substanciais de produtos oriundos de seus próprios domínios, mas pelo crescente poder dos príncipes, que privavam a nobreza de outras fontes anteriores de renda, como assaltos em estradas e outros atos similares de extorsão.⁵⁶ Por isso, o feudalismo termina com um renascimento da agricultura em grande escala com base no trabalho servil e uma expropriação dos camponeses que corresponde ao crescimento do capitalismo e dele decorre. "A era capitalista no campo é prenunciada por um período de agricultura em grande escala [*landwirtschaftlichen Grossbetriebs*] baseada no trabalho servil."

Esse quadro do declínio do feudalismo não é de todo satisfatório, embora assinale um avanço importante na análise marxista original do feudalismo — a tentativa de estabelecer, e de levar em conta, a dinâmica da agricultura feudal, e especialmente as relações entre senhores e camponeses dependentes. Isso quase com certeza se deve a Engels, pois é ele quem (em cartas a respeito da redação de *A marca*) dá ênfase especial à evolução da corveia, e, com efeito, observa que Marx se equivocara antes com relação a essa questão.⁵⁷ Apoiado basicamente em Maurer, o texto inaugura a linha de análise da história agrária medieval que desde então tem se mostrado excepcionalmente fecunda. Por outro lado, vale a pena observar que esse campo de estudo parece ser marginal em relação aos interesses principais de Marx e Engels. Os textos nos quais Engels trata esse problema são breves e superficiais, em comparação com aqueles nos quais aborda a origem da sociedade feudal.⁵⁸ A exposição de modo algum se esgota. Não dá uma explicação adequada ou direta do motivo pelo qual a agricultura em grande escala, que era antieconômica no começo da Idade Média, voltou a ser econômica com base no trabalho de servos (ou de outros) em seu fim. O mais surpreendente (em vista do vívido interesse de Engels pelos avanços tecnológicos da Antiguidade à Idade Média, demonstrados pela arqueologia)⁵⁹ é que as mudanças tecnológicas na lavoura não são examinadas de maneira satisfatória e são muitos os pontos não resolvidos. Não há uma tentativa de aplicar a análise fora da Europa Ocidental e Central, salvo uma observação muito interessante sobre a existência da primitiva sociedade agrária, sob a forma de servidão direta ou indireta (*Hörigkeit*), como ocorria na Rússia e na Irlanda,⁶⁰ e uma observação — que parece de certa forma antecipar o exame posterior que faz em *A marca* — segundo a qual na Europa Oriental a segunda servidão dos camponeses deveu-se à ascensão de um mercado de exportação de produtos agrícolas e cresceu em paralelo a ele.⁶¹ No geral, não parece que Engels tivesse intenção de alterar o quadro geral da transição do feudalismo para o capitalismo que ele e Marx haviam formulado muitos anos antes.

Nenhuma outra incursão importante pela história de "formações que precedem a capitalista" ocorre nos últimos anos de Marx e Engels, embora tenham produzido obras relevantes sobre o período, desde o século XVI, e principalmente sobre a história contemporânea. Resta-nos, pois, fazer um breve exame de dois aspectos do pensamento de ambos, nessa época, quanto ao problema das fases de desenvolvimento social. Até que ponto mantiveram a lista de formações apresentada no prefácio a *Para a crítica da economia política*? Que outros fatores gerais concernentes ao desenvolvimento socioeconômico eles consideraram ou reconsideraram?

Como vimos, em seus últimos anos, Marx e Engels preferiam distinguir ou deixar implícitas subvariedades, subfases e formas transicionais em suas grandes classificações sociais, sobretudo na sociedade pré-classista. Mas na lista geral de formações não ocorrem mudanças substanciais, a menos que citemos a mudança quase formal do "modo asiático" para o "tipo arcaico" de sociedade. Não há, ao menos por parte de Marx, nenhuma propensão a abandonar o modo asiático (e nota-se até uma tendência a reabilitar o modo "eslavo"), e com certeza uma recusa deliberada em reclassificá-lo como feudal. Rebatendo a tese de Kovalevsky, segundo a qual três dos quatro critérios principais do feudalismo romano-germânico eram encontrados na Índia, que portanto deveria ser considerada feudal, Marx observa que

> Kovalevsky esquece, entre outras coisas, a servidão, que não tem importância pronunciada na Índia. (Ademais, quanto ao *papel individual* dos senhores feudais como *protetores* não só dos camponeses sem liberdade como também dos livres [...], a não ser para os *wakuf* — propriedades voltadas para fins religiosos —, isso não se reveste de importância na Índia.) Tampouco encontramos na Índia aquela "poesia da terra", tão típica do feudalismo romano-germânico (cf. Maurer), não mais do que em Roma. Em parte alguma da Índia a terra é *nobre* a ponto de ser, por exemplo, inalienável àqueles que não pertençam à nobreza (*roturiers*).[62]

Engels, mais interessado nas possíveis combinações entre o senhorio e o substrato da comunidade primitiva, parece menos categórico, ainda que especificamente exclua o Oriente do feudalismo[63] e, como vimos, não tente aplicar sua análise do feudalismo agrário fora da Europa. Não há nada que indique que

Marx e Engels considerassem a especial combinação do feudalismo agrário e da cidade medieval como outra coisa senão um fenômeno peculiar à Europa.

Por outro lado, numerosas passagens de textos dessa época indicam uma elaboração interessantíssima do conceito de relações sociais de produção. Mais uma vez, parece que coube a Engels tomar a iniciativa. Assim, a respeito da servidão ele escreve a Marx, em 22 de dezembro de 1882, talvez seguindo uma sugestão deste: "É certo que o servo e o vilão não são formas especificamente ligadas ao feudalismo medieval, pois ocorrem em toda parte, ou quase em toda parte, onde conquistadores fizeram os habitantes nativos cultivar a terra para eles". E sobre o trabalho assalariado: "Os primeiros capitalistas já encontraram o trabalho assalariado como forma, mas como algo secundário, excepcional ou temporário, ou como um ponto de passagem".[64] Essa distinção entre modos de produção, caracterizados por certas relações, e as "formas" dessas relações, que podem existir em diferentes períodos e ambientes socioeconômicos, já está implícita do pensamento anterior de Marx. Por vezes, como na discussão sobre o dinheiro e as atividades mercantis, ela é explícita. Sua importância é enorme, pois não só nos ajuda a descartar argumentos primitivos, como aqueles que negam a novidade do capitalismo porque já existiam comerciantes no antigo Egito ou porque senhores feudais pagavam em dinheiro a trabalhadores que ajudavam na colheita, mas também porque chama atenção para o fato de que as relações sociais básicas, em número necessariamente limitado, são "inventadas" ou "reinventadas" pelos homens em inúmeras ocasiões e de que todos os modos de produção monetários (exceto, talvez, o capitalismo) são complexos compostos de toda espécie de combinações deles.

V

Para encerrar, vale a pena examinarmos brevemente o debate entre os marxistas a respeito da principal formação socioeconômica desde a morte de Marx e Engels. Sob muitos aspectos, esse debate tem sido insatisfatório, embora tenha a vantagem de nunca considerar que os textos de Marx e Engels constituem a verdade suprema. Na verdade, eles têm sido extensamente revisados. Contudo, o processo dessa revisão tem sido estranhamente assistemático e não planejado; o nível teórico de grande parte das discussões, desapontador; e, de modo geral, o debate tem servido mais para confundir do que para esclarecer as questões.

Duas tendências podem ser observadas. A primeira, que implica uma considerável simplificação do pensamento de Marx e Engels, reduz as principais formações socioeconômicas a uma única escada pela qual todas as sociedades humanas sobem degrau a degrau, mas com diferente rapidez, de modo que por fim todas chegam ao topo.[65] Essa tendência tem algumas vantagens do ponto de vista da política e da diplomacia, pois elimina a distinção entre sociedades que exibiram no passado maior ou menor tendência intrínseca para o rápido desenvolvimento histórico e porque dificulta a determinados países alegar que são exceções às regras históricas gerais,[66] mas não tem nenhuma vantagem científica óbvia e, ademais, está em desacordo com as ideias de Marx. Além disso, é desnecessária do ponto de vista político, uma vez que, quaisquer que tenham sido as diferenças no desenvolvimento histórico passado, o marxismo sempre abraçou com firmeza o ponto de vista de que todos os povos, não importa os antecedentes históricos ou a raça, são igualmente capazes de todas as realizações da civilização moderna assim que se libertam para ir ao encalço delas.

A abordagem unilinear leva também à busca das "leis fundamentais" de cada formação, que expliquem a passagem à forma superior imediata. Tais mecanismos gerais já foram propostos por Marx e Engels (sobretudo em *A origem da família*) para a passagem do estágio comunal primitivo, reconhecidamente universal, à sociedade de classes, e também para o desenvolvimento do capitalismo, muito diferente. Tem-se feito várias tentativas de descobrir "leis gerais" análogas para o feudalismo[67] e até para o estágio escravista.[68] Segundo o consenso geral, não foram muito bem-sucedidas, e até as fórmulas enfim propostas para um acordo parecem ser pouco mais que definições. Esse malogro na busca de "leis fundamentais" aceitáveis que possam ser aplicadas ao feudalismo e à sociedade escravista é, em si mesmo, significativo.

A segunda tendência decorre em parte da primeira, mas também conflita em parte com ela. Levou a uma revisão formal da lista de formações socioeconômicas feita por Marx, omitindo o "modo asiático", limitando o âmbito do modo "antigo" e ampliando na mesma proporção o âmbito do modo "feudal". A omissão do "modo asiático" se deu, em termos gerais, entre o fim da década de 1920 e o fim da seguinte: já não é mencionado em *Materialismo dialético e materialismo histórico* (1938), de Stálin, embora continuasse a ser usado por alguns marxistas, principalmente anglófonos, até muito mais tarde.[69] Como para Marx a característica do modo de produção asiático era a resistência à evolução histórica, sua eliminação produz um esquema mais simples, que se presta mais facilmente a interpretações universais e unilineares. Mas também elimina o erro que consiste em encarar as sociedades orientais como essencialmente "imutáveis" ou anistóricas. Já se observou que "aquilo que o próprio Marx disse sobre a Índia não pode ser aceito como está", ainda que se tenha dito também que "a base teórica [da história da Índia] continua marxista".[70] A redução do modo "antigo" não acarretou grandes problemas políticos nem (aparentemente) refletiu debates políticos. Deveu-se simplesmente à incapacidade dos pesquisadores de descobrir uma fase escravista em toda parte e de considerar o modelo simples da economia escravista, que tinha se tornado corrente (muito mais simples que o do próprio Marx), adequado sequer para as sociedades clássicas da Antiguidade.[71] A ciência soviética oficial não está mais comprometida com um palco universal para a sociedade escravista.[72]

O "feudalismo" teve seu âmbito ampliado em parte para preencher o vazio deixado por essas mudanças — nenhuma das sociedades afetadas poderia ser reclassificada como capitalista: foram reclassificadas como comunais-primitivas ou "arcaicas" (como lembramos que Marx e Engels se inclinaram a fazer), em parte a expensas de sociedades até então classificadas como comunais-primitivas e das etapas mais iniciais do desenvolvimento capitalista. Porque agora está claro que a diferenciação de classes em algumas sociedades antes chamadas vagamente de "tribais" havia progredido consideravelmente. Na outra ponta da distribuição temporal, a tendência a classificar todas as sociedades como "feudais" até a ocorrência de uma "revolução burguesa" formal fez algum progresso, notadamente na Grã-Bretanha.[73] Mas o "feudalismo" não cresceu somente como categoria residual. Desde o início dos tempos pós-marxistas têm havido tentativas de ver uma espécie de protofeudalismo ou feudalismo primitivo como a primeira forma geral — embora não necessariamente universal — de uma sociedade de classes que nasce da desintegração do comunalismo primitivo.[74] (Essa transição direta do comunalismo primitivo para o feudalismo foi, naturalmente, considerada por Marx e Engels.) Desse protofeudalismo, aventou-se, surgiram as várias outras formações, inclusive o feudalismo desenvolvido do tipo europeu (e japonês). Por outro lado, sempre se levou em conta a possibilidade de uma reversão ao feudalismo a partir de formações que, apesar de *potencialmente* menos progressistas, na realidade são mais desenvolvidas — por exemplo, do Império Romano para os reinos teutônicos tribais. Owen Lattimore chega a "propor que pensemos, experimentalmente, em termos de feudalismo evolucionário e regressivo (ou retrocedente)", e também nos pede que tenhamos em mente a possibilidade da feudalização temporária de sociedades tribais que interajam com outras, mais avançadas.[75]

O resultado líquido de todas essas várias tendências tem sido fazer circular uma vasta categoria de "feudalismos" que abarca continentes e milênios e varia, digamos, dos emirados do norte da Nigéria à França em 1788; das tendências visíveis na sociedade asteca pouco antes da conquista espanhola à Rússia tsarista no século XIX. Com efeito, é provável que todos esses feudalismos possam ser incluídos sob essa rubrica geral e que isso tenha valor analítico. Ao mesmo tempo, fica claro que sem muita subclassificação e a análise de subtipos e fases históricas isoladas, o conceito geral corre o risco de se tornar de difícil manejo. Várias subclassificações foram tentadas, como, por exemplo, a "semifeudal", mas até agora o esclarecimento marxista do feudalismo não avançou adequadamente.

A combinação das duas tendências apontadas aqui produziu uma ou duas dificuldades. Assim, o desejo de classificar cada sociedade ou período decididamente em um ou outro dos escaninhos aceitos gerou disputas de demarcação, como é natural acontecer quando insistimos em encaixar conceitos dinâmicos em conceitos estáticos. Assim, tem havido muita discussão na China a respeito da data de transição da escravidão para o feudalismo, uma vez que "a luta foi de natureza muito prolongada, cobrindo vários séculos [...]. Diferentes modos de vida sociais e econômicos tinham coexistido temporariamente no vasto território da China".[76] No Ocidente, uma dificuldade semelhante levou a debates sobre o caráter dos séculos, do XIV ao XVIII.[77] Essas discussões têm ao menos o mérito de levantar problemas da mistura e coexistência de diferentes "formas" de relações sociais de produção, ainda que em outros aspectos elas tenham menos interesse que algumas outras discussões marxistas.[78]

Todavia, com a desestalinização e em parte sob o estímulo das *Formações*, a discussão marxista tem mostrado uma saudável tendência a reviver e a questionar várias ideias que passaram a ser aceitas no decorrer dos últimos decênios. Esse reavivamento parece ter começado de forma independente, em vários países, socialistas ou não. Contribuições vieram da França, da República Democrática Alemã, da Hungria, da Grã-Bretanha, da Índia, do Japão e do Egito.[79] Essas contribuições abordam em parte problemas gerais de periodização histórica, como os levantados no debate em *Marxism Today*, de 1962, em parte os problemas de formações socioeconômicas pré-capitalistas específicas, e em parte a questão do "modo asiático", muito contestada e agora reaberta.[80]

Tudo isso revelou tentativas de fugir dos fatos históricos no movimento marxista internacional antes de meados da década de 1950, que tiveram um efeito sem dúvida negativo sobre o nível da discussão marxista nesse e em muitos outros campos. A abordagem original de Marx do problema da evolução histórica foi, em alguns aspectos, simplificada e modificada, e lembretes da natureza profunda e complexa de seus métodos, como a publicação das *Formações*, não foram usados para corrigir essas tendências. A lista original das formações socioeconômicas, feita por Marx, foi alterada, porém até agora não surgiu outra lista satisfatória. Embora fossem descobertas e preenchidas algumas lacunas na análise de Marx e Engels, brilhante porém incompleta e exploratória, permitiu-se que algumas das partes mais fecundas dessa análise sumissem de vista.

Exatamente por isso, cabe empreender hoje a necessária aclaração da tese marxista da evolução histórica, e principalmente dos estágios principais do desenvolvimento. Um estudo cuidadoso das *Formações* — o que não significa a aceitação automática de todas as conclusões de Marx — só pode ajudar nessa tarefa e, com efeito, é uma parte indispensável dela.

8. A divulgação das obras de Marx e Engels

I

As obras de Marx e Engels adquiriram o *status* de "clássicos" para os partidos socialistas e comunistas que se inspiram nelas, e também, desde 1917, para um número crescente de países nos quais essas obras se tornaram a base da ideologia oficial, ou até de um equivalente secular da teologia. Desde a morte de Engels, grande parte das análises marxistas — na verdade, é provável que seja a maior parte delas — assumiu a forma de exegese, especulação e interpretação textual ou de debates quanto à aceitabilidade ou conveniência da revisão das ideias de Marx e Engels como aparecem nos textos de suas obras. No entanto, de início esses textos não constituíam um *corpus* publicado das obras dos dois autores. Com efeito, não houve nenhuma tentativa de uma edição completa de suas obras até a década de 1920, quando teve início em Moscou a famosa *Gesamtausgabe* (conhecida em geral como MEGA), tendo como editor David Ryazanov. A edição ficou incompleta no original alemão, embora o trabalho fosse continuado em russo, mas numa forma menos completa do que a originalmente prevista. Na mesma época houve iniciativas independentes, em outros países, no sentido de uma edição que se pretendia completa, notadamente na França, por Alfred Costes Editeur. Uma edição integral, mas nem por isso completa, das obras de Marx e Engels (chamada em geral de *Werke* e assim citada), lançada na República Democrática Alemã a partir de 1956, serviu de base para várias edições semelhantes em outros países. A mais ambiciosa delas foi a *Collected works* [*Obras completas*] publicada em cinquenta volumes, em inglês, entre 1975 e 2004.

Após prolongados preparativos, uma nova *Gesamtausgabe* (conhecida como a nova MEGA) começou a ser publicada em 1975, sob os auspícios dos Institutos de Marxismo-Leninismo da União Soviética e da República Democrática Alemã. A extinção dos dois países alterou o espírito dessa edição, que deixou de ser ideológico para se tornar acadêmico e fez com que a responsabilidade por ela passasse para uma fundação, a Internationale Marx-Engels Stiflung, no Instituto Internacional de História Social, em Amsterdam, que desde 1933 conserva os arquivos de Marx e Engels, e na prática para a Academia de Ciências de Berlim e Brandemburgo e centros de pesquisa em diversos países. O plano previa mais de 120 volumes — quase com certeza um número subestimado, uma vez que a edição pretendia incluir fichas de leituras, anotações esparsas e comentários escritos nas margens de livros. No começo do século XXI, já tinham sido publicados 54 volumes. Esperava-se que a edição fosse completada em 2030.

Durante a maior parte da história do marxismo, os debates se basearam, pois, numa variegada seleção de textos de Marx e Engels. Para o entendimento dessa história, cumpre que se faça um levantamento sucinto e necessariamente superficial da fortuna dessas obras.

Se omitirmos um grande volume de trabalhos jornalísticos, principalmente nas décadas de 1840 e 1850, o conjunto de textos de Marx e Engels publicados durante a vida de Marx foi relativamente modesto. Antes da revolução de 1848 ele compreende, *grosso modo*, vários ensaios importantes de Marx (e em menor medida de Engels) anteriores ao início da colaboração sistemática entre ambos — publicados, por exemplo, no jornal *Deutsch-Französische Jahrbücher*; *A situação da classe trabalhadora na Inglaterra* (1845), de Engels; *A sagrada família* (1845), de Marx e Engels; a polêmica com Proudhon intitulada *Miséria da filosofia* (1847); o *Manifesto comunista* (1848); e algumas palestras e artigos de Marx, republicados durante sua vida numa forma acessível a um público maior. Depois da derrota de 1848-9, Marx publicou as hoje famosas análises da revolução e de suas consequências em revistas de emigrados de pífia circulação, ou seja, as obras hoje conhecidas como *A luta de classe na França* e, com o título original, *O 18 de brumário de Luís Bonaparte*. Esta última obra foi republicada em 1869. Uma obra de Engels, *As guerras camponesas na Alemanha* (1850), que também saiu num jornal de imigrantes — ao contrário dos artigos hoje conhecidos como *Revolução e contrarrevolução na Alemanha*, que apareceram assinados por Marx no *New York Tribune* —, também foi republicada durante a vida de Marx. As obras do próprio Marx publicadas daí em diante, omitindo-se trabalhos jornalísticos e polêmicas políticas, praticamente se esgotam com *Para a crítica da economia política* (1859), não republicado, *O capital* (vol. I, 1867), cuja história será contada rapidamente, e vários trabalhos escritos para a Associação Internacional dos Trabalhadores, dos quais o *Discurso inaugural* (1864) e *A guerra civil na França* (1871) são os mais famosos. Este último foi republicado em diversas ocasiões. Engels publicou vários panfletos, sobretudo sobre questões político-militares, mas na década de 1870 começou, com *Herr Eugen Dührings Umwälzung der Wissenschaft*, mais conhecido como *Anti-Dühring* (1878), a série de textos que, com efeito, fariam o movimento socialista internacional conhecer bem o pensamento de Marx com relação a outros assuntos além da economia política. A maioria deles, porém, pertence ao período posterior à morte de Marx.

Em 1875, digamos, o conjunto das obras conhecidas e disponíveis de Marx e Engels era, portanto, exíguo, pois muitos de seus primeiros escritos achavam-se esgotados havia muito tempo. Esse conjunto era formado, essencialmente, pelo *Manifesto comunista*, que começou a ser mais conhecido a partir do começo da década de 1870; *O capital*, que foi traduzido para o russo e o francês; e *A guerra civil na França*, que rendeu a Marx bastante visibilidade. No entanto, podemos dizer que entre 1867 e 1875 pela primeira vez tornou-se disponível um *corpus* da obra de Marx.

No período que vai da morte de Marx (1883) à de Engels (1895) assistiu-se a uma dupla transformação. Primeiro, a ampliação do movimento socialista internacional fez crescer o interesse pelas obras de ambos. Durante esses doze anos, de acordo com Andréas, foram lançadas nada menos que 75 edições do *Manifesto comunista*, em quinze línguas.[1] É interessante notar que as edições nas línguas do império tsarista já eram em maior número do que as do original alemão. Segundo, diversos clássicos dos fundadores do marxismo, sobretudo os de Engels, passaram a ser publicados sistematicamente na língua original. Essas edições compreenderam: (a) republicações (em geral com novas introduções) de obras esgotadas havia muito, cuja importância permanente Engels quis assim sublinhar; (b) nova publicação de obras que Marx deixara inéditas ou incompletas; e (c) textos novos de Engels, incorporando às vezes importantes trabalhos inéditos de Marx, como as *Teses sobre Feuerbach*, que procuravam apresentar um quadro coerente, completo e equilibrado da doutrina marxista. Assim, na rubrica (a), Engels republicou, em forma de panfleto, artigos de Marx e *Trabalho assalariado e capital* (1847-84), *Miséria da filosofia* (1847-85), *O 18 de brumário* (1885), *A guerra civil na França* (1891), e, finalmente, *As lutas de classes na França* (1895), bem como seu próprio *A situação da classe trabalhadora na Inglaterra* e reimpressões de vários textos seus da década de 1870. As principais obras incluídas na rubrica (b) foram o segundo e terceiro volumes de *O capital* e a *Crítica do programa de Gotha* (1891). Já na rubrica (c), as obras de maior destaque foram, além do *Anti-Dühring* e de *Do socialismo utópico ao socialismo científico* (trabalho republicado com ainda mais frequência e baseado em partes do *Anti-Dühring*), *A origem da família, da propriedade privada e do Estado* (1884) e *Ludwig Feuerbach* (1888), assim como numerosas contribuições ao debate político corrente. Com a possível exceção de *Do socialismo utópico ao socialismo científico*, essas obras não foram publicadas em grandes edições. Não obstante, desde então estiveram sempre disponíveis. No entender de Engels, formavam a parte principal do *corpus* das obras dele e de Marx, muito embora, se tivesse vivido mais tempo, talvez houvesse acrescentado outros títulos — como *Teorias da mais-valia*, que mais tarde saiu editada por Kautsky, e uma edição revista de *As guerras camponesas na Alemanha*, que ele próprio esperara publicar.

Com algumas exceções, como textos publicados originalmente em inglês (alguns dos quais foram reimpressos por Eleanor Marx pouco depois da morte de Engels), esse era o material à disposição do movimento marxista internacional no fim do século XIX, inclusive para tradução no exterior. Consistia em uma seleção, e até certo ponto uma compilação, feita por Engels. Assim, *O capital* chegou a nós não como Marx desejava, mas como Engels julgou que ele desejaria. Como é do conhecimento de todos, os últimos três volumes foram montados por Engels — e mais tarde por Kautsky — a partir dos esboços inacabados de Marx. Entretanto, o primeiro volume também é um texto finalizado por Engels, e não por Marx, pois a versão padrão (a quarta edição alemã, de 1890) foi modificada por ele com base na última (a segunda) edição revisada por Marx, nas mudanças adicionais feitas pelo autor para a edição francesa de 1872-5, em algumas notas manuscritas e em pequenas considerações técnicas. (Na verdade, a segunda edição de 1872, do próprio Marx, incluiu alterações substanciais de seções da primeira edição, de 1867.) Esse, portanto, era o principal *corpus* dos textos clássicos sobre os quais o marxismo da Segunda Internacional teria sido construído, se muitos de seus teóricos e líderes, sobretudo na Alemanha, não tivessem mantido contato com Engels, tanto pessoalmente quanto através da volumosa correspondência deste, só publicada depois da Primeira Guerra Mundial. O ponto a destacar é que essas obras formavam mesmo um *corpus* de textos teóricos "acabados", como assim queria Engels, cujos próprios escritos procuravam preencher as lacunas deixadas por Marx e atualizar publicações anteriores. Por isso, o objetivo de seu esforço editorial em *O capital* não foi, naturalmente, refazer o fluxo e o desenvolvimento do pensamento econômico do próprio Marx, ainda em curso na época de sua morte. Essa reconstrução histórica da gênese e do desenvolvimento de *O capital* (inclusive as mudanças de uma edição para outra) só foi empreendida seriamente depois da Segunda Guerra Mundial, e mesmo hoje não está completa. O objetivo de Engels era produzir um texto "final" da obra magna do amigo, que tornasse supérfluas as versões anteriores.

Suas próprias sínteses do marxismo, e principalmente *Do socialismo utópico ao socialismo científico*, trabalho muito bem recebido, tinham por objetivo tornar o conteúdo desse *corpus* teórico acessível aos membros dos novos partidos socialistas de massa. E, com efeito, durante esse período, boa parte da atividade dos teóricos e líderes dos movimentos socialistas foi dedicada a produzir esses sumários populares da doutrina de Marx. Assim, Deville, na França, Cafiero, na Itália, e Aveling, na Grã-Bretanha, produziram resumos de *O capital*, enquanto Kautsky publicava seu livro *Doutrinas econômicas de Karl Marx*. Esses trabalhos são apenas exemplos de iniciativas dessa ordem. Com efeito, o principal esforço educacional e propagandístico dos novos movimentos socialistas parece ter se concentrado na produção e difusão de obras desse tipo, e não das próprias obras de Marx e Engels. Na Alemanha, por exemplo, as tiragens das edições do *Manifesto comunista* antes de 1905 variavam de 2 mil exemplares a no máximo 3 mil, embora mais tarde tenham aumentado (dados extraídos de SPD *Parteitage*). Para uma comparação, *Revolução social* (parte I), de Kautsky, teve edição de 7 mil exemplares em 1903 e outra de 21 500 em 1905; *Cristianismo e socialismo*, de Bebel, vendeu 37 mil cópias entre 1898 e 1902, seguindo-se outra edição de 20 mil exemplares em 1903; e foram distribuídos 120 mil exemplares do *Programa de Erfurt*, do partido (1891).

Isso não significa que o *corpus* das obras clássicas, agora disponível, não fosse lido por socialistas de inclinação teórica. Não demorou para que fosse traduzido em várias línguas. Na Itália, país onde intelectuais demonstravam um interesse inusitado pelo marxismo durante a década de 1890, praticamente todas as obras selecionadas por Engels estavam disponíveis em 1900 (salvo os últimos volumes de *O capital*), e os *Scritti* de Marx, Engels e Lassalle, com editoria de Ciccotti (a partir de 1899), também incluíam várias outras obras.[2] Até meados da década de 1930 muito pouca coisa foi acrescentada, em inglês, ao conjunto de textos clássicos traduzidos até 1913 — ainda que, com frequência, muito mal —, principalmente pela firma de Charles H. Kerr, de Chicago.

Era natural que houvesse uma demanda pelas obras restantes de Marx e Engels por parte de pessoas com interesses teóricos — ou seja, intelectuais da Europa Central e Oriental, e também na Itália, onde havia um vívido interesse pelo marxismo. O Partido Social-Democrata da Alemanha (SPD), detentor do *Nachlass* [espólio] literário dos fundadores, não moveu um dedo para publicar suas obras completas, e talvez tenha mesmo considerado inconveniente publicar ou republicar alguns dos comentários mais indelicados ou ofensivos deles, assim como textos políticos de interesse puramente histórico. Ainda assim, intelectuais marxistas, sobretudo Kautsky e Franz Mehring, na Alemanha, e D. Ryazanov, na Rússia, dispuseram-se a publicar um conjunto de textos *publicados* de Marx e Engels mais completo do que Engels considerara ser necessário de imediato. Assim, *Aus dem literarischen Nachlass von Marx und Engels*, de Mehring, republicou textos da década de 1840, enquanto Ryazanov divulgava obras do período 1852-62 em vários volumes.

Antes de 1914 houve pelo menos um progresso importante em relação aos materiais inéditos, com a publicação, em 1913, da correspondência entre Marx e Engels. Esporadicamente, Kautsky já havia publicado, na *Neue Zeit*, a revista teórica do SPD, originais selecionados, sobretudo as cartas de Marx ao dr. Kugelmann (em 1902) e alguns fragmentos (em 1903-4) do que é hoje conhecido como os *Grundrisse*, como a inacabada Introdução a *Para a crítica da economia política*. Cartas de Marx e Engels endereçadas a correspondentes em outros países, ou que fizessem referências especiais a eles, também eram publicadas de vez em quando nesses países e em sua língua, embora raramente fossem traduzidas para outras línguas na época. Talvez a melhor indicação da disponibilidade das obras clássicas em 1914 seja a bibliografia que Lênin anexou ao verbete enciclopédico que escreveu sobre Karl Marx naquele ano. Se um texto de Marx e Engels não era do conhecimento dos marxistas russos — os leitores mais assíduos das obras clássicas —, pode-se pressupor que não estava ao alcance do movimento internacional.

II

A Revolução Russa transformou de várias formas a publicação e a popularização das obras clássicas. Em primeiro lugar, transferiu o centro dos estudos textuais marxistas para uma geração de editores que não tinham mantido contato pessoal com Marx ou, mais comumente, com Engels — homens como Bernstein, Kautsky e Mehring. Por conseguinte, esse novo grupo não era mais influenciado diretamente por juízos pessoais de Engels sobre as obras clássicas ou por questões de tato e conveniência — em relação a pessoas e à política da época — que tanto haviam afetado, obviamente, os testamenteiros literários de Marx e Engels. O fato de o centro nevrálgico de editoração marxiana passar a ser um movimento comunista realçou essa ruptura, uma vez que os editores comunistas (e principalmente os russos) tendiam — às vezes com toda razão — a interpretar as omissões e modificações de textos por social-democratas alemães como distorções "oportunistas". Em segundo lugar, e em parte por essa razão, o intuito dos marxistas bolcheviques (que agora dispunham dos recursos do Estado soviético) era a publicação de *todo* o conjunto das obras clássicas — em resumo, uma *Gesamtausgabe*.

Isso suscitava vários problemas técnicos, dos quais mencionaremos dois. As obras de Marx e, em menor grau, também as de Engels, variavam de livros acabados, publicados com diversos níveis de cuidado, até anotações de leituras, às vezes em margens de livros, passando por esboços de diversos graus de incompletude e temporalidade. Não era fácil traçar uma linha divisória entre "obras" e anotações preliminares e rascunhos. O recém-criado Instituto Marx-Engels, sob a direção de um profundo conhecedor da obra marxiana, D. Razyanov, excluiu alguns textos das chamadas "obras", que decidiu publicar numa revista paralela, o *Marx-Engels Archiv*. Esses textos só seriam incluídos numa coletânea de *todos* os escritos quando surgiu a nova MEGA, na década de 1970. Além disso, embora o grosso dos rascunhos estivesse disponível no *Nachlass* de Marx-Engels, de posse do SPD (e, depois de 1933, transferido para o Instituto Internacional de História Social, em Amsterdam), a correspondência de Marx e Engels achava-se muito dispersa, o que impossibilitava uma edição completa, quando mais não fosse por ser desconhecido o paradeiro de grande parte desse material. Mais ou menos a partir de 1920, várias cartas de Marx e Engels passaram a ser publicadas em separado, às vezes pelos destinatários ou por seus testamenteiros literários, mas um conjunto volumoso e importante como a correspondência com Lafargue só foi publicado na década de 1950. Como o projeto MEGA não foi completado, esses problemas logo deixaram de ser urgentes, mas chamavam a atenção. O mesmo ocorria com a continuação da publicação de obras de Marx e Engels com base nos centros mais antigos de estudos marxistas, principalmente os arquivos do SPD. Isso porque, se o Instituto de Moscou tencionava adquirir, na medida do possível, todas as versões dos clássicos para empreender sua edição das obras completas — a única em preparação —, na verdade só conseguiu fotocópias dos maiores arquivos existentes, permanecendo os originais no Ocidente.

Houve na década de 1920, portanto, um notável aumento na publicação das obras clássicas. Pela primeira vez, duas classes de materiais foram oferecidas ao público: originais até então inéditos e a correspondência de Marx e Engels com terceiros. Mas logo fatos políticos que não tinham sido imaginados antes de 1914 obstaram sua publicação e interpretação. O triunfo eleitoral dos nazistas em 1933 tumultuou o centro ocidental (alemão) de estudos marxistas, procrastinando em muito a repercussão das interpretações baseadas nesses novos materiais. Para dar apenas um exemplo, a monumental biografia de Engels escrita por Gustav Mayer, obra de notável erudição, teve de ser publicada, em 1934, por uma editora de refugiados políticos, e permaneceu praticamente desconhecida de marxistas mais jovens na Alemanha Ocidental pós-1945 até quando já ia avançada a década de 1970. Muitas das novas publicações de textos de Marx não só eram, para usar o título de uma série publicada na década de 1920, "raridades marxistas",[3] como *tornaram-se* inevitavelmente raridades. Na Rússia, a ascensão de Stálin desorganizou o Instituto Marx-Engels, sobretudo depois da demissão de seu diretor, Ryazanov, e pôs fim à publicação do projeto MEGA em alemão, embora não — malgrado o impacto trágico dos expurgos — ao prosseguimento dos trabalhos editoriais. Houve ainda outro fato, em certos sentidos mais sério: o crescimento do que podemos chamar de uma interpretação stalinista ortodoxa do marxismo, promulgada oficialmente na *História do PCUS(b): Breve curso*, de 1938, fez com que alguns textos do próprio Marx parecessem heterodoxos e, portanto, causassem problemas com relação a sua publicação. Isso ocorreu, notadamente, com os trabalhos do começo da década de 1840.[4] Por fim, a guerra chegou à própria Rússia, com graves resultados para as obras de Marx. A magnífica edição dos *Grundrisse*, publicada em Moscou em 1939-41, permaneceu praticamente desconhecida (ainda que um ou dois exemplares tivessem chegado aos Estados Unidos) até a reimpressão de Berlim, em 1953.

A terceira forma como a publicação dos textos clássicos se transformou depois de 1917 diz respeito a sua popularização. Como já foi dito, antes de 1914 os partidos social-democratas de massa não fizeram nenhuma tentativa mais séria de levar seus membros a ler Marx e Engels, com a possível exceção de *Do socialismo utópico ao socialismo científico* e, talvez, do *Manifesto*. *O capital* I era, diga-se, reimpresso frequentemente — na Alemanha, dez vezes entre 1903 e 1922 —, mas é de duvidar que a obra se prestasse a uma ampla leitura por gente do povo. É provável que muitos daqueles que compraram o livro se satisfizessem com tê-lo na estante como prova palpável de que Marx havia provado cientificamente a inevitabilidade do socialismo. Grupos pequenos, fossem eles formados por intelectuais, por quadros políticos ou por aqueles militantes devotados que gostam de juntar-se em seitas marxistas, decerto impunham maiores deveres a seus membros. Por isso, entre 1848 e 1918, foram publicadas 34 edições do *Manifesto* em inglês para o punhado de pequenos grupos e partidos do mundo anglo-saxão, contra 26 em francês e 55 para os enormes partidos dos países de língua alemã.

Já o movimento comunista internacional prestava muita atenção à formação marxista de seus membros e não se valia mais de sumários doutrinais como fontes básicas para esse fim. Por isso, a seleção e a popularização dos textos clássicos, na íntegra, tornaram-se uma questão de máxima importância. A tendência crescente de ratificar argumentos políticos com a autoridade dos textos, que durante muito tempo caracterizara a tradição marxista — principalmente na Rússia —, incentivou a difusão das obras clássicas, ainda que, naturalmente, no mundo comunista e com o passar do tempo os apelos à autoridade de Lênin e Stálin se tornassem bastante mais frequentes do que a Marx e Engels. Sem dúvida a ampla disponibilidade desses textos em toda parte onde eram permitidos transformou a situação de quem queria estudar o marxismo, embora a área onde Marx e Engels podiam ser publicados tenha se contraído bastante entre 1933 e 1944.

Dentre os trabalhos até então inéditos, os da década de 1840 começaram a criar impacto antes de 1939. Tanto *A ideologia alemã* quanto *Manuscritos econômico-filosóficos*, de 1844, foram publicados em 1932, embora tardassem a ser traduzidos na íntegra. Não cabe discutir aqui o valor dessas obras. Bastará observar que, enquanto quase todas as análises marxistas antes de 1932 se faziam sem o conhecimento delas, a partir de 1945 grande parte dos debates marxistas giram em torno da interpretação desses textos antigos. O segundo grande conjunto de material inédito era constituído por trabalhos preparatórios para a elaboração de *O capital*. Como vimos, um grande volume de textos, os *Grundrisse*, de 1857-8, permaneceu desconhecido durante mais tempo ainda, pois sua primeira edição efetiva data de 1953, e as primeiras traduções (insatisfatórias) para línguas estrangeiras só foram publicadas no fim da década de 1960. Os *Grundrisse* só se tornaram uma base importante para o debate marxista internacional na década de 1960 e, mesmo então, pelo menos no começo, não como um todo, mas utilizando a seção histórica do original, que foi publicada separadamente com o título de *Formen, die der kapitalistischen Produktion vorhergehen* [Formações econômicas pré-capitalistas] (Berlim, 1952) e traduzida alguns anos depois (para o italiano em 1956, para o inglês em 1964). Mais uma vez, o surgimento desse texto obrigou a maioria dos marxistas que até então o ignoravam a uma importante reconsideração dos textos de Marx. Algumas partes dos volumosos esboços preliminares de Marx para a elaboração de *O capital*, não incluídos nas versões finais publicadas, foram postos em circulação ainda mais tardiamente e aos poucos. Exemplo: a projetada parte VII do volume I (*Resultate des unmittelbaren Produktionsprozesses*), que, embora publicada no *Arkhiv K. Marksa i F. Engelsa* em 1933, só veio a ser discutida a sério no fim da década de 1960 ou só foi traduzida, ao menos para o inglês, em 1976. Parte desse material continua inédito.

O terceiro original inédito importante, *A dialética da natureza*, de Engels, foi editado pela primeira vez um pouco antes, junto com outros textos do autor, no *Arkhiv K. Marksa i F. Engelsa* (1925). É provável que sua exclusão do plano editorial da *Gesamtausgabe* tenha se devido ao fato, notado por Ryazanov, de grande parte da análise das ciências naturais de Engels, feita na década de 1870, ter se tornado factualmente obsoleta. Não obstante, a obra se ajustava à orientação "cientificista" do marxismo, que, sempre popular na Rússia, fortaleceu-se na era stalinista. Por conseguinte, a *A dialética da natureza* difundiu-se rapidamente na década de 1930 e chegou a ser citada por Stálin no *Breve curso*, de 1938.[5] O texto exerceu certa influência sobre os cientistas naturais marxistas, cujo número crescia rapidamente na época.

Da correspondência de Marx e Engels com terceiros, que provavelmente constituía o maior conjunto de material inédito, com exceção de anotações, relativamente pouca coisa tinha sido publicada antes de 1914, parte em periódicos, parte como coletâneas ou seleções de cartas a pessoas, como *Briefe und Auszüge aus Briefen von Joh. Phil. Becker, Jos. Dietzgen, Friedrich Engels, Karl Marx u. A. an F. A. Sorge und Andere* (Stuttgart, 1906). Várias coletâneas semelhantes foram publicadas depois de 1917, principalmente de cartas a Bernstein (em russo, 1924, em alemão, 1925), e correspondência com Bebel, Liebknecht, Kautsky e outros (em russo, 1932, em alemão, Leningrado, 1933), mas nenhuma coletânea completa foi publicada antes da edição russa (*Sochineniya* XXV-XXIX) de 1934-46, ou no original alemão, as *Werke* de 1956-68. Como já foi observado, algumas coletâneas de grande importância só se tornaram disponíveis no fim da década de 1950, e a correspondência ainda não pode ser considerada completa. Contudo, a coleção à disposição do Instituto Moscou em 1933 incluía um conjunto volumoso de cartas, divulgadas sobretudo por traduções e adaptações, usando a *Selected correspondence*, a partir do começo da década de 1930.

Entretanto, faz-se necessária uma observação sobre a publicação "oficial" dessas cartas. Elas eram vistas menos como correspondência pessoal (exceto as trocadas entre Marx e Engels) do que como parte dos textos clássicos. Por isso, as cartas dos correspondentes de Marx e Engels em geral não eram incluídas nas coletâneas comunistas oficiais, embora algumas edições de coletâneas especiais, produzidas principalmente por correspondentes de Marx e Engels ou por seus testamenteiros (como, por exemplo, Kautsky e Victor Adler), contivessem os dois lados. A correspondência entre Engels e Lafargue (1956-9) talvez tenha sido a primeira que, publicada sob auspícios comunistas, incluía os dois lados, abrindo assim uma nova fase no estudo desse aspecto dos textos de Marx e Engels. Além disso, a prática, mantida até a década de 1970, de publicar em separado, nas várias edições de suas obras, as cartas entre Marx e Engels e também a correspondência deles com terceiros dificultava um estudo rigidamente cronológico das cartas.

III

Como vimos, a publicação e a tradução das obras de Marx e de Engels numa forma bem mais completa do que antes progrediram substancialmente depois da Segunda Guerra Mundial, e sobretudo na era pós-Stálin. No começo da década de 1970, era possível dizer que, à parte possíveis descobertas de novos esboços e cartas, as obras conhecidas, em sua quase totalidade, estavam publicadas na língua original, mesmo que nem sempre fossem facilmente acessíveis. Isso incluía, cada vez mais, os materiais preparatórios, muito incompletos — fichas de leituras, notas em margens de livros etc. —, agora de modo geral tratados como "obras" e publicados como tal. Mais importante, talvez, é que se procurava, mais e mais, analisar e interpretar esses materiais com vistas a descobrir as linhas do pensamento de Marx — sobretudo com relação a assuntos sobre os quais ele não publicou nem textos preliminares. Exemplo disso foi a edição dos *Ethnological Notebooks* (org. L. Krader, Assen, 1972). Isso pode ser visto como o começo de uma nova e promissora fase nos estudos dos textos de Marx. O mesmo se pode dizer do estudo dos rascunhos e versões de Marx, como os esboços preparatórios para *A guerra civil na França* e a famosa carta a Vera Zasulich, de 1881. Na realidade, isso era inevitável, uma vez que vários textos novos e importantes, como os *Grundrisse*, eram, eles mesmos, trabalhos preparatórios que Marx não planejara publicar na forma como chegaram a nós. Não obstante, o estudo de variantes textuais também avançou bastante com a republicação, no Japão, do primeiro capítulo original de *O capital* (edição de 1867), substancialmente reescrito por Marx para edições posteriores.

Pode-se dizer que, principalmente a partir da década de 1960, os estudos marxistas têm se inclinado, cada vez mais, a procurar em Marx e Engels não um conjunto de textos definitivo e "final" que exponha a teoria marxista, e sim um *processo* de pensamento em evolução. Outra tendência paralela é o abandono da ideia de que as obras de Marx e Engels sejam componentes substancialmente indistinguíveis do *corpus* do marxismo, e investigar as diferenças e, às vezes, as divergências entre os dois parceiros de uma vida inteira. O fato de isso ter levado a interpretações por vezes exageradas dessas diferenças não nos importa aqui. É natural que o gradual declínio do marxismo como sistema dogmático formal, a partir de meados da década de 1950, tenha encorajado essas novas tendências de estudo dos textos marxianos, embora tenha levado também à busca, em seus textos recém-publicados ou divulgados e menos familiares, de autoridade textual para versões alternativas e às vezes dogmáticas do "marxismo".

IV

O declínio do marxismo do tipo dogmático depois de 1956 produziu uma crescente divergência entre os países de governo marxista, com suas doutrinas marxistas mais ou menos monolíticas, e o resto do mundo, onde coexistiam múltiplos partidos, grupos e tendências marxistas. Tal divergência dificilmente existiria antes de 1956. Os partidos marxistas da Segunda Internacional, antes de 1914, se bem que tendessem a uma interpretação ortodoxa da doutrina, em face aos desafios dos "revisionistas" à direita e dos anarcossindicalistas à esquerda, aceitavam uma pluralidade de interpretações, e sequer estariam em condições de impedi-las, se assim desejassem. Ninguém no SPD alemão estranhou que o arquirrevisionista Eduard Bernstein editasse a correspondência de Marx e Engels em 1913, embora Lênin apontasse "oportunismo" em suas decisões editoriais. O marxismo social-democrata e o comunista coexistiram na década de 1920, mas com a fundação do Instituto Marx-Engels o centro de publicação dos textos clássicos passou cada vez mais para o lado comunista. Diga-se de passagem que continua lá. Apesar de tentativas, desde a década de 1960, no sentido da publicação de edições rivais das obras clássicas (por M. Rubel, na França, e por Benedikt Kautsky, na Alemanha), as edições padrão, sem as quais nenhuma das outras, inclusive inúmeras traduções, seriam concebíveis, continuam a ser as baseadas em Moscou (e, depois de 1945, em Berlim Oriental): a primeira e segunda MEGA e as *Werke*. Depois de 1933, para todos os fins práticos, a vasta maioria dos marxistas, na União Soviética e fora dela, estava ligada aos partidos comunistas, pois os vários cismáticos e heréticos do movimento comunista não ganharam um número significativo de adeptos. O marxismo nos partidos social-democratas — mesmo deixando-se de lado a virtual destruição dos partidos alemão e austríaco depois de 1933-4 — cresceu cada vez mais atenuado e fazendo críticas abertas à ortodoxia clássica. Depois de 1945, com poucas exceções, esses partidos não se viam mais como marxistas, a não ser, talvez, num sentido histórico. Só em retrospecto, e à luz do pluralismo marxista das décadas de 1960 e 1970, foi reconhecido o caráter plural dos estudos marxistas entre as guerras, e houve esforços sistemáticos, principalmente na Alemanha, a partir de meados dos anos 1960, para publicar ou republicar os textos daquele período.

Durante cerca de um quarto de século, portanto, não houve diferença alguma entre o marxismo de partidos comunistas no exterior (o que significava, em termos quantitativos, a maior parte do marxismo) e o da União Soviética; pelo menos não se permitia que tal diferença se manifestasse claramente. Essa situação mudou aos poucos, mas com crescente rapidez, depois de 1956. Não só uma ortodoxia doutrinal foi substituída por ao menos duas, com a cisão entre a União Soviética e a China, como os partidos comunistas que não estavam no governo enfrentaram, cada vez mais, a competição de grupos marxistas rivais com mais apoio substancial, pelo menos entre intelectuais — ou seja, leitores de textos marxianos —, enquanto em muitos partidos comunistas ocidentais surgiu uma considerável liberdade de discussão teórica interna, ao menos em relação a questões de doutrina marxiana. Havia assim uma acentuada divergência entre os países em que o marxismo continuava a ser a doutrina oficial, ligada de perto ao governo, e, a qualquer momento dado, com uma única versão compulsória de "o que o marxismo ensina" a respeito de todo e qualquer assunto; e aqueles em que esse não era mais o caso. Uma medida conveniente dessa divergência é o tratamento da biografia dos fundadores da doutrina. No primeiro grupo de países, esse tratamento permanecia, se não totalmente hagiográfico, pelo menos restringido por uma relutância de lidar com aspectos da vida e das atividades deles que não os mostrassem sob uma luz favorável. (Essa atitude não era nova: é bastante perceptível na primeira fase das biografias ortodoxas de Marx na Alemanha antes de 1914, exemplificada pela biografia quase oficial escrita por Mehring, publicada em 1918, e talvez mais ainda pelas omissões na correspondência original entre Marx e Engels.) No segundo grupo de países, os marxistas e os biógrafos de Marx chegaram publicamente a um acordo em relação aos fatos biográficos dos fundadores, mesmo quando não mostram os biografados de um modo que os favoreça. Divergências desse tipo caracterizam a história do marxismo, cada vez mais, e inclusive os textos de Marx, desde 1956.

Resta-nos examinar brevemente a difusão das obras dos clássicos. Mais uma vez é importante salientar a importante diferença do período de ortodoxia comunista "monolítica", que foi também o da popularização sistemática dos textos originais dos fundadores. Essa popularização revestiu-se de quatro formas: a publicação de obras separadas de Marx e Engels, a publicação de obras selecionadas ou completas, a publicação de antologias sobre tópicos especiais e, por fim, a compilação de resumos da teoria marxista, baseados nos textos clássicos e contendo trechos deles. É quase desnecessário dizer que durante esse período "os clássicos" incluíam Lênin e, mais tarde, Stálin, junto com Marx e Engels. Todavia, com exceção de Plekhanov, nenhum outro autor marxista se manteve internacionalmente na companhia dos "clássicos", pelo menos depois da década de 1920.

As obras publicadas separadamente nas séries mais modestas, sob algum título geral como "Les élements du communisme" ou "Piccola biblioteca marxista" (provavelmente seguindo o modelo dos *Elementarbücher des Kommunismus*, lançados na Alemanha antes de 1933), incluía obras como o *Manifesto*, *Do socialismo utópico ao socialismo científico*, *Salário, preço e lucro*, *Trabalho assalariado e capital*, *A guerra civil na França* e seleções tópicas adequadas — por exemplo, na década de 1930, a polêmica de Marx e Engels com os anarquistas. As obras mais longas em geral eram publicadas num formato padrão, sob algum título como "The Marxist-Leninist library" ou "Classici del marxismo". O catálogo dessa coleção britânica, às vésperas da guerra, serve para ilustrar o conteúdo típico dessas coleções. Ela continha (omitindo obras que não fossem de Marx ou Engels) *Anti-Dühring*, *Feuerbach*, *Cartas a Kugelmann*, *As lutas de classes na França*, *A guerra civil na França*, *Revolução e contrarrevolução na Alemanha*, *A questão da habitação*, de Engels, *Miséria da filosofia*, *Correspondência selecionada* de Marx e Engels, *Crítica do programa de Gotha*, *Ensaios sobre "O capital"*, de Engels, e uma edição condensada de *A ideologia alemã*. O volume I de *O capital* era agora publicado em geral na íntegra, e não mais em edições condensadas como fora o costume na era social-democrata. Até o fim da década de 1930, ao que parece, não houve nenhuma tentativa de publicar uma seleção de obras de Marx e Engels, mas Moscou produziu uma edição dessas obras em dois (depois três) volumes, distribuída em várias línguas após a guerra. Parece não ter havido nenhuma tentativa comunista de fazer uma edição de obras completas, em qualquer outra língua além do russo, depois do fim da MEGA, até o surgimento das *Werke* (1956-68). A edição francesa só começou a ser empreendida na década de 1960, a italiana em 1972, a inglesa em 1975, sem dúvida devido à dimensão e à dificuldade da tarefa de tradução. O fato de Palmiro Togliatti, o próprio líder do Partido Comunista Italiano, figurar como tradutor de várias das versões italianas indica o significado da difusão dessas obras.

Antologias de textos marxistas sobre vários temas parecem ter se tornado populares na década de 1930, em seleções feitas tanto na Rússia como em outros países: textos de Marx e Engels sobre a Grã-Bretanha, sobre arte e literatura, sobre a Índia, a China, a Espanha etc. Entre os resumos, o mais respeitado foi a seção II do capítulo 4 da *História do PCUS(b): Breve curso*, associado ao próprio Stálin. Esse trabalho tornou-se influente, principalmente em países com poucas edições vernáculas dos clássicos, não só devido à pressão sobre os comunistas para que o estudassem, como também porque sua exposição simples e lúcida tornou-o um manual didático de alta eficácia. Foi tremendo seu impacto sobre a geração de marxistas entre 1938 e 1956, e talvez especialmente na Europa depois de 1945.

Na década de 1960, sobretudo devido ao surgimento de grande número de estudantes e outros intelectuais interessados no marxismo, e também de variados movimentos marxistas ou *marxizantes* fora dos partidos comunistas, a difusão dos textos clássicos deixou de ser uma espécie de monopólio da União Soviética e dos partidos comunistas a ela associados. Cada vez mais editoras comerciais entraram nesse mercado, a instâncias ou não de funcionários marxistas ou simpatizantes. Também se multiplicou o número e a variedade de editoras de esquerda e "progressistas". Até certo ponto, isso foi um reflexo da aceitação geral de Marx como um "clássico" no sentido geral e não no político — como um autor sobre quem uma pessoa culta devia saber alguma coisa, a despeito de sua ideologia. Por essa razão, Marx foi publicado na Pléiade, a coleção francesa de clássicos, do mesmo modo como *O capital* já fora publicado muito antes na Everyman's Library britânica. Esse recrudescimento do interesse por Marx não se limitava mais ao conjunto tradicional de obras conhecidas.

Assim, na década de 1960, obras como *Crítica da filosofia do direito de Hegel*, *A sagrada família*, a tese de doutoramento de Marx, os manuscritos de 1844 e *A ideologia alemã* foram publicados em países que até então não apareciam na vanguarda de estudos marxianos, como a Espanha. Algumas dessas obras não eram mais traduzidas sob auspícios comunistas, como, por exemplo, as traduções para o francês, o espanhol e o inglês dos *Grundrisse* (1967-8, 1973 e 1973 respectivamente; a tradução para o italiano saiu em 1968-70).

Por fim, algumas palavras a respeito da distribuição geográfica dos clássicos marxianos. Alguns textos elementares foram amplamente traduzidos antes mesmo da Revolução de Outubro. Assim, entre 1848 e 1918, o *Manifesto comunista* foi lançado em cerca de trinta línguas, inclusive três edições em japonês e uma em chinês, ainda que na prática o livro *Doutrinas econômicas de Karl Marx*, de Kautsky, continuasse a ser a principal base do marxismo na China. Para um exame completo da fortuna crítica do *Manifesto comunista*, ver o capítulo 5. Entretanto, o primeiro volume de *O capital* tinha sido traduzido para a maioria das línguas cultas europeias (russo, francês, dinamarquês, italiano, inglês, holandês e polonês) antes da morte de Engels, e numa edição abreviada para o espanhol. Antes da Revolução de Outubro, foi traduzido também para o búlgaro (1910), o tcheco (1913-5), o estoniano (1910-4), o finlandês (1913) e o iídiche (1917). Na Europa Ocidental alguns países só conheceram a obra em sua língua bem depois: a tradução para o norueguês só saiu em 1930-1 (presumivelmente por causa da familiaridade dos noruegueses com o dinamarquês como língua literária) e para o português (edição abreviada) em 1962. No entreguerras, *O capital* penetrou na Europa Oriental, ainda que abreviado, com edições em húngaro (1921), grego (1927) e sérvio (1933-4). Mas não houve traduções para as outras línguas da União Soviética, exceto o ucraniano (1925). Uma versão local foi publicada na Letônia independente (1920), num eco tardio da expansão do marxismo no império tsarista. Nesse período, porém, *O capital* penetrou no mundo não europeu (fora dos Estados Unidos), com edições na Argentina (1918), em japonês (1920), chinês (1930-3) e árabe (1939). Pode-se dizer com segurança que essa penetração se deveu aos efeitos da Revolução Russa.

Nas décadas que se seguiram à guerra assistiu-se a uma enxurrada de traduções de *O capital* para as línguas de países com governos comunistas — para o romeno em 1947, o macedônio em 1953, o eslovaco em 1955, o coreano em

1955-6, o esloveno em 1961, o vietnamita em 1961-2, o espanhol (Cuba) em 1962. Curiosamente, o programa sistemático de tradução de *O capital* para as línguas da União Soviética só ocorreu a partir de 1952 (bielo-russo, armênio, georgiano, usbeque, azerbaidjano, lituano, úgrico, turcomano e cazaque). Outro amplo programa linguístico envolvendo *O capital* se deu na Índia, após a independência, com edições em marati, hindi e bengali, nas décadas de 1950 e 1960.

O extenso âmbito geográfico de algumas línguas internacionais (o espanhol na América Latina, o árabe no mundo islâmico, e o inglês e o francês) mascara a verdadeira disseminação dos textos marxistas. No entanto, mesmo no fim da década de 1970, os textos de Marx e Engels não estavam disponíveis nas línguas faladas de uma parte bastante substancial do mundo não socialista fora da Europa, com exceção da América Latina. O grau de acessibilidade ou difusão dos textos disponíveis não pode ser analisado aqui, mas pode-se dizer que, nos lugares onde esses textos não eram proibidos pelos governos, provavelmente estavam mais disponíveis em escolas e universidades e para o público educado do que em qualquer época anterior, em todas as partes do mundo. Em que medida eram lidos ou mesmo comprados fora desses círculos não se sabe ao certo. Responder a essa pergunta exigiria um grande esforço de pesquisa, que ainda não foi realizado.

PARTE II

MARXISMO

9. Dr. Marx e os críticos vitorianos

Desde o surgimento do marxismo como uma força intelectual, dificilmente haverá passado um ano — e no mundo anglo-saxão, a partir de 1945, uma semana — sem que houvesse alguma tentativa de refutá-lo. Os textos de refutação e defesa daí resultantes têm se tornado cada vez mais enfadonhos, porque cada vez mais repetitivos. As obras de Marx, embora volumosas, são de tamanho limitado; é tecnicamente impossível fazer-lhes mais que um certo número de críticas originais, e a maioria delas já foi feita há muito tempo. Já o defensor de Marx vê-se dizendo as mesmas coisas vezes sem conta e, por mais que tente fazê-lo de maneira nova, até isso é impossível. Há duas formas pelas quais ele pode obter um efeito de novidade: tecendo comentários não sobre o próprio Marx, mas sobre marxistas posteriores, e comparando o pensamento de Marx com os fatos que vieram à luz depois do texto do último crítico. Mesmo para isso, porém, as possibilidades são limitadas.

Se é natural que o debate prossiga entre propagandistas de ambos os lados, que não estão preocupados basicamente com originalidade, por que, então, ele continuaria entre os intelectuais? As ideias não se transformam em forças até se apoderarem das massas, e isso, como sabem bem os publicitários, requer muita repetição ou até magia. Isso é válido tanto para nós, que consideramos Marx um grande pensador e suas doutrinas politicamente corretas, quanto para aqueles que pensam o contrário. Entretanto, outro motivo é a pura e simples ignorância. Uma melancólica ilusão daqueles que escrevem livros e artigos consiste em crer que a palavra impressa sobrevive. Infelizmente, é raro isso acontecer. A grande maioria das palavras impressas entra num estado de suspensão das funções vitais semanas ou anos depois de publicadas, do qual são vez por outra despertadas por pesquisadores, durante períodos igualmente breves. Muitas nascem em línguas fora do alcance da maioria dos comentadores ingleses. Mas, mesmo que não seja esse o caso, com frequência elas são esquecidas tanto quanto os primeiros críticos burgueses de Marx na Grã-Bretanha. No entanto, o trabalho deles lança luz não só sobre a história intelectual de nosso país no fim do período vitoriano, quanto sobre a evolução geral da crítica a Marx.

Eles nos impressionam sobretudo pelo *tom*, que difere consideravelmente do que desde então tornou-se habitual. Assim, o professor Trevor-Roper, que há alguns anos escreveu um ensaio intitulado *Marxism and the study of history*,[1] não deixava de assumir o tom característico do antimarxismo naquela década desalentadora. Gastou um bocado de espaço expondo a implausível ideia de que Marx não deu nenhuma contribuição original à história, exceto "recolher ideias já apresentadas por outros pensadores e apensá-las a um tosco dogma filosófico", que sua interpretação histórica era inútil para o passado e totalmente desacreditada como base de predições quanto ao futuro e que ele não exercera influência significativa sobre historiadores sérios, enquanto aqueles que se diziam marxistas ou escreviam "o que Marx e Lênin teriam chamado de história social burguesa" ou eram "um exército de escoliastas obtusos ocupados em comentar os escólios uns dos outros". Em suma, aceitava-se amplamente o argumento de que a reputação intelectual de Marx fora excessivamente exagerada, uma vez que, "desmentida por todos os testes intelectuais, a interpretação marxista da história só é mantida e irracionalmente justificada pelo poder soviético".

Os textos dos críticos vitorianos de Marx estão, na maioria, merecidamente esquecidos: uma advertência àqueles que aceitam entrar nessa discussão. Mas, quando mergulhamos neles, damos com um tom bem diferente. Sem dúvida os autores britânicos achavam facílimo manter a calma. Nenhum movimento anticapitalista os desafiava, poucas dúvidas quanto à permanência do capitalismo os atazanava, e entre 1850 e 1880 seria difícil encontrar um cidadão britânico nato que se dissesse socialista no sentido em que entendemos a palavra, quanto mais marxista. Portanto, a tarefa de desqualificar Marx não era nem urgente nem de grande importância prática. Felizmente, como se expressou o reverendo M. Kaufmann, talvez nosso primeiro "especialista" não marxista em marxismo, Marx era um teórico puro que não tentara pôr em prática suas doutrinas.[2] Por padrões revolucionários, ele parecia menos perigoso do que os anarquistas e, por isso, era às vezes cotejado com esses comedores de fogo — levando a melhor na comparação de Broderick,[3] e a pior na de W. Graham, do Queens College, em Belfast, que observou que os anarquistas tinham "um método e uma lógica [...] ausentes nos revolucionários rivais da escola de Karl Marx e do sr. Hyndman".[4] Consequentemente, os leitores burgueses aproximavam-se dele com uma sensação de tranquilidade ou — no caso do reverendo Kaufmann — tolerância cristã, que nossa geração perdeu: "Marx é um hegeliano em filosofia e um adversário um tanto acrimonioso dos ministros da religião. Mas, ao formar uma opinião sobre seus escritos, não nos devemos permitir uma atitude preconceituosa em relação ao homem".[5] Marx evidentemente devolveu o cumprimento, pois referiu-se às palavras de Kaufmann a seu respeito num livro posterior, a instâncias de um "conhecido mútuo" não identificado.[6]

Portanto, os trabalhos ingleses sobre o marxismo, como observou Bonar,[7] não sem orgulho, exibiam um espírito calmo e judicioso já ausente nas discussões alemãs sobre o assunto. Eram poucas as investidas contra os motivos de Marx, sua originalidade ou integridade científica. Sua vida e suas obras recebiam um tratamento basicamente expositivo, e quando discordamos dos autores é porque não leram ou não entenderam muito bem, e não porque misturem acusação com exposição. Na verdade, suas exposições são muitas vezes imperfeitas. Duvido que alguma coisa que sequer se aproxime de um sumário não socialista e usável dos princípios essenciais do marxismo, como eles seriam entendidos hoje, tenha existido antes da *History of socialism* (1900), de Thomas Kirkup. Mas o leitor podia encontrar um relato factual de quem era Marx e do que, segundo julgava o autor, ele pretendia.

O leitor podia encontrar, sobretudo, um reconhecimento quase universal da estatura de Marx. Nas palestras que Milner deu em Whitechapel, no ano de 1882, ficou evidente que o admirava.[8] Em 1885, Balfour considerou um absurdo comparar as ideias de Henry George com as de Marx, "seja no tocante à força intelectual, à consistência, ao domínio do raciocínio em geral ou do raciocínio econômico em particular".[9] John Rae, o mais atilado de nossos primeiros "experts",¹⁰ tratou-o com igual seriedade. Richard Ely, um professor americano de tendências vagamente progressistas, cujo livro *French and German socialism* foi publicado na Grã-Bretanha em 1883, observou que bons juízes colocavam *O capital* "a par com Ricardo" e que "quanto à capacidade de Marx há unanimidade de opinião". W. H. Dawson¹¹ resumiu o que, quase com certeza, era a opinião de todos, menos, como ele observa, do infeliz Dühring, que recentes críticos de Marx tentaram em vão reabilitar: "Não importa como sua doutrina seja vista, ninguém se disporá a contestar o talento magistral, a agudeza rara, a argumentação precisa e, acrescentemos, a polêmica incisiva presentes [...] nas páginas [de *O capital*].ˮ*

Esse coro encomiástico é menos surpreendente quando recordamos que alguns comentaristas estavam longe de querer rejeitar Marx *in totum*. Em parte porque alguns deles o viam como um aliado útil em sua campanha contra a teoria do laissez-faire, em parte porque não percebiam as implicações revolucionárias do conjunto da teoria marxiana, em parte por estarem genuinamente dispostos a reconhecer seus méritos. Dispunham-se até, em princípio, a aprender com ele. Com uma exceção: a teoria do valor-trabalho ou, para sermos mais precisos, os ataques de Marx às justificações correntes do lucro e dos juros. Talvez o fogo crítico se concentrasse sobre esses ataques porque a acusação moral contida na frase "o trabalho é a fonte de todo valor" doesse mais nos adeptos ferrenhos do capitalismo do que a predição de seu declínio e sua queda. Se esse for realmente o caso, eles criticavam Marx exatamente por um dos elementos menos "marxistas" em seu pensamento, um elemento que, embora numa forma mais tosca, os socialistas pré-marxianos, para não mencionar Ricardo, já haviam apresentado. Seja como for, a teoria do valor era vista como "a coluna central do socialismo alemão e de todo o socialismo moderno",¹² e, assim que ela caísse, a principal tarefa crítica estaria consumada.

Contudo, para ir mais longe, parecia claro que Marx tinha uma grande contribuição a dar, notadamente uma teoria do desemprego que criticava o malthusianismo rudimentar ainda em voga. Suas teses sobre a população e o "exército industrial de reserva" não só eram normalmente apresentadas sem

---

* Os leitores poderão encontrar algumas dessas opiniões no apêndice de Dona Torr à reimpressão de *O capital*, volume ɪ; mas fica óbvio que ela consultou apenas uma pequena fração dos trabalhos publicados.

crítica (como em Rae), como às vezes eram mencionadas com aprovação, ou até adotadas parcialmente, como fizeram o pioneiro da história econômica, o arcediago Cunningham[13] — que lera *O capital* já em 1879[14] —, e William Smart, de Glasgow, outro economista cuja fama repousa em seu trabalho de história econômica (*Factory industry and socialism*, Glasgow, 1887). Da mesma forma, as ideias de Marx sobre a divisão do trabalho e as máquinas eram recebidas com aprovação geral, como, por exemplo, pelo autor de uma recensão de *O capital* publicada na revista *Athenaeum*, em 1887. Também J. A. Hobson (*Evolution of modern capitalism*, 1894) ficou, evidentemente, muito impressionado com elas: todas as suas menções a Marx tratam desse tópico. Porém, mesmo autores mais ortodoxos e hostis, como J. Shield Nicholson, de Edimburgo,[15] comentaram que a forma como ele tratava essa questão e outras, correlatas, "é tanto douta quanto exaustiva, sendo merecedora de leitura". Além disso, suas teses sobre os salários e a concentração econômica não podiam ser postas de lado. Com efeito, alguns comentaristas estavam tão ansiosos por evitar uma rejeição cabal de Marx que William Smart escreveu sua recensão de *O capital*, em 1887, especificamente para estimular os leitores que, por causa da crítica à teoria do valor, talvez tivessem desanimado de estudar o livro, que continha muita coisa "de grande valor para o historiador e para o economista".[16]

Num livro didático destinado a universitários indianos, M. Prothero sintetiza bastante bem o que os não marxistas viam em Marx; tanto melhor que o autor fosse um tanto ignorante e por isso refletisse opiniões correntes, e não estudo pessoal. Três coisas foram destacadas: a teoria do valor, a teoria do desemprego e o desempenho de Marx como historiador, o primeiro a observar que "a estrutura econômica da atual sociedade capitalista proveio da estrutura econômica da sociedade feudal".[17] Com efeito, Marx causou mais impressão como historiador, e, entre os economistas, com sua abordagem histórica da economia. (No entanto, pouco influenciou os historiadores não econômicos profissionais na Inglaterra, que ainda estavam mergulhados na rotina da história puramente constitucional, política, diplomática e militar.) Apesar do que dizem autores modernos, na verdade quem o lia não contestava sua influência. Foxwell, um típico antimarxista acadêmico feroz da década de 1880, mencionava-o com toda naturalidade entre os economistas que "mais influenciaram os estudiosos dedicados neste país" e entre os que haviam levado ao acentuado avanço na "percepção histórica" naquele período.[18] Mesmo aqueles que rejeitavam a "estranha e, em minha opinião, errônea teoria do valor exposta em *O capital*" consideravam que os capítulos históricos deveriam ser avaliados de outra maneira.[19] Poucos duvidavam que, graças ao estímulo de Marx, "estamos começando a perceber que grandes capítulos da história terão de ser reescritos sob essa nova óptica",[20] ao que parece desconhecendo a demonstração do professor Trevor-Roper segundo a qual o estímulo não vinha de Marx, e sim de Adam Smith, Hume, Toqueville e Fustel de Coulanges. Bosanquet[21] não duvidava que a "concepção econômica ou materialista da história" estava "ligada essencialmente ao nome de Marx", embora "pudesse ser ilustrada por muitas opiniões de Buckle e Le Play". Bonar, apesar de negar especificamente que Marx tivesse criado o materialismo histórico — com muita propriedade ele cita o pensador seiscentista Harrington como um pioneiro[22] —, não ouvira falar antes das seguintes proposições históricas marxistas, que o espantavam: que "a própria Reforma é atribuída a uma causa econômica, a duração da Guerra dos Trinta Anos teve móveis econômicos, as cruzadas foram devidas à avidez feudal por terras, a evolução da família teve causas econômicas, e a visão que tinha Descartes dos animais como máquinas pode ser comparada ao crescimento do sistema manufatureiro".[23]

Era natural que sua influência fosse mais forte entre nossos historiadores econômicos, dos quais só Thorold Rogers pode ser considerado de temperamento inteiramente britânico. Como vimos, Cunningham, em Cambridge, o lera com simpatia já no fim da década de 1870. O grupo de Oxford — talvez devido à tradição germânica muito mais forte entre os hegelianos da universidade — já conhecia Marx antes que existissem grupos marxistas na Inglaterra, embora a crítica apenas incidental de Toynbee a ele (*The Industrial Revolution*) esteja equivocada.[24] George Unwin, talvez o mais convincente historiador econômico de sua geração, chegou a esse tema através de Marx, ou pelo menos para contestá-lo. Mas não duvidou de que "Marx estava tentando chegar ao tipo certo de história. Os historiadores ortodoxos desprezam todos os fatores mais significativos no desenvolvimento humano".[25]

Tampouco havia muita discórdia quanto a sua importância como historiador do capitalismo. (O comentarista da revista *Athenaeum* julgou as opiniões de Marx sobre os períodos anteriores "insatisfatórias e muito superficiais", mas normalmente elas eram mesmo deixadas de lado, e, na verdade, a maior parte dos *aperçus* mais brilhantes dele e de Engels ainda eram de difícil acesso.) Até a mais extensa e hostil crítica britânica a suas ideias — *Socialism* (1895, escrito basicamente em 1890-1), de Flint — admite: "O único ponto em que Marx realizou um trabalho memorável como teórico da história foi em sua análise e interpretação da era capitalista, e aqui devemos reconhecer — mesmo aqueles que consideramos sua análise mais hábil que precisa, e suas interpretações mais engenhosas que verdadeiras — que ele prestou um serviço relevante".[26]

Flint não estava sozinho nem em sua má vontade britânica para com "uma tendência excessiva ao refinamento na argumentação",[27] nem em sua admissão dos méritos de Marx como historiador do capitalismo, sobretudo do capitalismo oitocentista. Atualmente virou moda lançar dúvidas quanto à formação, à integridade e à utilização de fontes por parte dele e de Engels,[28] mas seus contemporâneos praticamente não exploraram essa linha de crítica, já que lhes parecia óbvio que os males verberados por Marx eram mais que verdadeiros. Kaufmann falou em nome de muitos outros ao observar que, "embora ele nos apresente exclusivamente o lado lúgubre da vida social contemporânea, não pode ser acusado de deturpação deliberada".[29] Para Llewellyn-Smith, "apesar de Marx ter carregado nas tintas sombrias, prestou um excelente serviço ao chamar a atenção para os aspectos mais deprimentes da indústria moderna, para os quais é inútil fecharmos os olhos".[30] Shield Nicholson[31] achou o quadro pintado por Marx em certos aspectos exagerado, mas não deixou de observar que "alguns males são tão grandes que parece impossível exagerar". E até o mais contundente ataque à sua boa-fé como intelectual não ousou sustentar que Marx havia pintado de preto um quadro que era branco ou mesmo cinza, mas no máximo que, por mais negros que fossem os fatos, às vezes continham "estrias prateadas" de dados aos quais ele não prestara atenção.[32]

O tom moderno de nervosismo histérico estava completamente ausente das primeiras críticas burguesas a Marx? Não. A partir do momento em que surgiu na Inglaterra um movimento socialista de inspiração marxista, começaram a aparecer também críticas do tipo moderno, que procuravam desacreditá-lo e refutá-lo até por exclusão do entendimento. Algumas delas, sobretudo em meados da década de 1880, constavam de obras publicadas na Europa continental e traduzidas para o inglês. Obras continentais hostis passaram a ser traduzidas — *Socialism of today* (1885), de Laveleye; *Quintessence of socialism* (1889), de Schäeffle. Mas o antimarxismo britânico também começou a vicejar, especialmente em Cambridge, o principal centro da economia acadêmica.

Como vimos, o primeiro ataque forte à formação de Marx veio de dois lentes de Cambridge em 1885 (Tanner e Carey), ainda que Llewellyn-Smith, de Oxford — um centro bem menos "antimarxista" naquele tempo —, não fizesse uma crítica demasiado dramática, limitando-se a observar, alguns anos depois, que "as citações [de Marx] tiradas de livros azuis* são de máxima importância e instrutivas, embora nem sempre fidedignas".[33] O mais interessante é o tom denigridor, mais do que o conteúdo desse livro: frases como "as expressões algébricas bastardas" de *O capital* ou "uma temeridade quase criminosa no uso de fontes autorizadas que justifica olhar outras partes da obra de Marx com desconfiança"[34] indicam — ao menos em assuntos econômicos — algo mais do que uma desaprovação acadêmica. Na verdade, o que encheu Tanner e Carey de ira não foi somente o tratamento dos dados — eles se abstiveram da "acusação de falsificação deliberada [...] sobretudo porque a falsificação parece tão desnecessária" (ou seja, uma vez que, de qualquer modo, os fatos já eram bastante negros) —, mas sim "a injustiça de toda a atitude dele em relação ao capital".[35] Os capitalistas são mais gentis do que Marx admite que sejam; ele os trata de forma injusta. Isso, em linhas gerais, parece ser a base da atitude dos críticos.

Mais ou menos na mesma época, Foxwell, de Cambridge, inaugurou a linha de crítica, hoje comum, segundo a qual Marx era um excêntrico com o dom da persuasão, que só podia atrair os imaturos, sobretudo entre intelectuais. Um homem, apesar da advertência de Balfour, a ser agrupado com Henry George: "*O capital* foi bem calculado para atrair o entusiasmo um tanto diletante daqueles cuja educação lhes permitia entender a condição dolorosa dos pobres e revoltar-se contra ela, mas não pacientes ou realistas o bastante para descobrir as causas reais dessa miséria, nem instruídos o suficiente para perceber a vacuidade absoluta das soluções mendazes apresentadas de forma tão retórica e eficaz".[36] Diletante, impaciente ou irrealista, vacuidade absoluta, charlatanesco, retórico: o crítico despeja um vocabulário de pesada carga emocional. Devemos também a Foxwell (através do austríaco Menger) a popularização do jogo de salão que consiste em atacar a originalidade de Marx e considerá-lo um saqueador de Thompson, Hodgskin, Proudhon, Rodbertus ou qualquer outro autor da época lembrado pelo crítico. Marshall, em *Principles* (1890), repete essa ale-

---

* A expressão "livro azul" refere-se, desde o século XV, a uma coletânea de estatísticas ou a relatórios publicados pelo governo do Reino Unido, com capa azul. (N. T.)

gação numa nota de rodapé, ainda que a referência ao libelo de Menger sobre a falta de originalidade de Marx tenha sido retirada depois da quarta edição (1898). A afirmativa de que Rodbertus e Marx — os dois eram com frequência agrupados — fizeram "sobretudo versões exageradas ou inferências de doutrinas de economistas anteriores",[37] ou que outro pensador anterior (Rodbertus[38] ou Comte[39]) havia dito antes, e muito melhor, o que Marx pretendera dizer sobre a história, já nos coloca em território conhecido. O próprio Marshall, o maior dos economistas de Cambridge, exibiu sua habitual combinação de intensa hostilidade a Marx e igualmente intensa obliquidade.* De modo geral, entretanto, os antimarxistas de corpo e alma foram minoria no século XIX, e durante uma geração depois disso tenderam a seguir a linha marshalliana de desdém tangencial, em vez de uma ofensiva frontal. Isso porque o marxismo rapidamente perdeu aquela influência que provoca polêmica.

Curiosamente, as críticas serenas feitas a Marx mostraram-se muito mais eficazes que as histéricas. Poucas críticas foram mais eficazes do que um artigo de Philip Wicksteed, "*Das Kapital* — uma crítica", publicado na revista socialista *To-Day*, em outubro de 1884. O artigo foi escrito com boa vontade e cortesia, e com plena apreciação "daquela grande obra", "daquela parte notável" em que Marx examina o valor, "daquele grande lógico" e até das "contribuições de extrema importância" que Wicksteed julgava que Marx havia feito na parte final do volume I. No entanto, não importa o que pensemos hoje sobre a abordagem puramente marginalista da teoria do valor, o artigo de Wicksteed fez mais no sentido de criar entre os socialistas a falsa sensação de que a teoria do valor de Marx era, de alguma forma, irrelevante para a justificação econômica do socialismo do que as diatribes emocionais de um Foxwell ou de um Flint ("o maior fracasso na história da economia"). Foi num grupo de discussão, em Hampstead, em que Wicksteed, Edgeworth** — outro marginalista que evitava o emocionalismo —, Shaw, Webb, Wallas, Olivier e outros debateram *O capital*, que amadureceu grande parte dos *Ensaios fabianos*. E se, alguns anos depois,

---

* As ideias de Marshall são examinadas mais detidamente numa *Nota* especial, a seguir.
** Edgeworth, que nunca se dera ao trabalho de estudar Marx a sério, parece ter partilhado a total rejeição e a aversão dos economistas de Cambridge por Marx (*Collected papers*, III, pp. 273 ss., numa recensão escrita em 1920). Contudo, não há indício algum de que ele tenha manifestado esse juízo publicamente no século XIX.

Sidgwick podia discorrer sobre "a trapalhada fundamental [de Marx] [...] que o leitor inglês, em minha opinião, não precisa perder tempo em examinar, já que os mais capazes e influentes entre os socialistas ingleses têm hoje o cuidado de se manter bem longe dela",[40] não era por causa das zombarias de Sidgwick que assim procediam, e sim devido à argumentação de Wicksteed — e talvez, devamos acrescentar, devido à incapacidade dos marxistas britânicos de defender a economia política marxiana de seus críticos. Os trabalhadores ainda insistiam no marxismo, e revoltaram-se contra a Workers' Education Association (WEA) porque a entidade não o ensinava; mas só depois que os fatos demonstraram que a confiança dos críticos de Marx em suas próprias teorias era inapropriada ou excessiva foi que o marxismo reviveu como força acadêmica. É improvável que ela desapareça do cenário acadêmico de novo.

NOTA

Marshall e Marx

Marshall, ao que parece, começou sem quaisquer opiniões fechadas sobre Marx. A única referência a ele em *Economics of industry* (1879) é neutra, e mesmo na primeira edição dos *Principles* há sinais (p. 138) de que o perigo que Henry George representava para o capitalismo o preocupava mais que Marx. As referências a Marx nos *Principles* são as seguintes: (1) Uma crítica de sua "doutrina arbitrária" segundo a qual o capital é somente o que "dá a seus proprietários a oportunidade de saquear e explorar os demais" (p. 138). (A partir da terceira edição, de 1895, isso é reordenado e desenvolvido.) (2) Que os economistas deveriam evitar o termo "abstinência" e escolher algo como "espera", porque — ao menos é assim que interpreto o acréscimo de uma nota de rodapé nesse ponto — "Karl Marx e seus adeptos têm se divertido muito ao contemplar a acumulação de riqueza resultante da abstinência do barão de Rothschild (p. 290). (Essa referência foi retirada do índice da terceira edição, mas não do texto.) (3) Que Rodbertus e Marx não foram originais em suas teses, segundo as quais "o pagamento de juros é um roubo do trabalho", e essas teses são criticadas como um argumento circular, embora "envolto nas misteriosas frases hegelianas com que Marx se deleitava" (pp. 619-20). (Na segunda edição há uma tentativa de substituir a anterior caricatura da doutrina da exploração de Marx [1891] por um resumo dessa doutrina.) (4) Uma defesa de Ricardo contra a acusação de ser um teórico do valor-trabalho, uma falsidade afirmada não só por Marx, como também por não marxistas mal informados. (Essa defesa é progressivamente desenvolvida em edições posteriores.) Cabe lembrar que Marshall admirava demais Ricardo para querer atirá-lo borda fora como um ancestral de teóricos socialistas, como muitos outros economistas (Foxwell, por exemplo) estavam dispostos a fazer. Mas a tarefa de demonstrar que Ricardo não era um teórico do trabalho é complexa, como ele parece ter percebido. Nota-se não só que todas as referências de Marshall a Marx são críticas ou polêmicas — o único mérito que ele lhe permite, dado que viveu em tempos pré--freudianos, é ter um bom coração — como também que sua crítica parece baseada num estudo das obras de Marx muito menos minucioso do que se poderia esperar ou do que foi realizado por conceituados economistas acadêmicos de sua época.

10. A influência do marxismo, 1880-1914

I

Em geral, a história do marxismo define seu tema por exclusão. Seu território é delimitado por aqueles que não são marxistas, uma categoria que tanto os marxistas doutrinários quanto os antimarxistas dedicados têm procurado tornar a maior possível, por motivos ideológicos e políticos. Até os historiadores mais abertos para todas as ideias e os ecumênicos têm mantido uma nítida separação entre "marxistas" e "não marxistas", limitando sua atenção aos primeiros, embora dispostos a incluir o maior leque possível deles. E eles têm mesmo de proceder assim, pois, se não existisse essa separação, não haveria necessidade de uma história especial do marxismo — ou talvez ela não pudesse ser escrita. No entanto, eles têm sido tentados também a escrever a história do marxismo exclusivamente como a história da evolução do *corpus* da teoria especificamente marxista e dos debates sobre ele, e, por conseguinte, ignorar uma área de irradiação marxista que é importante, mas de difícil definição. Todavia, essa área não pode ser desdenhada pelo historiador do mundo moderno em contraposição aos movimentos marxistas. A história do "darwinismo" não pode limitar-se à história dos darwinianos ou mesmo dos biólogos em geral. Ela não pode deixar de levar em conta, mesmo que de passagem, o uso de ideias, metáforas ou mesmo frases darwinianas que se tornaram parte do universo intelectual de pessoas que jamais pararam um segundo para pensar na fauna das ilhas Galápagos ou nas modificações que a genética moderna quer que sejam feitas na teoria da seleção natural. Do mesmo modo, a influência de Freud vai muito além das escolas divergentes e conflitantes da psicanálise ou mesmo além daqueles que já tenham lido uma linha escrita por seu fundador. Marx, como Darwin e Freud, pertence àquela pequena classe de pensadores cujos nomes e ideias se insinuaram, de uma forma ou de outra, na cultura geral do mundo moderno. Essa influência do marxismo na cultura geral começou a se fazer sentir, em termos muito gerais, no período da Segunda Internacional. O presente capítulo constitui uma tentativa de examinar essa influência.

Era forçoso que a enorme expansão dos movimentos operários e socialistas associados ao nome de Karl Marx nas décadas de 1880 e 1890 propagasse a influência de suas teorias (ou do que se julgava que fossem suas teorias), tanto nesses movimentos quanto fora deles. Neles, o "marxismo" ao menos oficialmente competia com outras ideologias de esquerda, e em vários países as suplantou. Fora deles, o impacto do "problema social" e o crescente desafio dos movimentos socialistas atraíam a atenção para as ideias do pensador cujo nome era cada vez mais identificado com elas, e cuja originalidade e expressivo prestígio intelectual eram óbvios. A despeito de tentativas polêmicas de provar que Marx podia ser facilmente desacreditado e de que ele dizia pouco mais do que socialistas anteriores e críticos do capitalismo já tinham dito — ou mesmo que ele em grande medida os plagiara —, era pouco provável que os não marxistas sérios cometessem um disparate tão elementar.[1] Até certo ponto, sua análise era usada para suplementar análises não marxistas, como ocorreu quando economistas britânicos, na década de 1880, cientes das insuficiências da teoria do desemprego malthusiana ortodoxa, mostraram um interesse em geral positivo pela ideias de Marx sobre o "exército industrial de reserva".[2] Essa atitude desapaixonada, naturalmente, era menos provável em países nos quais os movimentos operários de inspiração marxista eram mais significativos em comparação com a Grã-Bretanha. A necessidade de mobilizar a artilharia pesada do mundo acadêmico para refutá-lo, ou para ao menos compreender a natureza de seu atrativo, se impunha com mais urgência. Decorre disso, principalmente na Alemanha e na Áustria, em meados e final da década de 1890, o surgimento de obras de grande erudição e seriedade, dedicadas a esse fim: *Das Ende des*

Marxschen Systems, de Böhm-Bawerk (1896), *Wirtschaft und Recht nach materialistischer Geschichtsauffassung*, de Rudolf Stammler, e *Die Arbeiterfrage*, de Heinrich Herkner (1896).[3]

Outra forma de influência marxista fora dos movimentos operários e socialistas foi a exercida por semimarxistas e ex-marxistas, que se tornaram cada vez mais numerosos a partir da época da "crise do marxismo", no fim da década de 1890. Foi nesse período que surgiu o conhecido fenômeno do marxismo como uma etapa temporária no desenvolvimento político e intelectual de rapazes e moças; e, como sabemos, é raro que alguém passe por essa fase sem ficar marcado por ela, de uma forma ou de outra. Basta-nos mencionar nomes como os de Croce na Itália; de Struve, Berdyayev e Tugan-Baranowsky na Rússia; de Sombart e Michels na Alemanha; e — num campo menos acadêmico — de Bernard Shaw na Grã-Bretanha para termos uma ideia do peso dessa primeira geração dos ex-marxistas das décadas de 1880 e 1890 na cultura geral e na vida intelectual do período. À lista dos ex-marxistas devemos adicionar o número crescente daqueles que, apesar de relutar em romper seus laços com o marxismo, afastaram-se cada vez mais do que estava se tornando uma ortodoxia definida com mais nitidez — como muitos intelectuais "revisionistas" — e também daqueles que, embora não fossem marxistas, sentiam atração por alguns aspectos das ideias de Marx.

Essas formas da irradiação do marxismo eram encontradas, em maior ou menor extensão, onde quer que movimentos operários e socialistas surgissem nesse período, vale dizer, na maior parte da Europa e em algumas áreas de ultramar colonizadas basicamente ou em grande parte por emigrantes. Fora do âmbito desses movimentos, ela praticamente não existia nesse período, com a possível exceção, em todo caso marginal, do Japão. Não há nenhum indício de influência marxista nos movimentos revolucionários na Índia antes de 1914, embora tais movimentos estivessem abertos não só a influências intelectuais britânicas (obviamente), como também russas, ainda que o grupo do qual, por exemplo, foram recrutados os terroristas bengalis do período pré-1914 mais tarde se mostrasse bastante receptivo ao marxismo. Não houve nenhuma influência no mundo islâmico, na África subsaariana ou na América Latina, com exceção do "Cone Sul", com forte presença de imigrantes. Podemos deixar de lado todas essas áreas.

Por outro lado, a irradiação do marxismo foi particularmente importante e geral em alguns países da Europa, nos quais praticamente toda reflexão social, independentemente de suas ligações com movimentos socialistas ou operários, era marcada pela influência de Marx, que nesse contexto não era tanto um desafiador de ortodoxias burguesas aceitas (que praticamente não existiam) quanto um dos principais fundadores de qualquer espécie de análise da sociedade e de suas transformações. Esse era o caso em certas partes da Europa Oriental e, sobretudo, na Rússia tsarista. Nesses países não havia sequer meios de evitar Marx, uma vez que ele já fazia parte do tecido geral da vida intelectual. Isso não quer dizer que todos os que sofriam sua influência se viam, ou podem ser vistos, como marxistas em qualquer sentido.

II

O período de que este capítulo se ocupa não se estende por muito mais de trinta anos, mas nem por isso pode ser tratado como uma etapa única. É preciso distinguir nele três subperíodos. O primeiro é o do advento de partidos socialistas e operários de orientação mais ou menos marxista em vários momentos na década de 1880 e começo da de 1890, e principalmente o enorme salto avante desses movimentos nos cinco ou seis primeiros anos da Internacional. O importante nesse período é menos a força organizacional, eleitoral ou sindical desses movimentos — ainda que essa força com frequência fosse bem grande — do que a súbita investida deles na cena política de seus países e também internacionalmente (através de iniciativas como o Primeiro de Maio), bem como a notável e, às vezes, utópica onda de esperança da classe operária que arrebatava esses movimentos. O capitalismo estava em crise: seu fim, apesar de nem sempre concebido de alguma forma específica, parecia à vista. Por conseguinte, tanto a penetração do marxismo nos movimentos operários — o Partido Social-Democrata da Alemanha aderiu formalmente a ele em 1891 — quanto sua irradiação positiva e negativa além do âmbito de tais movimentos fizeram notável progresso em diversos países.

O segundo subperíodo começa em meados da década de 1890, quando a revitalização da expansão capitalista global tornou-se evidente. A despeito de flutuações, os movimentos operários socialistas de massa, onde existiam, continuaram a crescer rapidamente, e, com efeito, em alguns países, movimentos de massa ou mesmo movimentos organizados de forma mais ou menos permanente surgiram nessa fase, ainda que se tornasse cada vez mais claro, nas áreas onde eram legais, que a revolução ou a transformação social total não era seu objetivo imediato. A "crise no marxismo",[4] que observadores externos apontaram a partir de 1898, não foi apenas um debate sobre o significado para a teoria marxista dessa demonstração de que o capitalismo continuava florescente — o debate "revisionista" —, mas deveu-se também ao surgimento de grupos com interesses muito diferentes dentro do que até recentemente parecia ser o coeso vagalhão vanguardista do socialismo, como cisões nacionais em movimentos como o austríaco, o polonês e o russo. Isso claramente transformou tanto a natureza dos debates no seio do marxismo e dos movimentos socialistas quanto o impacto do marxismo fora deles.

A Revolução Russa abre o terceiro subperíodo, que se pode dar como findo em 1914. Ele foi dominado, por um lado, pela revivificação de importantes ações de massa, tanto na esteira da revolução de 1905 quanto, alguns anos mais tarde, na inquietação trabalhista que tomou conta dos últimos anos da Primeira Guerra Mundial; e, por outro lado, pelo correspondente renascimento da esquerda revolucionária, dentro dos movimentos marxistas e fora deles (sindicalismo revolucionário). Ao mesmo tempo, continuou a crescer a escala dos movimentos operários de massa organizados. Entre 1905 e 1913, o número de membros dos sindicatos social-democratas nos países cobertos pela Internacional sindical de Amsterdam havia dobrado, passando de pouco menos de 3 milhões para quase 6 milhões,[5] enquanto os social-democratas formavam o maior partido, abocanhando entre 30% e 40% dos votos na Alemanha, Finlândia e Suécia.

Fora dos movimentos socialistas, cresceu, é claro, a preocupação com o marxismo. Assim, o *Archiv für Sozialwissenschaft und Sozialpolitik*, de Max Weber, que havia publicado apenas quatro artigos sobre o tema entre 1900 e 1904, publicou quinze entre 1905 e 1908, enquanto o número de teses acadêmicas sobre o socialismo, a classe operária e temas análogos na Alemanha passou de duas a três por ano, em média, para quatro em 1900-5; 10,2 em 1905-9 e 19,7 em 1909-12.[6] Como nessa época o movimento revolucionário não se reduzia ao marxismo — o sindicalismo revolucionário e outras formas de rebelião ainda menos definidas competiam com ele nos últimos anos antes da eclosão da guerra —, o impacto do marxismo sobre possíveis simpatizantes e críticos era complexo e difícil de definir. No entanto, era provável que nessa época o marxismo estivesse distribuído mais amplamente, de uma forma ou de outra, do que em qualquer momento do passado, em especial graças às atividades de um número agora substancial de ex-marxistas ou daqueles que se sentiam obrigados a definir sua posição em relação ao marxismo.

III

Para investigar com mais precisão a influência do marxismo, temos de considerar duas importantes variáveis além da simples dimensão (e, portanto, da presença política) dos partidos socialistas e trabalhistas: a medida em que esses partidos eram marxistas e a medida em que o marxismo atraía a camada mais propensa que qualquer outra a se interessar por teorias — os intelectuais.

Os movimentos operários se identificavam oficialmente com o marxismo ou vieram a fazê-lo; estavam ligados a outras ideologias revolucionárias ou análogas do tipo socialista; ou eram essencialmente não socialistas. Em linhas gerais, a maioria dos partidos membros da Segunda Internacional, liderados pelo SPD alemão, era do primeiro tipo, se bem que nesses partidos a hegemonia do marxismo obscurecesse a presença de inúmeras outras influências ideológicas. No entanto, havia outros, como o francês, predominantemente impregnados de tradições revolucionárias mais antigas e autóctones, e alguns com tinturas da influência de Marx. Embora houvesse países nos quais a esquerda socialista era encontrada preponderantemente nesses partidos, em outros ideologias e movimentos rivais competiam com ela.

Contudo, entre as ideologias rivais da esquerda, excetuadas algumas que eram predominantemente nacionalistas, a influência marxista tinha certa margem para penetração, em parte porque a associação com o maior teórico do socialismo tinha um certo valor simbólico (a menos que houvesse motivos especiais em contrário), mas sobretudo porque as análises teóricas dessas ideologias sobre o que estava errado na sociedade eram pouco desenvolvidas em comparação com suas ideias sobre a maneira de fazer a revolução e com suas ideias, por mais vagas que fossem, a respeito do futuro pós-revolucionário. As principais ideologias que nos interessam aqui, além das basicamente nacionalistas (que, por sua vez, insinuaram-se no marxismo), são o anarquismo e o sindicalismo revolucionário (em parte um rebento dele), as tendências *narodniks* e, naturalmente, a tradição radical jacobina, principalmente em sua forma revolucionária. No entanto, a partir de meados da década de 1890, é preciso atentar também para um reformismo socialista deliberadamente não marxista cujo principal centro intelectual era a Sociedade Fabiana, na Grã-Bretanha. Apesar de pequeno, esse grupo exerceu certa influência internacional, não só através de residentes temporários que foram influenciados por ele — notadamente Eduard Bernstein —, como também devido aos laços culturais entre a Grã-Bretanha e países como a Holanda e os escandinavos. Entretanto, embora essa irradiação do fabianismo seja interessante, o fenômeno foi limitado demais para que nos detenhamos nele.[7]

A tradição radical jacobina permaneceu em grande medida infensa à penetração do marxismo, mesmo quando — ou justamente por isso — seus membros mais revolucionários se mostravam mais do que dispostos a prestar homenagem a um grande nome revolucionário e a se identificar com as causas a ele associadas. O marxismo manteve-se singularmente débil na França. Até a década de 1930, numerosos intelectuais ilustres do Partido Comunista Francês não podem ser definidos realmente como marxistas teóricos, ainda que na época muitos deles, mas não todos, começassem a se apresentar como tal. A revista intelectual do partido, *La Pensée*, fundada em 1938, ainda se intitula "uma revista do racionalismo moderno". Por sua vez, o anarquismo, apesar da notória hostilidade entre Marx e Bakunin, abeberou-se extensamente na análise marxista, exceto em relação a pontos específicos em disputa entre os dois movimentos. Isso não deve ser motivo de muita surpresa, já que, até os anarquistas serem excluídos da Internacional, em 1896 — e em alguns países mais tarde ainda —, muitas vezes não era possível traçar uma linha clara entre eles e os marxistas no movimento revolucionário, parte do mesmo ambiente de rebelião e esperança.

As divergências teóricas entre o marxismo ortodoxo e o sindicalismo revolucionário eram maiores, porque esses revolucionários rejeitavam no marxismo não só seus princípios referentes à organização e ao Estado, mas todo o sistema de análise histórica identificado com Kautsky, que eles consideravam determinismo histórico — até mesmo fatalismo — em teoria e reformismo na prática. Com efeito, o sindicalismo revolucionário exerce certa atração sobre intelectuais de esquerda dados ao debate ideológico; não nos esqueçamos, porém, de que mesmo aqueles que não provinham do marxismo, sobretudo os que eram jovens demais na década de 1890, respiravam um ar saturado de argumentação marxista. Assim, G. D. H. Cole, um jovem socialista britânico, rebelde mas sem nada de europeu continental, naturalmente considerava os textos de Georges Sorel "neomarxistas".[8] Na verdade, os intelectuais do movimento sindicalista revolucionário protestavam menos contra a análise marxista em si do que contra o evolucionismo automático da social-democracia oficial e contra o que o jovem Gramsci chamava de sufocante pensamento revolucionário sob "crostas positivistas e cientificistas" [*naturalistiche*];[9] ou seja, contra a estranha mistura de Marx com Darwin, Spencer e outros pensadores positivistas que com tanta frequência passava por marxismo, especialmente na Itália. Com efeito, no Ocidente, a primeira geração convertida ao marxismo, de modo geral jovens nascidos por volta de 1860, tendia a mesclar Marx com as influências intelectuais predominantes na época. Para muitos deles, o marxismo, apesar de novo e original como teoria, pertencia à esfera geral do pensamento progressista, ainda que politicamente mais radical e especificamente ligado ao proletariado.

Em contraste, na Europa Oriental, socialmente explosiva, nenhuma outra explicação do fenômeno que transformou o século XIX em modernidade podia competir com a do marxismo, cuja influência tornou-se correspondentemente profunda, antes mesmo que esses países houvessem desenvolvido uma classe operária, quanto mais movimentos operários ou ideologias burguesas relevantes além de nacionalismos locais. Por isso a Rússia, terra de um estrato social desajustado, a "intelligentsia" crítica, produziu leitores devotados de *O capital* antes de qualquer outro país. Mesmo mais tarde, a Europa Oriental seria o centro por excelência de estudos e análises marxistas exaltados. Politicamente, os primeiros admiradores russos de Marx tendiam a simpatizar com os *narodniks* (até serem assimilados por grupos marxistas na década de 1880), mas também incluíam vários economistas acadêmicos claramente não radicais que aceitavam o método marxista de análise e até mesmo sua terminologia.[10] A Rússia foi conquistada por uma ideologia que anunciava a irreversibilidade histórica do progresso do capitalismo, que não poderia ser detido pela resistência de forças exteriores a ele (como a do campesinato), ainda que hostis, mas apenas pelas forças geradas por ele próprio e destinadas a lhe roubar o poder. O significado disso era que a Rússia tinha de passar pela etapa do capitalismo.

Daí o paradoxo do marxismo russo: ao mesmo tempo que oferecia uma alternativa ao anticapitalismo revolucionário de base camponesa dos *narodniks* (que em todo caso haviam adotado partes da análise marxiana do capitalismo), justificava o desenvolvimento do capitalismo burguês num país que nutria por ele profunda aversão. O marxismo russo produziu tanto revolucionários quanto o curioso fenômeno dos "marxistas legais", que depositavam fé no avanço econômico por meio do capitalismo, mas viam como irrelevante a perspectiva de sua derrubada. Uma conciliação desse tipo entre Marx e a burguesia não era necessária na Europa Central e Ocidental, onde, quase com certeza, essas pessoas veriam a si próprias como liberais. Quaisquer que fossem as divergências entre todos esses setores da esquerda russa educada, excetuada uma periferia (Tolstoi), a influência de Marx era generalizada.

Na década de 1890, movimentos trabalhistas não ligados ao socialismo eram tão comuns no mundo anglo-saxão — Grã-Bretanha, Austrália e Estados Unidos — quanto raros fora dele. Não obstante, nesses países o marxismo tinha também certo significado, embora menor do que na Europa continental. Não devemos subestimar, principalmente nos Estados Unidos, a importância de uma massa de imigrantes da Alemanha, da Rússia tsarista e de outros países, que com frequência levavam consigo, para o Novo Mundo, ideologias de influência marxista como parte de sua bagagem intelectual.[11] Tampouco devemos subestimar o movimento de resistência ao "*big business*" durante esse período de forte tensão e fermentação social nos Estados Unidos, que fez com que vários pensadores radicais se tornassem receptivos a críticas socialistas ao capitalismo, ou ao menos se interessassem por elas. Não estamos pensando apenas em ThorsteinVeblen, mas também em economistas progressistas, de centro, como Richard Ely (1854-1943), que "provavelmente exerceu maior influência sobre a economia americana durante seu vital período formativo que qualquer outra pessoa".[12] Por tudo isso, os Estados Unidos, embora produzissem pouco pensamento marxista independente, tornaram-se, surpreendentemente, um importante centro de difusão de textos e de influência marxistas. Isso afetou não só os países do Pacífico (Austrália, Nova Zelândia e Japão), como também a Grã--Bretanha, onde pequenos porém crescentes grupos de ativistas trabalhistas de orientação marxista recebiam grande parte de seus livros — entre os quais os de Marx e Engels, mas também de Dietzgen — da editora de Charles H. Kerr, com sede em Chicago.[13]

Entretanto, como os movimentos operários não socialistas pareciam não apresentar um sério desafio à hegemonia intelectual dos grupos dominantes, seus intelectuais não se sentiam ainda compelidos a enfrentar esse desafio com urgência. Durante as décadas de 1880 e 1890, eles debateram Marx e o socialismo muito mais do que na década de 1900. Assim, para a elite de intelectuais de Cambridge ligada ao clube (secreto) de debates conhecido como "Os Apóstolos" (H. Sidgwick, Bertrand Russell, G. E. Moore, Lytton Strachey, E. M. Forster, J. M. Keynes, Rupert Brooks etc.), o começo do século XX foi um período notavelmente apolítico. Enquanto Sidgwick tinha criticado Marx, Bertrand Russell, ligado aos fabianos na década de 1890, escreveu um livro sobre a social-democracia alemã (1896); e mesmo enquanto as últimas gerações estudantis pré--1914 começavam a se aproximar do socialismo (ainda que numa forma não marxista), o economista mais eminente e, como se veria, mais ativo politicamente a sair desse círculo, J. M. Keynes, não mostrava sinal algum de interesse por Marx ou por qualquer debate econômico sobre ele.[14]

IV

O segundo fator que poderia levar a uma influência marxista era a atração exercida pelo marxismo sobre intelectuais de classe média, independentemente do tamanho do movimento da classe operária local. Havia naquela época fortes movimentos operários que não tinham nem atraíam praticamente intelectual algum, como na Austrália (onde um governo trabalhista chegou ao poder já em 1904). Talvez isso ocorresse por haver poucos intelectuais naquele país. Do mesmo modo, o forte movimento operário da Espanha, de base anarquista, pouco atraía os intelectuais espanhóis. Por outro lado, todos conhecemos as organizações marxistas revolucionárias, que atraíam essencialmente estudantes universitários, ainda que durante o auge da Segunda Internacional tal fenômeno tenha sido um tanto inusitado. Todavia, é claro que alguns movimentos socialistas, como o russo, compunham-se basicamente de intelectuais, entre outros motivos por serem imensos os empecilhos ao surgimento de movimentos operários de massa. Também em outros países a atração que os intelectuais sentiam pelo socialismo foi notável, pelo menos durante algum tempo, como na Itália.

Não há necessidade de, com relação a esse ponto, nos aprofundarmos demais na sociologia dos intelectuais como grupo ou na questão de eles formarem ou não um estrato separado (a "intelligentsia"), embora isso fosse um importante tema de discussão marxista na época. Todos os países contavam com um grupo de homens (e, em número muito menor, de mulheres) que haviam recebido algum tipo de educação acadêmica superior, e é a atração que o socialismo/marxismo exerce sobre essas pessoas que nos interessa.[15] Nos debates do SPD, as pessoas que hoje consideramos "intelectuais" eram chamadas de *Akademiker* — pessoas diplomadas. Contudo, cabem aqui duas observações. Com relação a muitos países, há que se fazer uma distinção bem clara entre os profissionais ligados a atividades que em alemão são chamadas *Kunst* (todas as artes) e *Wissenschaft* (todo o mundo do saber e da ciência), ainda que a maior parte de uns e outros provenham da classe média. Assim, na França, o anarquismo, que na década de 1890 atraía "artistas" (nesse sentido mais amplo) em número considerável, não tinha nenhum atrativo especial para os *universitaires*. Aqui só podemos apontar a diferença, sem explicá-la. As relações entre o marxismo e as artes serão examinadas em separado adiante. Em segundo lugar, cumpre distinguir entre os países nos quais uma minoria de intelectuais ocupava posições de destaque em partidos e movimentos socialistas, quando a maioria mantinha-se fora deles (como na Alemanha e na Bélgica, digamos), e aqueles em que os termos "intelectual" e "intelectual de esquerda" quase podiam, pelo menos na juventude, ser usados um pelo outro. A maioria dos movimentos socialistas, é claro, concedia um lugar conspícuo em sua liderança aos intelectuais — Victor Adler, Troelstra, Turati, Jaurès, Branting, Vandervelde, Luxemburgo, Plekhanov, Lênin e outros — e era entre eles que recrutava praticamente todos os seus teóricos.

Não há estudos comparativos adequados referentes à atitude política dos estudantes e acadêmicos europeus no período, e menos ainda das camadas mais amplas de profissionais liberais, que incluiriam a maioria dos intelectuais adultos. Por conseguinte, nossa avaliação da atração exercida pelo socialismo/marxismo sobre eles terá de basear-se em impressões pessoais.[16] De modo geral, entretanto, é seguro dizer que essa atração era invulgarmente grande apenas em poucos países, sobretudo na periferia da zona desenvolvida do capitalismo.

Na península Ibérica a maior parte dos intelectuais continuava a ser formada por liberais e radicais anticlericais. Talvez fosse por isso que os membros da "geração de 98", que clamavam por uma renovação da Espanha depois das derrotas de guerra — Unamuno, Baroja, Maeztu, Ganivet, Valle-Inclán, Machado e outros —, não eram de modo algum liberais, mas tampouco eram socialistas. Na Grã-Bretanha, os intelectuais eram preponderantemente liberais de um ou outro tipo e bem pouco atraídos pelo socialismo. Essa atração se exercia mais sobre um setor um tanto marginal formado por moças educadas de classe média, que constituíam uma alta proporção dos integrantes da Sociedade Fabiana e serviam de modelo para o estereótipo da "Nova Mulher" usado pelos jornalistas nas décadas de 1880 e 1890. Um significativo movimento estudantil socialista só começaria a surgir poucos anos antes de 1914. A maioria dos intelectuais do sexo masculino da Sociedade Fabiana vinha principalmente de um novo estrato de profissionais liberais oriundos da classe operária e da baixa classe média (Shaw, Webb, H. G. Wells, Arnold Bennett).[17] Na verdade, o mais interessante teórico de esquerda da Inglaterra, homem bastante próximo às tendências continentais para, ao mesmo tempo, ser influenciado por Marx (com *A evolução do capitalismo moderno*) e influenciar os marxistas (por meio de *Imperialism*), não era nem mesmo um socialista fabiano, e sim um liberal progressista: J. A. Hobson. Na Grã-Bretanha, o número e a importância dos intelectuais marxistas de classe média eram ínfimos, cabendo destacar apenas William Morris (ver adiante).

É claro que a tradição revolucionária da França exercia forte influência sobre os intelectuais desse país e, como incluía um componente socialista nativo, a influência do socialismo também se fazia sentir, ainda que, muitas vezes, apenas como um distintivo temporário de opiniões esquerdistas. (Em contraste com a perenidade da fidelidade em outros países, Michels observa que cinco dos seis deputados eleitos como socialistas na França em 1893 haviam se tornado, em 1907, não só não socialistas como antissocialistas.)[18] Do mesmo modo, fazia parte da tradição burguesa um ultrarradicalismo juvenil. Assim, não é difícil encontrar socialismo entre intelectuais franceses, e algumas instituições de prestígio, como a École Normale Supérieure, tornaram-se verdadeiras sementeiras de intelectuais socialistas ou socializantes a partir da década de 1890, particularmente durante o período Dreyfus. Todavia, como era pequena a influência de Marx — ou mesmo a do partido socialista que se dizia fiel a Marx, o dos guesdistas[19] —, resta pouco a dizer sobre sua atração para os intelectuais franceses nesse período. Com efeito, antes de 1914, as obras de Marx e Engels em francês formavam um conjunto bem mais modesto que as existentes em inglês — se incluirmos as edições americanas —, para não falar em alemão, italiano ou russo.[20]

Na Alemanha, a comunidade intelectual e acadêmica, qualquer que tivesse sido seu liberalismo em 1848, estava, na década de 1890, profundamente ligada ao império e não se sentia nada atraída pelo socialismo, a que se opunha ativamente — com a possível exceção dos judeus, entre os quais, segundo uma estimativa não documentada de Michels para 1907, de 20% a 30% dos intelectuais apoiavam a social-democracia.[21] Se entre 1889 e 1909 as universidades francesas produziram 31 dissertações no campo geral do socialismo, da economia social e de Marx, a comunidade acadêmica alemã, muito maior, produziu somente onze dissertações sobre esses temas no mesmo período.[22] O marxismo e a social-democracia chamavam a atenção dos intelectuais e acadêmicos alemães, mas não atraíam muitos deles. Ademais, segundo indícios, os que se sentiam atraídos tendiam, pelo menos até o período imediatamente anterior a 1914, a se situar antes em sua ala moderada e revisionista do que em sua esquerda; pode-se dizer com segurança que os Estudantes Socialistas na Alemanha estiveram entre os primeiros paladinos do revisionismo. A composição do partido alemão era, naturalmente, em geral proletária, talvez mais até do que outros partidos socialistas de massa.[23] No entanto, mesmo dentro desses limites, a atração relativamente modesta exercida pelo marxismo sobre os intelectuais alemães é indicada pelo fato de que o próprio partido teve de trazer do exterior vários de seus destacados teóricos do marxismo: Rosa Luxemburgo, da Polônia, Kautsky e Hilferding, da Áustria-Hungria, "Parvus", da Rússia.

Entre os Estados menores do noroeste da Europa, a Bélgica e os países escandinavos assistiram ao surgimento de partidos de massa relativamente grandes e com forte participação da classe operária, oficialmente identificados com o marxismo, ainda que, na Bélgica, o Parti Ouvrier, de base ampla, também incorporasse tradições nacionais anteriores da esquerda. Entre os escandinavos, ao que parece os dinamarqueses mostraram um pouco mais de interesse por Marx que suecos e noruegueses. Afora um ou outro médico ou eclesiástico, em geral as principais figuras ligadas ao marxismo na Noruega eram operários. O movimento sueco, como o restante dos escandinavos (inclusive o finlandês, muito organizado), não produziu teóricos de nomeada, nem participou de maneira significativa dos debates da Internacional. Entre os artistas, a atração pelo socialismo (ou pelo anarquismo) talvez tenha sido maior, mas de modo geral é provável que o pouco socialismo que existia entre os intelectuais escandinavos fosse uma espécie de extensão esquerdista do radicalismo democrático e progressista tão característico daquela parte da Europa; talvez com ênfase especial em reforma cultural e sexual-moral. Se alguém representava a esquerda teórica dos intelectuais escandinavos nesse período terá sido, provavelmente, o economista Knut Wicksell, republicano radical, ateu, feminista e neomalthusiano: ele se manteve afastado do socialismo.

É provável que o papel da região dos Países Baixos* [*de Nederlanden*] na cultura europeia tenha sido maior nesse período que em qualquer outra época desde o século XVII. Intelectuais e acadêmicos, provenientes sobretudo do ambiente acadêmico racionalista de Bruxelas, desempenharam um papel de enorme destaque no Partido Trabalhista Belga, predominantemente proletário: Vandervelde, Huysmans, Destrée, Hector Denis, Edmond Picard e, à esquerda, De Brouckère. Não obstante, é importante notar que tanto o partido quanto seus porta-vozes intelectuais tendiam a manter-se na ala direita do movimento internacional e poderiam, pelos padrões internacionais, ser considerados apenas em parte marxistas.[24] Cabe duvidar que, não fosse a época e o lugar, Vandervelde se dissesse marxista. Nas palavras de G. D. H. Cole,

> ele ingressou no movimento socialista numa época em que o marxismo, em sua forma social-democrata alemã, se impusera de tal forma como o fator central no desenvolvimento socialista na Europa Ocidental que não só era quase imperativo como também natural que qualquer socialista, fora da Grã-Bretanha, que aspirasse à liderança política, sobretudo em nível internacional, aceitasse a perspectiva marxista e adaptasse seu pensamento a ela.[25]

Principalmente um membro de um partido operário de massa num país pequeno. Seguramente a influência do marxismo sobre os intelectuais belgas não era intensa.

A Holanda, onde não surgiu nenhum movimento operário nacional de peso político comparável ao da Bélgica, foi o único país da Europa Ocidental em que a influência do socialismo sobre os intelectuais parece ter sido culturalmente crucial, e o papel dos intelectuais no movimento foi singularmente for-

---

* Região histórica em torno do delta dos rios Reno, Escalda e Mosa, que englobava a Bélgica, a Holanda, Luxemburgo, partes da França e da Alemanha. Não se confunde com Nederland (Países Baixos), nome oficial da Holanda. (N. T.)

te.²⁶ A tal ponto que o Partido Social-Democrata era às vezes descrito, com sarcasmo, como o partido dos estudantes, clérigos e advogados. Por fim ele se tornou, como em outros lugares, basicamente um partido de trabalhadores manuais qualificados, mas a divisão dominante e tradicional do país em grupos confessionais (calvinista, católico e secular), cada qual formando um bloco político que transcende as classes sociais, de início deixou menos margem que em outros países para a formação de um partido de classe. Ao que parece isso estava ligado a um forte crescimento do setor secular da cultura. No começo, o novo partido apoiou-se principalmente em dois setores um tanto atípicos: os trabalhadores agrícolas da Frísia (área ao mesmo tempo marginal do ponto de vista territorial e característica da nacionalidade) e os diamantistas de Amsterdam. Nesse pequeno movimento, exerceram um papel de enorme visibilidade intelectuais como Troelstra (1860-1930), frísio que se tornou o principal líder moderado do partido, e Herman Gorter, eminente literato que viria a ser o vulto maior da esquerda revolucionária, com a poetisa Henrietta Roland-Holst e o astrônomo A. Pannekoek. O observador atual se espanta não só com o papel dos intelectuais no partido, mas também com o surgimento de alguns cientistas sociais marxistas de interesse, como o criminologista W. Bonger, e, acima de tudo, com a preeminência internacional da ultraesquerda intelectual formada no próprio país. A despeito de suas semelhanças e vínculos com Rosa Luxemburgo, era um movimento livre de influências da Europa Ocidental. Os holandeses constituíam um caso anômalo na Europa Ocidental, embora seu movimento fosse pequeno.

 O poderoso Partido Social-Democrata Austríaco era notavelmente atuante e identificado com o marxismo, pelo menos por causa da estreita amizade pessoal entre seu líder, Victor Adler (1852-1918), e Engels, já idoso. Aliás, a Áustria foi o único país que produziu uma escola de marxismo nitidamente nacional, o austro-marxismo. Na monarquia dos Habsburgo, entramos, pela primeira vez, numa região em que é inegável a presença do marxismo na cultura geral, e a atração dos intelectuais pela social-democracia, mais do que superficial. Contudo, a ideologia desses intelectuais era, inevitável e profundamente, marcada por aquele "problema nacional" que selou o destino da monarquia. Como seria de esperar, os marxistas austríacos foram os primeiros a analisá-lo sistematicamente.²⁷

 Os intelectuais das nações sem autonomia, como os tchecos, eram em larga medida atraídos por seu próprio nacionalismo linguístico ou, se subordinados a um país estrangeiro, pelo nacionalismo do Estado a que aspiravam aderir (Itália, Romênia). Mesmo quando influenciados pelos socialistas, o elemento nacional tendia a prevalecer — como no caso dos *narodniks*-socialistas, que se separaram do partido austríaco no fim da década de 1890 para se tornar essencialmente um partido tcheco pequeno-burguês radical. Embora muito conscientes do marxismo, de modo geral permaneceram imunes a ele: o mais famoso intelectual tcheco, Tomáš Masaryk, ganhou renome internacional com um estudo sobre a Rússia e uma crítica do marxismo. Restavam os intelectuais das duas culturas dominantes, a alemã e a magiar — e os judeus. A influência do marxismo sobre a cultura geral na monarquia dual não pode ser compreendida sem um breve exame dessa minoria anômala.

A tendência habitual das minorias judaicas de classe média na Europa Ocidental fora deixar-se assimilar cultural e politicamente, como em grande medida lhes era permitido fazer: tornarem-se ingleses judeus, como Disraeli; franceses judeus, como Durkheim; italianos judeus e, sobretudo, alemães judeus. Na Áustria, praticamente todos os judeus de língua alemã, nas décadas de 1860 e 1870, consideravam-se alemães, isto é, eram pessoas que acreditavam numa Grande Alemanha liberal e unida. O fato de a Áustria ser um país independente da Alemanha, a ascensão do antissemitismo político a partir do fim da década de 1870, a crescente migração, para o Ocidente, de judeus culturalmente não assimilados, e o simples tamanho da comunidade judaica tornavam impossível essa posição. À diferença do que ocorria em países como França, Grã-Bretanha, Itália e Alemanha, os judeus formavam não um pequeno contingente da população, e sim um grande setor da classe média: 8%-10% da população total de Viena, 20%-25% da de Budapeste (1890-1910). A situação dos intelectuais judeus — e os judeus eram decerto os mais entusiásticos beneficiários do sistema educacional[28] — era, pois, *sui generis*.

Na Hungria, a assimilação dos judeus continuou a ser fomentada ativamente, como parte da política de magiarização, e por isso adotada com entusiasmo pelos judeus. No entanto, não podiam integrar-se completamente. Em certo sentido, sua situação era semelhante à dos judeus sul-africanos mais tarde, no século XX: aceitos como parte da nação dominante em contraposição aos não magiares (ou aos não brancos), mas impedidos, por sua própria concentração e sua especialização social, de uma completa identificação. É verdade que o papel dos judeus na social-democracia húngara, que mostrava pouco interesse por questões teóricas e atuava em condições de repressão moderada, não era muito destacado. Na década de 1900, porém, fortes correntes social-revolucionárias tornaram-se influentes no movimento estudantil e levariam ao importante papel dos judeus na esquerda húngara depois da revolução de 1917. Não obstante, o caso do marxista húngaro mais famoso no exterior é significativo. György Lukács (1885-1971), embora socialista pelo menos desde 1902, e em contato com o principal intelectual marxista/anarcossindicalista do país, Erwin Szabo (1877-1918), não mostrou nenhum sinal de sérios interesses teóricos marxistas antes de 1914.

A metade austríaca da monarquia marginalizou os judeus mais cedo e de forma mais óbvia. Ao contrário dos magiares, possuía uma ampla reserva de intelectuais não judeus e de língua alemã capaz de fornecer pessoal para os altos cargos de seu serviço público e para seu aparelho acadêmico, duas áreas que se superpunham em parte. A "escola austríaca" de economistas, que surgiu depois de 1870, era formada essencialmente por esses homens, entre os quais (com exceção dos irmãos Mises) havia poucos judeus: Menger, Wieser, Böhm-Bawerk e, um pouco mais jovens, Schumpeter e Hayek. Mais: o nacionalismo pangermânico abraçado pela maioria dos judeus veio a ser, particularmente, mas não exclusivamente,[29] associado ao antissemitismo. Isso deixou os judeus sem um foco óbvio para suas lealdades e aspirações políticas. O socialismo era uma alternativa possível, e foi a escolhida por Victor Adler, embora quase certamente apenas uma minoria o imitasse — mesmo entre seus contemporâneos mais jovens. A social-democracia austríaca continuou a propugnar uma unidade pangermânica até 1938. O sionismo (invenção de um intelectual vienense ultra-assimilado) mais tarde seria outra saída, ainda que, na época, de apelo muito menor. A ascensão de um movimento operário poderosíssimo, dedicado e militante, principalmente entre trabalhadores de língua alemã, sem dúvida atraiu alguns intelectuais, e cabe não esquecer que em Viena, como em outros lugares, esse era o único movimento de massa que se opunha aos partidos de massa antissemitas dominantes. Entretanto, a maioria dos intelectuais judeus austríacos não se sentia atraída pelo socialismo, e sim por uma vida intensa de cultura e relações pessoais, uma fuga basicamente apolítica ou uma análise introspectiva da crise de sua civilização. (A atração exercida pelo socialismo sobre os intelectuais cristãos era, naturalmente, muito menor.) Os nomes que nos vêm à mente quando se fala da cultura austríaca (vale dizer, vienense) nesse período são sobretudo de não socialistas: Freud, Schnitzler, Karl Kraus, Schoenberg, Mahler, Rilke, Mach, Hofmannsthal, Klimt, Loos, Musil.

Por outro lado, nas cidades maiores, sobretudo Viena e Praga, a social-democracia (isto é, em termos intelectuais, o marxismo) passou a ser uma experiência inevitável dos jovens intelectuais, como se pode ver pelo eloquente retrato que Arthur Schnitzler pintou da classe média vienense culta (predominantemente judia) em seu romance *O caminho para a liberdade* (1908). Por isso, não surpreende que a social-democracia austríaca se tornasse uma sementeira de intelectuais marxistas e produzisse um grupo "austro-marxista": Karl Renner, Otto Bauer, Max Adler, Gustav Eckstein, Rudolf Hilferding, bem como o fundador da ortodoxia marxista, Karl Kautsky, além de um vigoroso conjunto de acadêmicos marxistas. (As universidades austríacas não os discriminavam tão sistematicamente quanto as alemãs.) Entre estes, Carl Grünberg, Ludo M. Hartmann e Stefan Bauer merecem destaque por terem fundado, em 1893, a revista que, com seu nome posterior, *Vierteljahrschrift für Sozial- und Wirtschaftsgeschichte*, viria a se tornar o principal órgão de história econômica e social do mundo de língua alemã, mas que por fim deixou de refletir suas origens socialistas. De sua cátedra em Viena, Grünberg fundou, em 1910, o Archiv für die Geschichte des Sozialismus und der Arbeiterbewegung (conhecido como Arquivo de Grünberg), pioneiro no estudo acadêmico do movimento socialista e, particularmente, do marxista. Aliás, a social-democracia austríaca caracterizava-se por uma imprensa de especial brilho e uma desusada amplitude de interesses culturais: se não apreciava Schoenberg, ao menos era uma das poucas instituições que ajudavam o músico revolucionário a sobreviver como diretor-regente do coro dos trabalhadores.

"É provável que em nenhum outro país se encontrem tantos socialistas entre cientistas, intelectuais e escritores importantes", escreveu um autor americano a respeito da Itália.[30] O papel preeminente dos intelectuais no movimento socialista italiano e — pelo menos na década de 1890 — a intensa atração exercida pelo marxismo sobre eles já foram destacados com frequência. Os intelectuais não tinham grande peso numérico no movimento — menos de 4% em 1904[31] — e há pouca dúvida quanto ao fato de que os socialistas não eram maioria nem mesmo entre a juventude burguesa (masculina) e os estudantes do começo da década de 1890. No entanto, ao contrário do que ocorria na Alemanha e na Áustria, onde estudantes e professores universitários em geral eram conservadores, o socialismo italiano era muitas vezes propagado — como em Turim — a partir de ambientes progressistas e influentes, do ponto de vista acadêmico e político, das universidades italianas (o socialismo acadêmico francês ia a reboque, em vez de tomar a iniciativa). À diferença do socialismo preponderantemente não marxista dos *universitaires* franceses dessa época, os intelectuais acadêmicos italianos eram tão atraídos pela doutrina marxista que de certa forma o marxismo italiano era pouco mais que um molho despejado sobre a salada básica anticlerical, evolucionista e positivista da cultura masculina de classe média na Itália. Mais: não era somente um movimento de revolta juvenil. Entre os conversos ao socialismo/marxismo havia homens maduros e consagrados: Labriola (nascido em 1843), Lombroso (1836) e o escritor De Amicis (1846), embora os líderes da Internacional pertencessem tipicamente à geração de 1856-66. Não importa qual seja nosso juízo sobre o tipo de socialismo marxista ou *marxizante* que prevalecia entre os intelectuais italianos, não há dúvida quanto ao intenso interesse deles pelo marxismo. Mesmo os antimarxistas polemizadores (alguns, como Croce, ex-marxistas) dão testemunho disso: o próprio Pareto escreveu uma introdução para um volume de excertos de *O capital*, selecionados por Lafargue (Paris, 1894).

Podemos com propriedade falar dos intelectuais italianos como um todo, já que, apesar dos notáveis regionalismos do país e da diferença entre o norte e o sul, a comunidade intelectual era nacional, até em sua disposição geral de aceitar influências intelectuais estrangeiras (francesas e alemãs). Menos legítimo é pensar nas relações entre o socialismo dos intelectuais e o do movimento operário em termos nacionais, uma vez que as diferenças regionais desempenham um enorme papel nesse sentido. Em certos aspectos, a interação entre os intelectuais e o movimento operário socialista no norte industrial — Milão e Turim — é comparável à que existe, digamos, na Bélgica e na Áustria, mas a situação era evidentemente outra em Nápoles ou na Sicília. A peculiaridade da Itália estava em que o país não se ajustava nem ao padrão da social-democracia marxista ocidental nem ao da Europa Oriental. Seus intelectuais não eram uma intelligentsia revolucionária dissidente. Constata-se isso menos pelo fato de que sua onda de entusiasmo pelo marxismo, no auge no começo da década de 1890, dissipou-se bem depressa, quanto pela rápida transferência da maioria dos intelectuais do Partido Socialista para sua ala reformista e revisionista depois de 1901 e pelo fato de o partido não ter formado em seu seio uma oposição marxista de esquerda de qualquer dimensão, como ocorreu na Alemanha e na Áustria.

Como grupo, os intelectuais italianos seguiam o padrão básico da Europa Ocidental no período: eram membros respeitados de sua classe média nacional, e, depois de 1898, aceitos como parte do sistema, mesmo quando eram políticos socialistas. Houve, sem dúvida, bons motivos para que muitos deles se tornassem socialistas na década de 1890; provavelmente, em vista da evolução política da Itália depois do Risorgimento, a pobreza extrema dos trabalhadores e camponeses italianos e as grandes rebeliões de massa das décadas de 1880 e 1890, motivos mais fortes até do que na Bélgica. A generosidade e a rebeldia da juventude reforçavam essas motivações. Ao mesmo tempo, não só os intelectuais socialistas de classe média não sofriam discriminação, sendo o socialismo deles, com poucas exceções, visto como uma compreensível extensão de ideias progressistas e republicanas, como o padrão de suas vidas e carreiras não era substancialmente distinto daquele dos intelectuais não socialistas. Durante alguns anos, Felice Momigliano (1866-1924) enfrentou certos altos e baixos em sua carreira como professor secundário depois de sua adesão militante ao Partido Socialista em 1893, mas passada essa fase parece ter havido pouca coisa em sua atuação como mestre secundário e universitário, ou até (à parte o conteúdo) de suas atividades literárias, que o distinguisse dos professores não socialistas com antecedentes mazzinianos e fortes interesses intelectuais. Podemos no máximo imaginar que, não fosse ele socialista, teria chegado à universidade mais cedo.

Em suma, a maioria dos intelectuais socialistas ocidentais desfrutou, no mínimo, do que Max Adler chamou de "imunidade pessoal e possibilidade do livre desenvolvimento de seus interesses espirituais [*geistige*]".[32] Não era esse o caso da intelligentsia do tipo russo, que, embora basicamente oriunda "das classes abastadas da população", distinguia-se claramente delas por sua postura essencialmente revolucionária. A pequena nobreza e os altos funcionários públicos "não podem, na maioria, ser classificados como intelectuais", afirmou Pešehonov com firmeza em 1906.[33] Sua própria profissão e a reação do regime e da sociedade a que se opunham impediam o tipo de integração à ocidental, fosse a intelligentsia definida subjetiva e idealistamente, como faziam os *narodniks*, ou como um estrato social separado — uma questão muito debatida pela esquerda russa no começo da década de 1900. Quis o destino que sua situação fosse complicada pelo crescimento, nessa década, do proletariado e de uma burguesia cada vez mais segura de si. Uma vez que parte da intelligentsia, cada vez mais visível, parecia agora pertencer à burguesia ("Também na Rússia, como na Europa Ocidental, a intelligentsia está se desintegrando, e uma de suas frações, a burguesa, coloca-se à disposição da burguesia e definitivamente se funde nela", como argumentou Trotski),[34] a natureza e até a existência separada desse estrato já não pareciam claras. Contudo, a própria natureza desses debates indica as profundas diferenças entre a Europa Ocidental e os países de que a Rússia era então o principal exemplo. Na Europa Ocidental, dificilmente teria sido possível argumentar, como o revolucionário russo-polonês Machajski (1866-1926) e alguns de seus comentadores, que os intelectuais constituíam um grupo social que procurava, por meio de uma ideologia revolucionária, substituir a burguesia por eles próprios com a ajuda do proletariado, antes de explorarem, por sua vez, esse proletariado.[35]

Em vista do papel central de Marx como inspirador da análise da sociedade moderna na Rússia, a difusão da influência marxista entre a intelligentsia quase dispensa longos comentários. Todas as posições na esquerda, quaisquer que fossem sua natureza e inspiração, também tinham de ser definidas com relação a essa influência, tão central que até os movimentos nacionalistas caíram sob ela. Na Geórgia, os mencheviques viriam a tornar-se, com efeito, o partido "nacional" local; o Bund — a coisa mais próxima, nessa época, de uma organização política nacional dos judeus — era decididamente marxista, e até o movimento sionista, então relativamente modesto, mostra claramente essa influência. Os pais fundadores de Israel, que, depois da revolução de 1905, saindo da Rússia, foram para a Palestina, em grande parte na "segunda Aliá", levaram consigo as ideologias revolucionárias da Rússia, que inspirariam ali a estrutura e a ideologia da comunidade sionista. No entanto, mesmo povos menos propensos a ser influenciados pelo marxismo do que os judeus demonstram sua influência. O grupo que se tornou o maior defensor do nacionalismo polonês era, nominalmente, o Partido Socialista Polonês da Segunda Internacional — até certo ponto um autêntico partido operário —, tanto assim que a tradição marxista mais antiga teve de se reconstituir como uma Social-Democracia do Reino da Polônia e Lituânia, rival e mais genuinamente marxista, dirigida por Rosa Luxemburgo e Leo Jogiches. Uma divisão semelhante ocorreu na Armênia, com a ascensão dos *dashnaks* (que, não obstante, consideravam-se parte da Segunda Internacional). Em resumo, os intelectuais russos que romperam com as tradições mais antigas de seu povo não conseguiam escapar à influência do marxismo, de uma forma ou de outra.

Isso não quer dizer que eles fossem todos marxistas, que tenham assim permanecido ou que, quando se viam como tais, concordavam entre si quanto à correta interpretação do marxismo — principalmente isso. Na Rússia, como em outros países, depois da grande onda do começo da década de 1890, que assistiu ao forte declínio do narodismo e a convergência temporária da maioria das ideologias progressistas e revolucionárias no sentido de um marxismo genérico, as divisões e divergências tornaram-se particularmente marcadas no século seguinte e — talvez pela primeira vez — surgiu uma intelligentsia claramente antimarxista, talvez até, em certos sentidos, apolítica. Mas ela nasceu em um caldo de cultura no qual inevitavelmente entrara em contato com o marxismo e sofrera sua influência.

A atração dos intelectuais pelo marxismo no Sudeste da Europa era limitada principalmente pela escassez de qualquer tipo de intelectuais em alguns países mais atrasados (como em partes dos Bálcãs); pela resistência que mostravam a influências alemãs e russas — como na Grécia e, até certo ponto, na Romênia, que tendiam a lançar os olhos para Paris;[36] pelo fato de não surgirem movimentos operários e camponeses significativos (como na Romênia, onde o socialismo de um grupo isolado de intelectuais não tardou a sumir depois da década de 1890); e pela atração rival de ideologias nacionalistas, como possivelmente ocorreu na Croácia. O marxismo penetrou em partes dessa área como consequência da influência dos *narodniks* (notadamente na Bulgária) e através das universidades suíças, focos de mobilização revolucionária, onde estudantes politicamente dissidentes da Europa Oriental se concentravam e se mesclavam. Antes de 1914, *O capital* não tinha sido traduzido para nenhuma língua da Europa Oriental, exceto o búlgaro. Talvez seja mais significativo que algum marxismo tenha conseguido penetrar nessas regiões atrasadas — até mesmo, de certa forma, nos vales remotos da Macedônia — do que o fato de seu impacto (fora da Bulgária, influenciada pela Rússia) ter sido relativamente modesto.

V

Qual, pois, foi a influência do marxismo sobre as camadas cultas do período, levando-se em conta essas variações nacionais e regionais? Talvez nos convenha lembrar que a pergunta é tendenciosa. O que estamos examinando é uma interação entre a cultura marxista e a não marxista (ou não socialista), e não a medida em que o segundo elemento mostra a influência do primeiro. É impossível separar isso da correspondente influência de ideias não marxistas sobre o marxismo. Essas ideias foram lamentadas e condenadas como corruptoras pelos marxistas mais rigorosos, como atesta a polêmica de Lênin contra a kantinização da filosofia marxista e a penetração do "empiriocriticismo" de Mach. Entendem-se essas objeções: afinal, se Marx desejasse ser kantiano, poderia muito bem ter sido. Ademais, também não há dúvida de que a tendência de substituir Hegel por Kant na filosofia marxiana era às vezes, mas nem sempre, associada a revisionismo. Entretanto, em primeiro lugar não compete ao historiador aqui decidir entre o marxismo "correto" e o "incorreto", o puro e o corrupto; e em segundo lugar — e mais importante — essa tendência que têm as ideias marxistas e não marxistas de se interpenetrarem é uma das mais claras evidências da presença do marxismo na cultura geral das camadas cultas. Porque é precisamente quando o marxismo tem presença marcante na cena intelectual que fica mais difícil manter a separação rígida e mutuamente excludente das ideias marxistas e não marxistas, pois tanto marxistas quanto não marxistas atuam num universo cultural que contém umas e outras. Assim, na década de 1960, a tendência de certos segmentos da esquerda para combinar Marx com o estruturalismo, a psicanálise, a econometria acadêmica etc. proporciona, entre outras coisas, indícios da forte atração do marxismo para os intelectuais universitários da época. Por outro lado, foi na Grã-Bretanha, onde economistas acadêmicos escreviam na década de 1900, como se Marx não tivesse existido, que a economia marxista, confinada a pequenos grupos de militantes, coexistia em total separação, e sem nenhuma sobreposição, com a economia não marxista.

É verdade, naturalmente, que os grandes partidos marxistas da Internacional, apesar de tenderem a formular uma doutrina marxista ortodoxa, em oposição ao revisionismo e outras heresias, tinham o cuidado de não excluir as interpretações heterodoxas da faixa legítima de debate dentro do movimento socialista. Não só desejavam, como entidades políticas práticas, manter a unidade partidária, o que, nos partidos de massa, implicava a aceitação de uma variedade considerável de opiniões teóricas, como também se viam diante da tarefa de formular análises marxistas em campos e com relação a temas para os quais os textos clássicos não proporcionavam um guia adequado, ou mesmo nenhuma orientação: por exemplo, com relação à "questão nacional", ao imperialismo e inúmeros outros temas. Nesses casos não era possível nenhum juízo *a priori* sobre "o que o marxismo ensinava", e menos ainda o recurso aos textos consagrados. Por conseguinte, o âmbito do debate marxista era amplíssimo. Contudo, uma separação rígida e mutuamente excludente entre o marxismo e o não marxismo só seria possível mediante um controle draconiano da ortodoxia marxista e — como se viu — a virtual proibição da heterodoxia pelo poder estatal ou direção do partido. A primeira solução não era exequível, e a segunda ou não era aplicada ou era relativamente ineficaz. Por isso, a crescente influência de ideias marxistas fora do movimento foi acompanhada de certa influência de ideias provenientes da cultura não marxista dentro do movimento. Eram os dois lados da mesma moeda.

Sem julgar sua natureza ou seu significado político, teríamos meios de avaliar a presença do marxismo na cultura geral das camadas educadas no período 1880-1914? Quase com certeza, ela era pequena no campo das ciências naturais, embora o próprio marxismo fosse muito influenciado por essas ciências, sobretudo pela biologia evolutiva (darwiniana). Os textos de Marx mal se referiam às ciências naturais, ao passo que os de Engels só eram importantes, quando muito, para a divulgação científica e a educação dos trabalhadores no movimento operário. Sua obra *A dialética da natureza* era considerada tão pouco afinada com os avanços científicos a partir de 1895 que Ryazanov a excluiu das obras completas de Marx e Engels e mais tarde a publicou (pela primeira vez) somente no *Marx-Engels-Archiv*. Não há no período da Segunda Internacional nada comparável ao intenso interesse de brilhantes cientistas naturais pelo marxismo na década de 1930. Além disso, não há nenhum indício de grande radicalismo político entre os cientistas naturais do período — um grupo numericamente exíguo — fora da química e da medicina (sobretudo na Alemanha). Sem dúvida pode-se encontrar entre eles um socialista, aqui e ali, no Ocidente, como também entre os egressos de instituições de esquerda como a École Normale Supérieure (por exemplo, o jovem Paul Langevin). De vez em quando aparecia um cientista que tivera contato com o marxismo, como o estatístico Karl Pearson,[37] que seguiria numa direção ideológica bem diferente. Marxistas ansiosos por descobrir darwinianos socialistas não conseguiram achar muitos.[38] A eugenia neomalthusiana, principal tendência política entre os biólogos (sobretudo anglo-saxões), era vista na época, ao menos em parte, como inserida na esquerda política, mas dificilmente poderia deixar de ser independente do marxismo, senão hostil a ele.

O máximo que se pode dizer é que cientistas educados na Europa Oriental, como Marie Sklodkowska-Curie, e talvez aqueles que tinham sido formados ou que trabalhavam nas universidades suíças, muito influenciadas pela intelligentsia oriental radical, sem dúvida conheciam Marx e debates sobre marxismo. O jovem Einstein, que se casou com uma iugoslava, sua colega da universidade de Zurique, tinha, portanto, contato com esse ambiente. Mas, para fins práticos, esses contatos entre as ciências naturais e o marxismo devem ser encarados como biográficos e secundários. O tema pode ser deixado de lado.

É claro que a situação era bem diferente no caso da filosofia, e mais ainda no das ciências sociais. O marxismo não podia deixar de levantar questões filosóficas profundas que requeriam alguma discussão. Onde era forte a influência de Hegel, como na Itália e na Rússia, essa discussão era intensa. (Na falta de um poderoso movimento marxista, os hegelianos britânicos, basicamente um grupo de Oxford, mostrava pouco interesse por Marx, embora vários deles fossem atraídos para a reforma social.) A Alemanha, pátria dos filósofos, era na época notavelmente não hegeliana, e não só por causa da proximidade entre Hegel e Marx.[39] Na ausência de social-democratas alemães com tais conhecimentos de filosofia, a *Neue Zeit* tinha de contar com russos, como Plekhanov, para discussões sobre temas hegelianos.

Por outro lado, como já foi dito, a escola kantiana, muito mais influente, não só influenciou substancialmente alguns marxistas alemães (por exemplo, entre os revisionistas e os austro-marxistas), como também demonstrou algum interesse pela social-democracia; ver, por exemplo, Vorländer, *Kant und des Sozialismus* (Berlim, 1900). Entre os filósofos, portanto, a presença marxista era inegável.

Entre as ciências sociais, a economia manteve-se bastante hostil a Marx, e era natural que o neoclassicismo marginalista das escolas econômicas dominantes (a austríaca, a anglo-escandinava e a ítalo-suíça) tivesse poucos pontos de contato com seu tipo de economia política. Enquanto os austríacos (Menger,

Böhm-Bawerk) dedicavam muito tempo a refutar Marx, os anglo-escandinavos nem se deram mais o trabalho de fazê-lo depois da década de 1880, quando vários deles se convenceram de que a economia política marxista estava equivocada.[40] Isso não quer dizer que a presença de Marx não fosse sentida. Desde o início de sua carreira científica (1908), o mais brilhante membro jovem da escola austríaca, Joseph Schumpeter (1883-1950), preocupou-se com o destino histórico do capitalismo e com o problema de propor uma interpretação alternativa à de Marx para o desenvolvimento econômico (ver sua *Theorie der wirtschaftlichen Entwicklung*, 1912). Contudo, o deliberado controle do campo da economia por parte das novas ortodoxias tornou difícil para essa teoria contribuir para importantes problemas macroeconômicos, como o crescimento e as crises econômicas. Curiosamente, o interesse dos italianos (de um ponto de vista rigorosamente não marxista ou antimarxista) pelo socialismo levou à demonstração — contra o austríaco Mises, que afirmara o contrário — de que uma economia socialista era teoricamente viável. Pareto já havia argumentado que sua impraticabilidade não podia ser provada teoricamente, antes que Barone (1908) publicasse seu ensaio fundamental, intitulado "Il ministro della produzione nello stato collettivo", que causaria celeuma no debate econômico depois do período de que trata este capítulo. Talvez se possa detectar alguma influência ou estímulo de índole marxista na escola ou corrente "institucional" que na época fazia sucesso nos Estados Unidos, onde, como já ficou dito, a forte propensão de muitos economistas para o "progressivismo" e a reforma social fez com que olhassem com simpatia teorias econômicas que criticavam o *big business* (R. T. Ely, a escola de Wisconsin; sobretudo Thorstein Veblen).

Como disciplina independente das demais ciências sociais, a economia praticamente não existia na Alemanha, onde dominavam a influência da "escola histórica" e o conceito das *Staatswissenschaften* (mais bem traduzido como "ciências das políticas públicas"). O impacto do marxismo — isto é, do peso da social-democracia alemã — sobre a economia não pode ser tratado isoladamente. Parece desnecessário dizer que as ciências sociais oficiais na Alemanha imperial eram fortemente antimarxistas, embora os velhos liberais, que haviam polemizado com o próprio Marx (Lujo Brentano, Schäffle),[41] parecessem mais ansiosos por lançar-se em controvérsias do que a escola de Schmoller, mais orientada para a Prússia. O *Schmoller's Jahrbuch* se absteve de publicar qualquer artigo sobre Marx antes de 1898, enquanto a *Zeitschrift für die gesamte Staast-*

swissenschaft, de Schäffle, reagiu à ascensão da social-democracia com uma barragem de artigos (sete entre 1890 e 1894) antes de silenciar sobre o tema. De modo geral, como já indicado antes, o interesse da ciência social alemã pelo marxismo aumentou em paralelo com a força do SPD.

Se as ciências sociais na Alemanha mantinham distância de uma economia especializada, o país também suspeitava de uma sociologia especializada, que era associada à França e à Grã-Bretanha, e também — como em outros países — com um pendor excessivo pela esquerda.[42] E, com efeito, a sociologia, como campo especial, só começou a surgir na Alemanha poucos anos antes da Primeira Guerra Mundial (1909). No entanto, se pesquisarmos o pensamento sociológico, qualquer que fosse o nome por ele adotado, a influência de Marx, na época e depois, fazia-se sentir com intensidade. Gothein não duvidava de que Marx e Engels, cuja abordagem da ciência social era mais convincente que a de Quetelet e "ainda mais lógica e coerente" que a de Comte, proporcionara o mais poderoso impulso isolado.[43] E, no fim de nosso período, uma citação de um dos mais influentes sociólogos americanos talvez indique o prestígio do marxismo. Albion Small escreveu em 1912: "Marx foi um dos poucos pensadores realmente grandes na história da ciência social [...]. Não creio que Marx tenha acrescentado à ciência social uma única fórmula que será final nos termos em que ele a expressou. Apesar disso, prevejo com confiança que no julgamento final da história ele terá um lugar na ciência social análogo ao de Galileu na física".[44]

A influência do marxismo foi, evidentemente, promovida pelo radicalismo político de muitos sociólogos que, marxistas ou não, viram-se próximos aos movimentos social-democratas, como ocorreu na Bélgica. Assim, Leon Winiarski, cujas teorias, hoje esquecidas, dificilmente podem ser chamadas de socialistas em qualquer sentido, colaborou com um artigo, "Socialismo na Polônia russa", para a *Neue Zeit* (1, 1891). A influência direta de Marx sobre não marxistas pode ser ilustrada pelos fundadores da Sociedade Sociológica Alemã, que compreendiam Max Weber e Ernst Troeltsch, Georg Simmel e Ferdinand Tönnies, dos quais se disse que "parecia claro que a resoluta exposição, por Marx, do lado mais frio da competição exerceu uma influência [...] só superada pela de Thomas Hobbes".[45] O *Archiv für Sozialwissenschaft und Sozialpolitik*, de Weber, talvez tenha sido o único órgão alemão de ciências sociais que se dispôs a publicar textos de autores próximos ao socialismo, influenciados por ele ou mesmo identificados com essa linha.

Pouco cabe dizer a respeito da mixórdia de empréstimos variados colhidos na obra de Marx, positivismo e polêmica antimarxista encontrada na sociologia italiana, russa, polonesa ou mesmo austríaca, a não ser que também isso mostra a presença desse autor; e há menos ainda o que dizer a respeito de países mais remotos nos quais sociologia e marxismo praticamente se confundiam, como ocorria entre os poucos profissionais da área na Sérvia. Contudo, pode-se notar (por exemplo, em Durkheim) a notável debilidade da presença marxista na França, ainda que inesperada. Embora o ambiente fortemente republicano e *dreyfusard* da sociologia francesa a fizesse inclinar-se para a esquerda, e vários membros mais jovens do grupo do *Année Sociologique* se tornassem socialistas, alguma influência marxista só foi invocada no caso de Halbwachs (1877-1945), e é duvidosa, pelo menos antes de 1914.

Quer leiamos a história intelectual da frente para trás, pinçando os pensadores que vieram a ser aceitos como os ancestrais da moderna sociologia, quer examinemos o que era aceito como sociologia influente no período 1880-1910 (Gumplowicz, Tatzenhofer, Loria, Winiarski etc.), a presença do marxismo é forte e inegável. O mesmo se pode dizer daquilo que hoje é chamado de ciência política. A tradicional teoria política do "Estado", elaborada nesse período, talvez principalmente por filósofos e juristas, não era decerto marxista; entretanto, como já vimos, o desafio filosófico do materialismo histórico era intensamente sentido e enfrentado. Era provável que a investigação concreta da forma como a política funcionava na prática, incluindo novos temas para estudo, como os movimentos sociais e os partidos políticos, fosse influenciada mais diretamente. Não precisamos alegar que, numa época em que o advento da política democrática e dos partidos populares de massa tornava a luta de classes e a gestão política das massas (ou a resistência delas a essa gestão) uma questão de intenso interesse prático, teóricos precisassem de Marx para descobrir esses novos temas. Ostrogorski (1854-1921), excepcionalmente para um russo, não mostra mais sinais da influência de Marx do que Toqueville, Bagehot ou Bryce. No entanto, a doutrina de Gumplowicz, segundo a qual o Estado é sempre o instrumento da minoria que submete a maioria, que pode até ter exercido algum efeito sobre Pareto e Mosca, foi, com certeza, influenciada em parte por Marx, e a influência marxista sobre Sorel e Michels é óbvia. Pouco mais cabe dizer sobre um campo que nessa época estava pouco desenvolvido em comparação com períodos mais recentes.

Se a sociologia foi obviamente influenciada por Marx, a fortaleza da história acadêmica oficial defendeu-se encarniçadamente contra todas essas incursões, sobretudo no Ocidente. Foi uma defesa não só contra a social-democracia e a revolução, mas contra todas as ciências sociais, negando leis históricas, a primazia de outras forças que não a política e as ideias, a evolução ao longo de uma série de etapas predeterminadas. Na verdade, punha em dúvida a legitimidade de qualquer generalização histórica. "A questão básica", argumentou o jovem Otto Hintze, "é a velha e polêmica questão quanto a terem os fenômenos históricos a regularidade de leis."[46] Ou, como se expressou Labriola numa recensão menos cautelosa, "a história será e deve ser uma disciplina descritiva".[47]

Ou seja, o inimigo não era apenas Marx, mas qualquer intrusão de cientistas sociais no campo do historiador. Nos acrimoniosos debates alemães de meados da década de 1890, que teve alguns ecos internacionais, o principal adversário não era Marx, e sim Karl Lamprecht, amante de polêmicas; todos os historiadores inspirados por Comte; ou (o tom de desconfiança é claro) qualquer história econômica que tendesse a fazer a história política derivar da evolução socioeconômica — ou mesmo qualquer história econômica.[48] Todavia, ao menos na Alemanha, era óbvio que o marxismo se achava bem presente na mente daqueles que atacavam toda história "coletivista" como sendo essencialmente uma "concepção materialista da história".[49] Por outro lado, Lamprecht (coonestado por historiadores mais jovens, como R. Ehrenberg, cujo livro *Zeitalter der Fugger* sofreu críticas semelhantes) afirmou que era acusado de materialismo para ser identificado com o marxismo. Já que a *Neue Zeit*, ao mesmo tempo que o criticava, também considerava que entre os historiadores burgueses fora ele quem "chegara mais perto do materialismo histórico", seus detratores tinham pouca credibilidade entre os ortodoxos, que insinuavam que ele "talvez tenha aprendido mais com Marx do que sua escola está disposta a admitir para si mesma".[50]

Por conseguinte, seria errôneo buscar influências do marxismo apenas entre os poucos historiadores francamente marxistas; alguns poderiam, com toda justiça, ser deixados de lado como propagandistas sem maiores qualificações.[51] Tal como no campo da sociologia, elas devem ser procuradas entre autores que tentaram responder perguntas semelhantes às de Marx, tenham ou não chegado às mesmas respostas. Ou seja, essas influências se faziam sentir entre historiadores que procuravam integrar o campo da história narrativa, institucional e cultural no quadro mais amplo das transformações sociais e econômicas. Poucos deles eram historiadores acadêmicos ortodoxos, embora a influência de Lamprecht fosse claramente dominante no caso do belga Henri Pirenne, que estava muito distante de qualquer tipo de socialismo[52] e fez uma resoluta defesa de Lamprecht na *Revue Historique* (1897).[53] A história econômica e social, bastante afastada da história comum, era a área mais receptiva, e, com efeito, historiadores mais jovens, rejeitando a aridez do conservadorismo oficial, passaram a se sentir mais à vontade nesse campo especializado. Como vimos, até mesmo na Alemanha a primeira revista de história econômica e social foi uma iniciativa marxista (basicamente austríaca). Na Inglaterra, o mais brilhante historiador de economia de sua geração, George Unwin, que abordou o tema com o intuito de refutar Marx, convenceu-se de que "Marx estava tentando chegar aos tipos certos de história". Os historiadores ortodoxos desprezam todos os fatores mais importantes no desenvolvimento da humanidade.[54] Tampouco se deve subestimar a influência dos historiadores russos saturados de ideias dos *narodniks* e dos marxistas: Kareiev e Leoutchisky na França, Vinogradov na Grã-Bretanha.

Resumindo: o marxismo foi parte de uma tendência geral para a integração da história às ciências sociais e, em particular, para ressaltar o papel fundamental dos fatores econômicos e sociais nos fatos políticos e intelectuais.[55] Como o marxismo era, por consenso, a teoria mais abrangente, eficaz e coerente nesse sentido, sua influência, embora não pudesse ser rigidamente separada de outras, foi substancial. Do mesmo modo, Marx proporcionava, para a ciência da sociedade, uma base mais séria do que Comte, quando nada porque sua teoria incluía também uma sociologia do conhecimento que já exercia "uma influência forte, ainda que subterrânea" sobre não marxistas como Max Weber. Assim, já havia bons observadores conscientes de que o verdadeiro desafio à história tradicional vinha de Marx, e não, digamos, de um Lamprecht.

Contudo, a verdadeira influência marxista sobre o pensamento não marxista nem sempre pode ser especificada ou definida facilmente. Existe uma ampla zona cinzenta na qual essa influência estava obviamente presente, e cada vez mais, embora negada, por motivos políticos, tanto por marxistas quanto por não marxistas. Estariam os comentaristas do *Historische Zeitschrift* convergindo para o marxismo ao afirmar que Labriola "aproxima-se mais das concepções dos historiadores burgueses do que outros representantes mais jovens da teoria socialista", ou que ele, "como se sabe, representa um materialismo moderado"?[56] É evidente que não, já que rejeitavam tanto Labriola quanto Marx. No entanto, é nessa zona cinzenta, na qual os não marxistas reconheciam que não podiam discordar totalmente do que os marxistas diziam, que devemos procurar a maior parte da influência marxista sobre eles e sobre a cultura dos não marxistas em geral. Na época da morte de Marx, essa influência ainda era pequena, quando mais não fosse porque Marx era pouco conhecido e pouco lido fora dos círculos da intelligentsia da Europa Oriental. Mas em 1914 tinha se tornado bastante grande. Em grandes áreas de Europa, poucas pessoas educadas desconheciam a existência de Marx, e alguns aspectos de sua teoria tinham caído em domínio público.

VI

Resta-nos o problema ainda mais geral das relações do marxismo com as artes, e principalmente com a vanguarda cultural, que desempenhou um papel cada vez mais relevante nas artes nesse período. Não há nenhuma conexão necessária ou lógica entre os dois fenômenos, uma vez que o pressuposto de que o revolucionário nas artes deve ser também revolucionário na política baseia-se num atoleiro semântico. Por outro lado, frequentemente há — ou havia — uma conexão existencial, uma vez que tanto os social-democratas quanto a vanguarda artística e cultural eram marginalizados, contrários à ortodoxia burguesa, que por sua vez também os rejeitava; isso para não falar da juventude e, com bastante frequência, da relativa pobreza de muitos membros da vanguarda e do mundo artístico. Até certo ponto, uns e outros eram forçados a uma coexistência não inamistosa entre si e com outros dissidentes dos sistemas de moral e de valores da sociedade burguesa. Movimentos minoritários politicamente revolucionários ou "progressistas" atraíam não só a habitual periferia de heterodoxia cultural e estilos de vida alternativos — vegetarianos, espiritualistas, teosofistas etc. — como também mulheres independentes e emancipadas, contestadores da ortodoxia sexual e jovens de ambos os sexos que não haviam ainda ingressado na sociedade burguesa ou se rebelado contra ela do modo como julgassem mais expressivo, ou que se sentiam excluídos dela. As heterodoxias se sobrepunham em parte. Tais ambientes são familiares a todos os historiadores culturais.

O modesto movimento socialista britânico da década de 1880 oferece vários exemplos. Eleanor Marx era não só militante marxista como uma profissional que rejeitou o casamento oficial, tradutora de Ibsen e atriz amadora. Bernard Shaw era um militante socialista influenciado pelo marxismo, literato, denunciante da ortodoxia convencional como crítico de música e teatro e defensor da vanguarda nas artes e no pensamento (Wagner, Ibsen). O movimento de vanguarda Arts and Crafts (William Morris, Walter Crane) foi atraído para o socialismo (marxista), enquanto a vanguarda da liberação sexual — o homossexual Edward Carpenter e o paladino da liberação sexual Havelock Ellis — atuava no mesmo ambiente. Oscar Wilde, embora a ação política não fosse nem de longe sua área, sentiu-se muito atraído pelo socialismo e escreveu um livro sobre o assunto.

Felizmente para a coexistência das vanguardas e do marxismo, Marx e Engels escreveram pouquíssimo sobre as artes e publicaram menos ainda. Assim, os gostos dos primeiros marxistas não foram coagidos por uma doutrina clássica: Marx e Engels não haviam demonstrado nenhum apreço maior por qualquer vanguarda contemporânea depois da década de 1840. Ao mesmo tempo, como os clássicos não haviam deixado uma doutrina estética, aqueles primeiros marxistas se viram obrigados a produzi-la. Os critérios mais óbvios para as artes contemporâneas aceitáveis pela social-democracia (nunca houve qualquer dúvida com relação aos fundadores) eram que apresentassem as realidades da sociedade capitalista de forma franca e crítica, preferivelmente com especial ênfase nos trabalhadores, e idealmente com um compromisso com suas lutas. Isso não implicava, em si, uma preferência pela vanguarda. Escritores e pintores tradicionais e consagrados podiam, com a mesma facilidade, ampliar seus temas ou suas simpatias sociais, e, na verdade, a representação de cenas industriais, de trabalhadores ou camponeses, e, às vezes, até cenas de lutas operárias (como na tela *Em greve*, de H. Herkomer) era mais frequente por parte de pintores com leves pendores progressistas, mas distantes da vanguarda (Liebermann, Leibl). No entanto, esses casos não requerem um exame especial.

Essa espécie de estética socialista não suscitava nenhum problema especial para as relações entre o marxismo e as vanguardas nas décadas de 1880 e 1890, uma época dominada, ao menos na literatura em prosa, por escritores realistas com fortes interesses sociais e políticos, ou que podiam ser assim interpretados. Alguns deles eram cada vez mais influenciados pela ascensão do movimento operário a ponto de mostrar um interesse especial pelos trabalhadores. Por isso, os marxistas não tinham nenhuma dificuldade para aplaudir os grandes romancistas russos, cuja propagação no Ocidente foi obra sobretudo dos "progressistas"; o teatro de Ibsen, bem como outros literatos escandinavos (Hamsun e, o que é mais surpreendente para olhos modernos, Strindberg); e sobretudo os representantes das escolas tidas como "naturalistas" (Zola e Maupassant na França, Hauptmann e Sudermann na Alemanha, Verga na Itália), atentos aos aspectos da realidade capitalista dos quais os artistas convencionais mantinham distância. O fato de tantos escritores naturalistas serem militantes políticos e sociais, ou mesmo, como Hauptmann, simpatizantes da social-democracia,[57] tornava o naturalismo até mais aceitável. É claro que os ideólogos tinham o cuidado de distinguir entre consciência socialista e mera denúncia de escândalos. Estudando o naturalismo em 1892-3, Mehring louvou-o como um sinal de que "a arte começa a sentir o capitalismo em seu próprio corpo", traçando um paralelo, na época menos inesperado do que parece hoje, entre o capitalismo e o impressionismo: "Na verdade, podemos assim explicar facilmente o prazer, de outro modo inexplicável, que os impressionistas [...] e os naturalistas [...] experimentam com todos os rejeitos imundos da sociedade capitalista; eles vivem e trabalham em meio a esse lixo, e, movidos por um obscuro instinto, não encontram protesto mais tormentoso para atirar ao rosto daqueles que os atormentam".[58] Entretanto, argumentou Mehring, isso era, na melhor das hipóteses, um primeiro passo no sentido de uma "verdadeira" arte. Ainda assim, a *Neue Zeit*, que abria suas páginas aos "modernistas",[59] comentava e publicava textos de Hauptmann, Maupassant, Korolenko, Dostoievski, Strindberg, Zola, Ibsen, Björnson, Tolstoi e Gorki. E o próprio Mehring não negava que o naturalismo alemão era atraído para a social-democracia, mesmo acreditando que "os naturalistas burgueses inclinam-se para o socialismo, do mesmo modo que os socialistas feudais inclinavam-se para a burguesia, nem mais nem menos".[60]

Um segundo ponto de contato importante entre o marxismo e as artes era visual. Por um lado, vários artistas plásticos com consciência social descobriram a classe operária como tema e, consequentemente, foram atraídos para o movimento operário. Aqui, como em outros aspectos da cultura de vanguarda, foi importante o papel da região histórica dos Países Baixos, situada na interseção das influências francesa, britânica e, em certa medida, alemã, e de uma população especialmente explorada e brutalizada (na Bélgica). De fato, nesse período, como já foi dito, o papel cultural internacional desses países, principalmente da Bélgica, foi mais importante do que em séculos anteriores: nem o simbolismo, nem o art nouveau e, mais tarde, a arquitetura modernista e a pintura de vanguarda, depois dos impressionistas, podem ser compreendidos sem a contribuição dessa região. Na década de 1880, o belga Constantin Meunier (1831--1905), membro de um grupo de artistas próximos ao Partido Trabalhista Belga, foi pioneiro daquele tipo de pintura que viria a ser a iconografia socialista convencional do "trabalhador" — o operário musculoso e de peito nu, a dona de casa e mãe proletária, emaciada e sofredora. (Os estudos de Van Gogh no mundo dos pobres só se tornaram conhecidos mais tarde.) Críticos marxistas, como Plekhanov, trataram com a habitual reticência essa incursão da pintura ao mundo das vítimas do capitalismo, mesmo quando ela ia além da mera documentação ou da expressão de compaixão social. Não obstante, para os artistas que se interessavam basicamente pelo tema, essa representação construiu uma ponte entre o mundo deles e o ambiente em que o marxismo era debatido.

Um laço mais forte e direto com o socialismo sobreveio por meio das artes aplicadas e decorativas. O vínculo foi direto e consciente, sobretudo no movimento britânico Arts and Crafts, cujo grande mestre, William Morris (1834--96), tornou-se uma espécie de marxista e deu uma contribuição para a transformação social das artes ao mesmo tempo teoricamente vigorosa e de alta praticidade. Esses ramos das artes partiram não do artista como indivíduo e sim dos artesãos. Eles protestavam contra o fato de a indústria capitalista reduzir o artífice criativo a um mero "operário", e tinham como principal objetivo criar não obras de arte individuais, destinadas idealmente a ser contempladas em isolamento, e sim a tessitura da vida humana no dia a dia — vilas e cidades, casas e seus elementos interiores. Ocorreu que, por motivos econômicos, o principal mercado para seus produtos vieram a ser a burguesia culturalmente ousada e os profissionais de classe média — um destino que também se tornou familiar para os defensores de um "teatro popular" na época e depois.[61] O movimento Arts and Crafts e uma de suas ramificações, o art nouveau, foram pioneiros ao criar o primeiro estilo de vida burguês genuinamente abastado do século XIX, o *cottage* ou a *villa* suburbana ou semirrural, e o estilo, em várias versões, também teve boa acolhida em comunidades burguesas jovens ou provincianas ansiosas por expressar sua identidade cultural — em Bruxelas e Barcelona, Glasgow, Helsinki e Praga. Não obstante, as ambições sociais dos artistas-artesãos e arquitetos dessa vanguarda não se restringiram a atender às necessidades da classe média. Eles foram pioneiros de uma arquitetura moderna e de um urbanismo em que o elemento utópico-social fica evidente — e muitas vezes esses "pioneiros do movimento modernista", como no caso de W. R. Lethaby (1857-1931), de Patrick Geddes e dos paladinos das cidades-jardins, vieram do ambiente socialista britânico progressista. Na Europa continental, seus defensores estavam ligados estreitamente à social-democracia. Victor Horta (1861-1947), o grande arquiteto do art nouveau belga, projetou a Maison du Peuple de Bruxelas (1897), em cuja "seção artística" H. Van de Velde, mais tarde uma figura exponencial no desenvolvimento do movimento modernista na Alemanha, fez palestras sobre William Morris. O pioneiro socialista da arquitetura moderna holandesa, H. T. Berlage (1856-1934), projetou os escritórios do Sindicato dos Trabalhadores de Diamantes de Amsterdam (1899).

O fato crucial foi que a nova política e as novas artes convergiram nesse ponto. Mais importante ainda, o núcleo do primeiro grupo de artistas (basicamente britânicos) que lançaram as bases dessa revolução nas artes aplicadas não só sofreu a influência direta do marxismo, como Morris, mas também — com Walter Crane — criou grande parte do vocabulário iconográfico hoje corrente no movimento social-democrata. Realmente, Walter Crane fez uma análise vigorosa, que ele certamente considerava marxista, das relações entre a arte e a sociedade, muito embora possamos detectar também nessa análise as influências anteriores dos pré-rafaelitas e de Ruskin. Curiosamente, o pensamento marxista ortodoxo sobre as artes manteve-se absolutamente infenso a esses fatos. Até hoje os textos de William Morris não chegaram às correntes predominantes dos debates estéticos marxistas, ainda que depois de 1945 tenham se tornado bem mais conhecidos e conquistado valorosos defensores marxistas.[62]

Não houve outros laços óbvios que reunissem os marxistas e o outro grupo principal de vanguardistas das décadas de 1880 e 1890, que podemos chamar genericamente de simbolistas. Entretanto, é indubitável que a maioria dos poetas simbolistas tinha pendores revolucionários ou socialistas. Na França, eram atraídos principalmente pelo anarquismo no começo da década de 1890, como a maioria dos pintores mais jovens do período (os impressionistas mais velhos eram, com as exceções de praxe, como Pissarro, meio apolíticos).

Cabe presumir que isso acontecia não porque fizessem em princípio alguma objeção a Marx — "a maioria dos poetas jovens" que se converteram "às doutrinas da revolta, fossem elas as de Bakunin ou de Karl Marx",[63] provavelmente teria recebido de braços abertos qualquer bandeira adequadamente revoltosa —, e sim porque os líderes socialistas franceses (até o surgimento de Jaurès) não os inspiravam. Em particular, o convencionalismo de mestres-escolas dos guesdistas de modo algum os atrairia, ao passo que os anarquistas não só se interessavam muito mais pelas artes, como certamente tinham bons pintores e críticos entre seus primeiros militantes, como, por exemplo, Félix Fénéon.[64] Já na Bélgica era o Parti Ouvrier Belge que atraía os simbolistas, não só porque incluía os rebeldes anarquizantes, mas também porque seus líderes ou porta-vozes, oriundos da classe média culta, estavam visível e ativamente interessados nas artes: Jules Destrée escrevia largamente sobre socialismo e arte e publicou um catálogo das litografias de Odilon Redon; Vandervelde frequentava poetas; Maeterlinck manteve-se ligado ao partido até quase 1914; Verhaeren esteve a ponto de se tornar seu poeta oficial; os pintores Eekhoud e Khnopff eram ativos na Maison du Peuple. É verdade que o simbolismo florescia em países onde praticamente não existiam teóricos marxistas ansiosos por desancá-lo (como Plekhanov). Portanto, as relações entre a revolta artística e a política eram bastante amistosas.

Assim, até o fim do século existiu um amplo terreno comum entre as vanguardas culturais e as artes admiradas por minorias seletivas, por um lado, e a social-democracia cada vez mais influenciada pelo marxismo, por outro. Os intelectuais socialistas que assumiram a liderança dos novos partidos — surgidos tipicamente por volta de 1860 — eram ainda bastante jovens para não ter perdido contato com os gostos dos "avançados": mesmo os mais velhos, como Victor Adler (nascido em 1852) e Kautsky (nascido em 1854), ainda tinham menos de quarenta anos em 1890. Assim, Adler, frequentador do Café Griensteidl, principal centro de artistas e intelectuais em Viena, não só estava impregnado de literatura e música clássicas, como era também um ardente wagneriano (como Plekhanov e Shaw, acentuava as implicações "socialistas" e revolucionárias de Wagner, mais do que é habitual nos dias de hoje), um fã entusiasmado de seu amigo Gustav Mahler, um dos primeiros defensores de Bruckner, admirador, em comum com quase todos os socialistas dessa geração, de Ibsen e Dostoievski, e apaixonado pela poesia de Verhaeren, cujos poemas traduziu.⁶⁵ Por outro lado, como já vimos, uma boa parte dos naturalistas, simbolistas e membros de outras escolas "avançadas" da época eram atraídos para o movimento operário e (fora da França) para a social-democracia. Essa atração nem sempre era duradoura: o literato austríaco Hermann Bahr, que se via como porta-voz dos "modernos", afastou-se do marxismo no fim da década de 1880, e o grande naturalista Hauptmann seguiu num rumo simbolista que confirmou as reservas teóricas de comentaristas marxistas. A cisão entre socialistas e anarquistas também teve seus efeitos, uma vez que está claro que alguns (sobretudo nas artes plásticas) tinham sido sempre atraídos pela rebelião pura destes últimos. Ainda assim, os "modernos" sentiam-se à vontade na periferia dos movimentos operários, e os marxistas, pelo menos os intelectuais, junto dos "modernos".

Por motivos que não foram adequadamente investigados, esses laços se romperam durante algum tempo. Podemos aventar alguns motivos. Em primeiro lugar, como demonstrou a "crise no marxismo" no fim da década de 1890, não era mais possível manter na Europa Ocidental a convicção de que o capitalismo estava à beira da derrocada, e o movimento socialista à beira do triunfo revolucionário. Intelectuais e artistas que haviam sido atraídos para um movimento amplo e mal definido de trabalhadores, graças ao clima de esperança, fé e até expectativas utópicas que ele gerava em torno de si, viam-se agora diante de um movimento inseguro quanto a suas perspectivas e dividido por debates internos cada vez mais sectários. Essa fragmentação ideológica ocorria também na Europa Oriental: uma coisa era simpatizar com um movimento cujas correntes, todas elas, pareciam confluir numa direção de modo geral marxista, como no começo da década de 1890, ou com um socialismo polonês antes do racha entre nacionalistas e antinacionalistas; e coisa muito diferente era fazer uma opção entre grupos rivais e mutuamente hostis de revolucionários e ex-revolucionários.

No Ocidente, porém, havia o fato adicional de os novos movimentos terem se tornado cada vez mais institucionalizados, envolvidos nas ações políticas partidárias, que não eram de molde a entusiasmar artistas e escritores, enquanto na prática tornavam-se reformistas, deixando a futura revolução a cargo de alguma espécie de inevitabilidade histórica. Além disso, era menos provável que partidos de massa institucionalizados, que muitas vezes desenvolviam seu próprio mundo cultural, apoiassem artes que um público de classe operária não entenderia nem aprovaria de imediato. É verdade que os assinantes de bibliotecas do operariado alemão cada vez mais abandonavam as obras políticas por textos de ficção, ao mesmo tempo que também liam menos poesia e literatura clássica; mas o escritor mais popular entre eles, quase com certeza Friedrich Gerstaecker, autor de histórias de aventuras, não atrairia a vanguarda.[66] Não surpreende que, em Viena, Karl Kraus, ainda que de início muito atraído para os social-democratas devido à sua própria dissidência cultural e política, tenha se distanciado deles na década de 1900. Acusou-os de não promover um nível cultural suficientemente sério entre os trabalhadores, e não se entusiasmou com a principal campanha do partido (por fim vitoriosa), a favor do sufrágio universal.[67]

Era mais provável que a esquerda revolucionária da social-democracia, de início um tanto marginal no Ocidente, e as tendências sindicalistas ou anarquistas revolucionárias atraíssem a cultura vanguardista de espírito radical. Depois de 1900, os anarquistas em particular encontraram cada vez mais sua base social, fora de alguns países latinos, num ambiente formado de boêmios e alguns trabalhadores autodidatas, que quase cruzavam a fronteira do *Lumpenproletariat* — nas várias Montmartres do mundo ocidental — e acomodaram-se na subcultura geral daqueles que rejeitavam estilos de vida "burgueses" ou movimentos de massa organizados[68] — ou não eram assimiláveis por eles. Essa rebelião essencialmente individualista e antinomista não se opunha à revolução social. Muitas vezes apenas esperava um adequado movimento de revolta e de revolução a que pudesse se ligar, e foi novamente mobilizada em massa contra a guerra e a favor da Revolução Russa. O soviete de Munique de 1919 deu-lhe aquele que terá sido seu principal momento de afirmação política. Contudo, tanto na realidade quanto na teoria ela se afastou do marxismo. Nietzsche, um pensador que por motivos bem óbvios não poderia exercer qualquer atração sobre os marxistas ou outros social-democratas, a despeito de seu ódio aos "burgueses", tornou-se um característico guru de rebeldes anarquistas e anarquizantes, como também de uma dissidência cultural apolítica de classe média.

Por outro lado, o próprio radicalismo cultural dos fenômenos de vanguarda no novo século apartou-os de movimentos operários cujos membros continuavam tradicionais em seus gostos, na medida em que eles (e o movimento) permaneciam presos às linguagens já compreendidas e aos códigos simbólicos de comunicação que expressavam os conteúdos das obras de arte. As vanguardas do último quartel do século ainda não tinham rompido com essas linguagens, embora as tivessem esticado. Com um pequeno ajuste, era perfeitamente possível discernir o que Wagner e os impressionistas, ou mesmo um bom número dos simbolistas, "estavam a fim" de dizer. A partir do começo do século XX — é possível que o Salon d'Automne de Paris, de 1905, marque a ruptura — as coisas deixaram de ser assim.

Além disso, os líderes socialistas, até mesmo a geração mais jovem, nascida depois de 1870, não estavam mais "sintonizados". Rosa Luxemburgo teve de se defender da acusação de não apreciar "os escritores modernos". Mas, embora ela tivesse ficado bastante tocada pela vanguarda da década de 1890, como os poetas naturalistas alemães, admitiu que não compreendia Hofmannsthal e que nunca ouvira falar de Stefan George.[69] E até Trotski, que se orgulhava de manter um contato bem mais próximo com as novas tendências culturais — escreveu uma longa análise de Frank Wedekind para a *Neue Zeit* em 1908 e comentava exposições de artes plásticas —, não parecia mostrar qualquer familiaridade específica com aquilo que os jovens contestatários do período 1905-14 teriam considerado vanguarda — exceto, é claro, no tocante à literatura russa. Tal como Rosa Luxemburgo, ele percebia e desaprovava o extremo subjetivismo dessa vanguarda — sua capacidade, como disse ela, de expressar "um estado de espírito" —, porém nada mais ("mas não se pode fazer seres humanos com estados de espírito").[70] Ao contrário dela, Trotski tentou fazer uma interpretação marxista das novas tendências da rebelião subjetivista e da "lógica puramente estética" que "transformava naturalmente a revolta contra o academicismo numa revolta de forma artística autossuficiente contra o conteúdo, considerado como um fato indiferente".[71] Ele atribuía essa rebelião à novidade que era viver no ambiente da gigantesca cidade moderna, e mais especificamente à expressão dessa experiência pelos intelectuais que viviam nessas modernas Babilônias. Sem dúvida, tanto Rosa Luxemburgo quanto Trotski fizeram eco aos pressupostos sociais particularmente intensos da teoria estética russa, mas no fundo refletiam uma atitude muito geral dos marxistas, orientais ou ocidentais. Uma pessoa particularmente interessada pelas artes e ansiosa por manter contato com as mais recentes tendências poderia vir a apreciar, como indivíduo, algumas dessas inovações, mas como esse interesse se ligaria a suas atividades e convicções socialistas?

Não se tratava de uma simples questão de idade, embora poucos dos nomes consagrados na Internacional tivessem menos de trinta anos em 1910 e na maioria já estivessem bem entrados na meia-idade. O que os marxistas não entendiam, compreensivelmente, era aquilo que viam como uma fuga (e não, como a vanguarda via, um avanço) para o virtuosismo formal e o experimentalismo, um abandono do conteúdo das artes, inclusive de seu ostensivo e reconhecível conteúdo social e político. O que não podiam aceitar era a escolha, por esses artistas, de um puro subjetivismo, quase um solipsismo, como Plekhanov detectou nos cubistas.[72] Já era lamentável, se bem que explicável, que "entre os ideólogos burgueses que passam para o lado do proletariado haja pouquíssimos praticantes das artes" (*Künstler*); e, ao que parece, nos anos que antecederam de imediato a 1914, o número dos que eram atraídos para o movimento operário era menor do que em 1900. A vanguarda dos pintores franceses estava "*à l'écart de toute agitation intellectuelle et sociale, confinés dans les conflits de technique*".[73]* Além disso, porém, Plekhanov podia declarar em 1912-3, como algo evidente, que "a maioria dos artistas atuais adotam o ponto de vista burguês e estão totalmente fechados às grandes ideias libertárias de nosso tempo".[74] Não era fácil achar, na massa dos artistas que se diziam "antiburgueses", mais do que alguns poucos que estivessem próximos aos movimentos socialistas organizados — até os anarquistas viam menos entusiastas dedicados entre os pintores do que na década de 1890 —, mas era muito mais fácil encontrar aqueles que se queixavam do filistinismo dos trabalhadores, de elitistas como o círculo de Stefan George na Alemanha ou os acmeístas russos, que buscavam companhia aristocrática (de preferência feminina) e até — especialmente na literatura — de reacionários reais e potenciais. Ademais, não há como esquecer que as novas vanguardas experimentalistas se rebelavam menos contra o academicismo que contra precisamente aquelas vanguardas das décadas de 1880 e 1890, que tinham estado relativamente próximas aos movimentos operários e socialistas da época.

Em suma, o que poderiam os marxistas ver nessas novas vanguardas senão mais um sintoma da crise da cultura burguesa, e as vanguardas ver no marxismo senão mais uma prova de que o passado não conseguia entender o futuro? Sem dúvida havia, entre as poucas dezenas de pessoas (colecionadores ou mar-

---

* Em francês no original: "distanciada de toda fermentação intelectual e social, restrita a discórdias referentes a técnicas". (N. T.)

chands) das quais os novos pintores dependiam, algumas que eram também simpatizantes do marxismo (por exemplo, Morozov e Shchukin). Era improvável que nessa época os apreciadores da arte rebelde fossem politicamente conservadores. O teórico marxista da vez — Lunacharski, Bogdanov — poderia até racionalizar sua simpatia pelos inovadores, mas provavelmente encontraria resistência. Todavia, o mundo cultural dos movimentos socialistas e operários não tinha nenhum lugar óbvio para as novas vanguardas, e teóricos marxistas da estética ortodoxa (uma espécie típica da Europa Central e Oriental) as condenavam.

Entretanto, embora algumas das novas vanguardas seguramente se pusessem à margem do socialismo ou de qualquer outro movimento político — e outras se tornassem francamente reacionárias, quando não fascistas —, muitos rebeldes da área artística estavam simplesmente à espera de uma conjuntura histórica para que a revolta artística e a política pudessem mais uma vez se fundir. Encontraram essa conjuntura, depois de 1914, no movimento contra a guerra e na Revolução Russa. Depois de 1917 refez-se a ligação entre o marxismo (na forma do bolchevismo de Lênin) e a vanguarda, de início sobretudo na Rússia e na Alemanha. A era daquilo que os nazistas (não incorretamente) chamaram de *Kulturbolschewismus* não pertence à história do marxismo no período da Segunda Internacional. Não obstante, os fatos pós-1917 têm de ser mencionados, uma vez que levaram à bifurcação da teoria estética marxista entre os "realistas" e os "vanguardistas" — os conflitos entre Lukács e Brecht, os admiradores de Tolstoi e os de James Joyce. E, como vimos, as raízes dessa cisão se fixaram no período anterior a 1914.

Se voltarmos os olhos para o período da Segunda Internacional como um todo, somos forçados a concluir que a relação entre o marxismo e as artes nunca foi das mais tranquilas, ainda que depois de 1900 tenha se tornado bem mais difícil. Os teóricos marxistas nunca tinham se sentido completamente à vontade com qualquer um dos movimentos "modernos" das décadas de 1880 e 1890, deixando que a defesa entusiástica desses movimentos coubesse a intelectuais situados na borda do marxismo (como na Bélgica) ou a revolucionários e socialistas não marxistas. No jogo de futebol da cultura, os principais críticos marxistas ortodoxos viam-se como comentaristas ou árbitros, e não como torcedores ou jogadores. Isso não prejudicava sua análise histórica dos fenômenos artísticos como sintomas da decadência da sociedade burguesa — uma análise impactante. Entretanto, não podemos deixar de nos surpreender com o distanciamento de suas observações. Todo intelectual marxista, por mais diletante que fosse, se via como partícipe nos labores da filosofia e das ciências; dificilmente algum deles se via como participante das artes criativas. Analisavam a relação entre a arte e a sociedade, e entre a arte e o movimento e conferiam notas altas ou baixas a escolas, artistas e obras. No máximo apreciavam os poucos artistas que realmente aderiam a seus movimentos e desculpavam seus caprichos pessoais e ideológicos, como a sociedade burguesa também fazia. Assim, a influência do marxismo sobre as artes tendia a ser marginal. Até mesmo o naturalismo e o simbolismo, correntes próximas aos movimentos socialistas da época, teriam evoluído praticamente da mesma forma que evoluíram se os marxistas não houvessem se interessado absolutamente nada por eles. Na verdade, para os marxistas era difícil ver qualquer papel para o artista no capitalismo, exceto como propagandista, um sintoma sociológico ou um "clássico". Somos tentados a dizer que o marxismo da Segunda Internacional na verdade não tinha uma teoria adequada das artes e, à diferença do que ocorria no caso da "questão nacional", não havia uma urgência política que o forçasse a descobrir sua insuficiência teórica.

Mas no marxismo da Segunda Internacional havia uma teoria genuína das artes na sociedade, ainda que o *corpus* oficial da doutrina marxista não tivesse consciência dela: a teoria desenvolvida de forma mais plena por William Morris. Se houve uma influência marxista importante e duradoura sobre as artes, ela fluiu por essa corrente de pensamento, que voltava os olhos para além da estrutura das artes na era burguesa (o "artista" como indivíduo) para ver o elemento de criação artística em todos os trabalhos e nas artes (tradicionais) da vida do povo; para além da arte como produção de mercadorias (a "obra de arte" individual) para ver o ambiente da vida cotidiana. Essa foi a única teoria estética marxista que deu atenção à arquitetura e, na verdade, considerou-a a chave para as artes e também sua coroa.[75] Se a crítica marxista não teve nenhum efeito sobre o naturalismo ou o "realismo", foi o motor do movimento Arts and Crafts, cujo impacto histórico sobre a arquitetura e o design modernos foi e continua a ser fundamental.

Essa teoria estética foi menosprezada porque Morris, um dos primeiros marxistas britânicos,[76] era visto apenas como um artista famoso, mas como um peso leve na política, e também, sem dúvida, porque a tradição britânica de elaborar teorias sobre a arte e a sociedade (medievalismo neorromântico, Ruskin), que ele mesclou com o marxismo, tinha pouco contato com a corrente dominante do pensamento marxista. No entanto, essa teoria estética vinha do seio das artes, era marxista — ao menos assim declarava Morris — e converteu e influenciou artistas, designers, arquitetos e urbanistas, para não falar de organizadores de museus e escolas de arte, em grande parte da Europa. Tampouco foi por acaso que essa importante influência sobre as artes viesse da Grã-Bretanha, ainda que o marxismo tivesse uma relevância desprezível ali. Isso porque na época esse era o único país europeu suficientemente transformado pelo capitalismo para que a produção industrial tivesse transformado a produção dos artesãos. Em retrospecto, não é de admirar que o país "clássico" do desenvolvimento capitalista, no dizer de Marx, produzisse a única crítica relevante do efeito do capitalismo sobre as artes. Tampouco surpreende que o elemento marxista nesse significativo movimento nas artes tenha sido esquecido. O próprio Morris era realista o bastante para saber que, enquanto o capitalismo perdurasse, a arte não poderia tornar-se socialista.[77] Quando o capitalismo saiu de sua crise para florescer e se expandir, apropriou as artes dos revolucionários e as absorveu. A classe média bem-posta e culta, assim como os designers industriais, assumiram-nas. A maior obra de H. P. Berlage, o arquiteto socialista holandês, não é o edifício do Sindicato dos Trabalhadores de Diamantes, e sim a Bolsa de Valores de Amsterdam. O mais próximo que os urbanistas morrisianos chegaram das cidades de seu povo foram os "subúrbios-jardins", ocupados por fim pela classe média, e "cidades-jardins", distantes da indústria. Eis como as artes refletem as esperanças e as decepções do socialismo da Segunda Internacional.

11. A era do antifascismo, 1929-45

I

Na década de 1930, o marxismo tornou-se uma força relevante entre os intelectuais da Europa Ocidental e no mundo de língua inglesa. Fazia já muito tempo que ele representava essa força na Europa Oriental e em partes da Central, e é claro que a Revolução Russa atraíra numerosos socialistas ocidentais e outros rebeldes e revolucionários. Entretanto, ao contrário do que se crê comumente, depois que a onda revolucionária de 1917-20 abrandou, o tipo de marxismo que se tornou avassaladoramente dominante — o da Internacional Comunista — não mostrou nenhuma atração forte para os intelectuais do Ocidente, sobretudo os de origem burguesa. Eles se sentiam mais atraídos por grupos marxistas dissidentes, notadamente pelo trotskismo, mas esses grupos eram numericamente tão pequenos em comparação com os principais partidos comunistas que essa atração era desprezível do ponto de vista quantitativo. No Ocidente, os partidos comunistas eram em geral proletários, e a posição do intelectual "burguês" nesses partidos era muitas vezes anômala e nem sempre tranquila.[1,2] Além disso, principalmente após o período de "bolchevização", o papel dos trabalhadores na liderança desses partidos passou a ser deliberadamente ressaltado. Ao contrário dos partidos da Segunda Internacional, poucos líderes destacados dos partidos comunistas eram intelectuais, a não ser em certos países subdesenvolvidos e coloniais, e esses partidos normalmente não se orgulhavam de ter intelectuais a dirigi-los, embora gostassem de contar com intelectuais de renome em outras funções. Por isso, a afluência de intelectuais para partidos comunistas na década de 1930 foi um fenômeno novo: na Grã--Bretanha, quase 15% dos delegados ao Congresso do Partido Comunista em 1938 eram estudantes ou profissionais liberais.[3]

A penetração do marxismo intelectual nesses países ocidentais foi um fenômeno não só novo como também autóctone. Chama a atenção a importância dos refugiados políticos para a difusão do socialismo, e sobretudo do marxismo, na era da Segunda Internacional,[4] e a década de 1930 foi, infelizmente, um período de intensa emigração política. Ademais, o impacto desses emigrantes sobre a vida intelectual dos países que os receberam foi profundo, tanto na Grã--Bretanha quanto, e ainda mais, nos Estados Unidos, embora provavelmente menor na França. Mas sobre as gerações autóctones que pendiam para o marxismo nos países do Ocidente essa emigração não teve maior impacto.

Talvez isso ocorresse porque a versão do marxismo mais aceita era, de longe, a que se associava aos partidos comunistas e à União Soviética, disseminada mediante a publicação, em tradução, dos "clássicos" (que agora incluíam Lênin e Stálin, bem como Plekhanov). Existia agora uma versão internacional padronizada do marxismo, exemplificada de forma muito sistemática na seção intitulada "Materialismo dialético e materialismo histórico", na *História do PCUS(b): Breve curso*, de 1938. Por isso, refugiados comunistas ortodoxos não levavam consigo, ao emigrar, nem expunham em público qualquer coisa que soubessem que divergia da versão padrão. Os marxistas heterodoxos ou *marxizantes* ficavam relativamente isolados pela notoriedade de sua heterodoxia, mesmo que comunistas leais não estivessem proibidos de manter contato com eles, como acontecia com os seguidores de Trotski.

Dois outros fatores reduziam a influência da diáspora marxista. O primeiro era linguístico. As duas línguas principais do discurso marxista, o alemão e o russo, eram pouco ou nada conhecidas no Ocidente.[5] Fora dos Estados Unidos não existia um grande número de pessoas de origem russa ou alemã capazes de ler livros nessas línguas e que estivessem interessadas em obras esquerdistas. Assim, até mesmo autores aceitos por comunistas ortodoxos estavam inacessíveis, a menos que houvesse traduções. Mas eram raras. Só em 1950 foi publicada em inglês a primeira coletânea de estudos de Lukács, e mesmo um texto básico como os *Frühschriften*, de Marx, disponível desde 1932, só causou impacto na França através das duas ou três pessoas que eram capazes de lê-los em alemão, e ainda assim isso não aconteceu logo. É claro que, inversamente, as obras que eram traduzidas adquiriam uma importância desmesurada, como atesta o impacto revolucionário, sobre cientistas britânicos, do ensaio de B. Hessen sobre Newton (ver p. 268, a seguir).

O segundo fator foi a crescente resistência das sociedades ao influxo de emigrantes. Os emigrantes, políticos ou não, oriundos da Alemanha hitlerista eram aceitos com relutância no Ocidente, e com a exceção parcial dos Estados Unidos, não eram bem recebidos nem se integravam, exceto em casos especiais. Permaneciam à margem da sociedade e, muitas vezes, desconhecidos.[6] Assim, a formação dos marxistas no Ocidente se fez independentemente da tradição (ou tradições) marxista central. Não terá sido por acaso que a primeira (e ainda, em muitos aspectos, a melhor) exposição da teoria econômica marxista em inglês, incorporando os debates e os fatos do período da Segunda Internacional, tenha sido publicada nos Estados Unidos, ou seja, num país onde a distinção entre o marxismo (ou o conhecimento do marxismo) dos imigrantes e a "nova esquerda" nativa do período era a menos acentuada.[7]

Por isso, a difusão do marxismo foi um fenômeno paradoxal. Fez-se localmente, e não por importação, na medida em que ocorreu, em cada país, independentemente de influências externas, a não ser do comunismo oficial. Ao mesmo tempo, e exatamente por isso, assumiu, predominantemente, uma forma uniforme e padronizada. Contudo, essa uniformidade não consegue ocultar uma clara tendência para a segregação intelectual nacional, que contrasta tanto com o período da Segunda Internacional quanto com o caráter internacional do marxismo intelectual, mais ou menos desde 1960. Isso se deveu, em parte, à estrutura muito centralizada e disciplinada da Internacional Comunista e ao caráter cada vez mais "oficial" dos textos que emanavam dela e da União Soviética, mas que — até mais ou menos 1948 — atuavam um tanto seletivamente (ver adiante). Periódicos comunistas internacionais, publicados em várias línguas, com algumas variações regionais de conteúdo, como o *International Press Correspondence* e o *Communist International*, tratavam basicamente de assuntos políticos rotineiros e eram escritos principalmente por líderes políticos e pelo, chamemos assim, quadro internacional de redatores do movimento. Na década de 1930 não havia nenhum equivalente à *Neue Zeit* em qualquer idioma.[8] Por outro lado, os periódicos teóricos, intelectuais e culturais marxistas ou marxizantes que começaram a surgir em vários países ocidentais nos últimos anos da década de 1930 estavam a cargo sobretudo de intelectuais carentes de autoridade política e não tinham nenhuma ressonância internacional significativa além dos falantes nativos das línguas em que eram publicados, embora alguns desses periódicos criassem conexões internacionais. Por isso, paradoxalmente, havia margem para variação e desenvolvimento local, desde que não houvesse uma "linha" internacional sobre determinado assunto ou não ficasse claro que essa "linha" era compulsória. Por isso havia, como veremos, bastante teorização marxista independente (por exemplo, sobre ciências naturais e literatura na Grã-Bretanha), e parte dela por fim sucumbiu à imposição de uma ortodoxia mais universal no período de Zhdanov. Em essência, porém, cada país ou área cultural em que o marxismo não estivesse oficialmente proibido adaptou o modelo internacional padrão a sua própria maneira e à luz de suas condições locais, o que foi facilitado pela mudança na linha internacional do Comintern depois de 1934.

Somente em um campo podemos falar de um autêntico internacionalismo descentralizado de intelectuais na esquerda. Como era de esperar, isso ocorreu no campo da literatura e das artes, que estavam ligadas à política da esquerda menos por uma reflexão teórica do que por um comprometimento emocional dos artistas e de seus admiradores pelas lutas do período. A arte e a esquerda recriaram fortes vínculos durante a Primeira Guerra Mundial, mas não por meio da teoria marxista ortodoxa. Somente no campo da cultura encontramos uma verdadeira resistência, até entre intelectuais comunistas, à imposição da ortodoxia. Poucos comunistas contestaram abertamente o "realismo socialista", que se tornou oficial na União Soviética a partir de 1934, embora seja significativo que o debate sobre o que poderia ser chamado de "modernismo" nunca tenha cessado de todo e o lado não ortodoxo jamais capitulasse realmente. Brecht não se rendeu a Lukács. Faziam-se esforços sinceros para admirar o que vinha da União Soviética na década de 1930 e para silenciar com relação a obras que não podiam ser admiradas (sobretudo pinturas e esculturas), mas a admiração autêntica dirigia-se ao que ainda sobrevivia da arte e da literatura soviéticas da década de 1920. Poucos se dispunham a discordar publicamente da crítica oficial das mais famosas figuras internacionais do "modernismo" nas artes, porém era ainda em menor número os que se dispunham, ao menos privadamente, a deixar de admirar Joyce, Matisse ou Picasso, mesmo enquanto divulgavam com sinceridade estilos mais próximos ao "realismo socialista".[9] A ortodoxia oficial não aprovava o jazz, mas entre seus apreciadores e defensores mais ativos e apaixonados no mundo anglo-saxão havia um número elevado de comunistas e simpatizantes.

Por conseguinte, os intelectuais marxistas não apartados do resto do mundo tendiam, qualquer que fosse seu país de origem, a partilhar uma cultura esquerdista internacional, que incluía escritores e artistas identificados com o comunismo ou ao menos comprometidos com a luta antifascista, e felizmente eram muitos: Malraux, Silone, Brecht (na medida em que era conhecido na época), García Lorca, Dos Passos, Eisenstein, Picasso e outros.[10] Para os membros de partidos comunistas, o grupo podia incluir escritores que contavam com uma aprovação mais ou menos oficial como comunistas ou "progressistas": Barbusse, Rolland, Gorki, Andersen Nexö, Dreiser e outros. Quase com certeza incluía os nomes que faziam parte da lista internacional de personagens da alta cultura, a menos que fossem identificados com a reação ou o fascismo: escritores como Joyce e Proust, os pintores famosos (principalmente franceses) do começo do século XX, os conhecidos arquitetos do "movimento modernista" e ainda os cineastas russos famosos e Charlie Chaplin. A novidade da década de 1930 estava não na existência dessa cultura internacional cujos nomes provinham, indiferentemente, de vários países — na realidade, sobretudo da França, dos Estados Unidos, das Ilhas Britânicas, da Rússia, da Alemanha e da Espanha — e sim no comprometimento político desses personagens com a esquerda.[11] Não era, com certeza, uma cultura especificamente marxista, mas, sem dúvida, foi crucial o papel de uma minoria de marxistas dedicados (ou seja, na prática, de comunistas) em sua consolidação.[12]

II

A radicalização dos intelectuais na década de 1930 tinha origem na reação à traumática crise do capitalismo nos primeiros anos dessa década. Suas causas imediatas, ao menos para as gerações mais jovens, estavam na Grande Depressão de 1929-33. Assim, na Grã-Bretanha, os primeiros sinais fortes de que crescia o interesse de intelectuais pelo marxismo e pelo Partido Comunista surgiram em 1931, quando o materialismo dialético e histórico tornou-se tema de debates entre um pequeno número de acadêmicos, e grupos estudantis comunistas organizaram-se aqui e ali — por exemplo, na Universidade de Cambridge — depois de um interregno de alguns anos. O que mais impressionava esses pequenos grupos de intelectuais comunistas, reais ou potenciais, e também camadas bem mais amplas da sociedade, era não só a catástrofe global da economia capitalista, traduzida em desemprego em massa e na destruição de estoques excedentes de trigo e café, enquanto homens e mulheres clamavam por esses produtos, como também a aparente imunidade da União Soviética à crise. Essa fase do processo é ilustrada pela conversão espetacular dos mais antigos paladinos do gradualismo social-democrata, os pais do fabianismo, Sidney e Beatrice Webb, à "teoria marxista do desenvolvimento histórico do capitalismo lucrativo".[13] Embora indiferentes com relação ao Partido Comunista britânico, os Webb dedicaram o resto da vida a uma divulgação entusiástica da realidade soviética.

Se o contraste entre o colapso capitalista e a industrialização planificada do socialismo levou alguns intelectuais a se voltarem para o marxismo, o triunfo de Hitler nas eleições, uma evidente consequência política da crise, transformou um número muito maior de outros intelectuais em antifascistas. Com a instauração do regime nacional-socialista, o antifascismo tornou-se a questão política central por várias razões. Em primeiro lugar, o fascismo em si, até então visto sobretudo como um movimento identificado com a Itália, tornou-se o principal veículo internacional da direita política. Em vários países, multiplicaram-se e cresceram movimentos políticos fascistas, ou que, não sendo fascistas, desejavam associar-se ao prestígio e ao poder dos dois importantes países europeus sob regimes fascistas. Outros movimentos reacionários militantes ligaram-se a grupos fascistas em seus países ou no estrangeiro, buscaram apoio junto ao fascismo estrangeiro ou no mínimo viram a ascensão do fascismo internacional — principalmente do alemão — como uma defesa contra sua própria esquerda nacional. Como diziam na época, "antes Hitler que Leon Blum". A esquerda inclinou-se, naturalmente, a equiparar todos esses movimentos reacionários ao fascismo ou ao filofascismo e a enfatizar suas ligações com Berlim ou Roma. Tal como o comunismo para a direita, o fascismo, para a esquerda, em cada país, passou a ser não apenas um problema para estrangeiros, mas um perigo interno, ainda mais sinistro devido a seu caráter internacional e à simpatia e talvez ao apoio de duas grandes potências. É impossível entender a onda internacional de apoio à República espanhola em 1936 sem essa noção de que as batalhas travadas nesse país mal conhecido e marginal da Europa eram, num sentido muito concreto, batalhas pelo futuro da França, da Grã-Bretanha, dos Estados Unidos, da Itália etc.

Em segundo lugar, a ameaça representada pelo fascismo era muito mais do que apenas política. O que estava em jogo — e não havia quem estivesse mais ciente disso do que os intelectuais — era o futuro de toda uma civilização. Se o fascismo extirpasse Marx, extirparia igualmente Voltaire e John Stuart Mill. O fascismo rejeitava o liberalismo, em todas as suas formas, tão implacavelmente quanto rejeitava o socialismo e o comunismo. Rejeitava todo o legado do Iluminismo setecentista, juntamente com todos os regimes nascidos das revoluções Americana e Francesa. Confrontados com o mesmo inimigo e a mesma ameaça de aniquilação, comunistas e liberais foram inelutavelmente empurrados para o mesmo campo. É impossível compreender a relutância de homens e mulheres da esquerda em criticar ou até, muitas vezes, admitir para si mesmos o que estava acontecendo na Rússia naqueles anos, ou o isolamento dos que criticavam a União Soviética na esquerda, sem essa percepção de que, ao combater o fascismo, num sentido profundo o comunismo e o liberalismo estavam combatendo pela mesma causa, isso sem falar do fato mais óbvio de que ambos precisavam um do outro e que, nas condições da década de 1930, o que Stálin fazia, por mais chocante que fosse, era um problema russo, enquanto o que Hitler fazia era uma ameaça mundial. Essa ameaça foi logo posta em evidência pela abolição do governo constitucional e democrático, pelos campos de concentração, pela queima de livros e pela expulsão ou emigração em massa de dissidentes políticos e judeus, dentre os quais a nata da vida intelectual alemã. Aquilo que a história do fascismo italiano até então havia apenas insinuado tornava-se agora explícito e visível até para os mais míopes.

O significado desse aspecto da ameaça do fascismo é indicado pela incapacidade da Alemanha nazista de conquistar capital político relevante graças a seu indubitável e rápido êxito econômico. Acabar com o desemprego foi menos útil para a propaganda de Hitler, na década de 1930, do que a pretensão de ter "feito os trens circular no horário" fora útil para a propaganda de Mussolini na de 1920. A Alemanha nazista, ficou claro, era um regime a ser avaliado por critérios entre os quais não estava seu sucesso em recuperar-se da depressão econômica.

Em terceiro lugar, e essa era a razão principal, "fascismo significava guerra". Depois de 1933, a cada ano ficava mais claro esse fato, uma vez que ao putsch nazista na Áustria (1934) seguiram-se a guerra na Etiópia (1935), a reocupação da Renânia por Hitler e a Guerra Civil Espanhola (1936), a invasão japonesa da China (1937), a ocupação alemã da Áustria e a subjugação da Tchecoslováquia depois do pacto de Munique (1938). As gerações que se seguiram a 1918 viviam à sombra e com o medo de outra guerra mundial. Depois de 1933, poucos acreditavam que ela poderia ser permanentemente evitada, mas ninguém senão os fascistas e os governos fascistas a encaravam sem horror. A linha divisória entre agressores e defensores nunca foi traçada com mais clareza que nesse período; o mesmo, todavia, acontecia cada vez mais com a divisão entre aqueles que, em países não fascistas, estavam dispostos a resistir, até com armas se necessário fosse, e aqueles que, por este ou aquele motivo, não estavam. Essa linha não separava simplesmente a direita da esquerda: havia resistentes entre os conservadores e patriotas tradicionais, como havia conciliadores e pacifistas na esquerda não comunista, sobretudo na França e na Grã-Bretanha; e até os partidários da resistência não queriam a guerra, pois acreditavam (com certa plausibilidade até depois de Munique) que havia uma boa chance de se evitar a catástrofe mediante a construção de uma poderosa e ampla frente de Estados e povos com disposição de resistir aos agressores e que fosse capaz de intimidá-los, por ser capaz, se necessário, de derrotá-los. No entanto, à medida que os episódios de agressão se sucediam, a necessidade de resistência tornou-se cada vez mais óbvia, arrastando a opinião politicamente consciente para o campo antifascista. E, com efeito, por fim a guerra e a resistência resolveram a questão além de qualquer dúvida. E com isso o antifascismo aproximou-se cada vez mais dos comunistas, que não só haviam proposto, em teoria, a política da aliança antifascista ampla, como visivelmente desempenharam, na prática, um papel de destaque na luta. Enquanto permaneceu agudo o perigo fascista, representado, após maio de 1940, pela ocupação de vastas áreas da Europa, nem mesmo a absurda revogação temporária da política comunista internacional, em 1939, pôde deter essa tendência.[14]

Entretanto, o processo pelo qual intelectuais e outras pessoas foram atraídos para o antifascismo e, portanto, para a esquerda — muitas vezes para a esquerda marxista — não foi nem linear nem isento de problemas, como poderia parecer à primeira vista. Os zigue-zagues e os volteios da política do Comintern e da União Soviética já foram mencionados e não precisam nos deter: a demora na liquidação da estratégia sectária do "Terceiro Período" e a reviravolta de 1939-41. No entanto, alguns outros complicadores têm de ser examinados de forma sucinta.

Em termos gerais, o mais importante deles dizia respeito aos países dependentes ou coloniais. Nesses territórios, o antifascismo não era uma questão de suma importância, ou porque o fascismo europeu era um fenômeno remoto e tinha pouca relevância para a situação interna dessas dependências, como ocorria em grandes áreas da América Latina, ou porque o fascismo não podia ser identificado de modo realista como o inimigo principal ou o perigo maior; ou ambas as coisas. É verdade que na América Latina a direita tradicional (sobretudo onde ela se apoiava na Igreja) inclinava-se a simpatizar com a direita europeia relevante, que cada vez mais se encaminhava para uma aliança com o fascismo — como ocorreu muito especialmente na Guerra Civil Espanhola. Alguns movimentos de ultradireita também surgiram aqui e ali, sendo exemplos o sinarquismo no México e o integralismo de Plínio Salgado no Brasil. Por isso a esquerda teria também se identificado com o antifascismo, mesmo que já não tivesse sido tentada a fazê-lo por outros motivos, como uma simpatia pelo anti-imperialismo marxista, a poderosíssima influência cultural europeia sobre os intelectuais latino-americanos e suas experiências pessoais. É evidente que a Guerra Civil Espanhola desempenhou um papel crucial na América Latina, principalmente no México, no Chile e em Cuba. Por outro lado, em amplas áreas do continente, a disposição, na década de 1930, de adotar as ideias e a fraseologia do fascismo — um movimento de prestígio, bem-sucedido e na moda na Europa, que durante muito tempo fora a fonte dos modismos ideológicos na América Latina — não tinha necessariamente as conotações que apresentava no continente de origem. Lá teria sido impensável que políticos ou jovens oficiais militares politizados, simpatizando com tais ideias, procurassem chamar a atenção na vida pública mobilizando a classe operária como uma força sindical e eleitoral (como ocorreu na Argentina) ou aliando-se aos sindicatos para fazer uma revolução social (como na Bolívia). Talvez isso não afetasse a maior parte dos intelectuais do continente, mas faz com que nos acautelemos contra uma aplicação leviana dos alinhamentos políticos europeus à

América Latina. Além do mais, o continente não se envolveu efetivamente na Segunda Guerra Mundial.

A situação era mais complexa na Ásia e, na medida em que o continente estava politicamente mobilizado, na África, onde não havia um fascismo local[15] — ainda que o Japão, potência militantemente anticomunista, estivesse aliado à Alemanha e à Itália — e onde a Grã-Bretanha, a França e a Holanda eram, obviamente, os principais adversários para anti-imperialistas. A maior parte dos intelectuais não religiosos decerto se opunha ao fascismo europeu, em vista do racismo em relação a asiáticos, mulatos e negros. Além disso, os movimentos nesses países eram fortemente influenciados pelos das metrópoles. Ou seja, pelas tradições liberais e democráticas da Europa Ocidental, como ocorria claramente no Partido do Congresso indiano. Entretanto, era lógico que os anti-imperialistas assumissem a atitude adotada havia muito tempo pelos rebeldes irlandeses — de que "a dificuldade da Inglaterra é a oportunidade da Irlanda". De fato, a tradição de buscar apoio junto aos inimigos dos colonialistas remontava à Primeira Guerra Mundial, quando tanto os revolucionários irlandeses quanto os indianos (inclusive alguns que mais tarde se tornaram marxistas) recorreram à Alemanha para obter ajuda contra a Grã-Bretanha. Por isso, com base na prioridade mais alta dada à meta de derrotar a Alemanha, a Itália e o Japão, acima até mesmo da conquista de independência imediata, o antifascismo conflitava com os instintos e os cálculos políticos do anti-imperialismo local, exceto em casos especiais, como os da Etiópia e da China. A questão deixou de ser acadêmica quando rebentou a guerra, embora tivesse começado a complicar a vida política local alguns anos antes (por exemplo, na Indochina). Os comunistas ortodoxos,[16] que puseram em primeiro lugar o antifascismo global, arriscaram-se ao isolamento político — que em geral foi o que aconteceu — assim que a guerra se aproximou o suficiente deles, como ocorreu no Oriente Médio a partir de 1940, e no Sul e no Sudeste da Ásia em 1942. Os intelectuais de esquerda identificados com o antifascismo ou mesmo com algum tipo de marxismo puderam, como Jawaharlal Nehru e a maior parte dos membros do Partido do Congresso indiano, lançar-se a um confronto direto com o imperialismo britânico, ou, como Subhas Bose, de Bengala, organizar realmente um Exército Indiano de Libertação, sob a égide do Japão. Não resta dúvida de que o anti-imperialismo no Oriente Médio muçulmano era esmagadoramente pró-alemão, qualquer que fosse sua ideologia. Em suma, fora da Europa a relação entre os intelectuais e os antifascistas não se ajustava, nem podia ajustar-se, ao modelo europeu.

O antifascismo europeu também tinha suas próprias complexidades. Em primeiro lugar, à medida que transcorria a década de 1930, foi ficando cada vez mais claro que a aliança antifascista teria de abarcar não só o centro e a esquerda políticas como também quaisquer pessoas, tendências, organizações e Estados que, por estas ou aquelas razões, se dispusessem a resistir ao fascismo e às potências fascistas. As frentes populares tendiam inevitavelmente a se tornar "frentes nacionais". O reconhecimento lógico dessa situação pelos comunistas chocou as suscetibilidades tradicionais da esquerda, inclusive de seus intelectuais, quando Thorez estendeu a mão aos católicos, quando o partido francês apelou para Joana d'Arc (durante muito tempo um símbolo da extrema direita) e o partido britânico propôs uma aliança com Winston Churchill, outro símbolo de tudo quanto era reacionário e oposto ao movimento operário. Isso provavelmente causou poucos problemas, ao menos até a libertação ou a vitória. O perigo da Alemanha nazista era tão grande que fazia sentido uma coalizão com o adversário de ontem ou o de amanhã em face do perigo maior, sobretudo se essa aliança não implicasse uma aproximação ideológica com ele. Os ultraesquerdistas que resistiram à concessão de apoio à Etiópia contra a Itália, alegando (com toda razão) que Hailé Selassié era um imperador feudal, tiveram pouco respaldo. Já para a esquerda socialista revolucionária a adoção de uma estratégia antifascista ampla, às expensas, pelo menos temporariamente, da revolução socialista que era seu objetivo verdadeiro, suscitava dúvidas mais profundas. Que sacrifícios deveriam os revolucionários fazer em nome da causa premente de derrotar o fascismo? Não era concebível que a vitória sobre ele seria obtida ao custo de adiar a revolução ou até fortalecer o capitalismo não fascista? Na medida em que os revolucionários eram guiados por essas considerações, tinham algo em comum com o antifascismo no mundo colonial ou semicolonial.

Mas os intelectuais, embora talvez mais inclinados a levantar tais perguntas do que outros militantes, não se afligiam demais com elas. A derrota do fascismo era, afinal de contas, uma questão de vida e morte até para os revolucionários mais empenhados. Nem os comunistas nem os marxistas dissidentes diziam ver qualquer incompatibilidade entre o antifascismo e a revolução. No âmbito do Comintern dizia-se de vez em quando, ainda que com cuidado e reservadamente, que a frente ampla antifascista talvez proporcionasse uma estratégia para a transição ao socialismo. É claro que, em público, acentuavam-se acima de tudo os aspectos democráticos limitados e defensivos do fascismo, a fim de não afastar os antifascistas não socialistas, inclusive alguns governos burgueses. Mais adiante serão analisadas as ambiguidades resultantes. Já os elementos radicais tomaram o caminho utópico de negar qualquer contradição entre o antifascismo e a revolução proletária imediata. Mesmo aqueles que não rejeitavam de todo a frente ampla antifascista como uma traição desnecessária da revolução (como fez Trotski, induzido a erro por sua hostilidade ao Comintern stalinista, o maior propugnador dessa frente) instaram por sua transformação em insurreição em qualquer momento adequado — 1936 na França, 1944-5 na França e na Itália — e a aclamaram na Espanha em 1936. Como veremos, na época, esses argumentos utópicos tinham pouco peso. Podem até explicar o isolamento e a falta de influência dos que os defendiam, como os trotskistas e outros grupos marxistas dissidentes. As pessoas que, acuadas, combatiam as forças do fascismo davam prioridade à luta imediata. Se ela fosse perdida, a revolução de amanhã — e até mesmo a de hoje, no caso da Espanha — não teria chance.

A lógica da luta resolveu também outra complexidade da esquerda antifascista: o pacifismo. Como ideologia específica, o pacifismo se limitava ao mundo anglo-saxão, onde florescia tanto no movimento trabalhista[17] como, ao menos por algum tempo na década de 1930, em um grupo considerável de intelectuais liberais e em um movimento muito mais amplo a favor do desarmamento geral, do entendimento internacional e da Liga das Nações. Na forma de uma arraigada repulsa emocional contra a guerra, do medo de outra mortandade em massa como na Primeira Guerra Mundial ou — como nos Estados Unidos — de uma recusa em se envolver nas guerras da Europa, o pacifismo era uma doutrina muito disseminada. Era normal que o ódio à guerra e ao militarismo fosse basicamente um fenômeno da esquerda política. No entanto, o fascismo punha os homens e as mulheres que defendiam essas crenças diante de um dilema que não podia ser superado, a não ser pela convicção (em geral corroborada com referências a Gandhi e à resistência pacífica na Índia) de que, de algum modo, bastava a não cooperação passiva para deter Hitler. Eram pouquíssimos, mesmo entre os intelectuais, os que acreditavam nisso. A recusa a lutar implicava, por conseguinte, a disposição de ver o fascismo vencer; e, logicamente, vários dos mais ferrenhos pacifistas na França tornaram-se colaboradores do fascismo.[18] A alternativa era abandonar o pacifismo e concluir que a resistência ao fascismo justificava pegar em armas e lutar. Essa foi, na verdade, a atitude tomada pela maior parte dos pacifistas antifascistas, exceto os comprometidos com o pacifismo por preceitos religiosos, como os quacres. Depois de junho de 1940, muitos jovens intelectuais britânicos que no começo da guerra haviam se registrado como "objetores de consciência" vestiram uniforme. A recusa a lutar em qualquer guerra, mesmo contra o fascismo, só subsistiu como uma séria força política na forma de "isolacionismo" — em países como os Estados Unidos, que estavam longe o suficiente da Alemanha nazista para levar demasiado a sério o perigo de serem conquistados por Hitler.

Em síntese, para a esquerda europeia o antifascismo prevaleceu sobre todas as demais considerações. Justamente na época em que a luta pela insurreição proletária encontrava sua expressão prática imediata nos grupos armados da República espanhola contra Franco e nos grupos da Resistência contra Hitler e Mussolini, a luta contra a guerra levou, paradoxalmente, à mobilização de intelectuais para a guerra antifascista. Cientistas britânicos, muitos deles tornados radicais pelo Grupo de Cientistas de Cambridge Contra a Guerra (Cambridge Scientists' Anti-War Group) e que tinham passado grande parte da década de 1930 avisando a população que não existia nenhuma proteção eficaz contra os horrores dos ataques aéreos e com gases venenosos, que assombravam a imaginação das gerações pós-1918, transformaram-se em guerreiros científicos. Destacados líderes radicais e comunistas — Bernal, Haldane, Blackett — se envolveram no esforço de guerra mediante pesquisas originais sobre meios de proteger a população civil contra bombardeios aéreos. Foi isso que os pôs em contato com os planejadores do governo.[19]

III

Temos falado de "intelectuais" em geral. De fato, a mobilização contra o fascismo daqueles que podem ser chamados de "intelectuais públicos" foi um fenômeno dos mais notáveis. Na maioria dos países não fascistas, algumas figuras conhecidas do mundo das artes criativas — sobretudo na literatura — foram atraídas pela direita política, às vezes até pelo fascismo, embora poucas nas artes plásticas[20] e praticamente nenhuma nas ciências. Entretanto, eles formavam grupos minoritários e atípicos. Com efeito, nessa época, até mesmo alguns nomes que, por sua ideologia tradicionalista, poderiam identificar-se com a direita, como o mais influente dos críticos literários britânicos, F. R. Leavis, viram-se não só cercados por discípulos antifascistas e até marxistas, como chegaram a quase expressar uma simpatia cautelosa e com reservas pela causa deles, antes de se retirar da arena política.[21]

Na Grã-Bretanha, na França e nos Estados Unidos, os que se mobilizaram em favor da República espanhola e, de forma mais genérica, pelo antifascismo, formavam uma maioria talentosa e de pujante intelecto. Entre os escritores americanos que declararam apoio aos republicanos espanhóis estavam Sherwood Anderson, Stephen Vincent Benét, John Dos Passos, Theodore Dreiser, William Faulkner, Ernest Hemingway, Archibald MacLeish, Upton Sinclair, John Steinbeck e Thornton Wilder, para citar apenas alguns. No mundo hispânico, os poetas, quase sem exceção, apoiaram a República. Como era evidente o valor publicitário desses nomes, explorado por várias formas de reuniões de massa, declarações públicas e outras manifestações, essa parte do antifascismo acha-se muitíssimo bem documentada. Na verdade, certos artigos sobre o tema limitam-se praticamente a uma listagem do público, isto é, da intelligentsia, essencialmente literária.[22]

O antifascismo de pessoas muito talentosas e inteligentes, já consagradas ou que viriam a ganhar renome no futuro, é historicamente relevante, como também a simpatia que mostravam nesse período pelo marxismo, especialmente acentuada entre as gerações que chegaram à maturidade nas décadas de 1930 e 1940. O fenômeno teve expressão sobretudo em países onde o marxismo não tinha nenhuma tradição intelectual firmada, como a Grã-Bretanha e os Estados Unidos. (Nesse país, o marxismo dissidente, principalmente do tipo trotskista, conquistou mais intelectuais do que em outros.) É difícil explicar hoje, de forma satisfatória, esse recrutamento seletivo dos maiores talentos em certos períodos, mas os fatos são indubitáveis. Contudo, isso não esgota a questão do antifascismo e dos intelectuais, e em alguns aspectos torna mais difícil a análise da questão, ao obscurecer o problema da identidade social dos intelectuais antifascistas.

Em termos sociais — e deixando de lado no momento as variações nacionais —, no Ocidente os intelectuais da década de 1930 eram, de modo geral, ou filhos da burguesia estabelecida (que podia conter ou não um estrato reconhecido da *Bildungsbürgertum*,* que devia seu *status* a uma tradição de educação superior) ou representavam um estrato oriundo das classes mais pobres mas em ascensão social. Simplificando, ou pertenciam ao grupo para cujos filhos uma educação superior não profissionalizante era tomada como certa ou ao grupo em que esse não era o caso. Como as antigas instituições educacionais para jovens com mais de quinze ou dezesseis anos ainda atendiam basicamente aos membros do estrato superior estabelecido, os dois grupos muitas vezes tinham antecedentes sociais e formação diferentes. Não havia também uma distinção clara entre as profissões que acabariam por exercer, embora fosse bem mais provável que as profissões mais antigas e prestigiadas dos "intelectuais tradicionais" e as profissões técnicas superiores dos "intelectuais orgânicos" da burguesia fossem escolhidas por membros da burguesia estabelecida, cujos integrantes tinham mais probabilidade de dominar as primeiras gerações dessas profissões. Por outro lado, a maior parte dos intelectuais com antecedentes mais pobres não se via mais confinada aos ramos subalternos do magistério, da burocracia e do clero, ainda que o magistério e o serviço público fossem, provavelmente, as maiores fontes de emprego para eles. Na época, expandiam-se várias outras ocupações não manuais nas quais intelectuais de primeira geração podiam achar um nicho — por exemplo, no campo das comunicações de massa, que crescia rapidamente, bem como em serviços de escritório em geral, ou em atividades técnicas e de projeto subalternas.

A nitidez da linha divisória entre os dois grupos dependia das condições nacionais. Também as tradições nacionais determinavam em ampla medida as simpatias políticas dos intelectuais em geral e de determinadas profissões: em sua maioria, os professores secundários e universitários franceses eram de esquerda, enquanto seus congêneres alemães inclinavam-se claramente para a direita. Cumpre apontar outra distinção, na maioria dos países, entre as pessoas que exerciam profissões rigorosamente intelectuais e as que se dedicavam às artes criativas ou aos espetáculos. O comportamento político desses grupos não era de modo algum o mesmo. Por fim, diferenças de idade, sexo e origens nacionais ou históricas devem ser levadas em conta. Mantidas inalteráveis todas as demais variáveis, os jovens tendiam a ser mais radicais que seus pais, embora

* Em alemão no original, "a classe média educada". (N. T.)

isso não os levasse necessariamente ao radicalismo de esquerda. As mulheres intelectuais, quase por definição, inclinavam-se mais para a esquerda, não só porque a direita era quase uniformemente hostil à emancipação feminina, como também porque as famílias que provavelmente dariam às filhas uma formação intelectual tendiam a pertencer à ala liberal ou "progressista" da burguesia estabelecida. As origens nacionais podiam determinar um sobrerrepresentação de intelectuais em geral e de esquerdistas entre grupos como os judeus (que tinham uma forte tradição de valorização do saber e também a experiência de discriminação) e os galeses na Grã-Bretanha (um povo praticamente sem uma burguesia nativa, mas com um sistema de *status* que atribuía elevado valor à realização intelectual e cultural — literatura, magistério e clero). Por outro lado, os intelectuais tendiam a ser sub-representados em alguns outros grupos, como os de imigrantes eslavos e italianos nos Estados Unidos, oriundos majoritariamente de estratos de baixa formação e relegados ao trabalho manual, ou os negros americanos, em contraposição aos afro-caribenhos.

Por fim, a situação política nacional ou regional e a tradição podiam ser decisivas. Assim, a maioria dos estudantes universitários na Europa Ocidental e Central não foi afetada pelo antifascismo, e na realidade — como ocorreu na Alemanha, na Áustria e na França — era bem mais provável que se mobilizassem pela direita, enquanto em alguns países balcânicos (especialmente na Iugoslávia) seu entusiasmo pelo comunismo era proverbial. Os estudantes britânicos e americanos tendiam a ser apolíticos, mas a direita organizada não sobressaía entre eles, e a esquerda organizada estava, quase com certeza, mais forte do que nunca e dominava em algumas universidades. Os estudantes indianos tendiam, na maioria, a ser anti-imperialistas, porém os intelectuais nacionalistas de Bengala mostravam pendores bem maiores do que quaisquer outros para a esquerda revolucionária (ou seja, na década de 1930, para o marxismo). Desse modo, é impossível generalizar em bloco sobre os intelectuais e o antifascismo.

As posições políticas dos intelectuais procedentes da burguesia estabelecida eram as que mais chamavam a atenção, como é legítimo em países onde o ingresso nas profissões intelectuais se limitava sobretudo aos filhos desse estrato e era difícil a transferência de atividades intelectuais subalternas para outras mais elevadas. Quando o Partido Comunista da Itália, na ilegalidade, passou a conquistar uma nova geração de intelectuais, foi natural que eles viessem desse ambiente. Amendola, Sereni e Rossi-Doria, que chegaram ao PCI no fim da década de 1920, através da Universidade de Nápoles, podem ter vindo de famílias ilustríssimas, mas é evidente que podiam ser encontrados simpatizantes também entre rapazes da alta burguesia milanesa e no ambiente estudantil, basicamente burguês, em outros países.[23]

Do mesmo modo, na Grã-Bretanha, os membros mais jovens da alta burguesia, produto das chamadas "escolas públicas"* e das universidades antigas, tornaram-se desproporcionalmente conhecidos, em parte devido a sua alta visibilidade cultural (por exemplo, o grupo de poetas esquerdistas que incluía W. H. Auden, Stephen Spender, Cecil Day-Lewis etc.) e em parte porque vários jovens intelectuais comunistas levaram seu comprometimento a ponto de se tornarem agentes secretos soviéticos na década de 1930 (Burgess, Maclean, Philby, Blunt). Não cabe especular aqui a respeito das causas da conversão ao comunismo de uma minoria, significativa mas numericamente minúscula, dos filhos de uma classe dominante tão autoconfiante e inabalável quanto a britânica. Nem isso foi pesquisado da forma sistemática, a não ser no contexto um tanto atípico da busca de agentes soviéticos.[24] É provável que a maioria dos jovens rebeldes tenha se mobilizado "avante a partir do liberalismo" (para citar o título do livro de um deles).[25] Há diversos exemplos de famílias tradicionalmente liberais ou "progressistas" da classe média alta nas quais as gerações das décadas de 1920 e 1930 tornaram-se comunistas, durante períodos mais ou menos longos.[26] Houve, porém, divisões até em famílias tradicionalmente conservadoras e imperialistas (Philby).[27] Ocorreram até sinais de polarização política em parte da aristocracia tradicionalista: entre os filhos de lorde Redesdale, duas moças e provavelmente um rapaz tornaram-se fascistas, e uma moça fez-se comunista, casando-se com um sobrinho de Winston Churchill que foi lutar na Espanha.

Nos Estados Unidos há também indícios de que alguns membros mais jovens da elite de famílias milionárias da Costa Leste (por exemplo, Lamont e Whitney Straight) aderiram ao comunismo, ainda que quase certamente em

---

* Na Inglaterra e no País de Gales, a expressão "escola pública" (*public school*) designa uma escola que não é mantida pelo poder público e cobra anuidades aos alunos — eram os educandários da elite na era vitoriana. A expressão, criada pelo Eton College, aludia ao fato de estar aberta a quem pudesse pagar, ao contrário das escolas religiosas, só franqueadas a membros da igreja mantenedora. (N. T.)

menor escala. É possível que pesquisas sobre esse aspecto da história social de outros países europeus revelem — e ajudem a explicar — fenômenos semelhantes em outros países. No Ocidente, fora da Europa, onde a educação de modo geral se restringia a uma elite mínima, talvez surpreenda menos que o comunismo, na década de 1930, como o liberalismo ocidental e movimentos destinados a modernizar as culturas locais, se limitasse de modo geral aos estratos ou até às famílias que também exerciam um papel importante no governo local e na alta sociedade como autoridades da ordem colonial ou outra. Quadros de todo gênero eram recrutados mais facilmente nesse mesmo pequeno reservatório. Dos quatro filhos de uma dessas famílias, no caso indiano — todos educados em Eton, na Inglaterra —, três tornaram-se comunistas (mais tarde dois foram titulares de ministérios e o terceiro tornou-se empresário), e o quarto chegou ao comando supremo do Exército indiano.

Entretanto, esses recrutamentos para o comunismo na elite não devem encobrir a proporção bastante substancial — na Grã-Bretanha e nos Estados Unidos são a maioria — dos estudantes antifascistas e comunistas que não provinham das "escolas públicas" britânicas, ou das "escolas preparatórias" ou das universidades da "Ivy League" americanas, e aqueles intelectuais que não vinham de universidade nenhuma. Na história do marxismo na década de 1930, instituições como a London School of Economics e o City College, em Nova York, tiveram um papel tão — se não mais — importante quanto Oxford e Yale. Entre os historiadores marxistas britânicos da geração das décadas de 1930 e 1940, a maioria daqueles que depois se tornaram muito conhecidos vieram de "*grammar schools*" e, na verdade, com frequência tinham origens liberais ou trabalhistas não conformistas provincianas, ainda que vários deles tivessem se formado com a elite nas antigas universidades de Oxford e Cambridge. Na França, a escada estreita da meritocracia levou aos níveis superiores da intelectualidade de esquerda filhos de pequenos funcionários públicos republicanos e de professores primários, assim como os filhos de famílias de profissionais com uma longa tradição de educação superior.[28] Em suma, nos países com firme democracia liberal, onde o fascismo exerceu pouca influência sobre a classe média-média e a média-baixa, a mobilização de intelectuais antifascistas foi relativamente ampla.

Isso fica particularmente óbvio entre o grande número de intelectuais não universitários. Sabemos que 75% dos membros do Left Book Club [Clube do

Livro de Esquerda] britânico (que em seu apogeu chegou a ter 57 mil membros e 250 mil leitores) eram formados por funcionários de escritório, profissionais de nível inferior e outros intelectuais não acadêmicos.[29] Esse público era decerto análogo ao que adquiria brochuras baratas e intelectualmente "difíceis", que também foi descoberto na Grã-Bretanha em meados da década de 1930 pela Penguin Books, cuja principal série intelectual era editada por esquerdistas. O grosso dos fãs ardorosos de "música tradicional" e de jazz na Grã-Bretanha e nos Estados Unidos — grupo que apresentava uma quantidade incomum de jovens comunistas na Grã-Bretanha — era também encontrado na periferia da classe de trabalhadores qualificados, técnicos e profissionais de nível inferior e na classe média, bem como entre estudantes.[30] O crescente campo do jornalismo, da publicidade e dos espetáculos proporcionava emprego tanto a intelectuais sem curso universitário quanto àqueles com formação superior que preferiam não fazer carreira no serviço público ou como profissionais liberais — principalmente em países como a Grã-Bretanha e os Estados Unidos, onde ingressar nesses novos campos era relativamente fácil. Por essa razão, novos círculos de atividades antifascistas e de esquerda surgiram em centros da indústria cinematográfica (que era então o principal meio de comunicação de massa), como Hollywood, e no jornalismo popular de um tipo apolítico ou não especificamente reacionário.[31]

Portanto, o antifascismo não se limitava a uma elite intelectual. Incluía, nos Estados Unidos, bibliotecários e assistentes sociais que se sentiam particularmente identificados com o comunismo. Incluía aqueles que a elite desdenhava: "o redator de revista insatisfeito, o roteirista de Hollywood com sentimento de culpa, o professor secundário mal remunerado, o cientista sem experiência política, o escriturário inteligente, o dentista com aspirações culturais".[32] Assim, essa lista refletia a democratização da intelligentsia.

IV

Como o antifascismo era um movimento muito mais amplo do que o comunismo, os partidos comunistas não faziam nenhuma tentativa de converter a massa de intelectuais ao marxismo, muito embora no crescente número de intelectuais mobilizados através do antifascismo os partidos encontrassem, naturalmente, seus candidatos potenciais e reais ao recrutamento. A tarefa principal consistia em mobilizar o maior número possível de intelectuais, sobretudo os mais destacados, e associá-los à causa do antifascismo em suas várias formas. Dificilmente poderiam ser detalhados critérios ideológicos num apelo assinado por figuras tão díspares como Aragon, Bernanos, André Chamson, Colette, Guéhenno, Malraux, Maritain, Montherlant, Jules Romains e Schlumberger, após a ocupação de Praga por Hitler.[33]

Em países com uma longa tradição de participação de intelectuais na política de esquerda, nem mesmo os que se filiavam ao Partido Comunista eram estimulados a mudar de ideologia de um momento para outro, sobretudo se fossem ilustres o suficiente para dar prestígio ao partido. Isso acontecia muito no Partido Comunista Francês, pois na França a tradição de revolução era forte, mas o marxismo, fraco. "Foi somente nos anos da Frente Popular, da Resistência e da Libertação" que esses intelectuais acadêmicos tradicionais, com frequência socialistas, pessoas que acreditavam "na integridade, no progresso, na justiça, na verdade [...] adotaram aos poucos e sem alarde os valores afins [do comunismo], não por haverem renunciado a suas anteriores opiniões racionalistas, positivistas, mas, pelo contrário, porque tinham permanecido fiéis a si mesmas".[34] Ainda no fim da década de 1940 havia professores que negavam ser marxistas, tendo ingressado no Partido Comunista por seu histórico de antifascismo e resistência. Cumpre distinguir os intelectuais desse tipo daqueles (sobretudo de uma geração mais jovem) que também foram levados ao comunismo pela teoria marxista e educados sistematicamente no marxismo dentro do partido e em suas fímbrias. Cabe não esquecer que a década de 1930 assistiu ao programa internacional mais sistemático feito até então para publicar e popularizar os "clássicos" do marxismo, além de fomentar seu estudo. Esse esforço foi feito pelos comunistas.

Entretanto, não havia uma linha clara que separasse a "velha" esquerda da "nova". Quando, depois de 1933, os comunistas passaram a insistir nas tradições progressistas das revoluções burguesas, bem como no antifascismo que partilhavam com socialistas e liberais, a "velha" esquerda também descobriu a necessidade de um campo comum. Não estava a própria burguesia abandonando as velhas realidades do racionalismo, da ciência e do progresso? Quem eram hoje seus mais determinados defensores? O influente livro *La crise du progrès*, de Georges Friedmann, publicado em 1937 sob os auspícios prestigiosos da

Nouvelle Revue, argumentava convincentemente que o campo comum era o materialismo dialético, que, justamente por ser um materialismo, durante longo tempo fora apontado por seus oponentes como inimigo de todas as aspirações superiores da humanidade. A União Soviética representava agora tanto as tradições quanto as aspirações abandonadas pela burguesia.

Tudo isso não só tornava mais fácil atrair intelectuais antifascistas para as vizinhanças do marxismo, como também afetava de maneira significativa o desenvolvimento do próprio marxismo. Reforçava alguns elementos do marxismo que estavam mais próximos da tradição racionalista, positivista e científica do Iluminismo e sua fé na ilimitada capacidade humana de progredir. De forma consciente ou não, os marxistas foram mais propensos a modificar suas teorias do que os não marxistas em razão da nova proximidade entre os dois grupos. Mas é claro que assim procederam não apenas porque desejavam criar uma frente comum contra o fascismo. Vencer o que Dimitrov chamara de "o isolamento da vanguarda revolucionária" implicava a reconstrução "de todas as nossas políticas e táticas de acordo com a situação cambiante", mas nenhuma modificação na teoria e na ideologia marxistas. Paradoxalmente, foi o desenvolvimento interno da União Soviética, mais do que os requisitos de resistência a Hitler, que levou ao fortalecimento das tendências que fizeram o marxismo aproximar-se mais da velha ideologia do progresso do século XIX. E, com efeito, não há como separar facilmente o impacto de Hitler e o da União Soviética na experiência da era antifascista.

Por isso, a interpretação do "materialismo dialético e histórico" que prevaleceu no período — com a autoridade de Stálin, ele se tornou canônico para os comunistas — nada deveu à necessidade de construir uma frente antifascista, embora certamente facilitasse essa interpretação. Ela derivou da ortodoxia marxista do período da Segunda Internacional, cujo porta-voz foi Karl Kautsky, e que, por sua vez, se baseava na codificação, por Engels, das doutrinas dele e de Marx: uma versão do marxismo que lhe dava tanto a autoridade da ciência, a certeza do método e da previsão científicos, quanto a pretensão de interpretar todos os fenômenos no universo por meio do materialismo dialético — sendo a dialética de derivação hegeliana, mas estando o materialismo essencialmente na linha dos *philosophes* franceses do século XVIII. Era uma interpretação que (tal como no *Feuerbach*, de Engels) promoveu o casamento das triunfantes ciências naturais do século XIX com o marxismo — assim que Marx e Engels abandonaram o materialismo superficial, estático e mecânico do século XVIII, pois (no entender de Engels) o progresso dessas próprias ciências tinha os obrigado a abandoná-lo, devido às três descobertas decisivas: da célula, da transformação de energia e do evolucionismo darwiniano.

Não havia nada de muito surpreendente nisso. Fazia muito tempo que o casamento do "progresso" com a "revolução", do materialismo setecentista com o marxismo, combinando as certezas das ciências naturais e a inevitabilidade histórica, exercia uma profunda influência sobre os movimentos da classe operária. Nisso o movimento russo não era exceção. Ademais, era provável que a situação da Rússia pós-revolucionária incentivasse um cientificismo ainda mais enfático. Assim que a Revolução deixou de concretizar o que tanto Marx quanto Lênin tinham julgado seu principal objetivo, ou seja, "dar o sinal para uma revolução dos trabalhadores no Ocidente, de forma que uma complemente a outra",[35] as tarefas mais importantes dos bolcheviques, as dominantes, foram e tinham de ser o desenvolvimento econômico e cultural de um país atrasado e empobrecido, a fim de criar tanto as condições para resistência a um ataque vindo do exterior quanto a construção do socialismo num país isolado, ainda que gigantesco. Em termos materiais, a produção e a tecnologia (a "eletrificação" de Lênin) tinham que ter precedência. Em termos culturais, deu-se prioridade à escolarização em massa, vista tanto como educação e como combate à religião e à superstição. A batalha contra o atraso e pelo "desenvolvimento" foi, sem dúvida, diferente de batalhas semelhantes no século XIX. Não obstante, os temas de ciência, razão e progresso como forças de libertação foram, em larga medida, visivelmente os mesmos. Em tal sociedade, a força do "materialismo dialético" provinha não somente da tradição e da autoridade, como também de sua utilidade como arma nessa batalha e de seu apelo para militantes do partido e futuros líderes, eles próprios operários e camponeses, aos quais o conceito dava confiança, certeza e instrução com relação ao que era, a um tempo, cientificamente verdadeiro e destinado a triunfar.

Como já foi observado, o que atraía os intelectuais para o marxismo na União Soviética era a combinação da "crise do progresso" na sociedade burguesa a uma confiante reafirmação de seus valores tradicionais. Eles chegavam como se trouxessem a bandeira da razão e da ciência que a burguesia havia deixado cair, como defensores dos valores do Iluminismo contra o fascismo que estava voltado para a destruição desses valores. E, com isso, não só aceitaram como aplaudiram e desenvolveram o "materialismo dialético" como era formulado agora na ortodoxia soviética e internacional, especialmente se fossem marxistas recentes; e a grande maioria dos intelectuais marxistas nesse período era constituída de marxistas recentes, para quem o próprio marxismo era coisa tão nova quanto, digamos, o jazz, o cinema sonoro e os contos policiais.

V

O contexto do marxismo no fim do século XX, e portanto a experiência da maioria dos leitores deste livro, é tão diferente que o caráter histórico específico da era antifascista precisa ser sublinhado, para que não seja interpretado de forma anacrônica e, portanto, errônea. Desde a década de 1960, os intelectuais marxistas têm sido submergidos por uma enxurrada de estudos e debates marxistas. Eles têm acesso a algo que se assemelha a um gigantesco supermercado de marxismos e autores marxistas, e o fato de que a qualquer tempo a escolha da maioria em qualquer país pode ser ditada pela história, pela situação política e pelo modismo não os impede de tomar consciência do leque teórico de suas opções. Esse leque é tanto mais amplo porque o marxismo, também sobretudo a partir da década de 1960, passou a integrar-se cada vez mais no currículo da educação superior formal, pelo menos nos departamentos de humanidades e ciências sociais. Na maioria dos países ocidentais, os novos marxistas da década de 1930 só tinham acesso a uma literatura relativamente exígua, quase inteiramente excluída da educação e cultura oficiais, a não ser como alvo de críticas hostis. Assim, até 1946 o total de livros de história, em inglês, que podiam ser descritos como "marxistas ou quase marxistas", omitindo-se os textos dos "clássicos", consistiam em cerca de trinta livros e, no máximo, algumas dezenas de artigos.[36]

Na medida em que existiam tradições marxistas mais antigas, os novos marxistas se achavam de modo geral apartados delas por quatro motivos. A cisão entre a social-democracia e o comunismo fazia com que desconfiassem da maior parte do marxismo social-democrata anterior a 1914 e de sua evolução posterior. A formação de uma versão comunista padrão do marxismo (o leninismo) quase soterrou essas tradições nativas do marxismo revolucionário que haviam sobrevivido e chegado aos primeiros anos do comunismo (por exemplo, na Grã-Bretanha, as tradições associadas à "Plebs League").[37] Também marginalizou certas tendências no marxismo comunista, mesmo quando não eram condenadas. A eliminação dos oponentes de Stálin e de outros "desviacionistas" retirou de circulação efetiva uma parte de textos marxistas bolcheviques (por exemplo, Bogdanov e, mais tarde, Bukharin, para não falar de Trotski). Com isso, a "bolchevização" do fim da década de 1920 foi não só organizacional e política, como também intelectual. Por fim, como já foi indicado, razões técnicas — tanto linguísticas como políticas (por exemplo, os efeitos do triunfo de Hitler) — simplesmente fizeram com que muitos trabalhos existentes deixassem de ser acessíveis. Assim, a monumental biografia de Engels, de Gustav Mayer, publicada por uma editora de refugiados em 1934, permaneceu quase desconhecida na Alemanha durante muito tempo depois da guerra e só existia em inglês numa tradução impiedosamente condensada.

Como já se disse, a ignorância — e sobretudo a ignorância linguística — não estreitava necessariamente os horizontes dos marxistas da época. Nas condições de ortodoxia teórica monolítica que eram progressivamente impostas aos movimentos comunistas, essa ignorância poderia ter um efeito oposto. De modo geral os marxistas ocidentais de então não tinham conhecimento da ortodoxia soviética que se tornou mais definida, específica e compulsória na União Soviética, no começo da década de 1930, com relação a várias questões, que iam de literatura a teoria econômica, história e filosofia, e que redundou em importantes revisões do próprio Marx.[38] Todavia, essa ortodoxia não foi formalmente imposta aos comunistas fora da União Soviética. De qualquer modo, embora nenhum comunista desconhecesse o dever de denunciar heresias políticas estigmatizadas (notadamente o "trotskismo"), a imposição de uma nova ortodoxia em assuntos mais distanciados da política corrente não era divulgada especificamente fora da Rússia; os principais debates (salvo aqueles sobre arte e literatura) não eram traduzidos e, por isso, ficavam praticamente desconhecidos.

Por isso, pouco afetavam os comunistas ocidentais. Autores britânicos, americanos, chineses e de outras nacionalidades continuaram, durante toda a década de 1930 — e os dos países anglófonos durante mais tempo ainda —, a trabalhar com o "modo asiático de produção", enquanto os russos já tinham o cuidado de evitar fazê-lo.[39] Um livro-texto soviético de filosofia, adaptado para uso na Grã-Bretanha, continha as denúncias então correntes de Deborin e Luppol, enquanto uma obra do próprio Luppol ainda era publicada sem cuidados pela editora oficial do Partido Comunista Francês em 1936.[40] Os marxistas que sabiam alemão e tinham acesso aos *Frühschriften* incorporavam com entusiasmo o Marx dos Manuscritos de Paris a suas análises, aparentemente alheios às reservas soviéticas quanto a esses primeiros textos. E, na verdade, até o famoso capítulo 4 da *História do PCUS(b): Breve curso*, que se referia aos novos dogmas do materialismo dialético e histórico, era lido não para criticar aqueles que se desviavam deles, mas, na maioria dos casos, simplesmente como uma lúcida e vigorosa formulação de princípios marxistas básicos. Se lhes tivesse sido pedido, os comunistas ocidentais teriam sem dúvida denunciado aqueles cujas ideias eram condenadas implícita ou explicitamente nos debates soviéticos, com tanta lealdade e convicção como denunciavam o trotskismo, mas na época isso não foi solicitado, e poucos sabiam que os comunistas russos tinham de fazer isso. Ou seja, muitos dos novos marxistas da década de 1930 estavam desinformados em relação a interpretações alternativas da teoria marxista — mesmo os novos marxistas ligados à corrente que veio a ser chamada de "marxismo ocidental",[41] que eram ou tinham sido identificados com o bolchevismo ou com seus simpatizantes. Mais: à diferença dos marxistas do fim do século XX, não estavam muito interessados em controvérsias sobre teoria entre marxistas (a não ser na medida em que estivessem inseridas no *corpus* impositivo de Lênin e Stálin ou declaradas compulsórias por decisões soviéticas ou do Comintern). Tais debates costumavam surgir em períodos de incerteza quanto à validade de uma análise marxista, como no fim do século XIX (a "crise revisionista do marxismo") ou na era do triunfo capitalista global e do pós-stalinismo. Mas os novos marxistas da década de 1930 não viam razão para duvidar do prognóstico marxista nos anos da grande crise capitalista, nem para vasculhar os textos clássicos em busca de sentidos alternativos. Antes, viam o marxismo como chave para compreender vastas gamas de fenômenos que até então eram obscuros e enigmáticos. Assim se expressou um jovem matemático e militante marxista: "No meio de tanta coisa que ainda é objeto de investigação detalhada, um marxista não pode deixar de sentir que vastos domínios do pensamento ainda esperam um entendimento dialético".[42] Eles viam sua tarefa intelectual como a exploração daquele vasto domínio, e tomavam os textos dos clássicos e de marxistas anteriores menos como um enigma à espera de explicação intelectual do que como um repositório coletivo de ideias iluminadoras. Possíveis lacunas e contradições internas pareciam muito menos importantes do que os enormes avanços que esses textos possibilitavam. Para os intelectuais, o mais óbvio desses avanços era a análise das teses não marxistas que os cercavam. Logicamente, concentravam-se nisso, e não na crítica de outros marxistas, a menos que a atuação política deles suscitasse essa crítica. Cabe supor que, deixados a si mesmos, teriam considerado interessantes, e não diabólicos, até mesmo os marxistas de quem discordavam. Em suas aliciantes reflexões sobre o problema nacional (1937), Henri Lefebvre considerou que a definição dada por Otto Bauer ao problema nacional diferia da definição de Stálin por ser menos precisa, e não por estar perigosamente equivocada.[43]

No entanto, cabe observar que os novos marxistas aceitaram a interpretação ortodoxa não só porque não conheciam outra, nem estavam muito preocupados com sutis distinções doutrinárias dentro do marxismo, como também porque ela se ajustava ao modo como eles próprios abordavam o marxismo. O impacto do livro *Karl Marx*, de Karl Korsch (publicado em inglês em 1938), foi quase nulo, menos porque o autor fosse visto como dissidente — poucas pessoas, exceto imigrantes alemães, sabiam de quem se tratava —, mas sobretudo porque se distanciava da abordagem normalmente aceita. A opinião oficial sobre os primeiros textos filosóficos de Marx é de que são "textos da juventude de Marx. Refletem sua evolução, do idealismo de Hegel a um materialismo sólido".[44] Mas, embora houvesse um número suficiente de professores secundários no PC francês capazes de perceber, como observou Henri Lefebvre, que isso de modo algum esgotava o problema da relação de Marx com Hegel, não existe nenhum eco do Marx hegeliano em *Principes elementaires de la philosophie*, de Georges Politzer (baseado numa série de palestras proferidas em 1935-6), e tampouco no *Textbook of dialectical materialism*, do inglês David Guest, da mesma época, embora o autor conhecesse muito bem os *Cadernos filosóficos* de Lênin.[45] Nenhum desses pensadores, capazes e independentes, pode ser visto como um mero divulgador.

Talvez o que melhor ilustre o caráter específico do marxismo ocidental do período antifascista seja o fato de que pela primeira e provavelmente única vez até a atualidade os cientistas naturais se aproximaram do marxismo em número relevante e mobilizados para objetivos antifascistas mais gerais. Nas décadas de 1960 e 1970 virou moda rejeitar a ideia do marxismo como uma cosmovisão que engloba tanto o universo natural quanto a história humana, seguindo linhas críticas já levantadas muito antes por Korsch e outros. Mas na década de 1930 era exatamente essa oniabrangência do marxismo, tal como exposta por Engels,[46] o que seduzia os novos marxistas, bem como cientistas naturais velhos e jovens. O fenômeno foi particularmente acentuado na Grã-Bretanha, nos Estados Unidos e na França, os principais centros ocidentais de pesquisas em ciências naturais depois da catástrofe alemã. No auge dessa tendência, era expressivo o número de cientistas eminentes, ou que viriam a se destacar no futuro, que se declaravam comunistas, simpatizantes ou ligados de perto à esquerda radical. Somente a Grã-Bretanha tinha pelo menos cinco futuros laureados com o Nobel. Num nível um pouco inferior, o radicalismo dos cientistas de Cambridge, de longe o mais importante centro científico britânico, era proverbial. O Grupo de Cientistas de Cambridge Contra a Guerra foi criado com cerca de oitenta membros, um grupo restrito naqueles tempos.[47] E, se os ativistas formavam uma minoria, a maioria se mostrava ao menos passivamente simpática à esquerda. Já se estimou que dos duzentos melhores cientistas britânicos com menos de quarenta anos, quinze, em 1936, eram membros ou simpatizantes do Partido Comunista; cinquenta eram militantes ativos de centro-esquerda; cem tinham simpatia pela esquerda e os demais eram neutros, com talvez cinco ou seis nas alas excêntricas da direita.[48]

O antifascismo dos cientistas era espontâneo em vista da expulsão e da emigração em massa de cientistas dos países fascistas. No entanto, seu pendor pelo marxismo era menos natural, dada a dificuldade de conciliar grande parte da ciência do século XX com os modelos do século XIX em que Engels tinha baseado sua concepção, defendida filosoficamente por Lênin.[49] Tanto *A dialética da natureza*, de Engels, quanto *Materialismo e empiriocriticismo*, de Lênin, estavam, é claro, acessíveis. O manuscrito de Engels, como observou Ryazanov com integridade acadêmica na introdução que escreveu para a obra, na verdade fora submetido a Einstein, em 1924, para uma avaliação científica, e o grande cientista declarara que "o conteúdo não é de particular interesse do ponto de vista da física atual nem para a história da física", mas que sua publicação valia a pena "por ser uma interessante contribuição para o processo de esclarecer a relevância intelectual de Engels".[50] No entanto, o trabalho foi lido não como contribuição para a biografia intelectual de Engels, e sim, pelo menos segundo alguns jovens cientistas que foram meus contemporâneos em Cambridge, como uma estimulante contribuição para a formação de suas ideias sobre a ciência.[51]

Cumpre dizer também que mesmo então havia cientistas comunistas que admitiam privadamente que o materialismo dialético não parecia ser diretamente relevante para suas pesquisas.

Como este não é o lugar de pesquisar a história da interpretação marxista das ciências naturais, pouco podemos fazer sobre as várias tentativas de aplicar-lhes a dialética nesse período.[52] Entretanto, cabem três observações sobre a atração que o marxismo exercia sobre os cientistas naturais.

Primeiro, ela refletia a insatisfação dos cientistas com o materialismo mecânico e determinista do século XIX, que produzira resultados claramente difíceis de conciliar com esse princípio explanatório. Isso gerava não só dificuldades consideráveis em cada disciplina, como também uma fragmentação geral da ciência e uma crescente contradição entre os progressos revolucionários do conhecimento científico e a imagem cada vez mais caótica e incoerente da realidade total que ela pretendia explicar. Assim se expressou um jovem e brilhante marxista, que em breve seria morto na Espanha:

> Chega-se a um ponto em que o emprego de uma teoria especializada, em cada departamento, contradiz de tal forma a tácita teoria geral da ciência que, na verdade, toda a filosofia do mecanicismo vai pelos ares. Biologia, química, física, psicologia e antropologia veem suas descobertas empíricas como um esforço grande demais para a teoria geral inconsciente da ciência, e a ciência se dissolve em fragmentos. Os cientistas perdem a esperança de alcançar uma teoria geral da ciência e se refugiam no empirismo, no qual renunciam a todas as tentativas de uma concepção geral do mundo; ou no ecletismo, no qual todas as teorias especializadas se embolam e produzem uma concepção do mundo semelhante a uma colcha de retalhos, sem uma tentativa de integrá-las; ou na especialização, na qual o mundo inteiro se reduz à teoria especializada particular da ciência de que o teórico se ocupa na prática. Seja como for, a ciência se dissolve na anarquia; e pela primeira vez o homem se desespera de extrair dela qualquer conhecimento positivo da realidade.[53]

O materialismo dialético tinha três atrativos principais para aqueles que achavam que a concepção do mundo da ciência estava se esfacelando em virtude dos próprios avanços revolucionários dos decênios anteriores, fosse na "crise da física" sobre a qual Christopher Cauldwell escreveu, nas dificuldades que a genética criava para a teoria evolutiva de Darwin, que J. B. S. Haldane tentava superar,[54] ou em termos mais gerais. Em primeiro lugar, o materialismo dialético afirmava unificar e integrar *todos* os campos do conhecimento, e, portanto, neutralizava sua fragmentação. Não foi por acaso, provavelmente, que os mais destacados cientistas marxistas, como Haldane, J. D. Bernal e Joseph Needham, tinham conhecimentos e interesses enciclopédicos. Além disso, o materialismo dialético preservava firmemente a crença num único universo com existência objetiva e cognoscível pela razão, em contraposição a um universo indeterminado e incognoscível, que o agnosticismo filosófico, o positivismo e os jogos matemáticos postulavam. Nesse sentido, esses cientistas marxistas estavam do lado do "materialismo" contra o "idealismo" e dispostos a relevar as deficiências filosóficas e de outro tipo encontradas em certos textos sobre o materialismo dialético, como o *Empiriocriticismo*, de Lênin.

Em segundo lugar, o marxismo sempre criticara o materialismo mecânico e determinista que constituía a base da ciência do século XIX, e, por conseguinte, alegava proporcionar uma alternativa a ele. Com efeito, seus vínculos científicos tinham sido não galileanos e não newtonianos, pois o próprio Engels cultivara por toda a vida o apreço pela "filosofia natural" alemã na qual os estudantes alemães de sua juventude tinham sido educados. Ele simpatizava mais com Kepler do que com Galileu. É possível que esse aspecto da tradição marxista contribuísse para atrair cientistas cujo campo (a biologia) ou cuja mentalidade os levava a considerar particularmente impróprios tanto os modelos mecânico-reducionistas de uma ciência cujo triunfo supremo era a física, quanto o método analítico de isolar de seu contexto o tema de pesquisa ("manter inalteradas todas as demais variáveis"). Esses homens (Joseph Needham, C. H. Waddington) estavam interessados em totalidades, e não em partes, numa teoria de sistemas gerais — a expressão ainda não era corrente —, em conjuntos que integram, numa realidade viva, fenômenos que o "método científico" convencional separava; por exemplo, "cidades bombardeadas, mas ainda assim funcionais", para usar uma ilustração de Needham adequada à era do antifascismo.[55]

Terceiro, o materialismo dialético parecia oferecer uma saída para as inconsistências da ciência, mediante a incorporação do conceito de contradição em sua abordagem. ("As descobertas de diferentes pesquisadores parecem se contradizer claramente. E aqui é essencial uma abordagem dialética" — J. B. S. Haldane.)

O que o marxismo ofereceu aos cientistas, portanto, não foi um modo melhor de formular hipóteses de maneira falsificável, ou mesmo uma forma heuristicamente fértil de analisar seus campos. Nem eles estavam necessariamente preocupados com os erros e a obsolescência de *A dialética da natureza*, de Engels. O que o marxismo lhes ofereceu foi uma abordagem abrangente e integrada do universo e de tudo o que ele continha, numa época em que isso parecia ter se desintegrado, e nada parecia poder substituí-lo. Não se pode compreender a busca de um caminho novo através do materialismo dialético, no começo da década de 1930, sem essa percepção de desordem na ciência, dividida (por exemplo, na física) entre a nova geração (Heisenberg, Schrödinger, Dirac), que abria caminho em território novo sem se importar com sua coerência, e "Einstein e Planck [...], os últimos da 'velha guarda' da física newtoniana", que, "incapazes de liderar qualquer contra-ataque contra as posições inimigas", levavam a cabo uma "espécie de amuralhamento [defesa]".[56]

Contudo, o marxismo deu outra contribuição importante à ciência. Sua aplicação à história da ciência atingiu muitos cientistas com a força de uma revelação: daí o imenso significado, para o desenvolvimento do marxismo dos cientistas, do ensaio de B. Hessen sobre "As raízes sociais e econômicas dos *Principia*, de Newton", apresentado numa conferência na Grã-Bretanha em 1931.[57] Esse ensaio integrava o progresso científico aos movimentos da sociedade e, no processo, mostrava que os "paradigmas" da explicação científica (para usarmos um termo criado muito depois) não derivavam exclusivamente do progresso interno da pesquisa intelectual. Aqui, mais uma vez, a validade real das análises marxistas concretas não era a questão principal. O próprio ensaio de Hessen estava, mesmo então, aberto a críticas justificadas. O impacto principal decorria da novidade e da fertilidade da abordagem.

E o impacto desse ensaio decorria, em parte, de sua ligação com a terceira contribuição importante para o mundo da ciência, uma contribuição que foi menos do marxismo do que dos cientistas marxistas e da União Soviética: a insistência no significado social da ciência, na necessidade de planejar seu desenvolvimento e do papel do cientista ao fazê-lo. Não foi por acidente que o marxismo entrou pela primeira vez nas discussões do influente clube britânico de cientistas e outros intelectuais, o "Tots and Quots", no começo de 1932, na forma de um ensaio do matemático marxista H. Levy (apoiado por Haldane, Hogben e Bernal) a respeito da necessidade de planejar a ciência "em conformidade com as tendências do desenvolvimento social".[58] Também não foi por acaso que numa sociedade como a da França, onde a pesquisa científica não recebia apoio sistemático, cientistas de esquerda tenham sido seus propugnadores, levando o governo da Frente Popular a aceitar sua necessidade: o socialista Jean Perrin e o simpatizante comunista (e mais tarde comunista) Paul Langevin foram os principais proponentes da Caisse Nationale de la Recherche Scientifique, que depois se tornou o Centre National de la Recherche Scientifique, e Irène Joliot-Curie tornou-se subsecretária de Estado para a Ciência.

Nesse sentido, é possível que o livro mais importante (e decerto o mais influente) da ciência marxista tenha sido *The social function of science*, de J. D. Bernal (Londres, 1939), apenas porque foi um marxista que nele formulou anseios e opiniões partilhados por uma ampla faixa de cientistas que, de resto, não nutriam simpatias especiais pelo marxismo: a reivindicação dos cientistas de ser tratados como um quarto ou quinto "estado" e a condenação de Estados e sociedades que não reconheciam o papel fundamental da ciência na produção (e na guerra) e na planificação dos recursos da sociedade. Se o apelo teve tanta receptividade na época foi porque os cientistas percebiam que só eles conheciam as implicações teóricas e práticas da nova revolução científica (por exemplo, da física nuclear). Foi uma ironia da história que o primeiro e maior êxito dos cientistas em persuadir os governos de que a teoria científica moderna era indispensável para a sociedade ocorresse na guerra contra o fascismo. Foi uma ironia ainda maior e mais trágica que tenham sido cientistas antifascistas os que convenceram o governo americano da viabilidade e da necessidade de produzir armas atômicas, fabricadas então por uma equipe internacional formada sobretudo de cientistas antifascistas.

A afinidade de vários cientistas naturais eminentes com o marxismo mostrou-se efêmera. É provável que não durasse muito, mesmo que fatos internos da União Soviética (sobretudo o caso Lysenko) não tivessem antagonizado os cientistas em geral e tornado quase insustentável, depois de 1948, a posição dos que eram comunistas. Essa afinidade ficou quase esquecida na historiografia e na discussão marxista, pelo menos no período em que se passou a negar que Marx tivesse qualquer coisa a dizer sobre as ciências naturais — ou mesmo que ele tivesse pretendido dizer alguma coisa —, e os escritos do próprio Engels a respeito foram deixados de lado, como se ele fosse mais um evolucionista do século XIX e um diletante da ciência e da filosofia. No entanto, essa afinidade é não só um lembrete de que as relações do marxismo com as ciências naturais não podem ser assim descartadas, como também um elemento essencial do marxismo de intelectuais na era do antifascismo. Reflete tanto a continuidade da tradição pré-marxista de racionalismo e progresso quanto o reconhecimento de que essa tradição só poderia ser levada avante por meio de uma revolução na prática e na teoria. E ajuda a explicar por que o materialismo dialético e histórico na versão soviética ortodoxa era saudado autêntica e sinceramente por intelectuais marxistas contemporâneos, e não simplesmente aceito (com maior ou menor racionalização) por vir da União Soviética.

Para os marxistas, o marxismo implicava tanto a continuidade da velha tradição burguesa (e de fato proletária) de razão, ciência e progresso quanto sua transformação revolucionária na teoria e na prática. Para os intelectuais não marxistas que se viam concordando com os comunistas, a cujo lado lutaram contra o inimigo comum, o marxismo não tinha essas importantes implicações teóricas. Eles se encontraram do mesmo lado que os marxistas. Reconheciam, ou julgavam reconhecer, atitudes e aspirações, mesmo quando achavam estranhos os argumentos, e no mínimo admiravam e respeitavam a esperança, a confiança, o *élan* e com muita frequência o heroísmo e a abnegação dos jovens entusiastas, como fez J. M. Keynes — em nenhum sentido um simpatizante do marxismo ou mesmo de qualquer espécie de socialismo.

> Não existe hoje na política, fora das fileiras dos liberais, ninguém que valha um tostão, a não ser a geração de pós-guerra de intelectuais comunistas com menos de 35 anos. Por esses, também, sinto afeição e respeito. Em seus sentimentos e instintos, talvez sejam o que de mais próximo temos hoje do típico cavalheiro inglês não conformista e agitado que foi às Cruzadas, fez a Reforma, lutou na Grande Rebelião, ganhou nossas liberdades civis e religiosas e humanizou as classes operárias no século passado.[59]

Os vários "simpatizantes" intelectuais cuja história foi escrita, bem mais tarde, com ceticismo e escárnio,[60] pertenciam basicamente a esse ambiente. O próprio termo é ambíguo, pois por meio dele o anticomunismo da Guerra Fria procurou fundir o generalizado consenso político entre os intelectuais liberais e comunistas em relação ao fascismo e às necessidades práticas do antifascismo com o grupo, muito menor, daqueles com que podia contar para adornar as plataformas "amplas" em congressos organizados por comunistas e assinar seus manifestos, e com o grupo, menor ainda, daqueles que sempre defendiam ou justificavam as políticas soviéticas. A linha divisória entre esses grupos era vaga e mutante, mas mesmo assim deve ser traçada. Os imperativos do antifascismo desencorajaram a crítica a suas forças mais ativas e eficazes, do mesmo modo como os imperativos da guerra viriam a desencorajar tudo o que pudesse enfraquecer as forças que combatiam Hitler e o Eixo. Mas isso não implicava "simpatias".

A fortuna literária de George Orwell na Grã-Bretanha ilustra esse ponto. As dificuldades desse escritor, crítico do stalinismo, da política comunista na Guerra Civil Espanhola e de várias tendências da esquerda britânica foram causadas menos pelos comunistas (com os quais ele quase não tinha contato) ou por seus simpatizantes, e sim por redatores e editores que nada tinham de comunistas ou marxistas, mas relutavam em publicar textos que ajudassem ou incentivassem "o outro lado".[61] Na verdade, Orwell se tornou muito popular no pós-guerra, mas antes disso o público se mostrava avesso a esses textos. Seu livro *Homenagem à Catalunha* não vendeu mais que algumas centenas de exemplares.

Os "simpatizantes" intelectuais dignos desse nome, com todas as devidas ressalvas, constituíam um grupo muito heterogêneo quanto às origens e pendores intelectuais, ainda que para todos a experiência da Primeira Guerra Mundial (que tinham odiado, quase sem exceção) tivesse sido traumática e decisiva. Na maioria eram ou tinham se tornado parte da esquerda liberal ou racionalista. Raramente aderiam ao marxismo ou aos partidos comunistas. Na verdade, a imagem elevada que faziam do papel do intelectual impedia um ativismo constante ou a submissão à disciplina partidária. Homens como Romain Rolland, Heinrich Mann e Lion Feuchtwanger, que por vezes (como Zola) se dispunham a intervir na vida pública, sempre esperando ser ouvidos com atenção, viam-se, para usar a frase de Rolland, como pessoas situadas "*au dessus de la mêlée*" — acima das turbulências.

Essas pessoas não se identificaram muito pelo drama da Revolução Russa ou de qualquer outra, e na verdade, como Rolland, Mann e Arnold Zweig, haviam se indisposto com os aspectos repressivos e terroristas da política interna soviética.[62] Na década de 1930, somente o antifascismo os teria levado a defender e apoiar a União Soviética. Como diria Thomas Mann em 1951, "se nada mais me levasse a respeitar a Revolução Russa, seria sua inabalável oposição ao fascismo".⁶³ No entanto, o que eles acreditavam reconhecer na União Soviética era basicamente a herança do Iluminismo — racionalismo, ciência e progresso.

Eles reconheceram essa herança no exato momento em que era de esperar que a realidade da União Soviética fosse rejeitada por intelectuais liberais do Ocidente: na época do terror stalinista e durante o avanço das geleiras da era glacial da cultura russa. Mas essa época foi também de terremotos para as sociedades liberais-burguesas do Ocidente, do tríplice trauma de recessão, triunfo fascista e ameaça de guerra mundial. O atraso e a barbárie longamente associados à Rússia pareciam menos relevantes que o ardente compromisso público da União Soviética com os valores e as aspirações do Iluminismo em face do crepúsculo do liberalismo no Ocidente, que sua industrialização planejada — em gritante contraste com a crise da economia liberal —, para não falar de seu papel antifascista. *A URSS em Construção* (para usar o título de uma revista ricamente ilustrada destinada à propaganda no exterior) podia mostrar-se como uma sociedade construída à imagem da razão, da ciência e do progresso, a descendente linear do Iluminismo e da grande Revolução Francesa. Tornou-se a demonstração da engenharia social para fins humanos — da força da esperança humana em uma sociedade melhor. Foi essa fase da história soviética que seduziu os escritores que não haviam se deixado emocionar pelas esperanças utópicas, pela erupção social da própria revolução, pela mescla de pobreza e grandes esperanças, de ideais e ilogicidade e pela efervescência cultural da década de 1920.

Ademais, se a Rússia soviética em sua fase revolucionária e os primeiros partidos comunistas haviam rejeitado o humanismo liberal daqueles escritores, eles agora sublinhavam o que tinham em comum. György Lukács argumentou, contra os vanguardistas, que foram precisamente os grandes clássicos burgueses e seus sucessores — Gorki, Rolland, os dois Manns — que produziram não só a melhor literatura, mas a literatura politicamente mais positiva. Essa opinião se harmonizava não só com o gosto e os princípios críticos de Lukács (não se falando das inclinações políticas que ele não podia mais expressar livremente desde as "Teses sobre Blum" de 1928-9), como também com os princípios de uma frente ampla antifascista que agora se tornara a política comunista oficial. A Constituição soviética de 1936 era muito mais palatável para os "democratas burgueses" ocidentais que sua(s) predecessora(s). Se ficou inteiramente no papel, ao menos esse papel representava aspirações que eles podiam sinceramente aplaudir.

O que aproximou marxistas e não marxistas foi, portanto, algo mais do que a necessidade de união contra um inimigo comum. Foi um sentimento profundo, sublinhado e catalisado pela recessão e pelo triunfo de Hitler, de que uns e outros pertenciam à tradição da Revolução Francesa, da razão, da ciência, do progresso e dos valores humanistas. Para os dois lados, a identificação foi facilitada pela versão da filosofia marxista que se tornou oficial nesse período e pela transferência dos centros do marxismo ocidental para a França e os países anglo-saxões, nos quais os intelectuais, marxistas e não marxistas, tinham sido formados numa cultura impregnada dessa tradição.

VI

No entanto, o antifascismo não era basicamente uma via de acesso a teorias acadêmicas. Era, em primeiro lugar, uma área de ação, de políticas e de estratégia. Confrontava os marxistas, intelectuais ou não, os que entravam na política na fase antifascista e aqueles com memórias políticas mais antigas, com problemas de análise e decisão políticas que não podem ser omitidos deste capítulo.

No presente estado da pesquisa, é impossível quantificar a mobilização de intelectuais para a causa antifascista, mas pode-se dizer com segurança que, como o caso Dreyfus, ela apelava para eles como grupo, mobilizava um grande número deles para ação política e, acima de tudo, oferecia-lhes muito mais oportunidades para que servissem à causa *como intelectuais* do que fora habitual no passado. Não surpreende que alguns tenham ido lutar na Espanha, embora nenhum esforço especial tenha sido feito para incentivá-los a isso; com efeito, na Grã-Bretanha os estudantes eram tacitamente dissuadidos de se alistar como voluntários.[64] Contudo, eles aderiram às Brigadas Internacionais não como intelectuais, e sim como soldados. Também não surpreende o fato de terem aderido a movimentos de resistência em tempos de guerra, nem que tenham aderido, às vezes se tornando importantes, à luta de guerrilhas. Tampouco essas atividades se restringiam a intelectuais. O que houve de novo nesse período — e que o movimento comunista provavelmente reconheceu mais cedo do que em outras áreas — foi o âmbito das contribuições de intelectuais ao movimento antifascista: não somente como símbolos para fins de propaganda, embora importantes, mas também pelo trabalho deles nos meios de comunicação (na indústria editorial, na imprensa, no cinema, no teatro etc.), como cientistas ou em outros aspectos que requeriam pessoas com suas qualificações. Não havia precedente, por exemplo, para a mobilização voluntária e espontânea de cientistas, *como cientistas*, contra a guerra e, posteriormente, para a guerra.

De fato, só se pode compreender a carreira de uma figura como J. Robert Oppenheimer, cientista responsável pela fabricação das primeiras bombas atômicas, no contexto das circunstâncias históricas concretas que a determinaram. Era natural que um intelectual de sua estirpe se tornasse antifascista, vinculando-se ao comunismo na década de 1930. Mas só cientistas antifascistas poderiam chamar a atenção de seus governos para a possibilidade de produção de armas nucleares, uma vez que somente cientistas poderiam reconhecer essa possibilidade e somente cientistas politicamente conscientes teriam percebido a necessidade de obter essas armas antes que fascistas o fizessem, com a mesma urgência. Era inevitável que esses homens se tornassem imprescindíveis para seus governos e tivessem acesso aos segredos de Estado mais vitais: ninguém mais podia descobrir e fabricar o que necessariamente se tornava secreto. Foi também inevitável que a posição deles se tornasse complexa e difícil. Não apenas defendiam posições morais e políticas que não eram as da máquina estatal que os empregava (ao menos na questão da livre comunicação científica), como essa máquina estatal desconfiava deles cada vez mais, por serem intelectuais e, quando a Rússia se tornou o maior inimigo depois da guerra, por serem pessoas com um passado antifascista e filocomunista. Era inevitável que suas opiniões sobre assuntos técnico-militares e sobre questões morais e políticas não pudessem ser claramente separadas. No entanto, embora isso houvesse causado poucos problemas quando a guerra contra o fascismo dominava todas as mentes, as questões da política nuclear do pós-guerra — por exemplo, a conveniência de se fabricar bombas de hidrogênio — abriam margem para divergências morais e políticas muitíssimo maiores.

Oppenheimer, o mais eminente e influente dos consultores científicos oficiais do governo americano, tornou-se a vítima mais espetacular da Guerra Fria ao ser acusado, sem provas, de espionagem a favor da Rússia e privado de acesso a informações como um "risco de segurança". O impasse em que se viram homens como ele e os governos a que serviam não poderia ter surgido em nenhuma guerra anterior, pois não existia ainda uma arma que dependesse de forma tão exclusiva da iniciativa e da capacidade de cientistas acadêmicos. Era menos provável que o impasse se apresentasse para os cientistas de gerações posteriores, pois esses não tinham o passado politicamente suspeito de seus antecessores, mesmo quando não pertencessem ao novo quadro de servidores públicos dos governos, o substancial regimento de funcionários científicos ou pessoas contratadas para planejar profissionalmente a destruição, como especialistas apolíticos. Aquele impasse foi típico dos intelectuais do período do antifascismo e dos governos que se viram envolvidos com eles.

Assim, o antifascismo confrontou os intelectuais, entre eles os marxistas, com novas tarefas e possibilidades, mas também com novos problemas de ação política e pública. Tais problemas eram particularmente graves para os comunistas e os simpatizantes. Não cabe examinar aqui suas reações aos fatos depois da derrota do fascismo. Tampouco precisamos dedicar muito tempo aos efeitos de determinadas mudanças de orientação política no movimento comunista durante o período antifascista, ainda que algumas dessas mudanças — principalmente a inversão da política soviética em 1939-41 e a dissolução temporária de alguns partidos comunistas na América (o "browderismo") — tenham causado consideráveis ondas de choque entre os comunistas. Em termos gerais, a linha internacional do movimento comunista permaneceu inalterada entre 1934 e 1947, retornando a seu curso principal depois desses desvios temporários. Também não precisamos nos preocupar demasiado com os atritos específicos, dentro de partidos comunistas, entre sua liderança e os intelectuais, ainda que, como já foi dito, esses atritos existiram. No período antifascista, as divergências foram quase com certeza neutralizadas pela importância dos intelectuais no movimento; pela percepção, por parte dos partidos, do valor político desses intelectuais (indicado pela multiplicação de revistas e associações mais ou menos "tolerantes" ou ao menos não identificadas com partidos específicos),[65] e pelo âmbito relativamente amplo de suas atividades autônomas. Muitas pessoas sem dúvida acabavam abandonando o partido ou sendo expulsas por várias razões, e os críticos mais articulados da política comunista e da União Soviética eram sem dúvida encontrados entre os intelectuais, mas como, de modo geral, não havia nesse período grandes cisões no movimento comunista, nem separações significativas de *grupos* de intelectuais (salvo, em certa medida, nos Estados Unidos), e como a dissidência de grupos marxistas nessa época era um fenômeno insignificante, de modo geral era mantida sob controle a tensão entre, por um lado, partidos que se tinham na conta de representantes de proletários essencialmente "leais" e, por outro lado, intelectuais considerados basicamente "pequeno-burgueses" e "indignos de confiança".

As maiores dificuldades surgiram exatamente da adoção da política antifascista pelo movimento comunista internacional. O impacto da mudança da orientação "classe contra classe" para o apoio a frentes antifascistas e populares é examinado em outro lugar, mas mesmo assim vale a pena destacar a reviravolta que ela representou para o que a maioria dos comunistas tinha aprendido a crer sobre política. Suas convicções tinham sido formuladas precisamente em oposição ao liberalismo e à social-democracia, a fim de proteger o bolchevismo, dedicado à revolução mundial, contra a contaminação por qualquer tipo de reformismo e concessão ao *statu quo*.

As dificuldades que isso causou foram antes psicológicas que teóricas. Não era difícil achar justificativas e precedentes marxistas para a linha do Sétimo Congresso Mundial do Comintern, que pareciam tanto mais persuasivas porque coincidiam visivelmente com o bom senso. O difícil para os comunistas formados no período da "bolchevização" e da "classe contra classe" era conceber a nova linha em termos puramente táticos, como uma concessão temporária, após o que as velhas lutas seriam retomadas; ou como outra coisa senão uma espécie de disfarce. O próprio Sétimo Congresso atestou a novidade (para os comunistas) da nova linha ao insistir em que ela não representava um rompimento com a linha antiga, mas apenas a adaptação dessa linha a uma conjuntura política específica, assim como, naturalmente, a correção de "erros" evitáveis no passado. Ao mesmo tempo, o impacto das novas perspectivas foi toldado pela relutância em discuti-las livre e abertamente por motivos táticos, bem como — presumivelmente — a fim de não impossibilitar opções para as políticas da União Soviética. Tampouco está muito claro até onde suas implicações eram reconhecidas ou aceitas pelos comunistas, antigos e novos, ainda oficialmente comprometidos com o poder soviético como a única forma conclusiva da derrubada do "domínio de classe dos exploradores".[66]

No entanto, ainda que formulada com muita cautela, a nova linha destinava-se claramente a ser mais do que um expediente tático temporário. Considerava um outro modelo de transição para o socialismo diferente da tomada do poder pela insurreição — até mesmo, no relatório de Ercoli, uma possível transição pacífica. Considerava regimes transicionais distintos da "ditadura do proletariado", como os conceitos de uma "nova democracia" ou "democracia popular". Além disso, implicava uma política comunista que não seria essencialmente uma extensão da luta de classes entre proletários e capitalistas, com a aceitação das "alianças de classes" que fossem necessárias e possíveis, sendo, portanto, uma política derivada diretamente da estrutura econômica do capitalismo. A nova linha cogitava ou implicava uma política que era, ao mesmo tempo, autônoma e planejada para alcançar a liderança ou a hegemonia da classe operária sobre toda a nação. Sem dúvida o fascismo era apresentado como a versão extrema e lógica do capitalismo, embora não mostrasse todos os capitalistas como fascistas. A minoria filofascista existente entre eles podia ser identificada com os "capitalistas monopolistas" (como as "duzentas famílias" na França), vistos como os exploradores dos "camponeses, dos artesãos e das massas pequeno-burguesas", bem como dos operários. Contudo, o teste do antifascismo não era a posição de classe ou a ideologia, e sim, exclusivamente, a disposição de aderir à frente antifascista, ou, melhor, aderir à oposição ao fascismo alemão como o principal instigador da guerra. Os capitalistas seriam expropriados, após a vitória, não como capitalistas, mas como fascistas e traidores.

Vistas de hoje, as implicações da nova linha ficam mais claras do que se julgava na época. Se relermos uma análise oficial da Guerra Civil Espanhola — escrita por Palmiro Togliatti, no início do conflito, em dezembro de 1936, com o significativo título *A revolução espanhola* —, veremos seu teor cristalino. A luta do povo espanhol "é o maior acontecimento na luta das massas populares por sua emancipação nos países capitalistas, só secundado pela Revolução Socialista de Outubro de 1917". Era uma revolução. Embora "desempenhasse as tarefas da revolução democrático-burguesa", fazia isso "de uma maneira nova, de acordo com os interesses mais profundos da vasta massa do povo" — ou seja, não se tratava *meramente* de uma revolução democrático-burguesa (como Togliatti também deu a entender, argumentando que ela não era inteiramente comparável com 1905 ou 1917). Ela o fazia em condições de luta armada, criada pelo levante militar; era forçada a confiscar a propriedade do segmento insurgente de proprietários de terras e empregadores; podia recorrer à experiência da Revolução Russa; e, finalmente, "a classe operária espanhola está se esforçando para exercer seu papel de liderança na revolução e pôr nela uma marca proletária em virtude do âmbito e da forma radicais de sua luta". Ao mesmo tempo, aquela não era uma luta clássica levada a cabo somente por trabalhadores e camponeses, pois a Frente Popular espanhola tinha uma base muito mais ampla. Tampouco representava só o equivalente da "ditadura democrática do proletariado e do campesinato", como imaginou Lênin em 1905, pois "sob a pressão da guerra civil está adotando uma série de medidas que vão um tanto além do programa da ditadura democrática-revolucionária". Devido às necessidades da guerra, ela seria forçada a ir mais longe na direção "da rigorosa regulação de toda a vida econômica do país". Em consequência, "se o povo sair vitorioso, essa nova democracia não poderá deixar de ser alheia a todo conservadorismo, pois possui todas as condições para seu próprio desenvolvimento ulterior, proporcionando as garantias para novas realizações econômicas e políticas por parte dos trabalhadores da Espanha".

Em suma, o que Togliatti propunha, agindo como porta-voz do Comintern, era uma estratégia de transição para o socialismo, nascida das condições concretas da luta antifascista, nesse caso na forma de guerra civil, e diferente do processo revolucionário russo de 1905-17. Poderia haver margem para discussão a respeito das formas dessa luta, isto é, sobre as políticas do governo republicano e o melhor modo de vencer a guerra. Houve mesmo essa discussão, que prossegue ainda. Mas não pode haver margem para discussão sobre as perspectivas revolucionárias dessa análise, muito embora cumpra dizer que declarações comunistas posteriores sobre a Espanha tenderam a minimizar o caráter revolucionário do que aconteceu naquele país. No entanto, a propositada vagueza e a obliquidade das formulações de Togliatti ("de acordo com os interesses mais profundos da vasta massa do povo", "vão um tanto além", "todas as condições para seu próprio desenvolvimento ulterior" etc.), por mais claras que fossem suas implicações para os velhos bolcheviques, continham um elemento de deliberada ambiguidade. Não era nada conveniente lembrar aos antifascistas não socialistas que os comunistas viam "a vitória final da Frente Popular sobre o fascismo" como uma preparação para uma vitória do proletariado, ou explicar com demasiada clareza aos comunistas que a nova linha implicava uma grande ruptura com seus pressupostos anteriores a respeito da estratégia revolucionária. Para uns e para outros, era melhor concentrar-se nas tarefas imediatas da luta contra o fascismo.

Isso não afetava a grande massa daqueles que apoiaram com extrema paixão a República Espanhola em 1936-9. A Guerra Civil Espanhola provocou a maior mobilização internacional espontânea da luta contra o fascismo, sobretudo entre intelectuais — uma mobilização até maior, relativamente, do que os movimentos de resistência durante a guerra, uma vez que não dependia de governos, não era imposta pela reação à conquista do país dos voluntários, nem se achava dividida quanto à natureza do inimigo maior. A guerra dividiu a direita internacional, pois alguns segmentos desta — mesmo entre católicos — eram simpáticos à República ou hostil a seus inimigos. Uniu a esquerda, de liberais-democratas a anarquistas, a despeito das hostilidades mútuas entre suas facções. A esquerda estava em desacordo sobre muitas coisas, inclusive quanto às melhores formas de combater Franco, mas não com relação à necessidade de combatê-lo. E pode-se dizer com segurança que, para muitos simpatizantes da causa republicana no exterior, o mais importante, acima de tudo, era a derrota de Franco, e não a natureza do regime espanhol que lhe sucedesse. A maioria dos simpatizantes da República, como a maior parte dos que apoiaram a resistência durante a guerra, ansiava por regimes "revolucionários" — sociedades mais livres e mais justas, ou pelo menos não simplesmente uma restauração do *statu quo* anterior.

Para os marxistas, porém, o problema da relação entre o antifascismo e o socialismo era mais concreto e crítico, e para os comunistas entre eles a névoa que envolvia o debate a respeito dessa relação nunca se dissipou. Como comunistas, confiavam em que a ampla linha antifascista os levaria para mais perto de uma transferência de poder. Os partidos comunistas se fortaleceram muitíssimo com a decisão de aplicá-la, os movimentos de resistência — os produtos lógicos da linha antifascista — na verdade transformaram a luta política numa luta armada, e, na verdade, os partidos comunistas saíram do período antifascista mais fortes do que em qualquer época passada — exceto na Espanha e em partes da Alemanha — e como participantes de muitos governos de unidade antifascista. Além disso, em diversos países ocorreu a transferência de poder.

Por isso, poucos comunistas incomodaram-se muito com as críticas de marxistas dissidentes e outros, que argumentavam que fortalecer a unidade antifascista era trair a luta de classes e a revolução, e que a União Soviética não estava interessada em revoluções no exterior (salvo, talvez, as impostas pelo Exército Vermelho). Sem dúvida, algumas das aplicações mais extremas de unidade nacional e internacional contra o inimigo maior chocavam os militantes, por conflitarem com seus instintos, suas tradições e até sua experiência. Apesar disso, a linha comunista, na medida em que representava a lógica do antifascismo, pareceu convincente e realista. Que alternativa havia à política comunista de participar da Guerra Civil Espanhola? Tanto na época quanto hoje, a resposta só pode ser: nenhuma.[67] Estaria Thorez errado em 1936 ao declarar contra Marceau Pivert: "A Frente Popular não é a Revolução"? Historiadores e esquerdistas têm debatido essa questão, mas na época a afirmação pareceu antes razoável que afrontosa. Os partidos comunistas da Itália e da França têm sido acerbamente criticados por não terem adotado uma política mais radical em 1943-5, ou mesmo tentado tomar o poder, mas a massa de seus membros e simpatizantes, principalmente recrutas do período de resistência e libertação, parece ter aceitado a linha do partido sem grande dificuldade. Quanto à União Soviética, a simples ideia de que ela pudesse *não* ser a favor do socialismo no exterior parecia absurda para os comunistas cuja análise política baseava-se no pressuposto de que, fossem quais fossem as variações na política internacional soviética, os interesses do primeiro e único Estado socialista no mundo e daqueles que desejavam construir o socialismo, em outros países, com base em seu modelo, não podiam deixar de ser fundamentalmente idênticos.

Com efeito, os debates sobre a validade da linha comunista em sua fase antifascista foram relativamente mínimos na época, exceto nas periferias marxistas dissidentes, então isoladas. Eles ganharam maior audiência não só com a desintegração do movimento comunista monolítico centrado em Moscou, depois da morte de Stálin, mas acima de tudo com a descoberta de que a estratégia antifascista, com todos os seus extraordinários triunfos, na verdade não resolvera o problema do avanço em direção ao comunismo, a não ser naqueles países em que, por uma razão ou por outra, a guerra levara partidos comunistas ao poder.[68] Contudo, não resta dúvida de que a deliberada ambiguidade referente às perspectivas futuras da linha antifascista postergou e, com efeito, desestimulou a análise clara desse problema.

Por isso, uma discussão da atitude dos intelectuais marxistas (ou de quaisquer marxistas comunistas) em relação à linha antifascista é dificílima, talvez impossível. A questão só se tornou um problema quando a vitória sobre o fascismo já parecia certa — digamos que isso tenha ocorrido por volta de 1943, ainda que, como vimos, o problema tenha sido percebido anteriormente no contexto da revolução espanhola. Até o fascismo ver-se diante da derrota, a questão do regime que lhe sucederia parecia, e era, inteiramente acadêmica. Quando a vitória se apresentava como iminente, a nova perspectiva surgiu para os comunistas na forma de "democracia popular" ou "nova democracia", mas, com a dissolução da Internacional Comunista e com o fim da guerra, essa nova perspectiva não chegou a ser formalmente promulgada (como o Sétimo Congresso Mundial promulgara o antifascismo). Na verdade, a questão do novo sistema político sequer foi difundida e debatida de maneira sistemática em todos os partidos comunistas. Surgiu apenas em forma de uma série de documentos emanados de vários setores soviéticos ou de outros setores comunistas, ou de decisões partidárias aparentemente tomadas *ad hoc*, algumas delas posteriormente revogadas.[69]

A maneira oblíqua como a "democracia popular" entrou na cena política em nada ajudou a dissipar a ambiguidade que cercava a expressão. Ela podia ser vista, em termos puramente imediatistas, como uma necessária concessão em benefício da manutenção da máxima unidade internacional e, dentro de cada nação, entre as forças que lutavam pela vitória sobre o Eixo. Qualquer sinal de que os comunistas estavam se preparando para uma retomada das hostilidades contra seus aliados do momento, internos e estrangeiros, poderia levar esses aliados a se preparar, por sua vez, para a luta contra seus adversários futuros em vez de se concentrar de corpo e alma no combate aos inimigos presentes. Era isso, e talvez nada mais, que estava claramente implícito na "nova linha" adotada pelo Comintern a partir de outubro de 1942.[70] Os regimes dos países libertados seriam "democracias" — democracias de orientação popular ou "novas" —, mas o projeto de sua criação não era "um programa socialista", como os comunistas austríacos observaram com muito realismo, e, como afirmou Dimitrov, a tarefa imediata não seria "nem a construção do socialismo nem a implantação de um sistema soviético", e sim "a consolidação do regime democrático e parlamentar".[71] Assim, permaneceu bastante inócua a participação comunista nos diferentes governos de unidade nacional antifascista constituídos de modo semelhante na Europa Oriental e Ocidental depois da libertação.

Entretanto, os governos do pós-guerra podiam também ser vistos como o desenvolvimento lógico do tipo de transição esboçado na linha do Sétimo Congresso Mundial. Podia-se imaginar que o "governo da frente unida antifascista" e o da frente nacional antifascista ampliada se transformassem em órgãos que fizessem a transição gradual e pacífica para o socialismo, mediante a imposição da hegemonia da classe operária sobre a coligação de forças antifascistas, sendo essa hegemonia, por sua vez, resultado do reconhecimento do papel de liderança da classe operária na luta contra o fascismo e das posições consequentemente adquiridas pelos partidos comunistas. Nesse sentido, tratava-se de um caminho alternativo para o socialismo, diferente do tomado pela Rússia em 1917, e — como Dimitrov e seu porta-voz, Chervenkov, declararam na sessão inaugural do Cominform, ainda em setembro de 1947 — uma alternativa à "ditadura do proletariado".[72] Contudo, como pouco se discutira publicamente sobre isso, as condições políticas que viabilizariam ou não esse caminho permaneceram obscuras, o que também aconteceu com os problemas, sem precedentes, da política pluripartidária durante o período de transição. Esses problemas só foram debatidos publicamente no movimento comunista depois que essa possibilidade, na Europa Oriental e Ocidental, foi oficialmente abandonada.

Em terceiro lugar, a nova linha poderia também ser interpretada em termos das relações internacionais do pós-guerra. A manutenção da aliança acordada na guerra era visualizada juntamente com a coexistência pacífica a longo prazo que ela implicava. Com efeito, na medida em que a situação reinante no pós-guerra era objeto de debates públicos de que participavam comunistas em condições de fazê-lo, a discussão transcorria sobretudo nesses termos, particularmente à luz da Conferência de Teerã, entre Stálin, Roosevelt e Churchill, no fim de 1943. A nova linha provocava certo desconforto para alguns intelectuais comunistas. Entretanto, embora a perspectiva de Teerã não excluísse a perspectiva de "democracia popular" para uma transição ao socialismo,[73] implicava também que em alguns países a luta pelo socialismo seria deliberadamente subordinada aos requisitos maiores da coexistência pacífica e, talvez, às possibilidades de avanços em outros setores. Para dizer a mesma coisa de forma rude, "os círculos dominantes britânicos e americanos tiveram de ser convencidos de que sua guerra conjunta com a União Soviética [...] não teria como resultado a extensão do sistema socialista soviético à Europa Ocidental sob o estímulo dos vitoriosos Exércitos Vermelhos".[74] Nos Estados Unidos, era razoável supor que, como o socialismo não tinha uma chance realista, a manutenção do capitalismo (um capitalismo pronto a cooperar com a União Soviética) seria a base da política comunista naquele país, mas a exclusão de opções esquerdistas em outros países não podia, de modo algum, ser bem recebida. Talvez tenha sido por isso que o "browderismo" foi denunciado na França em 1945. No entanto, a "perspectiva de Teerã" implicava que *alguns* partidos comunistas fora da zona de influência da União Soviética tivessem de aceitar um prolongado futuro capitalista para seus países, embora ficasse absolutamente obscuro que países eram esses, por qual período, longo ou curto, deixariam de lado a luta por uma transformação socialista ou quais eram as perspectivas de seus comunistas nessas circunstâncias. Tais perguntas não foram respondidas porque, a não ser no efêmero episódio de Browder nos Estados Unidos, elas não foram feitas.

Essas foram dúvidas e incertezas de um período específico e relativamente breve, quando a era do antifascismo chegava ao fim, mas ilustram ambiguidades implícitas na estratégia antifascista desde o nascedouro. Implicavam, como trotskistas e outros esquerdistas observaram com razão, uma atitude em relação ao esforço em prol do poder socialista difícil de conciliar com a meta da "revolução proletária" como até então fora concebida pelos bolcheviques e outros revolucionários sociais. Nisso estavam certos, embora eles próprios se condenassem ao isolamento ao rejeitar políticas que, para a maioria dos intelectuais, marxistas ou não, eram necessárias para derrotar o fascismo, e sem apresentar alternativas plausíveis. Mas essa estratégia nunca foi explicitada, nunca foi formulada com nitidez e, na verdade, durante a maior parte do período as análises sobre o futuro depois do fascismo foram desencorajadas ou feitas em surdina e nos termos mais vagos possíveis. Era perfeitamente possível que comunistas igualmente leais — Togliatti e Tito, digamos — vissem na linha antifascista implicações muito diferentes para a ação política, a menos que uma possível escolha fosse eliminada pela decisão de uma autoridade superior.

A névoa teórica que envolvia o futuro incomodava a maioria dos intelectuais comunistas menos do que poderia ou talvez devesse, sobretudo porque as tarefas do presente eram claríssimas e porque, até a vitória sobre o fascismo parecer certa, a estratégia comunista — omitindo-se episódios passageiros como o de 1939-41 — proporcionava um guia muito lúcido e convincente quanto ao que tinha de ser feito *naquele momento*. Em última análise, para a maior parte deles, a luta contra o fascismo vinha em primeiro lugar. Se ela fosse perdida, as discussões sobre o futuro seriam irrelevantes. Para os intelectuais marxistas, velhos ou jovens, o antifascismo não era, obviamente, um fim em si mesmo. Justificava-se por sua contribuição para a derrubada final do capitalismo em todo o mundo, ou pelo menos em grande parte dele. No entanto, em um sentido real, o antifascismo dispensava essa justificação. Qualquer que fosse o futuro, o fascismo era um mal e tinha de ser contido. Toda uma geração de intelectuais chegara ao marxismo durante a recessão econômica e a luta contra o fascismo, e principalmente por causa delas, numa época em que as trevas desciam sobre o mundo. Os que sobreviveram têm se decepcionado com frequência. Sondam o passado, procurando descobrir se estavam enganados, quais podem ter sido seus equívocos ou por que suas esperanças se frustraram. Muitos deixaram de ser marxistas. Mas pode-se afirmar com certeza que pouquíssimos, se tanto, renegam sua participação na luta em que o fascismo foi derrotado. É difícil achar um homem ou uma mulher que se arrependa do apoio que deu à República espanhola ou lamente sua participação, por menor que tenha sido, na guerra contra o fascismo, seja como civil, soldado ou resistente. Ela faz parte de seu passado, do qual se recordam com orgulho e modéstia. Para alguns, é o único momento de seu passado político que rememoram com irrestrita satisfação.

12. Gramsci

Antonio Gramsci morreu em 1937. Durante os dez primeiros anos depois de sua morte, praticamente só era conhecido pelos companheiros da década de 1920, pois eram poucos os textos seus que tinham sido publicados ou estavam de alguma forma acessíveis. Isso não quer dizer que tenha deixado de exercer influência, pois pode-se dizer que Palmiro Togliatti dirigiu o Partido Comunista Italiano segundo linhas gramscianas, ou pelo menos segundo a sua interpretação das linhas gramscianas. Entretanto, até o fim da Segunda Guerra Mundial, para a maior parte das pessoas e mesmo para os comunistas, Gramsci era pouco mais do que um nome. Durante o segundo decênio depois de sua morte, ele se tornou conhecidíssimo na Itália, admirado muito além dos círculos comunistas. Muitas de suas obras foram publicadas pelo Partido Comunista, mas, sobretudo, pela editora Einaudi. Apesar das críticas feitas mais tarde a essas primeiras edições, elas puseram a obra de Gramsci à disposição do público e permitiram que os italianos avaliassem sua estatura como um importante pensador marxista e, mais genericamente, como uma figura de relevo na cultura italiana do século XX.

No entanto, isso só ocorreu na Itália, pois durante esse decênio Gramsci continuou quase desconhecido fora de seu país, uma vez que praticamente não era traduzido. Na verdade, fracassaram até as tentativas de publicar, na Grã-

-Bretanha e nos Estados Unidos, as tocantes cartas que ele escreveu na prisão. Com exceção de um punhado de pessoas que tinham contatos pessoais na Itália e sabiam italiano — na maioria comunistas —, era como se ele não existisse daquele lado dos Alpes.

Durante a terceira década, surgiram as primeiras demonstrações reais de interesse por Gramsci no exterior, sem dúvida estimuladas pela desestalinização e, mais ainda, pela atitude independente com que Togliatti se fez seu porta-voz a partir de 1956. Seja como for, é nesse período que aparecem as primeiras seleções de sua obra em inglês e se ouvem as primeiras discussões de suas ideias fora dos partidos comunistas. Fora da Itália, os países de língua inglesa parecem ter sido os primeiros a manter um interesse contínuo por Gramsci. Já na própria Itália, na mesma década e paradoxalmente, as críticas a ele se tornaram articuladas, até estridentes, e cresceram no Partido Comunista Italiano as altercações a respeito da interpretação de sua obra.

Finalmente, na década de 1970, Gramsci foi plenamente reconhecido. Na Itália, suas obras ganharam uma satisfatória apresentação acadêmica, com uma edição completa das *Cartas do cárcere* (1965), a publicação de vários trabalhos antigos e políticos, e, sobretudo, o monumento acadêmico que devemos a Gerratana — a edição, em ordem cronológica, dos *Cadernos do cárcere* (1975). Tanto a biografia de Gramsci quanto seu papel na história do Partido Comunista tornaram-se então bem mais claros, graças, em grande parte, ao sistemático trabalho histórico realizado com base nos próprios documentos do partido, que promoveu e estimulou a iniciativa. A discussão continua e não cabe examinar aqui o debate italiano sobre Gramsci desde meados da década de 1960. No exterior, pela primeira vez surgiram traduções de boas seleções de obras de Gramsci, cabendo destacar os dois volumes, organizados por Quintin Hoare e Geoffrey Nowell-Smith, publicados pela Lawrence & Wishart. O mesmo aconteceu com traduções, para o inglês, de importantes obras secundárias, como *Vita de Antonio Gramsci*, de G. Fiori (*Antonio Gramsci: Life of a revolutionary*, 1970).[1] Não tentaremos aqui fazer um levantamento do número crescente de estudos sobre Gramsci em inglês — representando pontos de vista diferentes, porém sempre respeitosos —, mas bastará dizer que no quadragésimo aniversário de sua morte não havia mais nenhuma desculpa para não se conhecer Gramsci. E mais importante: ele hoje é conhecido até por pessoas que não leram seus livros. Termos tipicamente gramscianos, como "hegemonia", ocorrem em discussões marxistas (e até não marxistas) de política e história com a mesma naturalidade e, às vezes, com a mesma impropriedade com que se ouviam termos freudianos no entreguerras. Gramsci tornou-se parte de nosso universo cultural. Sua estatura como pensador marxista original — em minha opinião, o pensamento mais original surgido no Ocidente desde 1917 — é reconhecida, pode-se dizer, por consenso. Entretanto, o que ele disse e a razão pela qual seu pensamento é importante ainda não são tão conhecidos quanto o simples fato de que ele é importante. Vou destacar aqui um único motivo dessa importância: sua teoria da política.

É mais do que sabido, no marxismo, que os pensadores não inventam suas ideias em abstrato, mas só podem ser compreendidos no contexto histórico e político de seu tempo. Se Marx sempre frisou que os homens faziam sua própria história — ou, se alguém assim preferir, que pensam suas próprias ideias —, também ressaltou que eles só podem fazê-lo (para citar uma passagem famosa de *O 18 de brumário*) nas condições em que se encontram imediatamente, em condições que são legadas e herdadas do passado. O pensamento de Gramsci é dos mais originais. Ele é um marxista, na realidade um leninista, e não me proponho a perder tempo defendendo-o das acusações de vários sectários que afirmam saber exatamente o que é e o que não é marxista e ter direitos autorais sobre sua própria versão do marxismo. No entanto, para nós que fomos formados na tradição clássica do marxismo, tanto o pré-1914 e o pós-1917, ele é com frequência um marxista um tanto surpreendente. Por exemplo, ele escreveu relativamente pouco sobre desenvolvimento econômico, mas muito sobre política, inclusive sobre teóricos como Croce, Sorel e Maquiavel (e nos termos deles), que figuram pouco ou nada nos textos clássicos. Por isso, é importante descobrir até que ponto seus antecedentes e sua experiência histórica explicam essa originalidade. Não preciso acrescentar que isso em nada diminui sua estatura intelectual.

Quando Gramsci foi trancafiado na cadeia de Mussolini, era o líder do Partido Comunista da Itália. Ora, no tempo de Gramsci o país tinha várias peculiaridades históricas que incentivavam vertentes originais no pensamento marxista. Mencionarei várias delas brevemente.

(1) A Itália era, por assim dizer, um microcosmo do capitalismo mundial,

na medida em que continha, num só país, metrópoles e colônias, regiões avançadas e atrasadas. A Sardenha, terra de Gramsci, era exemplo do lado atrasado, para não dizer arcaico e semicolonial da Itália; Turim, com suas fábricas da Fiat, onde ele se tornou um líder da classe operária, exemplificava na época, tal como hoje, o estágio mais avançado do capitalismo industrial e a transformação em massa de camponeses imigrantes em operários. Em outras palavras, um marxista italiano inteligente achava-se numa situação excelente para apreender não só a natureza do mundo capitalista desenvolvido como também a do "Terceiro Mundo", assim como as interações entre eles, ao contrário de marxistas de países pertencentes a apenas um ou outro desses dois mundos. Por esse motivo, é errado considerar Gramsci simplesmente um teórico do "comunismo ocidental". Seu pensamento não foi desenhado somente para países industrialmente avançados nem é aplicável exclusivamente a eles.

(2) Uma consequência importante da peculiaridade histórica da Itália foi que mesmo antes de 1914 o movimento operário italiano era tanto industrial quanto agrário, tanto proletário quanto camponês. Nesse sentido, ele se apresentava mais ou menos isolado na Europa antes de 1914, embora não possamos discorrer sobre esse ponto aqui. No entanto, dois exemplos simples indicam sua relevância. As regiões com mais forte influência comunista (Emilia, Toscana e Umbria) não são regiões industriais, e o grande líder do movimento sindical italiano no pós-guerra, Di Vittorio, era sulista e trabalhador rural. A Itália não se achava tão solitária com relação ao papel invulgarmente importante desempenhado por intelectuais em seu movimento operário — basicamente intelectuais oriundos do Sul atrasado e semicolonial. No entanto, vale a pena destacar o fenômeno, já que ele ocupa uma parte importante do pensamento de Gramsci.

(3) A terceira peculiaridade é o caráter muito especial da história da Itália como nação e sociedade burguesa. Também aqui, não pretendo descer a detalhes. Só quero lembrar ao leitor três coisas: (a) que a Itália abriu caminho para a civilização moderna e para o capitalismo vários séculos antes de outros países, mas não conseguiu manter suas realizações e descambou para uma espécie de letargia entre o Renascimento e o Risorgimento; (b) que, à diferença do que ocorreu na França e na Alemanha, a burguesia italiana não criou sua sociedade mediante uma revolução triunfante nem aceitou uma solução de compromisso oferecida de cima para baixo por uma velha classe dominante. A Itália fez uma revolução parcial: sua unificação foi obtida em parte de cima para baixo, por

Cavour, e em parte de baixo para acima, por Garibaldi; (c) assim, em certo sentido a burguesia italiana não conseguiu — ou não conseguiu em parte — realizar sua missão histórica de criar uma nação italiana. Sua revolução foi incompleta e, por isso, socialistas italianos como Gramsci tinham clara consciência do possível papel de seu movimento como líder potencial da nação, portador da história nacional.

(4) A Itália era (e é) não apenas um país católico, como muitos outros, mas um país em que a Igreja era uma instituição especificamente italiana, uma forma de manter o domínio das classes dominantes sem o aparelho do Estado, e separado dele. Era também um país em que a cultura de uma elite nacional precedeu um Estado nacional. Assim, um socialista italiano teria mais consciência do que socialistas de outros países daquilo que Gramsci chamou de "hegemonia", ou seja, as maneiras, não baseadas simplesmente na coerção, pelas quais a autoridade se impõe.

(5) Portanto, devido a várias razões — acabei de apontar algumas —, a Itália era uma espécie de laboratório de experiências políticas. Não foi por acaso que o país tivera uma longa e pujante tradição de pensamento político, de Maquiavel, no século XVI, a Pareto e Mosca no começo do século XX; pois mesmo os pioneiros não italianos do que hoje chamaríamos de sociologia política geralmente estavam ligados à Itália ou tiravam suas ideias da experiência italiana — penso em pessoas como Sorel e Michels. Por isso, não é de admirar que os marxistas italianos tivessem forte consciência da teoria política como um problema.

(6) Por fim, um fato de máxima importância. A Itália era um país no qual, depois de 1917, várias das condições objetivas e até subjetivas da revolução social pareciam existir — mais do que na Grã-Bretanha e na França, e até mesmo, digo eu, do que na Alemanha. Entretanto, essa revolução não aconteceu. Ao contrário, foi o fascismo que ascendeu ao poder. Era mais do que natural que os marxistas italianos abrissem caminho na análise do motivo pelo qual a Revolução Russa de outubro tinha deixado de se espalhar para os países ocidentais e de qual deveria ser a estratégia e as táticas alternativas da transição para o socialismo nesses países. Foi isso, naturalmente, o que Gramsci se dispôs a fazer.

E isso me leva ao mais importante: a maior contribuição de Gramsci para o marxismo consistiu em criar uma teoria marxista da política. Porque, embora Marx e Engels tenham escrito um enorme volume de páginas sobre política, de certa forma relutaram em desenvolver uma teoria geral nessa área, sobretudo porque — como Engels observou nas famosas cartas tardias em que explicou a concepção materialista da história — consideravam mais importante destacar que as "relações legais assim como as formas do Estado não podem ser entendidas a partir delas mesmas, mas se radicam nas condições materiais da vida" (prefácio a *Para a crítica da economia política*). E por isso ressaltavam antes de tudo "a derivação das concepções ideológicas políticas, jurídicas e outras dos fatos econômicos básicos" (Engels a Mehring). E, assim, a análise que Marx e Engels fazem de questões como a natureza e a estrutura do governo, a constituição e a organização do Estado, e a natureza e a organização dos movimentos políticos assume em geral a forma de observações que nascem de comentários correntes, em geral referentes a outros argumentos — exceto, talvez, com relação à teoria que elaboraram sobre a origem e o caráter histórico do Estado. Lênin sentiu a necessidade de uma teoria mais sistemática do Estado e da revolução, logicamente às vésperas de assumir o poder, mas todos sabemos que a Revolução de Outubro sobreveio antes que ele pudesse completá-la. E eu gostaria de observar que a intensa discussão sobre a estrutura, a organização e a liderança dos movimentos socialistas que ocorreu na época da Segunda Internacional tratou de questões práticas. Suas generalizações teóricas eram secundárias e *ad hoc*, salvo, talvez, no campo da questão nacional, onde os sucessores de Marx e Engels praticamente tiveram de começar do zero. Não estou dizendo que isso não tenha levado a importantes inovações teóricas, o que claramente aconteceu no caso de Lênin, embora, paradoxalmente, essas inovações fossem antes pragmáticas que teóricas, ainda que apoiadas numa análise marxista. Lendo, por exemplo, as discussões sobre o novo conceito de partido exposto por Lênin, surpreende-nos quão pouca teoria marxista entra no debate, ainda que delas participassem marxistas famosos como Kautsky, Luxemburgo, Plekhanov, Trotski, Martov e Ryazanov. De fato, uma teoria da política estava implícita nelas, mas só aparecia em parte.

São várias as razões para essa lacuna. Seja como for, ela não parecia ter muita importância até os primeiros anos da década de 1920. Mas, então, assim me parece, essa deficiência tornou-se cada vez mais grave. Fora da Rússia, a revolução fracassara ou não acontecera, e fez-se necessária uma reconsideração sistemática, não só da estratégia do movimento para conquistar o poder, como também dos problemas técnicos da transição para o socialismo, que nunca tinham sido examinados seriamente, antes de 1917, como questões concretas e imediatas. Na União Soviética, o problema de como seria e deveria ser uma sociedade socialista, em termos de sua estrutura e instituições políticas, e como uma "sociedade civil", veio à tona quando o poder soviético emergiu de suas lutas desesperadas para se firmar e tornar-se permanente. Em essência, esse é o problema que tem afligido os marxistas nos últimos anos e que viria a ser discutido entre comunistas soviéticos, maoístas e "eurocomunistas", para não falar de pessoas alheias ao movimento comunista.

Ressalto o fato de que estamos falando aqui de dois conjuntos diferentes de problemas políticos: a estratégia e a natureza das sociedades socialistas. Gramsci tentou confrontar os dois, embora alguns comentaristas, parece-me, tenham se concentrado demasiado em apenas um deles, o estratégico. Entretanto, qualquer que seja a natureza desses problemas, logo se tornou impossível discuti-los dentro do movimento comunista, e a situação assim permaneceu por muito tempo. Na verdade, bem se poderia dizer que Gramsci só pôde atacá-los em seus textos porque estava na cadeia, longe da política que se fazia do lado de fora, e escrevia não para o presente, mas para o futuro.

Isso não quer dizer que ele não estivesse escrevendo politicamente, em termos da situação corrente na década de 1920 e no começo da seguinte. Na verdade, um dos obstáculos para se entender sua obra é o fato de ele pressupor familiaridade com situações e discussões que hoje são desconhecidas da maioria das pessoas ou já foram esquecidas. Assim, Perry Anderson nos lembrou recentemente que parte do pensamento mais característico de Gramsci elabora temas surgidos nos debates do Comintern no início da década de 1920. Seja como for, ele foi levado a expor os elementos de toda uma teoria política dentro do marxismo, e é provável que tenha sido o primeiro marxista a fazê-lo. Não tentarei sintetizar suas ideias. Em vez disso, tomarei alguns fios soltos e sublinharei o que me parece ser a importância de cada um deles.

Gramsci é um teórico político na medida em que considera a política como "uma atividade autônoma" (*Cadernos do cárcere*), dentro do contexto e dos limites definidos pelo desenvolvimento histórico, e porque ele se dispõe especificamente a investigar "o lugar que a ciência política ocupa ou deve ocupar numa concepção marxista sistemática (coerente e consequente) do mundo" (*ibid.*). No entanto, isso significou mais de que simplesmente introduzir no marxismo o tipo de discussão encontrada nas obras de seu herói, Maquiavel — autor que não figura com muita frequência nas obras de Marx e Engels. Para Gramsci a política é a essência não só da estratégia para se chegar ao socialismo, mas do próprio socialismo. A política é para ele, como corretamente frisam Hoare e Nowell-Smith, "a atividade humana central, o meio pelo qual a consciência individual é posta em contato com o mundo social e natural em todas as suas formas" (*Cadernos do cárcere*). Em suma, é um fenômeno muito mais amplo do que se entende comumente. Mais amplo até que a "ciência e a arte da política" no sentido mais estrito do próprio Gramsci, que ele define como "um conjunto de regras práticas de pesquisas e observações particulares destinadas a despertar o interesse pela realidade efetiva e suscitar intuições políticas mais rigorosas e robustas". A definição está, em parte, implícita no próprio conceito de práxis: compreender o mundo e transformá-lo é a mesma coisa. E a práxis, a história que os próprios homens fazem, ainda que em condições históricas herdadas e em movimento, é o que os homens fazem, e não apenas as formas ideológicas em que eles se tornam conscientes das contradições da sociedade. É, para citar Marx, como eles "resolvem-nas pela luta". Em síntese, é o que se pode chamar de ação política. Mas é também, em parte, um reconhecimento de que a própria ação política é uma atividade autônoma, embora ela "nasça no terreno 'permanente' e 'orgânico' da vida econômica".

Isso se aplica à construção de socialismo, bem como — talvez mais ainda — a tudo o mais. Pode-se dizer que para Gramsci a base do socialismo não é a socialização no sentido econômico — isto é, a economia de propriedade e planejamento social (embora isso seja, obviamente, sua base e seu arcabouço) —, mas a socialização no sentido político e sociológico, isto é, aquilo que foi chamado de processo de formação de hábitos no homem coletivo que tornará automático o comportamento social e eliminará a necessidade de um aparelho externo para impor normas; automático, mas também consciente. Quando Gramsci fala do papel da produção no socialismo não é simplesmente como um meio de criar a sociedade da abundância material, ainda que possamos observar, de passagem, que ele não tinha dúvidas quanto à prioridade de maximizar a produção. Era porque o lugar do homem na produção era fundamental para sua consciência sob o capitalismo; porque era a experiência dos trabalhadores na grande fábrica que era a escola natural dessa consciência. Gramsci tendia a ver, talvez com base em sua experiência em Turim, a grande fábrica moderna menos como um lugar de alienação do que como uma escola de socialismo.

Mas o importante era que a produção no socialismo não podia, portanto, ser tratada como um problema técnico e econômico à parte. Tinha de ser tratada simultaneamente, e desse ponto de vista, antes de tudo, como um problema de educação política e de estrutura política. Mesmo na sociedade burguesa, que nesse aspecto era progressista, o conceito de trabalho era educacionalmente central, uma vez que

> a descoberta de que a ordem social e a natural são mediadas pelo trabalho, pela atividade teórica e prática do homem cria os primeiros elementos de uma intuição de mundo livre de toda magia e superstição. Proporciona uma base para o posterior desenvolvimento de uma concepção histórica, dialética, do mundo que compreende o movimento e a mudança [...] que concebe o mundo contemporâneo como uma síntese do passado, de todas as gerações passadas, que se projeta no futuro. Essa era a base real da escola primária.

E podemos apontar, por sinal, um tema constante em Gramsci: o futuro.

Os elementos principais na teoria política de Gramsci estão delineados na famosa carta de setembro de 1931:

> Meu estudo sobre os intelectuais é um vasto projeto [...] eu amplio bastante a noção de intelectuais além do sentido corrente do termo, que designa principalmente grandes intelectuais. Esse estudo leva-me também a certas determinações do Estado. Em geral, o Estado é compreendido como uma sociedade política (isto é, a ditadura como aparelho coercitivo para fazer as massas populares atuarem em conformidade com o tipo de produção e economia de um determinado momento) e não como um equilíbrio entre a sociedade política e a sociedade civil (isto é, a hegemonia de um grupo social sobre toda a sociedade nacional, exercida por meio das chamadas organizações privadas, como a Igreja, os sindicatos, as escolas etc.). A sociedade civil é precisamente o campo de ação especial dos intelectuais.[2]

Ora, a concepção do Estado como um equilíbrio entre instituições coercitivas e hegemônicas (ou, se o leitor preferir, um amálgama de ambos os tipos) em si não é nova, ao menos para aqueles que olham o mundo com realismo. É óbvio que uma classe dominante não conta somente com o poder coercitivo e a autoridade, mas com o consentimento que deriva da hegemonia — o que Gramsci chama de "a liderança intelectual e moral" exercida pelo grupo dominante e de "a direção geral imposta à vida social pelo grupo fundamental dominante". O que há de novo em Gramsci é a observação de que nem a hegemonia burguesa é automática, e sim obtida mediante ação e organização políticas conscientes. A burguesia urbana do Renascimento italiano só pôde tornar-se hegemônica nacionalmente, como propôs Maquiavel, por meio dessa ação — na verdade, por meio de um tipo de jacobinismo. Para se tornar politicamente hegemônica, uma classe tem de transcender o que Gramsci chama de organização "econômico-corporativa"; é por isso, aliás, que mesmo o sindicalismo mais militante continua a ser uma parte subalterna da sociedade capitalista. Segue-se que a distinção entre classes "dominantes" ou "hegemônicas" e "subalternas" é fundamental. Essa é outra inovação de Gramsci e crucial em seu pensamento. Isso porque o problema básico da revolução consiste em tornar capaz de hegemonia uma classe até então subalterna, levando-a a acreditar em si mesma como uma possível classe dominante e ser vista assim pelas demais classes.

Eis o significado para Gramsci de partido — "o Príncipe moderno". Porque, à parte o significado histórico do desenvolvimento do partido em geral no período burguês — e Gramsci tem coisas brilhantes a dizer a respeito —, ele reconhece que é somente por meio do movimento e da organização do partido, ou seja, em sua opinião, através do partido, que a classe operária desenvolve sua consciência e transcende a fase "econômico-corporativa" ou sindicalista espontânea. De fato, como sabemos, o socialismo, onde triunfou, levou à transformação de partidos em Estados, e foi essa transformação que o concretizou. Gramsci é profundamente leninista em sua visão geral do papel do partido, embora não necessariamente em sua concepção de como deveria ser a organização do partido em qualquer momento dado ou em relação à natureza da vida do partido. Parece-me, porém, que suas ideias sobre a natureza e as funções dos partidos vão além das de Lênin.

É claro que, como sabemos, consideráveis problemas práticos surgem do fato de que partido e classe, por mais historicamente associados que sejam, não são a mesma coisa e podem divergir — principalmente nas sociedades socialistas. Gramsci estava bastante consciente desses problemas, assim como dos perigos de burocratização etc. Com efeito, sua hostilidade a fatos ligados ao stalinismo na União Soviética causou-lhe dificuldades até na prisão. Eu gostaria de poder dizer que ele propõe soluções adequadas para esses problemas, mas não estou certo de que o faça, mais do que, até agora, qualquer outra pessoa. Não obstante, os comentários de Gramsci sobre o centralismo burocrático, ainda que concentrados e difíceis (por exemplo, em *Cadernos do cárcere*), merecem um estudo detido.

Outra novidade é a insistência de Gramsci em que o aparelho de domínio, tanto em sua forma hegemônica quanto, em certo grau, em sua forma autoritária, consiste essencialmente em "intelectuais". Ele os define não como uma elite especial ou como uma categoria ou categorias da sociedade, e sim como um tipo de especialização funcional da sociedade para esses fins. Em outras palavras, para Gramsci todas as pessoas são intelectuais, mas nem todas exercem as funções sociais de intelectuais. Ora, isso é importante porque sublinha o papel autônomo da superestrutura no processo social ou até o simples fato de um político de origem operária não ser necessariamente a mesma pessoa que trabalhava em sua máquina. Todavia, embora a observação produza brilhantes passagens históricas na obra gramsciana, não creio que ela seja tão importante para a teoria política de Gramsci quanto ele próprio evidentemente julgava. Em particular, penso que a distinção que ele faz entre os chamados intelectuais "tradicionais" e os "orgânicos", produzidos por uma nova classe, é, ao menos em alguns países, menos relevante do que ele quer crer. É possível, naturalmente, que eu não tenha apreendido de todo sua exposição difícil e complexa nesse ponto, e devo, sem dúvida, ressaltar que a questão tem grande importância para o próprio Gramsci, a julgar pela extensão do espaço que lhe dedicou.

Por outro lado, o pensamento estratégico de Gramsci é não só — como sempre — cheio de brilhantes percepções históricas, como também de elevado significado prático. Creio que aqui devemos manter três coisas bem separadas: a análise geral de Gramsci, suas ideias sobre a estratégia comunista em períodos históricos específicos e, por fim, as ideias reais do Partido Comunista Italiano sobre estratégia em qualquer momento dado, que com certeza foram inspiradas pela interpretação dada por Togliatti e seus sucessores à teoria de Gramsci. Não pretendo abordar este terceiro conjunto, pois tais discussões são irrelevantes para os objetivos deste ensaio. Tampouco examinarei o segundo conjunto em minúcias, porque nosso julgamento de Gramsci não depende de sua avaliação de situações particulares das décadas de 1920 e 1930. É perfeitamente possível sustentar que, digamos, *O 18 de brumário*, de Marx, é uma obra profunda e básica, mesmo que a atitude do próprio Marx em relação a Napoleão III em 1852-70 e sua estimativa da estabilidade do regime fossem, muitas vezes, bem irrealistas. Contudo, isso não implica nenhuma crítica à estratégia do próprio Gramsci ou de Togliatti. Ambas são defensáveis. Deixando de lado essas questões, eu gostaria de selecionar três elementos na teoria estratégica de Gramsci.

O primeiro não é o fato de Gramsci ter optado por uma estratégia de guerra prolongada ou "posicional" no Ocidente, em contraposição ao que chamou de "ataque frontal" ou uma guerra de manobras, e sim a forma como analisou essas opções. Mesmo admitindo-se que na Itália e na maior parte do Ocidente não haveria uma Revolução de Outubro a partir do começo da década de 1920 — e não havia nenhuma perspectiva realista disso —, é óbvio que ele tinha de levar em conta uma estratégia a longo prazo. Mas na verdade ele não se comprometeu em princípio com nenhum resultado em particular da longa "guerra de posições" que previu e recomendou. Ela poderia levar diretamente a uma transição para o socialismo, a outra fase da guerra de manobras e ataque ou a alguma outra fase estratégica. O que acontecesse dependeria das mudanças na situação concreta. Contudo, ele considerou uma possibilidade que poucos outros marxistas abordaram com tanta clareza — que o fracasso da revolução no Ocidente pudesse produzir um enfraquecimento a longo prazo, muito mais perigoso, das forças do progresso por meio do que ele chamou de "revolução passiva". Por um lado, a classe dominante poderia conceder certas reivindicações para postergar e evitar a revolução; por outro, o movimento revolucionário poderia ver-se na prática (embora não necessariamente em teoria) aceitando sua impotência, ser erodido e integrado politicamente ao sistema (ver *Cadernos do cárcere*). Em suma, a "guerra de posições" teria de ser pensada sistematicamente como uma estratégia de luta e não simplesmente como algo a ser feito quando não houvesse nenhuma perspectiva de erguer barricadas. Gramsci aprendera, é claro, pela experiência da social-democracia antes de 1914, que o marxismo não era um determinismo histórico. Não bastava esperar que a história de alguma forma levasse automaticamente os trabalhadores ao poder.

O segundo elemento é a insistência de Gramsci na luta da classe operária para converter-se numa classe dominante em potencial, a luta pela hegemonia, que segundo ele deveria ser travada *antes*, durante e depois da transição do poder. Mas essa luta não é um mero aspecto da "guerra de posições", é um aspecto crucial da estratégia de revolucionários em todas as circunstâncias. É claro que a conquista da hegemonia, até onde possível, antes da transferência do poder é particularmente importante em países onde a essência do poder da classe dominante reside na subalternidade das massas e não na coerção. É esse o caso na maioria dos países "ocidentais", não importa o que diga a ultraesquerda e por mais que não se questione o fato de que, em última análise, a coerção existe para ser usada. Como podemos ver, digamos, no Chile e no Uruguai, o uso da coerção para manter o domínio, além de certo ponto, torna-se francamente incompatível com o uso do consentimento aparente ou real, e os dominadores têm de escolher entre as alternativas de hegemonia e de força: a luva de veludo ou o punho de ferro. Nos casos em que escolhem a força, em geral os resultados não têm sido favoráveis para o movimento da classe operária.

No entanto, como podemos ver até mesmo em países onde ocorreu uma derrubada revolucionária dos velhos governantes, como Portugal, na falta de uma força *hegemônica* até as revoluções podem frustrar-se. Elas têm de obter apoio e consentimento suficientes junto a estratos que ainda não se separaram dos velhos regimes. O problema básico da hegemonia, visto do ponto de vista estratégico, não é *como* os revolucionários chegam ao poder, embora essa questão seja muito importante. É como eles vêm a ser aceitos, não apenas como os governantes politicamente existentes ou inevitáveis, mas como guias e líderes. Essa aceitação, obviamente, tem dois aspectos: como obter aquiescência e se os revolucionários estão prontos para exercer a liderança. Há também a situação política concreta, tanto a nacional quanto a internacional, que podem tornar seus esforços mais eficazes ou mais difíceis. Em 1945, os comunistas poloneses provavelmente não foram aceitos como uma força hegemônica, embora estivessem prontos para sê-lo; mas firmaram seu poder graças à situação internacional. Os social-democratas alemães em 1918 provavelmente teriam sido aceitos como uma força hegemônica, mas não quiseram agir como tal. Nisso reside a tragédia da revolução alemã. Os comunistas tchecos poderiam ter sido aceitos como uma força hegemônica em 1945 e 1968, e estavam prontos para desempenhar esse papel, mas isso não lhes foi permitido. A luta pela hegemonia antes, durante e depois da transição (qualquer que seja sua natureza ou seu ritmo) continua a ser crucial.

O terceiro elemento é que a estratégia de Gramsci tem como seu núcleo um permanente movimento de classe organizado. Nesse sentido, sua ideia de "partido" volta à concepção do próprio Marx, pelo menos em seus últimos anos de vida: o partido como, por assim dizer, a classe organizada, embora Gramsci tenha dedicado mais atenção do que Marx e Engels, e mais até do que Lênin, não tanto à organização formal quanto às formas de liderança e estrutura políticas, e à natureza do que ele chamou de relacionamento "orgânico" entre a classe e o partido. Na época da Revolução de Outubro, a maioria dos partidos da classe operária era social-democrata. A maior parte dos teóricos revolucionários, inclusive os bolcheviques antes de 1917, se obrigavam a pensar apenas em termos de partidos de quadros ou grupos de ativistas que mobilizavam a insatisfação espontânea das massas como e quando podiam, pois os movimentos de massa ou não tinham permissão de existir ou em geral eram reformistas. Eles não podiam ainda pensar em termos de movimentos operários de massa, permanentes e arraigados, mas ao mesmo tempo revolucionários, que desempenhassem um papel importante no cenário político de seus países. O movimento de Turim, onde Gramsci formou suas ideias, era uma exceção. E, embora um dos principais feitos da Internacional Comunista tenha sido criar partidos de massa comunistas, há sinais — por exemplo, no sectarismo do chamado "Terceiro Período" — de que a liderança comunista internacional (em contraposição aos comunistas de alguns países com movimentos operários de massa) não estava familiarizada com os problemas de movimentos operários de massa que haviam se desenvolvido à maneira antiga.

Aqui é importante o relevo que Gramsci dá ao relacionamento "orgânico" entre revolucionários e movimentos de massa. Com a experiência histórica italiana, ele aprendera que minorias revolucionárias desprovidas dessa relação "orgânica", constituindo grupos de "voluntários" que se mobilizavam como e quando podiam, "não [eram] realmente partidos de massa [...], mas o equivalente político de bandos de ciganos ou nômades" (*Cadernos do cárcere*). Grande parte das políticas de esquerda ainda hoje — talvez especialmente hoje — se forma assim, e por motivos semelhantes, não com base na classe operária real, com sua organização de massa, mas com base numa classe operária imaginária, com base numa espécie de visão externa da classe operária ou de qualquer outro grupo mobilizável. A originalidade de Gramsci está em que ele foi um revolucionário que jamais sucumbiu a essa tentação. A classe operária organizada como ela é e não como em teoria deveria ser foi a base de sua análise e de sua estratégia.

Entretanto, como tenho ressaltado reiteradamente, o pensamento político de Gramsci não era somente estratégico, instrumental ou operacional. Seu objetivo não era simplesmente a vitória, depois da qual começa uma diferente ordem e tipo de análise. É digno de nota que, repetidamente, ele use algum problema ou incidente histórico como ponto de partida e faça generalizações a partir dele, não apenas sobre a política da classe dominante ou de alguma situação semelhante, mas sobre a política *em geral*. Isso porque ele não esquece que existe algo em comum nas relações políticas entre os homens em todas as sociedades ou, ao menos, numa gama historicamente amplíssima de sociedades — por exemplo, como ele gostava de lembrar, a diferença entre líderes e liderados. Ele nunca esqueceu que as sociedades são mais do que estruturas de dominação econômica e poder político, que elas têm uma certa coesão, mesmo quando dilaceradas por lutas de classes (um ponto demonstrado muito antes por Engels), e que a libertação da exploração proporciona a possibilidade de constituí-las como verdadeiras comunidades de homens livres. Ele nunca esqueceu que assumir responsabilidade por uma sociedade — real ou potencial — é mais do que cuidar de interesses imediatos de classe, de áreas ou mesmo do Estado; que, por exemplo, essa responsabilidade pressupõe continuidade "com o passado, com a tradição ou com o futuro". Daí Gramsci insistir na revolução não simplesmente como a expropriação dos expropriadores, mas também, na Itália, como a criação de um povo, a realização de uma nação — como a negação e como o cumprimento do passado. Com efeito, os textos de Gramsci levantam um problema de máxima importância, que raramente tem sido debatido: que parte do passado é revolucionada numa revolução e que parte é preservada, e por que e como se dá essa preservação. É o problema da dialética entre continuidade e revolução.

Mas é claro que para Gramsci isso é importante não em si, mas como meio de mobilização popular e autotransformação, de mudança intelectual e moral, de autodesenvolvimento coletivo como parte do processo pelo qual, em suas lutas, um povo muda e se constrói sob a liderança de uma nova classe hegemônica e de seu movimento. E, embora Gramsci partilhe a habitual desconfiança marxista quanto a especulações a respeito do futuro socialista, ao contrário da maioria ele procura uma pista para esse futuro na natureza do próprio movimento. Se ele analisa sua natureza, sua estrutura e seu desenvolvimento como movimento político, como um partido, de modo tão elaborado e microscópico; se desenha, por exemplo, a aparição de um movimento permanente e organizado — diferente de uma rápida "explosão" —, descendo a seus menores elementos capilares e moleculares (como ele os chama), é porque vê a futura sociedade apoiar-se no que ele chama de "a formação de uma vontade coletiva" através de tal movimento e *apenas* através dele. Porque só assim uma classe até então subalterna pode tornar-se uma classe potencialmente hegemônica — se preferirem, tornar-se apta a construir o socialismo. Somente assim ela pode, através de seu partido, tornar-se realmente o "Príncipe moderno", o motor político da transformação. E, ao se construir, ela já criará, em algum sentido, algumas das bases sobre as quais será construída a nova sociedade, e alguns de seus contornos surgirão nela e por intermédio dela.

Permitam-me dizer, para concluir, por que escolhi, neste capítulo, concentrar-me em Gramsci como teórico político. Não foi só por ele ser um teórico invulgarmente interessante e admirável. Nem, decerto, porque ele oferece uma receita para a forma como os partidos e os Estados devem organizar-se. Como Maquiavel, ele é um teórico de como as sociedades deveriam ser fundadas ou transformadas, não de pormenores constitucionais e muito menos das trivialidades de que se ocupam os jornalistas políticos. Foi porque, entre os teóricos marxistas, foi ele quem percebeu com maior clarividência a importância da política como uma dimensão especial da sociedade e porque ele compreendeu que a política envolve mais do que o poder. Isso é de enorme importância prática, e não menos para os socialistas.

Por motivos históricos que não é preciso analisar aqui, a sociedade burguesa, ao menos nos países desenvolvidos, sempre deu muita atenção a suas instituições e seus mecanismos políticos. É por isso que a ordem política tornou-se um meio poderoso de reforçar a hegemonia burguesa, de modo que palavras de ordem como defesa da república, defesa da democracia ou defesa dos direitos civis e das liberdades unem dominadores e dominados para o benefício primordial dos primeiros; mas isso não quer dizer que sejam irrelevantes para os segundos. Dessa forma, são muito mais do que simples cosméticos na face da coerção ou mais do que um simples embuste.

Também por compreensíveis razões históricas, as sociedades socialistas se concentraram em outras tarefas, principalmente as de planejamento da economia, e (com exceção da questão crucial do poder e, talvez, em países multinacionais, da relação entre as nações que os compõem) têm dado muito menos atenção a suas instituições e seus processos políticos e jurídicos. Têm deixado que as instituições e processos operem informalmente, da melhor forma possível, às vezes até violando Constituições ou estatutos partidários — por exemplo, a convocação regular de Congressos — e com frequência numa espécie de obscuridade. Em casos extremos, como tem ocorrido na China nos últimos anos, importantes decisões políticas que afetam o futuro do país parecem surgir, de repente, das lutas internas de um pequeno grupo de governantes de cúpula, e a própria natureza dessas decisões não fica clara, uma vez que não são discutidas em público. Nesses casos, é evidente que alguma coisa está errada. À parte outros problemas gerados por esse menosprezo pela política, como podemos esperar transformar a vida humana, criar uma *sociedade* socialista (e não somente uma economia de propriedade e gestão social), quando a massa do povo é excluída do processo político, e pode até descambar para a despolitização e a apatia com relação aos assuntos públicos? Começa a ficar claro que a incúria em relação à ordem política por parte da maioria das sociedades socialistas está levando a graves deficiências que devem ser solucionadas. O futuro do socialismo, tanto nos países que ainda não são socialistas quanto nos que são, talvez dependa de prestar muito mais atenção a esses aspectos.

Ao insistir na importância crucial da política, Gramsci chamou a atenção para um dado fundamental para a construção e a vitória do socialismo. Essa é uma advertência a que devemos estar atentos. E, se um importante pensador marxista fez da política a essência de sua análise, vale muito a pena lê-lo, estudá-lo e assimilá-lo.

13. A recepção das ideias de Gramsci*

GRAMSCI NA EUROPA E NA AMÉRICA

É provável que todos os que tenham lido um livro sobre o impacto internacional de Gramsci em 1994 concordarão com a afirmativa de seu primeiro divulgador espanhol, citada pelo professor Fernández Buey: "Gramsci é um clássico, ou seja, um autor que nunca está na moda, mas é lido sempre". No entanto, todos os capítulos desse livro atestam que a fortuna internacional desse autor clássico tem flutuado com os modismos da intelectualidade de esquerda. Assim, na década de 1960, a popularidade de Althusser na América Latina bloqueou em grande parte o caminho de Gramsci, ainda que na própria França a preeminência de Althusser também desse publicidade ao italiano ainda quase desconhecido, que ele tanto louvou como criticou. O elemento moda foi bastante evidente nas décadas de 1960 e 1970, quando a divulgação internacional de Gramsci coincidiu com o auge das "novas esquerdas", vorazes consumidoras do que Carlos Nelson Coutinho chamou de "sopa eclética" de ingredientes intelectuais incompatíveis entre si. O componente de modismo ficou ainda mais

* Este texto foi escrito originalmente como introdução ao livro *Gramsci in Europa e America*, Antonio A. Santucci (org.), Roma e Bari, 1996.

visível na década de 1990, quando ex-esquerdistas transformados em neoliberais rejeitavam tudo o que lembrasse seus antigos entusiasmos. Como comenta Irina Grigoreva sobre a Rússia pós-1991, "hoje em dia tudo o que esteja ligado ao ideário do marxismo é condenado". Por isso, a Rússia em 1993 fosse "talvez o país menos 'gramsciano' no mundo".

É igualmente evidente que Gramsci não poderia ter se tornado uma figura de destaque no cenário intelectual mundial se não fosse um complexo conjunto de circunstâncias nos quarenta anos que se seguiram à sua morte. Ele sequer seria conhecido não fosse a determinação de seu camarada e admirador Palmiro Togliatti, que cuidou de preservar e publicar seus textos e dar-lhes um lugar central no comunismo italiano. Nas condições vigentes no período stalinista, isso não era de modo algum uma escolha inevitável, ainda que a linha aprovada no Sétimo Congresso Mundial da Internacional a tornasse um pouco menos arriscada. Quaisquer que tenham sido as críticas posteriores aos juízos de Togliatti sobre a obra gramsciana, sua preocupação depois da morte do colega no sentido de "*sottrarli alle traversie del presente e garantirli per 'la vita avvenire del partito*'" ("afastá-lo das adversidades do presente e protegê-lo para 'a vida futura do partido'")[1] e sua insistência na importância dele a partir do momento em que voltou à Itália foram os alicerces da subsequente boa acolhida de Gramsci. As deficiências e omissões editoriais dos primeiros anos do pós-guerra foram o preço a pagar pela divulgação do pensador; em retrospecto, um preço que valeu a pena. Graças à determinação de Togliatti e ao novo prestígio do PCI, ao menos as *Cartas* foram publicadas em vários países, inclusive em algumas "democracias populares", antes da morte de Stálin. Onde os partidos comunistas locais não as publicaram, ninguém mais o fez. Embora quase imediatamente surgissem excelentes traduções das *Cartas* para o inglês, passaram-se decênios antes que fossem publicadas na Grã-Bretanha e nos Estados Unidos.

Ainda assim, sem levar em conta os poucos estrangeiros que tinham lembranças pessoais da Resistência italiana e amigos esquerdistas italianos, a história da forma como Gramsci foi recebido começa com o Vigésimo Congresso do Partido Comunista da União Soviética. Durante dois decênios essa recepção fez parte das tentativas do movimento comunista internacional para se livrar de uma dupla herança — a do stalinismo e a da Internacional Comunista. No "campo socialista" isso se refletiu no reconhecimento oficial quase imediato de Gramsci como pensador político e como um mártir — como atestam a publicação, na União Soviética, de uma seleção de suas obras, em três volumes, em 1957-9, a presença soviética no primeiro Convegno Gramsci, em 1958, e a participação da delegação soviética, substancial e implicitamente reformista, no segundo (1967). Quase todos os autores não italianos que escreveram sobre Gramsci nos vinte anos que se seguiram a 1956 tinham algum tipo de compromisso marxista, passado ou presente. É difícil lembrar de algum não marxista nessa área antes do fim da década de 1970, a não ser o historiador americano S. Stuart Hughes (que tinha particular interesse pela Itália) e o historiador britânico James Joll (que se especializou na história da esquerda). Por fim, é claro, Gramsci entrou para o *corpus* dos estudos acadêmicos.

Mais precisamente, Gramsci atraiu a atenção, fora da Itália, basicamente como pensador comunista que oferecia uma estratégia marxista a países para os quais a Revolução de Outubro poderia ser uma inspiração, mas não um modelo — vale dizer, para movimentos socialistas em ambientes e situações não revolucionários. Era natural que o prestígio e o sucesso do Partido Comunista Italiano no período que mediou entre o Memorando de Ialta e a morte de Enrico Berlinguer espalhassem a influência de um pensador que era tido como o inspirador das estratégias desse partido. Sem dúvida a preeminência internacional de Gramsci atingiu o apogeu nos anos do "eurocomunismo" da década de 1970, e diminuiu um pouco na década de 1980 — exceto, talvez, na República Federal da Alemanha, onde foi descoberto mais tardiamente e onde o interesse por ele estava no auge na primeira metade da década de 1980. Onde a esquerda não abandonara ainda a esperança de estratégias de insurreição e de luta armada mais clássicas, ela dava preferência a outros gurus intelectuais. Daí a curiosa história, em duas etapas, da penetração de Gramsci na América Latina: como parte da abertura do marxismo dos partidos comunistas depois de 1956-60 e após o colapso das estratégias de luta armada na década de 1970.

Ao que parece, a discussão internacional sobre Gramsci se dissociou em grande medida do vigoroso debate italiano sobre o maior pensador marxista do país. Os principais livros italianos sobre ele não foram traduzidos, pelo menos para o inglês (exceto a biografia escrita por Fiori), embora existam introduções à literatura italiana sobre Gramsci, como os trabalhos escritos ou organizados por Anne Showstack Sassoon e Chantal Mouffe. Isso não surpreende. É inevitável que a leitura de alguns pensadores feita por estrangeiros, por mais universais que sejam seus interesses, se dê de maneira diferente da leitura de integrantes da própria cultura do autor. E, quando o pensador é, como Gramsci, tão colado a sua realidade nacional, a leitura estrangeira e a nacional provavelmente divergirão mais ainda. Em todo caso, várias questões debatidas acaloradamente na Itália eram menos discussões sobre Gramsci do que a favor ou (mais comumente) contra alguma fase das políticas do PCI. Nem sempre essas questões eram de grande interesse para não especialistas fora da Itália. No entanto, é relevante destacar que foram as obras de Gramsci que influenciaram os leitores estrangeiros, e não os livros de crítica e interpretação que se acumularam em torno delas em seu próprio país. Quer dizer, o Gramsci da época em que as primeiras seleções importantes de sua obra apareceram em outras línguas ou, no máximo, da época em que os primeiros gramscianos estrangeiros surgiram no cenário intelectual para falar do pensador ainda não traduzido. Em essência, podemos dizer que Gramsci foi conhecido fora da Itália através das obras disponíveis em 1960-7.

Por conseguinte, a recepção internacional de Gramsci foi e continua a ser sujeita às flutuações da esquerda. E forçosamente ela continuará assim, em certa medida. Isso porque ele foi, acima de qualquer outra coisa, o filósofo da práxis política. Os luminares do chamado "marxismo ocidental", na maioria, podem ser lidos, por assim dizer, como acadêmicos, o que muitos deles foram ou poderiam ter sido: Lukács, Korsch, Benjamin, Althusser, Marcuse e outros. Eles escreviam com certo distanciamento das realidades políticas concretas, mesmo quando, como Henri Lefebvre, vez por outra mergulhavam nelas na qualidade de organizadores políticos. Gramsci não pode ser separado dessas realidades, pois até suas mais amplas generalizações estão sempre relacionadas à investigação das condições práticas para transformar o mundo, pela política, nas circunstâncias específicas em que ele escreveu. Do mesmo modo que Lênin, Gramsci não nasceu para a vida acadêmica, ainda que, ao contrário daquele, fosse um intelectual nato, um homem quase fisicamente movido pela força das ideias. Não por acaso, ele foi o único teórico marxista genuíno que também liderou um partido marxista de massa (se não considerarmos Otto Bauer, muito menos original). Uma das razões pelas quais os historiadores, marxistas e mesmo não marxistas, o consideram tão empolgante é precisamente sua recusa a deixar o terreno das realidades históricas, sociais e culturais e trocá-las por abstrações e modelos teóricos reducionistas.

Por tudo isso, é provável que Gramsci continue a ser lido principalmente pela luz que seus textos lançam sobre a política, definida, em suas próprias palavras, como o "conjunto de regras práticas para pesquisas e de observações minuciosas destinadas a despertar o interesse pela realidade efetiva e suscitar intuições políticas mais rigorosas e vigorosas". Não acredito que os que procuram essas intuições só sejam encontrados na esquerda, ainda que, por motivos óbvios, aqueles que partilham os objetivos de Gramsci mais que provavelmente recorrerão a ele em busca de orientação. Como observa Joseph Buttigieg, os anticomunistas americanos estão preocupados porque Gramsci ainda pode inspirar a esquerda pós-soviética, já que Lênin, Stálin, Trotski e Mao não podem mais fazê-lo. No entanto, embora tenhamos esperança de que Gramsci possa ainda ser um guia para a bem-sucedida ação política da esquerda, já está claro que sua influência internacional foi além da esquerda e, na verdade, além da esfera da política instrumental.[2]

Pode parecer irrelevante que uma obra de consulta anglo-saxônica reduza Gramsci a uma única palavra. Cito a entrada na íntegra: "Antonio Gramsci (pensador político italiano, 1891-1937), ver HEGEMONIA".[3] Pode ser absurdo que um jornalista americano citado por Buttigieg acredite que o conceito de "sociedade civil" foi introduzido no moderno discurso político apenas por Gramsci.[4] No entanto, a aceitação de um pensador como um clássico permanente muitas vezes é indicada por esse tipo de referências superficiais por parte de pessoas que claramente só sabem que ele é "importante".

Cinquenta anos após sua morte, Gramsci tinha se tornado "importante" nesse sentido mesmo fora da Itália, onde sua estatura na história e na cultura nacionais foi reconhecida quase desde o início. Hoje essa estatura é reconhecida em quase todo o mundo. Com efeito, a florescente escola histórica de "estudos subalternos", centrada em Calcutá, faz crer que a influência de Gramsci ainda esteja se expandindo. Ele sobreviveu às conjunturas políticas que foram os primeiros motivos de sua preeminência internacional. Sobreviveu ao próprio movimento comunista europeu. Demonstrou sua independência das flutuações das modas ideológicas. Alguém espera hoje uma nova voga de Althusser? Ou de Spengler, por que não? Gramsci sobreviveu à relegação em guetos acadêmicos, o que parece ser a sina de tantos outros pensadores do "marxismo ocidental". Até evitou transformar-se num "ismo".

Qual será a fortuna crítica futura de seus escritos, isso não podemos saber.

Contudo, sua permanência já está suficientemente garantida e justifica o estudo histórico de sua recepção internacional.

GRAMSCI EM INGLÊS

A lista dos autores cujas obras são citadas com mais frequência nos estudos internacionais sobre as humanidades e as artes[5] compreende poucos italianos, e entre eles são apenas cinco os nascidos desde o século XVI. Não inclui, por exemplo, Vico ou Maquiavel. Mas inclui Antonio Gramsci. Citação não garante nem conhecimento nem compreensão, mas indica que o autor citado tem presença intelectual. A presença de Gramsci no mundo, cinquenta anos após a sua morte, era inegável. Era particularmente notável entre os historiadores dos países de língua inglesa.

Gramsci tornou-se conhecido nessa área pouco depois da guerra, que levara à Itália muitos intelectuais antifascistas de língua inglesa. Sua obra foi comentada com simpatia no *Times Literary Supplement* já em 1948, ou seja, logo depois da publicação de *Il materialismo storico*. Os historiadores tiveram um papel valioso em sua descoberta fora da Itália. Coube a um jovem historiador britânico fazer aquela que foi, provavelmente, a primeira seleção de textos de Gramsci em uma língua que não o italiano (Louis Marks, *The modern Prince*, Londres, 1956), e já em 1958 um consagrado historiador americano escreveu sobre ele um ensaio intitulado "Gramsci and Marxist humanism", numa obra que ainda é a melhor, em inglês, sobre a história intelectual geral na Europa no começo do século XX (H. Stuart Hughes, *Consciouness and society*). Outro historiador britânico, Gwyn A. Williams, fez em 1960 o primeiro exame, fora da Itália, do "conceito de *hegemonia* no pensamento de Antonio Gramsci" (no *Journal of the History of Ideas*). Na mesma época, outro historiador americano completou sua tese de doutoramento, que anos depois tornou-se o primeiro livro sobre Gramsci fora da Itália: *Antonio Gramsci and the origins of Italian communism*, de John M. Cammett (Stanford, 1967). Para resumir, em 1960 sabia-se mais sobre Gramsci no mundo de língua inglesa do que em qualquer outro lugar fora da Itália, ainda que fosse pouco. A antologia de textos de Gramsci, muitíssimo bem selecionados por Hoare e Nowell-Smith a partir de 1971, aumentou a vantagem desfrutada pelos leitores ingleses.[6]

A principal influência de Gramsci foi exercida, naturalmente, sobre os historiadores marxistas, que em certos aspectos têm sido mais ativos e influentes no mundo anglófono do que em qualquer outra região do Ocidente. Entretanto, não existe uma "escola gramsciana" de história, nem a influência de Gramsci sobre os historiadores pode ser distinguida claramente de sua influência sobre o marxismo em geral. Os trabalhos e o exemplo do pensador têm ajudado, acima de tudo, a abrir a carapaça doutrinária que se formou em torno do corpo vivo do pensamento marxista, ocultando até as originais estratégias e observações de Lênin atrás de apelos à ortodoxia textual. Gramsci ajudou os marxistas a se livrar do marxismo vulgar, e por sua vez tornou mais difícil para os inimigos da esquerda descartar o marxismo como uma variante do positivismo determinista.

Nesse sentido, as principais lições de Gramsci não são gramscianas, porém marxistas. Representam um conjunto de variações sobre o tema do próprio Marx, segundo o qual "os homens fazem a sua própria história, mas não a fazem [...] sob circunstâncias de sua escolha e sim sob aquelas com que se defrontam diretamente, legadas e transmitidas pelo passado" (*O 18 de brumário*) (ou, nas palavras de Gwyn A. Williams, "a vontade humana era central no marxismo de Gramsci, mas era uma vontade histórica, voltada para as realidades objetivas da história").[7] Até mesmo a insistência de Gramsci, rara entre seus contemporâneos marxistas, quanto à autonomia das esferas da política e da cultura pode ser vista como uma advertência de Marx, como George Lichtheim, especialista no pensador alemão, não deixou de observar.[8]

É natural, pois, que um abalizado levantamento da historiografia considere Gramsci exclusivamente nesse contexto.[9] E que um historiador marxista pudesse dizer: "A influência gramsciana sobre a história marxista não é particularmente nova. Não creio que Gramsci faça uma abordagem muito específica da história, diferente da abordagem do próprio Marx".[10] Isso não torna sua influência menos importante. Historiadores ansiosos por romper com a rigidez da tradição comunista herdada viram-se imensamente encorajados e inspirados ao descobrir que esse "teórico de rara capacidade" (Lichtheim) estava do lado deles. Ademais, poucos dos teóricos marxistas que surgiram, ou foram redescobertos, a partir da década de 1950 estavam tão impregnados de história quanto ele, que, portanto, merecia ser lido e estudado pelos historiadores.

No entanto, há também em Gramsci um elemento de grande interesse para os historiadores e que vai além do incentivo para que estudem Marx — ou voltem a ele. Porque existem na obra teórica de Gramsci não só certos conceitos que são extremamente férteis, acrescentando, por assim dizer, novas dimensões à análise histórica, como ele próprio escreveu bastante sobre problemas que são essencialmente históricos, além de políticos.

Suas reflexões sobre a história italiana, embora muito discutidas na Itália, não fizeram muito eco no exterior, salvo na restrita comunidade de italianistas. Por outro lado, em um campo específico, ou em um complexo de campos, o dos estudos históricos, a influência direta de Gramsci é forte ou até mesmo dominante. Trata-se da história da ideologia e da cultura, sobretudo do modo como ela afeta a "gente comum", principalmente na sociedade pré-industrial. A influência de Gramsci nesse campo remonta ao passado distante. Já em 1960 eu observara que "uma das mais estimulantes sugestões na obra de Antonio Gramsci é a recomendação para se prestar muito mais atenção do que no passado ao estudo do mundo das 'classes subalternas'".[11]

A história e o estudo do mundo das classes subalternas tornou-se desde então um dos campos mais florescentes e de mais rápido crescimento da historiografia. Dele se ocupam não só marxistas e um número considerável de pessoas que podem ser mais bem descritas como populistas de esquerda, como também historiadores de outras ideologias. Essa área não se desenvolveu porque Gramsci recomendou que fosse estudada, mas porque qualquer pessoa que nela entre com seriedade não pode deixar de notar que ele foi um dos raros pensadores de qualquer corrente (e o único no marxismo ocidental, não excluindo o próprio Marx) que lhe dedicou séria atenção. Pois, enquanto há uma longa tradição à qual o historiador da alta cultura e das ideias expressadas em livros pode recorrer, no novo campo da cultura popular os historiadores achavam-se praticamente sem orientação. Daí o vazio intelectual no âmago de conceitos insípidos como a "*histoire des mentalités*". Por conseguinte, é natural que até não marxistas atraídos para a área das classes subalternas recorram, pelo menos de passagem, aos trabalhos de Gramsci, como fez Peter Burke, o eminente historiador de Cambridge, em seu inovador *Cultura popular na Idade Moderna* (Londres, 1978). Na realidade, hoje em dia talvez seja difícil ou impossível para um historiador discutir os problemas da cultura popular, ou de qualquer cultura, sem aproximar-se de Gramsci, ou sem fazer um uso mais explícito de suas ideias; como Burke propõe que E. P. Thompson e Raymond Williams haveriam de fazer.[12]

Contudo, a força da atividade intelectual de Gramsci nesse campo, como em todos os outros sobre os quais refletiu e escreveu, está no fato de ele nunca ser puramente acadêmico. A práxis estimulou e fertilizou sua teoria, e foi a finalidade dela. A influência de Gramsci sobre os estudiosos da ideologia e da cultura tem sido tão acentuada porque, para todos aqueles envolvidos com a cultura popular, o interesse também não é puramente acadêmico. O objetivo de quase todos os que realizam esses estudos não é, basicamente, escrever teses e livros. Como Gramsci, eles estão profundamente interessados no futuro, tanto quanto no passado: no futuro das pessoas comuns que formam a maior parte da humanidade, inclusive a classe operária e seus movimentos, no futuro das nações e da civilização. Setenta anos depois da morte de Gramsci, somos gratos a ele não só pelo estímulo intelectual, como também por nos ensinar que o esforço de transformar o mundo não só é compatível com uma reflexão histórica original, sutil e vigilante, mas é impossível sem ele.

14. A influência do marxismo, 1945-83

Nenhum pensador teve mais êxito em viver à altura de sua própria injunção: "Os filósofos têm apenas interpretado o mundo; a questão, porém, é transformá-lo" (*Teses sobre Feuerbach*). As ideias de Marx tornaram-se as doutrinas inspiradoras dos movimentos operários e socialistas da maior parte da Europa. Sobretudo por meio de Lênin e da Revolução Russa, tornaram-se a doutrina internacional por excelência da revolução social do século xx, acolhida como tal da China ao Peru. Com o triunfo de partidos e governos identificados com essas doutrinas, versões dessas ideias tornaram-se a ideologia oficial dos Estados em que, no momento de seu apogeu, vivia aproximadamente um terço da humanidade, para não se falar de movimentos políticos de variadas dimensões e importância no resto do mundo. Os únicos pensadores que alcançaram um *status* comparável foram os fundadores das grandes religiões do passado, e, com a possível exceção de Maomé, nenhum deles triunfou numa escala comparável com tanta rapidez. Nenhum pensador secular pode ser equiparado a Marx nesse sentido.

Até que ponto Marx teria aprovado o que foi feito em seu nome, e o que teria pensado sobre as doutrinas, muitas vezes convertidas no equivalente secular de teologias, aceitas oficialmente como verdades inquestionáveis, é matéria para uma especulação interessante, mas acadêmica. O fato é que, por mais distantes que possam estar das ideias dele, na medida em que podemos documentá-las ou inferi-las, essas doutrinas derivam historicamente delas, e a derivação, em pensamento e ação, pode ser determinada diretamente. Elas pertencem à história do marxismo. Se esses desdobramentos estão logicamente implícitos nas ideias de Marx é outra questão, que tem sido muito debatida, sobretudo porque todos os regimes e governos criados até hoje em seu nome (em geral chefiados por um líder revolucionário que afirma ser seu discípulo — Lênin, Stálin, Mao e outros) apresentaram uma certa semelhança de família; ou então porque todos exibiram a característica negativa de não parecer uma democracia liberal.

Resolver essa questão não é um dos objetivos deste capítulo, mas podemos fazer dois comentários. Na medida em que qualquer conjunto de ideias sobrevive a seu criador, deixa de estar limitado a suas intenções e seu conteúdo originais. Dentro dos amplíssimos limites dados pela capacidade humana de exegese, ou até pela propensão humana a associar-se a um predecessor prezado ou conveniente, esse conjunto de ideias está sujeito, na prática, a uma gama ampla de mudanças e transformações, gama essa que se torna amplíssima na teoria. Regimes que se dizem cristãos e que derivam sua autoridade de um determinado corpo de textos já variaram do reino feudal de Jerusalém aos *shakers*, do império dos tsares russos à República Holandesa, da Genebra de Calvino à Inglaterra georgiana. Em épocas distintas, a teologia cristã absorveu Aristóteles e Marx. Todos afirmavam provir dos ensinamentos de Cristo — embora em geral desagradando a outros cristãos igualmente convencidos de sua cristandade. Do mesmo modo, ideias e práticas bastante diversas têm afirmado provir dos textos de Marx e ser compatíveis com eles, seja diretamente, seja através de seus sucessores. Se não soubéssemos que todos esses grupos alegam ser marxistas, poderíamos considerar que as diferenças entre, digamos, os *kibbutzim* sionistas e o Camboja de Pol Pot; entre Hilferding e Mao; entre Stálin e Gramsci; entre Rosa Luxemburgo e Kim Il-sung são mais evidentes que suas semelhanças. Não existe nenhuma razão teórica para que os regimes marxistas assumam determinada forma, embora haja boas razões históricas para que os que se instauraram no decurso do período historicamente que se iniciou em 1917, mediante revolução autóctone, imitação ou conquista, em vários países nas margens do mundo industrial ou fora dele, tivessem adquirido características negativas ou positivas comuns.[1] Com isso, cai por terra o argumento de que a teoria marxiana implica necessariamente leninismo e apenas leninismo (ou qualquer outra escola que reivindique para si a ortodoxia marxista).

O que se pode dizer, entretanto, é que qualquer conjunto de ideias, inclusive as de Marx, transforma-se necessariamente ao se tornar uma importante força política que mobilize massas, seja isso feito por meio de partidos e movimentos, de governos ou de outras formas. Qualquer conjunto de ideias se transforma, quando mais não seja por formalização, estabilização ou simplificação para fins didáticos, depois que passa a ser ensinado em escolas primárias e secundárias, e muitas vezes em universidades. Interpretar o mundo e transformá-lo são coisas diferentes, embora organicamente ligadas. É secundário que isso ocorra mediante a formação de um grupo informal de ideias como as que distinguiam os homens de negócios e jornalistas do século XIX da obra autêntica de Adam Smith, nas quais aqueles alegavam basear-se, ou — em casos extremos — mediante dogmas formais, em relação aos quais não se toleram discordância. Subsiste o fato da transformação. Com efeito, grande parte da história acadêmica das ideias de pensadores do passado, principalmente a história das ideias políticas, consiste em redescobrir, por trás da reinterpretação póstuma, o sentido e a intenção originais dos pensadores e os contextos e as referências originais de seu pensamento. Os únicos escritos que escapam a esse destino são aqueles que ninguém levou a sério ou aqueles que, de tão identificados com um determinado tempo e lugar, são esquecidos de imediato. O Adam Smith de hoje não é o mesmo de 1776, a não ser para um punhado de especialistas. O mesmo é inevitavelmente válido para Marx.

O impacto político do marxismo é, sem dúvida, a mais importante realização de Marx do ponto de vista da história. Entretanto, o impacto intelectual teve quase a mesma importância, embora não possa ser separado do impacto político, e muito menos pelos marxistas. Não existem muitos pensadores cujo nome seja sinônimo de grandes transformações no universo intelectual humano. Entre eles está Marx, ao lado de figuras como Newton, Darwin e Freud. Como se vê por esse elenco, as revoluções intelectuais a que tais nomes estão associados não são comparáveis, mas todas ultrapassaram em muito os círculos dos especialistas em seus campos, penetrando na área da cultura geral dos bem informados. Não pretendo dizer com isso que Freud, ou mesmo Darwin, fosse do mesmo calibre intelectual de Newton. No entanto, quaisquer que fossem suas qualificações e a natureza de seus feitos intelectuais, os nomes nessa lista são poucos. Não se questiona a inclusão de Marx, mas ela é peculiar em dois aspectos. Primeiro, como demonstra este livro, para todos os fins práticos, essa inclusão foi póstuma. Segundo, foi obtida a despeito de um século de crítica persistente, pesada, veemente e, intelectualmente, muito longe de inapta. Muitos dos melhores espíritos dedicaram esforços ingentes à tentativa de demonstrar erros e imprecisões em Marx, entre eles muitos que, tendo sido um dia marxistas, depois tornaram-se críticos. Essa não é uma situação incomum para pensadores que transformam o universo intelectual. Não obstante, o trajeto de outros desses vultos parece ter sido menos borrascoso, e as críticas intelectualmente sérias limitaram-se a seus campos especializados. Quando do centenário de sua morte, Marx havia sobrevivido a um século de fogo concentrado contra suas ideias por parte de qualquer pessoa com acesso a uma pena, uma máquina de escrever, uma tribuna pública ou — em certos casos — ao lápis azul do censor e a destacamentos de polícia. Sua estatura intelectual não era discutida seriamente. Mais: sua presença ideológica global era, quase com certeza, maior do que antes ou desde então; seus escritos e os que ele inspirou eram influentes, lidos e debatidos. E isso apesar da evidência cada vez maior de que os partidos social-democratas antes marxistas rejeitavam sua influência e de que a União Soviética visivelmente perdia seu atrativo para a esquerda global e, com a desestalinização, sua supremacia entre os ramos revolucionários da tradição marxista.

São três os possíveis motivos dessa história notável. O marxismo tem sido atacado com persistência porque, desde a morte de Marx, sempre foi identificado, num lugar ou noutro, com poderosos movimentos políticos que ameaçavam o *statu quo*, e, desde 1917, com regimes e Estados considerados subversivos, perigosos e ameaçadores. Até a década de 1990, nunca deixou de representar extraordinárias forças políticas e sempre permaneceu, em teoria, internacional, afigurando-se a seus críticos como uma possível fonte, potencialmente universal, de ameaças e erros. Nesse aspecto, o marxismo distinguia-se de doutrinas que, identificadas com determinadas nações ou raças, não pareciam ter possibilidade de ser aceitas por outras, ou de doutrinas teoricamente universais que na prática se restringem a determinadas regiões, como o cristianismo ortodoxo ou o islã xiita.

Acresce que o marxismo sempre fora uma análise revolucionária do *statu quo*, com sérias pretensões intelectuais, e muito cedo se firmou como a mais influente e dominante dessas análises. Na década de 1970, praticamente todos os adversários do *statu quo* que desejavam substituí-lo por uma sociedade "nova" e melhor, e mesmo alguns que queriam substituí-lo mediante o retorno a uma sociedade "antiga" idealizada, descreviam seus objetivos como "socialismo". No entanto, a posição da análise marxista na teoria socialista era tal que uma análise do socialismo inevitavelmente implicava uma crítica a Marx. Um ano depois de sua morte, um bem fundamentado estudo do socialismo da época,[2] ainda que apontasse a extinção das escolas "utópicas" ou "mutualistas" pré-marxianas, dedicava só um de seus nove capítulos a Karl Marx. Na segunda metade do século XX, as discussões[3] voltaram-se para o exame das variantes de doutrinas socialistas tomadas basicamente em relação às doutrinas do marxismo, visto tacitamente como a tradição central do socialismo.

De igual forma, os críticos da sociedade existente eram atraídos pela teoria que dominava essas críticas, da mesma forma que quem a defendia ou se mostrava cético em relação às propostas dos revolucionários era levado a atacar Marx. Isso só não acontecia em regimes nos quais a doutrina marxista era identificada com a ideologia oficial. Contudo, os Estados governados por regimes marxistas eram minoria. Seja como for, com exceção da União Soviética, nenhum deles tinha mais de trinta ou quarenta anos, e o elemento sociocrítico no marxismo da primeira geração pós-revolucionária conservava certo significado, ainda que talvez decrescente.

Há uma terceira razão para a centralidade do marxismo e do debate sobre o marxismo no universo intelectual do fim do século XX: sua colossal atração sobre os intelectuais. Devido à explosão da educação secundária e superior, o número de intelectuais se multiplicou nesse período como nunca. Sem dúvida, só às vezes os intelectuais se sentiram atraídos em massa pelo marxismo, e, mesmo assim, em geral de forma não permanente. Além disso, houve épocas, lugares e ocupações intelectuais que se mostraram notavelmente imunes ou avessos ao marxismo. Todavia, a verdade é que, de todas as ideologias associadas a movimentos sociais modernos, o marxismo, como teoria, foi de longe a que provocou mais interesse e, por isso, proporcionou ampla margem não só para comprometimento e atividade políticos como também para discussão e elaboração teórica. Não foi por acaso ou como mero reflexo de modismo intelectual que o número de entradas sob "Marx" e "marxismo" no índice remissivo da *International encyclopaedia of the social sciences* (1968) excedeu em muito o número de entradas sob o nome de qualquer outro pensador, mesmo omitindo-se as entradas adicionais sob "leninismo".

Três séries de acontecimentos foram de capital importância para a discussão marxista no quarto de século iniciado em 1945: os que tiveram lugar na União Soviética e nos outros países socialistas a partir de 1956; os relacionados com a área que nos anos 1950 passou a ser chamada equivocadamente de "Terceiro Mundo" e sobretudo com a América Latina; e a impressionante e inesperada erupção de radicalismo político, especialmente de estudantes, nos países do capitalismo industrial, no fim da década de 1960. Esses acontecimentos tiveram peso muito desigual em termos de seu real significado político, direto ou indireto, mas não em seu impacto sobre a discussão marxista. Além disso, não podem ser separados claramente uns dos outros, sobretudo a partir de 1960.

Os fatos "soviéticos" afetaram o marxismo de três formas. Primeiro, porque a desestalinização na União Soviética e nos outros países da Europa Oriental teve efeitos práticos e teóricos. Levou ao reconhecimento de que a organização real dessas sociedades e seu funcionamento — em especial o de suas economias — exigiam reformas, um reconhecimento que se fez sentir sobretudo nos anos que se seguiram ao Vigésimo Congresso do Partido Comunista da União Soviética, no fim da década de 1960. Levou também a um certo degelo intelectual que permitiu repensar e às vezes até reabrir questões que tinham se mantido fechadas na era de Stálin.

Segundo, o marxismo foi afetado pelo colapso de um movimento comunista internacional que era monolítico e monocêntrico, dominado por um só "partido líder", o da União Soviética. Essa unidade monolítica, já debilitada desde 1948 pela secessão da Iugoslávia, praticamente deixou de existir com a cisão entre a China e a União Soviética por volta de 1960. Todos os partidos comunistas, e portanto a discussão marxista dentro deles, foram afetados em graus variados por esse colapso ou, mais precisamente, pelo reconhecimento, de direito ou de fato, de que agora eram possíveis, e às vezes desejáveis, vários "caminhos nacionais para o socialismo". Além disso, mesmo para aqueles que ainda ansiavam por uma única ortodoxia teórica internacional, a existência de ortodoxias rivais criava agora problemas sérios de reajustamento.

Em terceiro lugar, os acontecimentos na esfera soviética afetaram o marxismo por meio dos fatos políticos, muitas vezes dramáticos, que ocorreram no mundo socialista — ou, mais precisamente, nos países da área de influência soviética e na China: as primeiras reações ao Vigésimo Congresso, vindas da Europa Oriental em 1956 (Polônia, Hungria); as crises do fim da década de 1960, das quais a "Primavera de Praga" (1968) foi a mais traumática; a sequência de cataclismos poloneses entre 1968 e 1981; e os terremotos políticos que sacudiram a China no fim da década de 1950, em meados da década de 1960 (a "Revolução Cultural") e depois da morte de Mao.

Por fim, o crescimento das comunicações diretas entre o setor socialista e o resto do mundo, ao menos na forma de jornalismo, turismo, intercâmbio cultural e da criação de grupos substanciais de emigrantes de países socialistas, afetou o marxismo na medida em que expandiu a massa de informações sobre esses países que estavam ao alcance dos marxistas ocidentais, informações com relação às quais ficou cada vez mais difícil fazer vista grossa. Se tais países ainda eram apontados como modelos, às vezes quase utópicos, daquilo a que os revolucionários ocidentais aspiravam, era principalmente porque os revolucionários ocidentais pouco sabiam sobre eles e às vezes não tinham condições de se inteirar melhor, ou isso não lhes interessava. A idealização que muitos revolucionários ocidentais faziam da "Revolução Cultural" chinesa tinha tão pouco a ver com a China quanto as *Cartas persas*, de Montesquieu, com o Irã, ou o "nobre selvagem" setecentista com o Taiti. Todos tomavam o que se dizia ser a realidade de um país remoto por uma análise social aplicável a outra parte do mundo. Entretanto, com o desenvolvimento das comunicações e das informações, diminuiu sensivelmente a tendência de procurar uma utopia debaixo de alguma bandeira nacional vermelha. O período que se seguiu a 1956 foi uma época em que a maior parte dos marxistas ocidentais se viram obrigados a concluir que os regimes socialistas existentes, da União Soviética a Cuba e ao Vietnã, estavam longe de ser o que eles gostariam que fosse uma sociedade socialista ou uma sociedade dedicada ao processo de construção do socialismo. A maioria dos marxistas foi forçada a retornar à situação dos socialistas em todas as partes do mundo antes de 1917. Mais uma vez tiveram de justificar o socialismo como uma solução necessária para os problemas criados pela sociedade capitalista, como uma esperança para o futuro, mas uma esperança só muito insatisfatoriamente ratificada pela experiência prática.

Por outro lado, a migração de "dissidentes" oriundos de países socialistas reforçou a velha tentação de identificar Marx e o marxismo exclusivamente com tais regimes e sobretudo com a União Soviética. Ela servira antes para excluir da comunidade marxista quem quer que deixasse de dar apoio total e acrítico a tudo que viesse de Moscou. Agora servia àqueles que desejavam rejeitar tudo que estivesse ligado a Marx, pois alegavam que a única estrada que saía do *Manifesto comunista*, ou que podia sair dele, era a que terminava nos gulags da Rússia de Stálin ou em seus equivalentes em qualquer outro país governado por discípulos de Marx. Essa reação era compreensível, do ponto de vista psicológico, por parte de comunistas desiludidos que fitavam "o deus que falhou". Era ainda mais compreensível entre dissidentes intelectuais, em países socialistas ou deles provenientes, cuja rejeição de qualquer coisa relacionada a seus regimes oficiais era total — a começar pelo pensador em cuja teoria esses regimes se baseavam. Intelectualmente, essa reação se justificava tanto quanto a tese segundo a qual todo cristianismo deverá, lógica e necessariamente, levar sempre ao absolutismo papal, ou todo darwinismo à glorificação da livre concorrência capitalista.

O complexo de fatos que se poderia chamar de "terceiro-mundista" afetou o marxismo de duas formas principais.

Primeiro, concentrou a atenção nas lutas de libertação de povos da África, Ásia e América Latina e no fato de que muitos desses movimentos e alguns dos novos regimes surgidos da descolonização acenavam com palavras de ordem marxistas e com estruturas e estratégias estatais associadas ao marxismo, pelo menos por seus criadores. Esses movimentos e regimes buscavam inspiração nas experiências dos países socialistas — países de início atrasados — para fugir do atraso. Numerosos movimentos e regimes no "Terceiro Mundo" alegavam, ao menos de vez em quando, ter como meta o socialismo (muitas vezes qualificado como socialismo africano, socialismo islâmico etc.). Se esses socialismos tinham um modelo, ele se derivava de regimes dirigidos por marxistas. Naturalmente, cresceu muitíssimo o número de textos, marxistas ou não, sobre países antes coloniais ou semicoloniais.

Durante as décadas da grande prosperidade capitalista global, teve-se cada vez mais a impressão de que se podia esperar ver revoluções sociais basicamente no mundo dependente e "subdesenvolvido". Por isso, o segundo ponto a destacar é que a experiência do "Terceiro Mundo" concentrou a atenção dos marxistas nas relações entre os países dominantes e dominados, no caráter e nos problemas específicos da possível transição para o socialismo nas regiões atrasadas e nas peculiaridades sociais e culturais que afetariam seu desenvolvimento futuro. Tudo isso suscitava questões não só de estratégia política, como também de teoria marxista. Além disso, as opiniões dos marxistas, como pessoas que faziam política e (tem-se a tentação de dizer "consequentemente") como teóricos, divergiam muito.

Um exemplo expressivo dessa interação entre a experiência do "Terceiro Mundo" e a teoria marxista pode ser encontrada no campo da historiografia. Durante muito tempo, a natureza da transição do feudalismo para o capitalismo havia chamado a atenção dos historiadores marxistas, não sem intervenções de políticos marxistas, pois, ao menos na Rússia, ela levantava questões de interesse imediato. Ali, o "feudalismo" era um fenômeno recente, o "absolutismo" dos tsares, cuja natureza de classe estava aberta a debates, fora derrubado havia pouco e, além disso, os defensores de várias interpretações dessas questões eram (como M. N. Pokrovsky) identificados por seus adversários, com ou sem razão, com oposição política ou com teorias que a incentivavam. Era também uma questão de juízo político no Japão. Não precisamos acompanhar esses debates além da data de publicação da ambiciosa tentativa de Maurice Dobb de examinar o problema de forma sistemática no livro a que ele deu um título modesto, *Studies in the development of capitalism* (1946), que levou a um intenso debate internacional, sobretudo na década de 1950.[4]

Buscavam-se respostas para várias perguntas. Haveria no feudalismo uma contradição interna básica (uma "lei geral") que o desintegrou e por fim levou à sua substituição pelo capitalismo? Se havia essa contradição (e a maioria dos marxistas ortodoxos achava que sim), qual era? Se ela não existia (isto é, se o feudalismo se mostrasse como um sistema econômico autoestabilizador), como explicar sua substituição pelo capitalismo? Se existia esse mecanismo de desintegração, ele atuava em todos os sistemas feudais? (Nesse caso, o fato de o capitalismo não ter se desenvolvido fora da Europa tinha de ser explicado.) Ou tal mecanismo atuava apenas naquela região? (Nesse caso, as características que a distinguiam do resto do mundo exigiam análise.) O ponto crucial da análise que Paul M. Sweezy fez do estudo de Dobb e que provocou o debate foi que Sweezy não se satisfez com as tentativas de explicar a desintegração do feudalismo por meio de mecanismos implícitos na principal dentre as "relações de produção" naquele sistema, ou seja, a relação entre senhores e servos. Ele preferiu enfatizar — ou reiterar, uma vez que muitos marxistas e não marxistas já haviam dito a mesma coisa — o papel do *comércio* na erosão e transformação da economia feudal. "O crescimento do comércio foi o fator decisivo para o declínio do feudalismo na Europa Ocidental."[5]

O debate já se atenuou, embora continue até hoje, intermitentemente. Contudo, em algum momento na década de 1960, a questão da gênese histórica da economia capitalista moderna voltou a surgir, de uma maneira de todo diferente — ainda que, aparentemente, procedendo da posição de Sweezy na velha controvérsia. A nova tese foi exposta de forma polêmica por A. Gunder Frank (*Capitalism and underdevelopment in Latin America*, 1967) e, posteriormente, numa forma mais elaborada e historicamente documentada, por J. Wallerstein,[6] que começara sua carreira acadêmica como cientista político especializado na África contemporânea e mais tarde passara para a história. Essa interpretação tinha como núcleo três afirmações importantes. Primeira: o capitalismo podia, em essência, ser reduzido a relações *de mercado* e, numa escala mundial, ao desenvolvimento de um "sistema mundial", formado por um mercado mundial em que alguns países desenvolvidos do "centro" estabeleciam domínio sobre a "periferia" e a explorava. Segunda: a criação desse "mercado mundial", que remontava à primeira era de conquistas coloniais no século XVI, gerou um mundo essencialmente capitalista, que tinha de ser analisado em termos de uma economia capitalista. Terceira: o desenvolvimento dos países do "centro" metropolitano, graças ao domínio e à exploração dos demais, produziu tanto o "desenvolvimento" contínuo do centro quanto o "subdesenvolvimento" endêmico do "Terceiro Mundo", isto é, o hiato cada vez maior e, sob o capitalismo, intransponível entre os dois setores do mundo.

O interesse por esses problemas históricos recrudesceu na década de 1970. Em sua origem, ele reflete as disputas políticas específicas que se travaram na esquerda nessa região do mundo, particularmente na América Latina, nas décadas de 1950 e 1960.

A questão que dividiu a esquerda na América Latina foi a natureza do principal inimigo interno para os revolucionários. O inimigo internacional era, obviamente, o "imperialismo", representado basicamente como os Estados Unidos. Mas deveria o ataque em cada país ser dirigido contra os proprietários de terras, que controlavam vastas áreas atrasadas e economias agrárias especializadas em exportações para o mercado mundial, em troca da importação de bens acabados do mundo industrial, ou contra a burguesia local? Tanto os grupos burgueses locais, interessados na industrialização (através da substituição das importações, com apoio estatal), como os partidos comunistas ortodoxos apoiavam a tese segundo a qual a principal tarefa dos latino-americanos era destruir os interesses agrários e o "latifúndio" (muitas vezes identificado vagamente com o "feudalismo" ou seus resquícios). Para a burguesia "nacional" — e, num continente cheio de intelectuais marxistas, havia até homens de negócios que aceitavam esse rótulo —, isso significava remover o maior obstáculo político à formação de grandes mercados nacionais para as indústrias locais: a virtual exclusão, de uma economia moderna, das massas camponesas pobres e marginalizadas. Para os comunistas ortodoxos, isso significava criar uma frente unida nacional contra o imperialismo americano e a "oligarquia" local. Disso se deduzia que a luta por uma transformação socialista imediata desses países não estava no programa, e realmente não estava. Ficava também implícito que os partidos comunistas, na maioria dos casos, se absteriam das formas mais extremas de insurreição e luta armada. Para a ultraesquerda, por outro lado, essa política comunista era uma traição da luta de classes. A América Latina, diziam os ultra-esquerdistas, não era uma economia feudal ou mesmo um conjunto de economias "duais", ela era claramente capitalista. O principal inimigo era a burguesia, que, longe de ter interesses opostos aos do imperialismo ianque, basicamente se identificava com ele e atuava como o agente local do capital monopolista americano e internacional. Além disso, as condições objetivas para uma revolução bem-sucedida estavam presentes, e o objetivo imediato era o socialismo, e não o equivalente na época do "estágio democrático-burguês". As divisões da esquerda foram postas em evidência pela clivagem quase simultânea entre a União Soviética e a China — esta, nesse estágio, aparentemente dedicada à revolução camponesa que acabaria por cercar e capturar as cidades — e pela vitória de Fidel Castro em Cuba.

Não nos importam aqui os méritos dos argumentos de ambos os lados. Eles simplesmente projetavam as questões políticas atuais no passado histórico. Se as colônias espanholas e portuguesas tinham sido *sempre*, essencialmente, parte de uma economia capitalista desde o século XVI, a transformação de países "feudais" ou atrasados em florescentes países capitalistas burgueses sempre fora uma questão diversionária. Se os "obstáculos ao desenvolvimento", analisados com tanto fervor nas décadas de 1950 e 1960, não consistiam em resquícios feudais ou coisa que o valha, e sim no simples fato de que a dependência dos países coloniais ou neocoloniais em relação à metrópole internacional do capitalismo criava e reforçava seu subdesenvolvimento, então o conflito entre o campo e a cidade não era significativo e não podia produzir as condições para acabar com o subdesenvolvimento, o que só a revolução social e o socialismo poderiam fazer.

Evidentemente, a natureza da relação entre os países industriais e o resto do mundo não era uma mera questão de história. Ela levantava os problemas até então discutidos sob a rubrica geral de "imperialismo", porém num contexto historicamente novo; mas também levantava o problema de como os dois setores do mundo deveriam ser definidos, ou redefinidos. O virtual desaparecimento de *colônias* formais (isto é, áreas sob a administração direta de uma potência estrangeira e, portanto, incapazes de tomar suas próprias decisões quanto a linhas políticas como se fossem governos soberanos) punha em dúvida a conexão necessária entre imperialismo e "colonialismo". Por si só, a descolonização política quase não alterava as relações econômicas entre as áreas recém-independentes e as metrópoles, ainda que pudesse afetar a posição específica do país que antes controlava a colônia. Por si só, a descolonização fazia pouca diferença para a análise marxista, já que se reconhecia, havia muito, a existência de áreas que de fato faziam parte de uma economia imperial, embora formalmente soberanas, e de Estados nominalmente independentes, mas subordinados a uma potência estrangeira. Por outro lado, a moda de termos como "Terceiro Mundo" indicava uma reclassificação mais abrangente.

Não existe precedente marxista para o conceito de "Terceiro Mundo" e, na verdade, embora marxistas e não marxistas costumassem utilizar esse termo vago mas conveniente, ele não tem nenhuma relação clara com a análise marxista. No entanto, era comum que os marxistas não resistissem à tentação de usá-lo, pois ele parecia ajustar-se a um modelo modificado de exploração imperialista num mundo colonial ou neocolonial mantido pobre e essencialmente não industrial pela natureza das operações do capitalismo, e porque as perspectivas de revolução social, que pareciam cada vez mais distantes nos países de capitalismo desenvolvido, pareciam só sobreviver na Ásia, África e América Latina. Nesse sentido, a diferença entre o "Segundo" e o "Terceiro" mundos era, por assim dizer, cronológica. A revolução chinesa concluiu uma fase de avanço socialista que elevou o número de Estados sob liderança marxista de um (ou talvez dois, se contarmos a Mongólia) para onze. Por acaso, vários desses Estados tinham, pelo menos inicialmente, a maioria das características de países do

"Terceiro Mundo" (por exemplo, a Albânia e grande parte da Iugoslávia). Todas as subsequentes adições ao número desses Estados ocorreram fora da Europa: Vietnã (1954-75), Cuba (1959), as ex-colônias portuguesas na África, e Etiópia, Somália, Iêmen do Sul, Camboja e Nicarágua nas décadas de 1960 e 1970. Além disso, todos os Estados que, sem uma liderança necessariamente marxista e de modo às vezes implausível ou efêmero, se declararam socialistas, ou que diziam visar ao socialismo, pertenciam à zona do "Terceiro Mundo". Todos esses Estados, marxistas ou não, continuaram a enfrentar os problemas da pobreza e do atraso, bem como (quando marxistas) a hostilidade ativa dos Estados Unidos e dos países com eles alinhados. Nesse sentido, as diferenças entre os sistemas e aspirações políticas dos países do "Terceiro Mundo" pareciam menos significativas do que a situação comum em que todos se encontravam.

Com efeito, ao longo das décadas de 1960 e 1970, o conceito de um "Terceiro Mundo" único, abrangente e "subdesenvolvido" tornou-se cada vez mais implausível e veio a ser praticamente abandonado. No entanto, enquanto durou, o período do "terceiro-mundismo" influenciou fortemente o pensamento marxista. Como os movimentos naquele mundo não pareciam apoiados na classe operária — que praticamente não existia em muitos dos países que o integravam —, os marxistas voltaram a atenção para o potencial revolucionário, e portanto, para a análise, de outras classes, notadamente o campesinato. Desde o começo da década de 1960, um considerável volume de teoria marxista e não marxista foi dedicado a problemas agrários e camponeses. Os estudos marxistas nesse campo, incentivados também por reflexões sobre a experiência dos países socialistas e pela redescoberta do teórico Chayanov, um *narodnik* russo, são vastos e expressivos.[7] É provável que o interesse pelo "Terceiro Mundo" tenha contribuído também para o acentuado desenvolvimento da antropologia social marxista nesse período, sobretudo na França (Godelier, Meillassoux).

Por fim, a onda radical do fim da década de 1960 afetou o marxismo de duas formas principais. Primeiro, multiplicou substancialmente o número daqueles que produziam, liam e compravam textos marxistas e, assim, elevou o volume de discussão e teorização marxista. Segundo, a escala dessa mobilização foi tão vasta (pelo menos em alguns países), seu surgimento tão repentino e inesperado e seu caráter tão sem precedentes que ela exigiu uma extensa reconsideração de muitas coisas que durante muito tempo a maioria dos marxistas tinha dado como garantidas e certas. Como a revolução de 1848, da qual os movimentos da década de 1960 lembravam alguns aspectos para os conhecedores de história, eles cresceram e se desfizeram com grande rapidez. Como a revolução de 1848, deixaram atrás de si mais do que se poderia pensar à primeira vista.

A onda radical foi peculiar em vários aspectos. Iniciou-se como um movimento de jovens intelectuais, especificamente estudantes (cujo número se multiplicara enormemente, na década de 1960, em quase todos os países do mundo) ou, de modo mais geral, rapazes e moças de classe média. Em alguns países, a onda se limitou a estudantes ou estudantes em potencial, mas em outros, principalmente na França e na Itália, proporcionou a faísca para movimentos industriais da classe operária numa escala que não se via havia muitos anos. Foi um movimento de notável internacionalismo, que transpôs as fronteiras entre países desenvolvidos e dependentes, entre sociedades capitalistas e socialistas: o ano de 1968 é um marco na história da Iugoslávia, da Polônia e da Tchecoslováquia, bem como do México, da França e dos Estados Unidos. No entanto, o movimento atraiu atenção sobretudo por alastrar-se por países que faziam parte do núcleo da sociedade capitalista desenvolvida, no auge de sua prosperidade econômica. Por fim, seu impacto sobre o sistema político e as instituições de vários países onde ele ocorreu, ainda que de modo efêmero, foi de grande intensidade.

No que diz respeito ao marxismo, ele produziu uma "nova esquerda" que, qualquer que fosse seu desejo de identificar-se com o nome de Marx ou algum outro vulto do panteão marxista, lançava os olhos muito além dos limites do marxismo tradicional. Assim, foi possível notar um renascimento de tendências anarquistas, tanto como fenômeno explícito ou disfarçadas por algum rótulo aparentemente marxista (por exemplo, muitos "maoísmos" ocidentais) como na forma de dissidência cultural apolítica ou antipolítica. Observamos também o aparecimento de grupos políticos cujo entusiasmo ao apregoar sua ligação com Marx não escondia a adoção de estratégias e políticas que os revolucionários marxistas tinham sempre rejeitado ou temido. "Frações do Exército Vermelho" ou "Brigadas Vermelhas" faziam mais o gênero do terrorismo *narodnik* russo do que o de Lênin, enquanto movimentos de separatismo nacional na Europa Ocidental, muitas vezes com origem na direita política ou até na extrema direita, passaram a utilizar o vocabulário da revolução marxista, às vezes com sinceridade. Um dos subprodutos desse fenômeno foi um acentuado ressurgimento, nas décadas de 1970 e 1980, de debates sobre a velha "questão nacional".

Entre os fatores de longo prazo que influenciaram o desenvolvimento do marxismo a partir da década de 1950 destacam-se dois, inter-relacionados: a mudança na base social do marxismo e a transformação do capitalismo mundial.

Ao contrário do que acontecia nos períodos da Segunda e da Terceira Internacional, a partir da década de 1950 o marxismo cresceu principalmente e em certos casos de modo avassalador entre os intelectuais, que passaram a formar um estrato social amplo e importante. Esse crescimento refletiu a radicalização de setores importantes desse estrato, sobretudo de seus membros mais jovens. No passado, as raízes sociais do marxismo estavam principalmente em movimentos e partidos de operários. Isso não quer dizer que muitos livros, ou mesmo panfletos, sobre a teoria marxista fossem escritos ou lidos por operários, embora os militantes autodidatas da classe operária (os "*lesender Arbeiter*" de Brecht) formassem um importante público-alvo dos textos marxistas estudados em círculos de discussão, bibliotecas e institutos ligados ao movimento operário. Em Gales do Sul, por exemplo, entre 1890 e a década de 1930, surgiu uma rede de mais de cem bibliotecas de mineiros, nas quais sindicalistas e militantes políticos adquiriram sua formação intelectual.[8] Quer dizer que nesses movimentos os trabalhadores organizados aceitavam, aplaudiam e assimilavam uma forma de doutrina marxista ("uma ciência proletária"), como parte de sua consciência política, e que a maioria dos intelectuais marxistas, ou de todos os intelectuais ligados ao movimento, viam-se sobretudo como servidores da classe operária ou, de modo mais genérico, de um movimento em prol da libertação da humanidade através da ascensão e do triunfo, historicamente inevitáveis, do proletariado.

A partir do começo da década de 1950, ficou evidente que na maior parte do mundo onde tinham sido criados partidos operários de massa estes não estavam mais crescendo, mas tendendo a perder terreno, fossem eles social-democratas ou comunistas.[9] Nos países industrializados, a classe operária, formada no núcleo dos movimentos de classe, além de perder terreno em termos relativos, e às vezes absolutos, para outros setores da população economicamente ativa, estava com sua coerência interna e sua força abaladas. A acentuada melhora no padrão de vida da classe operária, a concentração da publicidade comercial e dos meios de comunicação nos desejos (reais ou induzidos) do consumidor como pessoa ou domicílio e a consequente privatização da vida da classe operária sem dúvida enfraqueceram a coesão das comunidades proletárias, que antes constituíam um elemento tão importante para a força dos partidos e movimentos operários. Ao mesmo tempo, o crescimento das ocupações não manuais e a expansão do ensino médio e superior afastavam do movimento uma percentagem bem maior do que em qualquer ocasião anterior dos filhos e filhas de operários mais bem remunerados e qualificados — e dos quadros e líderes potenciais, assim como dos trabalhadores com maiores probabilidades de estudar e ler. Como a pesquisa sobre as bibliotecas de mineiros em Gales do Sul observou com pesar em 1973, quando só restavam 34 bibliotecas, "na década de 1960, ao contrário do que ocorria na de 1930, ler não era uma das principais atividades de lazer nas áreas de minas".[10] Aqueles que desertavam não deixavam, necessariamente, de acreditar na causa de seus pais ou de participar da política, mas tinham clara consciência da distância entre o mundo de seus pais e o deles, sobretudo na Grã-Bretanha, onde esse fenômeno produziu poderosas obras literárias — autobiografias, reportagens e reflexões ideológicas. Alguns autores, como Raymond Williams, tornaram-se astros no firmamento da esquerda.

Tudo isso não podia deixar de ter um efeito profundo sobre os movimentos da classe operária e o marxismo, que haviam se desenvolvido com base na convicção de que o capitalismo criava seus próprios coveiros na forma de um proletariado (visto como uma classe de operários manuais) que, representado por seus partidos e movimentos, crescia em número, consciência e força, estava historicamente destinado a se tornar mais socialista (isto é, mais revolucionário, embora as opiniões divergissem quanto ao preciso significado disso) e, como o agente de um inevitável processo histórico, a vencer. Todavia, o desenvolvimento do capitalismo ocidental desde a Segunda Guerra Mundial e dos movimentos operários neles existentes tornava essa perspectiva cada vez mais duvidosa.

Por um lado, os operários manuais perderam aquela confiança na história que os movimentos socialistas lhes haviam dado (e que eles também haviam dado a esses movimentos). Um famoso estadista conservador britânico recordou que um hábil e dinâmico parlamentar trabalhista, oriundo da classe operária, lhe dissera na década de 1930: "Sua classe é uma classe em declínio; a minha é a classe do futuro".[11] É difícil imaginar tal diálogo na década de 1980. Por outro lado, os partidos marxistas, embora cientes, havia muito, de que as previsões do triunfo historicamente inevitável do socialismo estavam longe de ser um guia suficiente para a formulação de estratégias políticas, desorientavam-se ante a incerteza daquilo que muitos de seus membros e líderes haviam considerado a bússola pela qual traçavam seu rumo histórico. Essa desorientação intensificou-se com os fatos que ocorriam na União Soviética e outros países socialistas, cada vez mais difíceis, desde 1956, de não admitir ou desaprovar. Tornou-se inevitável uma reconsideração de grande parte do que os marxistas até então tinham na conta de indiscutível, desde a análise básica de Marx e outros "clássicos" até a estratégia e a tática a longo e curto prazos.

Tal reconsideração tornara-se cada vez mais difícil na tradição principal do marxismo pós-1917, associada à União Soviética e ao movimento comunista internacional — até que essa ortodoxia de crescente dogmatismo passou a se esfacelar. A tradição principal do marxismo fora marcada por imobilismo e engessamento, e o processo de revisão da análise marxista fora artificialmente procrastinado, quando mais não fosse porque para a maioria dos marxistas desde 1900, e seguramente para todos aqueles que tinham se formado nos movimentos comunistas,[12] as simples palavras "revisão" e "revisionismo" sugeriam o abandono e até a traição do marxismo. Por isso, o movimento em favor da revisão do marxismo aconteceu contra todas as expectativas e, como era de esperar, foi tremendo o confronto entre os marxismos, o antigo e o novo. Isso possibilitava observar a mudança de caráter do capitalismo de pós-guerra assim que terminou o conflito. Não marxistas como Galbraith e ex-marxistas como Strachey e Schonfield começaram a fazê-lo no começo da década de 1950. Embora marxistas dedicados e críticos simpatizantes concordassem em que na década de 1930 o marxismo "ainda dava uma explicação coerente, se bem que insuficiente, da crise econômica mundial e do desafio fascista" (Lichtheim) e que "a Grande Depressão da década de 1930 desenrolou-se admiravelmente segundo a teoria marxista" (Baran e Sweezy),[13] tanto uns quanto outros afirmavam também que o marxismo "não teve mais êxito do que o liberalismo em formular uma teoria da sociedade pós-capitalista" (Lichtheim) e "contribuiu significativamente para que compreendêssemos algumas das principais características da 'sociedade afluente'" (Baran e Sweezy). Durante muito tempo, em geral os marxistas tinham se esquivado a confrontar as realidades de um mundo que desejavam transformar.

A radicalização em massa dos jovens intelectuais reforçou a subitaneidade do fenômeno de renovação do marxismo, sobretudo no rumo de sua educação, pois, como vimos, o movimento transformou bastante a base social de apoio às teorias marxistas. Surgiram partidos e organizações marxistas, em geral pequenos, cujos membros e líderes (estes seguramente) no mais das vezes eram pessoas com diplomas universitários.[14] Isso porque, como mostram as mudanças nos sindicatos, à medida que caía o peso do trabalho manual na indústria, aumentava o número de trabalhadores sindicalizados e também o peso do sindicalismo entre empregados administrativos, sobretudo no crescente setor público, em profissões e ocupações com entidades representativas, nos meios de comunicação e naquelas ocupações que podem ser descritas como revestidas diretamente de responsabilidade social — educação, saúde, previdência social etc. E nessas ocupações, os cargos não manuais eram ocupados cada vez mais por pessoas que tinham recebido alguma forma de educação superior.

A radicalização dos jovens intelectuais não só fez crescer a presença intelectual marxista e o interesse do público por textos marxistas como também proporcionou um mecanismo para sua reprodução. Conceitos do marxismo passaram a se fazer presentes no discurso público dos estudantes, e à medida que homens e mulheres saídos do radicalismo estudantil — que foi às vezes endêmico, como na América Latina, às vezes epidêmico, como em vários países europeus no fim da década de 1960 — tornavam-se professores e comunicadores. E, de fato — não somente nos países emergentes —, tomadores de decisões na política, no serviço público e nos meios de comunicação, áreas em que o recrutamento passou a ser feito, cada vez mais, entre universitários da geração radical. O marxismo firmou-se mais do que antes nas instituições ligadas à educação e à comunicação. Isso estabilizou sua influência. Os jovens formados nos movimentos da década de 1960 enveredaram por um caminho que, não fosse pelos expurgos políticos, conduziria a longas carreiras. Embora muitos deles tenham com o tempo moderado ou abandonado suas convicções da juventude, essas convicções não foram submetidas às violentas flutuações do radicalismo estudantil.

Esse fenômeno não deixou de ser previsto. Pouco antes que ele ganhasse gritante visibilidade, um dos mais argutos observadores do marxismo já notara que nos países "desenvolvidos" ele parecia ter se "transformado numa análise da sociedade moderna como tal", em grande parte "para o propósito de reforçar a rejeição, pela intelligentsia, do mundo criado pela indústria moderna e pela tecnologia científica; e o principal campo de batalha desse debate tem sido proporcionado pelas universidades".[15] A grande novidade era a escala inesperada da conversão de intelectuais ao marxismo, devido sobretudo à enorme expansão do número de instituições de educação superior e de seus alunos, em todo o mundo, na década de 1960, algo sem precedente histórico.

A radicalização dos intelectuais (na maioria jovens) apresentou diversas características que se refletiram no pensamento marxista produzido nesse meio e para ele. Em primeiro lugar, ela não se deu, no início, em função de insatisfação e crise econômica. Com efeito, ocorreu em sua forma mais espetacular no fim da década de 1960, ou seja, no auge da era dos "milagres econômicos", da expansão e da prosperidade, numa época em que as perspectivas educacionais e de carreira dos estudantes eram excelentes na maioria dos países. O principal alvo da análise, por conseguinte, não era a economia, e sim a sociedade e a cultura. Se alguma disciplina acadêmica representava essa busca de uma análise da sociedade como um todo, era a *sociologia*, disciplina que, por isso mesmo, atraiu estudantes radicais em números nunca vistos, e muitas vezes veio a ser praticamente identificada com o radicalismo da "nova esquerda". Em segundo lugar, apesar do vínculo antigo do marxismo com a classe operária (e, em suas versões "terceiro-mundistas", com o campesinato), os jovens intelectuais radicalizados estavam, por força de seu estilo de vida ou de suas origens sociais, separados tanto dos operários quanto dos camponeses, por mais que se identificassem com eles em teoria. Se eram filhos da burguesia, podiam no máximo "aproximar-se do povo", como *narodniks* tardios, ou regozijar-se com os poucos proletários, camponeses ou negros que realmente aderiam a seus grupos. Se vinham de um ambiente proletário, camponês ou, mais comumente, da baixa classe média, sua situação e futura carreira os afastavam automaticamente de seu meio social de origem. Deixavam de ser operários ou camponeses, nem eram mais vistos assim pelos pais e vizinhos. Além disso, suas ideias políticas costumavam ser muito mais radicais que as da maioria dos trabalhadores, mesmo quando (como ocorreu na França em maio de 1968) eles e trabalhadores estavam empenhados juntos em ações militantes.

Por conseguinte, a "nova esquerda" intelectual às vezes tendia a descartar os trabalhadores, considerando-os uma classe que deixara de ser revolucionária, por estar integrada ao capitalismo — talvez fosse até "reacionária" —, sendo o *locus classicus* dessa análise o livro *Ideologia da sociedade industrial* (Londres, 1964), de Herbert Marcuse. A nova esquerda tendia ao menos a rejeitar os partidos e movimentos operários existentes, fossem eles social-democratas ou comunistas, considerando-os traidores reformados das aspirações socialistas. Inversamente, em praticamente todos os países de capitalismo desenvolvido e até, em certa medida, na periferia, os estudantes mobilizados não contavam com as boas graças das massas, pelo menos na medida em que eram tidos como filhos privilegiados da classe média ou como uma classe dominante privilegiada em potencial. Por isso, no ambiente da "nova esquerda", a teoria marxista desenvolveu-se num certo isolamento e seus vínculos com a prática marxista eram bastante problemáticos.

Em terceiro lugar, esse ambiente tendia a produzir um pensamento marxista que era acadêmico em dois sentidos: porque dirigido basicamente a um público de estudantes passados, presentes e futuros e vazado em linguagem relativamente esotérica, pouco acessível a não acadêmicos; e porque, para citar Lichtheim mais uma vez, "concentrava-se naqueles elementos do sistema marxiano mais distantes da ação política".[16] Mostrava acentuada preferência pela pura teoria, e sobretudo pela mais abstrata e genérica das disciplinas: a filosofia. As publicações filosóficas marxistas multiplicaram-se depois de 1960, e os debates nacionais e internacionais entre marxistas que mais chamavam a atenção de intelectuais radicais eram os ligados a filósofos: Lukács e a Escola de Frankfurt, os gramscianos, Della Volpe, Sartre, Althusser e seus vários seguidores, críticos e adversários. Talvez isso não fosse surpresa em países onde ninguém completava o ensino médio sem deixar de receber alguma formação filosófica — por exemplo, Alemanha, França e Itália —, mas o gosto por essas discussões filosóficas tornou-se também muito acentuado onde a filosofia não fazia parte da educação superior humanista em geral, como os países anglo-saxônicos.

A filosofia tendia a invadir os limites de outras disciplinas, como ocorria quando os althusserianos falavam de *O capital*, de Marx, como se o livro fosse basicamente uma obra de epistemologia. Ela até substituiu a prática, como se viu na breve moda (no mesmo meio) de alguma coisa que era descrita como "prática teórica". A pesquisa e a análise do mundo real esconderam-se atrás do exame generalizado de suas estruturas e seu mecanismo ou até atrás da investigação ainda mais genérica de como ele deveria ser apreendido. Os teóricos eram tentados a passar de um exame dos problemas e perspectivas específicos de sociedades reais para um debate sobre a "articulação" dos "modos de produção" em geral.[17] O falecido Nikos Poulantzas defendeu-se da crítica segundo a qual ele não fazia análises concretas nem fazia muita referência a "fatos empíricos e históricos concretos", argumentando que essa crítica era um sinal de empirismo e neopositivismo, embora admitisse que sua obra sofria de "certo teoricismo".[18] Sabidamente, os extremos dessa abstração teoricista associavam-se à influência do talentoso filósofo marxista francês Louis Althusser, que chegou ao apogeu por volta de 1965-75 — o período dessa popularidade internacional é significativo em si —, mas mesmo assim a atração pela pura teorização chamava a atenção. Ela desconcertava muitos marxistas mais velhos, e não apenas em países inclinados ao empirismo.[19]

Esses marxistas rejeitavam a concentração na teoria abstrata, especialmente quando ela atacava problemas a que o próprio Marx devotara sua energia — como a teoria econômica. À parte o interesse intelectual desses textos em si e os méritos intelectuais daqueles que se dedicavam a essas questões, a reconsideração das bases da teoria marxista era um elemento essencial do necessário escrutínio crítico do trabalho do próprio Marx e do marxismo como uma corrente de pensamento com coerência lógica. Contudo, era vasta a distância que separava essa teorização da análise concreta do mundo, e a relação entre essa teorização e a maior parte do trabalho do próprio Marx muitas vezes parecia análoga à que existe entre os filósofos da ciência e os cientistas em seus laboratórios. Estes têm muitas vezes admirado aqueles, mas não têm sido ajudados por eles, com a mesma frequência, em suas pesquisas concretas, sobretudo quando a filosofia da ciência demonstrava que eles não podiam provar de forma satisfatória o que tinham passado a vida tentando demonstrar.

Entretanto, as consequências da radicalização entre os intelectuais foram mais que teóricas, quando nada porque eles não podiam mais ser vistos, por si mesmos ou por outrem, como pessoas que cruzavam linhas de classe para se juntar aos operários, e também porque, como vimos, havia um hiato crescente entre os intelectuais e os operários como estratos sociais. Em casos extremos, como nos Estados Unidos, de um desses estratos saíam os ativistas contra a Guerra do Vietnã, enquanto do outro saíam os manifestantes que lhe eram favoráveis. Entretanto, mesmo quando uns e outros militavam na esquerda, o foco de seus interesses políticos tendia a diferir. Era muito mais fácil despertar interesse por questões ambientais ou ecológicas na esquerda intelectual do que em organizações puramente proletárias. A união dos dois grupos era politicamente poderosíssima onde ainda ocorria — sob auspícios esquerdistas, no Brasil, e anticomunistas, na Polônia, na década de 1980. Por conseguinte, o hiato ou a falta de coordenação entre eles, permanentes ou não, tendiam a afetar as perspectivas práticas de transformar a sociedade pela ação de movimentos marxistas. Ao mesmo tempo, a experiência indicava que movimentos políticos baseados fundamentalmente em intelectuais não costumavam dar origem a partidos de massa semelhantes aos tradicionais partidos trabalhistas, socialistas ou comunistas, cuja coesão decorria dos sólidos laços de consciência e lealdade de classe; ou, na verdade, quaisquer partidos de massa. Costumavam também afetar as possibilidades e perspectivas políticas dos grupos com essa base e até das doutrinas marxistas que elaboravam.

Por outro lado, a crescente preeminência de intelectuais no cenário marxista, sobretudo quando jovens ou acadêmicos (ou ambas as coisas), facilitava uma comunicação rapidíssima entre seus centros, mesmo em diferentes países. Os integrantes desse estrato têm altíssima mobilidade e estão muito habituados a comunicações rápidas; além disso, suas conexões e redes são singularmente imunes a interrupções, salvo por uma sistemática e implacável ação estatal. Isso pode ser comprovado pela rapidez com que os movimentos estudantis se propagam de uma universidade a outra. Dessa forma, a nova fase facilitou, na prática e na teoria, um eficaz internacionalismo informal no momento em que, pela primeira vez desde 1889, o internacionalismo organizado dos movimentos marxistas deixava praticamente de existir. De fato, o que veio a existir foi uma cultura marxista cosmopolita e informal, ainda que briguenta. Decerto persistiam padrões nacionais e regionais, e havia autores marxistas pouco conhecidos fora de seu território natal. Por outro lado, eram poucos os países com intelectuais marxistas nos quais certos nomes não fossem familiares a todos os interessados por essas questões, não importa que escrevessem em inglês, francês ou outra língua de cultura facilmente traduzível. Os principais obstáculos à participação nesse universo internacional de discurso marxista eram linguísticos (por exemplo, no caso de obras escritas originalmente em japonês) ou econômicos (no caso do estrato de intelectuais indianos, sem meios para adquirir livros não subsidiados ou — por falta de moeda estrangeira — importar mais do que alguns exemplares de publicações estrangeiras). No entanto, esse universo era geograficamente mais extenso, e o número de "teóricos" ou outros autores marxistas que nele atuavam era maior e mais heterogêneo que em qualquer época anterior na história do marxismo.

Como, afinal, devemos resumir as tendências e as evoluções no marxismo como ele se apresentava por ocasião do centenário da morte de Marx, em 1983?
Em primeiro lugar, ele perdera o cimento de uma ortodoxia internacional predominante ou vinculante como a que era exercida na prática pelo Partido Social-Democrata da Alemanha antes de 1914 e pelo comunismo soviético em seu período de hegemonia sobre o marxismo mundial. Tornara-se mais difícil tratar interpretações heterodoxas como efetivamente não marxistas, ao passo que a estratégia de outros partidos e movimentos voltados para mudanças drásticas consistia agora em prender o distintivo de Marx em suas lapelas ideológicas. Havia ortodoxias marxistas rivais e conflitantes, como as do bloco soviético e da China. O debate entre interpretações marxistas dentro de partidos marxistas chegou ao ponto em que não se podia dizer que em certos partidos comunistas prevalecia esta ou aquela interpretação do marxismo. Isso produzia também tendências ou facções rivais nesses partidos, bem como multiplicava os grupos e organizações, sobretudo na esquerda dos velhos partidos comunistas, cada qual combatendo esses mesmos partidos ou uns aos outros em nome do marxismo; nos casos em que eles mesmos achavam-se divididos, isso podia gerar novas cisões, ideologicamente justificadas. O marxismo agora se combinava facilmente com outras ideologias — católicas, islâmicas e, muitas vezes, nacionalistas —, enquanto outros grupos se satisfaziam com apelar para Marx ou algum outro marxista (por exemplo, Mao) em nome desta ou daquela ideologia que defendiam. A mudança na composição social dos marxistas fortalecia a tendência ao pluralismo, mas também (por meio da nova clientela intelectual do marxismo) tendia a estender o marxismo, além do campo estritamente político, para a esfera acadêmica e cultural em geral.
Cumpre distinguir o novo pluralismo da tolerância com a divergência que existia antes de 1914. O revisionismo de Bernstein era tolerado no SPD alemão, mas ao mesmo tempo rejeitado, como teoria, pelo partido e pela maior parte dos marxistas, que o consideravam inconveniente e não ortodoxo. Agora, embora certas teorias expostas por alguns marxistas despertassem desconfiança e hostilidade de outros, raramente havia um consenso reconhecido, no plano

nacional ou internacional, sobre o que constituía uma interpretação legítima e o que tinha deixado de ser "marxista". Isso era muito claro em campos como a filosofia, a história e a economia.

Uma das consequências dessa mal definida pluralização do marxismo e do declínio da interpretação impositiva foi o ressurgimento do "teórico" no marxismo. No entanto, ao contrário do que ocorria antes de 1914, o "teórico" não estava mais ligado de perto a uma determinada organização política ou mesmo a uma política específica, e muito menos ocupava um cargo político importante, ainda que às vezes informal, como Kautsky em sua época. A identificação automática de líderes do partido com teóricos morreu com o stalinismo, a não ser em alguns países socialistas, onde produziu certas aberrações curiosas (por exemplo, na Coreia do Norte), embora em alguns movimentos pequenos, dirigidos por intelectuais, os líderes às vezes ainda atuassem como teóricos. Mesmo quando pessoas que desfrutam de prestígio e influência no debate marxista internacional, e em torno das quais se formam "escolas", eram sabidamente membros de um partido (por exemplo, Althusser como membro do Partido Comunista Francês), em geral não eram vistas como "representantes" do partido. Em suma, exerciam sua influência apenas como pessoas que escreviam artigos e livros. Essa, em várias épocas e para vários fins, desde a década de 1950, foi a situação de figuras como Althusser, Marcuse, Sartre, Sweezy e Baran, Colletti, Habermas e A. Gunder Frank, para citar somente algumas em torno das quais giraram debates marxistas. Típico do pluralismo do período é que às vezes ficava indistinta não só a natureza do marxismo dessas pessoas, como também a verdadeira relação delas com o marxismo. E, como os livros sobrevivem, nem sempre importava que seus autores estivessem mortos, a não ser pelo fato de não poderem comentar as interpretações dadas a suas obras. A desintegração da ortodoxia devolveu grande número de ilustres marxistas do passado ao domínio público dos debates marxistas, para serem mais uma vez admirados e para inspirar seguidores: Lukács e Benjamin, Korsch e Otto Bauer, Gramsci e Mariategui, Bukharin e Rosa Luxemburgo.

Em segundo lugar, como já vimos, a linha entre o que era e o que não era marxista tornou-se cada vez menos nítida. Era de esperar que isso acontecesse, uma vez que tantas coisas do marxismo, inclusive intelectuais com raízes marxistas, haviam penetrado na corrente dominante do magistério e do debate acadêmicos, apesar da Guerra Fria. Esse turvamento foi também um subproduto natural da demanda de um enorme público novo de estudantes radicais e da constatação de que muita coisa que até então fora vista como essencial ao marxismo requeria uma séria reconsideração. Um estudo (não marxista) da historiografia europeia observou em 1978 que, "nas últimas décadas, historiadores marxistas conseguiram entrar para a entidade de classe profissional", tanto que o índice desse estudo contém mais entradas para Marx do que para quaisquer outros nomes, exceto Leopold von Ranke e Max Weber.[20] Os mais importantes compêndios de economia decidiram, na década de 1970, incluir uma parte especial sobre a economia marxista.[21] Na França, por exemplo, o marxismo tornou-se assim apenas um dos componentes de um universo intelectual que continha outros — Saussure, Lévi-Strauss, Lacan, Merleau-Ponty ou quem mais fosse influente nas turmas avançadas dos *lycées* ou fosse discutido no quinto e sexto *arrondissements* de Paris. Intelectuais marxistas que cresceram e absorveram seu marxismo nessa cultura achavam conveniente traduzir o marxismo para qualquer que fosse o idioma teórico corrente, tanto para torná-lo compreensível a leitores não habituados à terminologia marxista quanto para demonstrar aos críticos que, mesmo nos termos de suas próprias teorias, o marxismo tinha algo válido a dizer. Um produto típico desse período foi a reformulação que G. A. Cohen fez da concepção materialista da história, aplicando "aquelas normas de clareza e rigor que distinguem a filosofia analítica do século XX" e usando sua terminologia.[22] Ou podiam simplesmente oferecer uma combinação do marxismo com outras teorias influentes — o estruturalismo, o existencialismo, a psicanálise etc.

Os novos marxistas muitas vezes chegavam ao marxismo numa época em que já tinham adquirido conhecimentos e posições teóricas de outro tipo, no ensino médio ou na universidade, que se manifestavam em seu subsequente marxismo. Por isso, não foi desdouro para Althusser, que se tornou comunista já adulto, depois da guerra (1948), observar que sua bagagem intelectual estava longe de ser marxista e que com certeza ele estava muito mais bem informado a respeito das obras de Spinoza do que sobre as de Marx quando começou a escrever sobre este. Quando jovens, esses novos marxistas podiam agora ser orientados por professores que às vezes combinavam elementos do marxismo, talvez assimilados em sua própria fase de revolucionários juvenis, com outras influências intelectuais. Em princípio, isso não era novo. No passado, marxistas com educação superior tinham tentado transpor o fosso, que a ortodoxia enfatizava deliberadamente, entre o marxismo e a cultura universitária. Foi o que ocorreu, claramente, entre os austro-marxistas e a Escola de Frankfurt. A novidade foi a radicalização em massa de intelectuais de formação acadêmica numa época de crise e incerteza para os redutos mais antigos do marxismo institucionalizado e sectário.

Na mesma época, os marxistas viam-se cada vez mais obrigados a lançar os olhos além do marxismo, pois o autoisolamento do pensamento marxista, que fora um traço tão marcante da fase comunista de seu desenvolvimento (tanto entre os ortodoxos quanto entre os hereges, como os trotskistas), havia criado vastas áreas sobre as quais os marxistas tinham pensado pouquíssimo, mas os não marxistas, muito. A economia marxiana é um bom exemplo disso. Assim que os governos marxistas, que administravam economias de planificação central, se inteiraram das deficiências de seus métodos de planejamento e gestão, tornou-se impossível rejeitar a economia acadêmica burguesa como uma simples forma de apologética capitalista, e, por outro lado, a economia marxista não podia restringir-se a reformulações modificadas das ortodoxias da "economia política", destinadas basicamente a provar que o capitalismo não podia resolver seus problemas e não mudara "essencialmente" seu caráter, enquanto as observações sobre as economias socialistas limitavam-se a generalidades irrelevantes.[23] Qualquer que fosse a ortodoxia teórica, na prática os economistas nas sociedades socialistas (mesmo que não fossem formalmente chamados de economistas) tinham de levar em conta a pesquisa e a programação de operações, e, ao assim proceder, utilizar o trabalho de economistas em sociedades capitalistas, inclusive o que tinham escrito sobre as economias do socialismo.[24] Não importa muito que algumas inovações importantes na economia remontassem a marxistas, sobretudo da Europa Oriental, que, tendo tentado solucionar os novos problemas da economia soviética na década de 1920, faziam jus a um pedigree marxista, embora estivessem excluídos do cânone marxista oficial havia muito tempo.

Assim, os marxistas que não tratavam sua teoria simplesmente como uma ideologia destinada a legitimar sua pretensão exclusiva à verdade — e provar o erro ("antimarxismo") de todas as demais — não podiam mais dar-se o luxo de ignorar o que não marxistas que atuavam em sua área vinham fazendo. Na verdade, seria difícil para a nova geração de intelectuais marxistas de formação acadêmica desconhecê-los. Por outro lado, a pressão dos estudantes radicais levou também à criação de cursos universitários especiais sobre o marxismo ou sobre disciplinas como a economia marxista, já que a ignorância acadêmica nessas áreas por vezes era profunda. Esses cursos se tornaram bastante comuns nos países anglófonos na década de 1970. No entanto, mesmo sem essa pressão, a penetração da influência marxista nas instituições e nos currículos acadêmicos aumentou bastante, em parte porque intelectuais marxistas da geração mais velha avançavam na carreira, enquanto os mais jovens, de safras da década de 1960, a iniciavam, mas principalmente porque em muitos campos as contribuições do marxismo haviam sido absorvidas mesmo pelos que não nutriam muita simpatia por ele. Isso aconteceu muito na área de história e ciências sociais. Na França, nem a escola dos Annales nem seu chefe, Fernand Braudel, demonstraram qualquer influência marxista significativa em seus primeiros tempos. Todavia, há mais referências a Marx em *Civilização material, economia e capitalismo: Séculos XV e XVIII*, sua importante obra tardia, do que a qualquer outro escritor, francês ou estrangeiro. Esse eminente historiador estava longe de ser marxista, mas uma grande obra de história não podia deixar de remeter a Marx. Em vista dessa convergência, havia vastos campos de pesquisa cultivados por marxistas e não marxistas praticamente da mesma forma, de modo que tornou-se difícil precisar se uma determinada obra era marxista ou não, a menos que o autor claramente promovesse ou rechaçasse, defendesse ou atacasse o marxismo. A crescente disposição dos marxistas de abandonar interpretações canônicas antigas tornou ainda mais difícil, e às vezes inútil, atribuir todos os trabalhos a um campo ou outro.

Essa disposição dos marxistas de reconsiderar não só as tradições marxistas como também a teoria do próprio Marx constitui a terceira característica da evolução desde a década de 1950. Isso, é claro, não é novidade em si. O debate na economia marxista, que ressurgiu com intensidade a partir de 1960,[25] sempre fora vigoroso, quando não era sufocado por dogmas emanados de autoridades superiores. Na década de 1900, eram comuns as tentativas de modificar parte da análise de Marx, por vários motivos, e não apenas com relação ao "revisionismo" de Bernstein. Com efeito, o costume de valorizar o marxismo principalmente como um "método" e não como um sistema de doutrinas, que parece ter se originado com os primeiros austro-marxistas, era em parte uma forma gentil de expressar discordância em relação ao que Marx havia realmente escrito.

Nas décadas de 1960 e 1970 surgiu um número crescente de marxistas que eliminavam do marxismo a teoria do valor-trabalho ou a taxa decrescente de lucro, que rejeitavam a afirmação segundo a qual "não é a consciência dos homens que determina o seu ser; é o seu ser social que, inversamente, determina sua consciência" (ou seja, as ideias de Marx sobre a "base" e a "superestrutura"), que consideravam todos os textos de Marx anteriores a 1882 insuficientemente "marxistas", que seriam chamados (em termos marxistas tradicionais) de idealistas filosóficos, em vez de materialistas — ou que rejeitavam a diferença entre as duas posições —, que descartavam Engels *in totum* ou que declaravam que "o estudo da história é inútil não só do ponto de vista científico, mas também político".[26] Não creio que em nenhum período anterior da história do marxismo essas e outras afirmativas semelhantes, categoricamente em desacordo com o que a maioria dos marxistas aceitava até então, tenham sido feitas com tanta frequência e recebidas positivamente por pessoas que se consideravam marxistas.

Não compete ao historiador avaliar a validade das revisões, muitas vezes substanciais, de questões que até então a maioria das escolas e tendências do marxismo consideravam essenciais para a teoria marxista, embora ele possa afirmar com certeza que muitas dessas reconsiderações teriam enfurecido o próprio Marx, sabidamente irascível. O que se pode dizer de uma posição, por assim dizer, neutra é que esses desafios às teses expressadas por Marx (para não falar das de Engels e de "clássicos" posteriores) representaram a mais séria ruptura registrada na continuidade da tradição intelectual marxista. Ao mesmo tempo, equivocadas ou não, representaram um extraordinário esforço para fortalecer o marxismo, mediante sua renovação, e para desenvolver ainda mais o pensamento marxista, e por isso comprovam o notável vigor e a atração de Marx. Isso porque indicaram duas coisas: a admissão da necessidade de um *aggiornamento* drástico do marxismo, que não se furtasse a investigar os possíveis erros e imprecisões no pensamento do próprio fundador; e, ao mesmo tempo, a convicção de que o pensamento do próprio Marx, visto como um todo, constitui um guia essencial para a compreensão e a transformação do mundo.

Sem dúvida o tempo eliminará alguma porção desse cipoal teórico, em parte porque alguns dos reformuladores teóricos obedecerão à lógica de seus argumentos, deixando de lado o marxismo, ao passo que outros sumirão de vista, para esperar o doutorando ocasional em busca de um tema para sua dissertação ou os volumes de uma futura história do marxismo. É também possível que mais uma vez surja um certo consenso com relação às evoluções da teoria que podem ser legitimamente derivadas do pensamento do próprio Marx ou compatibilizadas com ele, e — uma questão mais controversa — que partes de sua teoria podem ser abandonadas sem roubar coerência à sua análise como um todo. Nesse caso, a continuidade da tradição marxista poderia ser restabelecida, ainda que não na forma de um único marxismo "correto", mas restabelecendo os limites do território no qual o debate e a discordância podem reivindicar sensatamente uma ligação intelectual com Marx. Contudo, mesmo que essa continuidade intelectual viesse a ser restabelecida, o que poderia ser chamado de marxismos da corrente dominante continuaria a coexistir com o que poderia ser chamado de marxismos periféricos daqueles que, por esta ou aquela razão, reivindicassem uma paternidade marxista para suas ideias, ainda que testes de DNA intelectual não confirmassem suas alegações. Na medida em que eles afirmam ser marxistas, são parte da história do marxismo, e, na verdade, incompreensíveis fora dele, da mesma forma que religiões periféricas ou sincréticas e cultos que alegam ser cristãos fazem parte da história do cristianismo, por mais que suas doutrinas tenham se distanciado daquelas que formam o arcabouço tradicional dessa religião.[27] Por fim, tanto o marxismo da corrente dominante quanto o da periferia coexistiriam, embora não coexistam hoje, com a zona crescente (e em grande parte, mas não exclusivamente, acadêmica) em que não se traça nenhuma clara linha divisória entre o que é e o que não é marxista.

Uma coisa, entretanto, parece clara. Mesmo que ressurja um consenso quanto ao que constitui a corrente (ou as correntes) dominante marxista, é provável que ela opere a uma distância maior dos textos originais dos "clássicos" do que no passado. É improvável que esses textos voltem a ser vistos, como ocorria com frequência, como um *corpus* de teoria e doutrina com coerência interna, como uma descrição analítica, imediatamente utilizável, das atuais economias e sociedades, ou como um guia direto de ação por parte dos marxistas. É provável que a solução de continuidade da tradição marxista não possa ser reparada de todo.

Não é fácil usar os textos "clássicos" como manuais de ação política porque os movimentos marxistas atuam hoje — e presumivelmente atuarão no futuro — em situações que têm pouco em comum (salvo por um acidente histórico ocasional e temporário) com aquelas em que Marx, Engels e os movimentos socialistas e comunistas da primeira metade do século XX elaboraram suas estratégias e táticas. É significativo que, meio século depois da morte de Lênin, os velhos partidos comunistas, em sua maioria, ainda estivessem empenhados na luta para suplantar o capitalismo em seus países, buscassem novas estratégias e, por isso (a despeito da saudade de antigas certezas por parte de muitos de seus membros mais velhos), abandonassem o equivalente marxista do fundamentalismo bíblico. Por outro lado, onde ainda reinava a nostalgia pela antiga certeza e o marxismo dava "lições" que só precisavam ser formuladas e aplicadas "corretamente" — embora a "correção" de um grupo fosse o "erro" de outro —, esse tipo de marxismo se atrofiou teoricamente. Acabou reduzindo-se a alguns elementos simples, quase a palavras de ordem: a importância fundamental da luta de classes, a exploração dos trabalhadores, dos camponeses ou do Terceiro Mundo, a rejeição do capitalismo ou do imperialismo, a necessidade de revolução e de luta revolucionária (inclusive armada), a condenação do "reformismo" e do "revisionismo", a necessidade imprescindível de uma "vanguarda" etc. Essas simplificações possibilitavam liberar o marxismo de qualquer contato com as complexidades do mundo real, já que a análise destinava-se somente a demonstrar as já anunciadas verdades em sua forma pura. Por isso, as simplificações podiam combinar-se com estratégias de puro voluntarismo ou qualquer outra coisa que os militantes desejassem. Em essência, essa forma residual de marxismo fundamentalista, usada como guia de ação, consistia em elementos simplificados extraídos do leninismo clássico, a menos (como ocorria entre os anarquistas) que também eles estivessem efetivamente dissolvidos em retórica. Havia claramente muito o que aprender com a experiência de lutas passadas e com um praticante tão competente da política revolucionária como foi Lênin, mas não mediante referência literal ao passado e a seus textos.

Embora a teoria econômica geral de Marx e sua análise do desenvolvimento capitalista devam, presumivelmente, continuar a ser o ponto de partida para os marxistas de hoje, os textos "clássicos" de um período não podem ser usados como descrições de fases posteriores do capitalismo. Com seu realismo habitual, Lênin reconheceu isso. Seu *Imperialismo*, ao contrário de algumas outras obras marxistas que tentam analisar a nova fase do capitalismo depois de 1900,[28] não contém absolutamente nenhuma referência a textos de Marx e Engels, salvo duas passagens relevantes da *Correspondência*, relativas ao efeito do Império Britânico sobre a classe operária britânica. Mas, depois de 1917, uma enorme quantidade de textos marxistas sobre a história corrente do capitalismo deixou de seguir esse precedente, dedicando muito tempo e esforço a provar que um texto de Lênin (ou, muito mais raramente, outro marxista) ainda constituía uma análise válida de uma fase do desenvolvimento capitalista que ele, apressadamente, descrevera como "a última", a fazer comentários analíticos sobre esse texto, ou — quando esse texto era evidentemente obsoleto — a pegar uma frase casual dele em 1917 e usá-la para elaborar uma teoria do "capitalismo monopolista estatal" para o período que se seguiu à Segunda Guerra Mundial.[29] À parte a faixa decrescente das cediças ortodoxias dogmáticas, em 1983 a maioria dos marxistas já não se sentia obrigada a expressar suas análises da fase atual do capitalismo em termos de textos que descreviam fases que agora pertenciam basicamente ao passado.

Por fim, houve um reconhecimento geral de que a teoria do próprio Marx, na medida em que foi formulada de forma sistemática, carecia de homogeneidade em pelo menos um aspecto importante. Era possível afirmar que ela consistia tanto em uma análise do capitalismo e de suas tendências, quanto, simultaneamente, em uma esperança histórica, expressa com intenso ardor profético e em termos de uma filosofia derivada de Hegel, do perene anseio humano por uma sociedade perfeita, a ser alcançada por intermédio do proletariado. No desenvolvimento intelectual de Marx, esse segundo elemento precedeu o primeiro e, portanto, não deriva intelectualmente deste. Em outras palavras, há uma diferença qualitativa entre, por exemplo, a proposição de que o capitalismo, por sua natureza, gera contradições insuperáveis que inevitavelmente produzem as condições para sua suplantação assim que "a centralização dos meios de produção e socialização do trabalho cheguem por fim a um ponto em que se tornam incompatíveis com o desenvolvimento capitalista" e a proposição de que a sociedade pós-capitalista levará ao fim da alienação humana e ao pleno desenvolvimento das faculdades humanas de todas as pessoas. Essas proposições pertencem a duas formas de discurso, embora ambas possam por fim mostrar-se verdadeiras.[30]

Ademais, nunca se negou que Marx não deixou um todo acabado de teoria sistemática (somente um volume de *O capital* estava realmente completo), e não há como negar que nem sempre ele logrou traduzir "o esplendor de sua visão"[31] numa análise teórica satisfatória. Assim, existem na economia marxiana "problemas teóricos que há muito tempo têm sido objeto de controvérsia" entre marxistas e "as interpretações das teorias marxistas têm divergido bastante"[32] entre eles. Isso fez com que os teóricos estudassem atentamente a massa dos textos de Marx, mas suas tentativas de transformá-los num todo claro, coerente e realista tinham pouco em comum com a utilização desses textos como enunciados confiáveis daquilo "que o marxismo ensina". Poucos economistas marxistas competentes (ou nenhum deles) jamais julgaram satisfatórias as exposições populares da economia política marxiana (como a parte II do *Anti-Dühring*, de Engels, ou o *Karl Marx*, de Lênin). Essas exposições, ou textos básicos de Marx tratados como tais (por exemplo, *Salário, preço e lucro*), desempenharam um papel de destaque na época em que uma das funções importantes dos partidos operários socialistas era a educação marxista de seus membros e militantes. Com a transformação e, às vezes, a debilitação desses partidos, e com o declínio das ortodoxias de um único marxismo "correto", esse papel didático diminuiu. Seja como for, a teoria marxista dirigida basicamente a intelectuais, fossem eles militantes, acadêmicos ou ambas as coisas, tratava os textos clássicos de uma forma menos acrítica.[33]

Por fim, podemos mencionar uma quarta característica marxista surgida na década de 1950. Os marxistas concentravam seus esforços, preponderantemente, nos campos das humanidades e das ciências sociais, assim como, é claro, em questões que afetavam a atividade política. Depois de 1947, poucos marxistas se aventuraram a atuar, como marxistas, no vasto e crucial campo das ciências sociais e da tecnologia, e tornou-se até de bom-tom, em alguns círculos, afirmar que o marxismo não tinha relevância alguma nesse campo e até negar que o marxismo tivesse algo a ver com a "natureza", excetuada a "natureza humana".[34] Isso não só contradiz os próprios Marx e Engels, que claramente se interessavam muitíssimo pelas ciências naturais e consideravam que tinham algo a dizer sobre elas (embora Engels lhes dedicasse muito mais atenção do que Marx), como vai de encontro ao que ocorreu na década de 1930, quando vários cientistas naturais, pelo menos na Grã-Bretanha e na França, interessaram-se pelo marxismo e mostraram-se desejosos de aplicá-lo a suas disciplinas. A ciência, as questões sociais e a política acham-se mais entrelaçadas hoje do que em qualquer outra época, e seguramente muitos cientistas têm consciência de seu papel e de suas responsabilidades sociais. Existem cientistas radicais e até revolucionários, assim como cientistas que são marxistas, ainda que uma certa hostilidade à ciência e à tecnologia como tais (muitas vezes sob o disfarce de uma rejeição ao "positivismo" na filosofia) tenha sido perceptível, desde a década de 1960, na "nova esquerda" estudantil radicalizada. É provável que isso tenha reduzido a atração exercida pela esquerda radical sobre aqueles que atuam nessas profissões, exceto em áreas das biociências, nas quais é impossível fugir de discussões sobre a natureza do homem e da sociedade (por exemplo, profissionais da genética e de áreas associadas, como o mais conhecido cientista que se declarou marxista nesse período, o americano Stephen Jay Gould). Contudo, o marxismo dos cientistas radicais tem pouca relação com suas teorias e suas atividades profissionais.

Podemos arriscar o palpite de que, em sua maioria, os profissionais das ciências naturais, entre cientistas e tecnólogos, que trabalhavam nos países socialistas em 1983 afirmariam também que o marxismo era irrelevante para suas atividades, embora talvez relutassem em dizê-lo em público, e ainda que, como todos os cientistas sérios, tivessem necessariamente opiniões a respeito da relação entre as ciências naturais e o presente e o futuro da sociedade.

Esse estado de coisas representa um claro estreitamento da esfera de ação do marxismo, pois um de seus mais poderosos atrativos para as gerações passadas foi precisamente o fato de parecer uma concepção do mundo abrangente, universal e esclarecedora — um mundo do qual a sociedade humana e seu desenvolvimento formam apenas uma parte. Será provável que essa concepção perdure? Não há como prever. Só podemos apontar sinais de uma reação contra a possibilidade de que o universo não humano seja inteiramente excluído do marxismo.[35] Podemos também chamar a atenção para o fato de que os modismos filosóficos que levam a negar a existência objetiva ou a acessibilidade do mundo — porque os "fatos" só existem em virtude da prévia estruturação de conceitos na mente humana — perderam parte de sua popularidade. (É realmente difícil combinar essa atitude com a práxis, seja a dos cientistas ou daqueles que desejam transformar o mundo pela ação política.)

Em vista de tudo o que foi esboçado nas últimas páginas, não surpreende que observadores do período iniciado na década de 1950 voltassem a falar de uma crise do marxismo. Todas as velhas certezas — ou as versões conflitantes dessas certezas — foram postas em dúvida: quanto ao futuro do capitalismo, quanto às forças sociais e políticas que decerto provocariam a transição para um novo sistema social, quanto à natureza do socialismo que surgiria e à natureza e às perspectivas das sociedades que já afirmavam ter realizado essa transformação. Para dizer a verdade, já não existiam. A teoria básica do marxismo, inclusive a do próprio Marx, estava sendo submetida a um profundo exame crítico e a diversas reformulações discordantes, mas, de modo geral, de amplas consequências. Grande parte do que a maioria dos marxistas teria aceitado no passado era seriamente questionada. Se excetuarmos as ideologias oficiais dos Estados socialistas e de algumas seitas fundamentalistas, em geral pequenas, todos os esforços intelectuais dos marxistas partiam do princípio de que as teorias e doutrinas tradicionais do marxismo exigiam reconsideração, modificação e revisão substanciais. Por outro lado, cem anos depois da morte de Marx, não se podia dizer que alguma versão reformulada ou modificada do marxismo tinha se firmado como predominante.

No entanto, como vimos, o questionamento do marxismo tradicional se fazia acompanhar por um notável crescimento, em todo o mundo, do atrativo intelectual e da influência do marxismo. Visivelmente, isso não se devia à atração exercida por dinâmicos e florescentes partidos políticos marxistas (como na década de 1890), pois a atuação da maioria desses países na época não era muito animadora. Devia-se menos ainda à atração exercida por países que alegavam representar, de várias formas, o "socialismo real". Muito pelo contrário, enquanto antes de 1956 a identificação com a União Soviética — vista, com ou sem razão, como o primeiro Estado dos trabalhadores, fruto da primeira revolução operária, dedicado agora à construção da primeira sociedade socialista — era uma inspiração genuína para militantes do movimento comunista mundial (e, antes de 1945, também para outras pessoas), agora ela alienava cada vez mais os intelectuais e o público em geral. Com efeito, desde a década de 1950, a corrente dominante do antimarxismo tendera a adotar uma única linha de discussão política, rejeitando até os "neomarxismos", revisados e ampliados de várias maneiras, argumentando em essência que, a menos que eles abandonassem Marx, levariam inevitavelmente ao stalinismo ou seu equivalente. As tradicionais tentativas de demonstrar que as teorias de Marx eram intelectualmente inválidas não foram abandonadas, mas se tornaram menos frequentes, e as tentativas de descartar Marx e os marxistas como irrelevantes do ponto de vista intelectual passaram a ser raras.

O aumento da influência marxista deveu-se a outros fatores. Sem dúvida, para isso contribuiu uma certa limpeza do terreno ideológico na década de 1950. Durante algum tempo, a derrota do fascismo praticamente eliminou o radicalismo de direita como uma linguagem de discurso quase revolucionário, devido a suas associações com o hitlerismo; além disso, a abdicação da crítica social liberal, que na década de 1950 tornou-se com frequência uma ideologia narcisista que incensava a capacidade da sociedade ocidental de resolver todos os seus problemas, deixou o campo livre para Marx. Na verdade, o que fazia homens e mulheres se tornarem marxistas era a percebida necessidade de uma fundamental análise crítica da sociedade burguesa e das formas mais óbvias de injustiça e desigualdade nela presentes (por exemplo, no "Terceiro Mundo"), assim como a existência de regimes patentemente inaceitáveis.

É provável que a maré intelectual de Marx e do marxismo em todo o mundo tenha chegado a seu ponto máximo na década de 1970, em países onde a imprensa era livre e até em países onde governos autoritários e militaristas estavam à beira da retirada ou da derrubada, como Espanha, Portugal e Grécia. Assistiu-se a uma enxurrada de textos marxistas, antigos e novos, quer na forma de *Raubdrucke* (republicações pirateadas) distribuídas por radicais alemães, quer em lançamentos de editoras politicamente imaculadas, como a Penguin, na Grã-Bretanha, e a Suhrkamp, na República Federal da Alemanha. A Oxford University Press publicou uma história (hostil) do marxismo em três volumes, e a Macmillan, uma biografia (favorável) de Marx. Marxistas fundaram editoras (a New Left Books, por exemplo) e tinham em mente ambiciosas "obras completas" de Marx e Engels (na Grã-Bretanha) ou histórias do marxismo (na Itália). Ao se aproximar o centenário da morte de Marx, os marxistas podiam orgulhar-se de meio século de extraordinários progressos.

Havia alguns indícios de que os ventos não sopravam mais a favor de Marx, mas poucos observadores previram a rapidez e a escala da reviravolta. Certamente não fui um deles, enquanto participava do lançamento do primeiro volume de *Storia del marxismo* — obra coletiva das Edizioni Einaudi, o mais ambicioso projeto de sua espécie —, por ocasião da festa nacional do Partido Comunista Italiano, na década de seu maior sucesso eleitoral. Os 25 anos que se seguiram ao centenário do falecimento de Marx seriam o período mais lúgubre na história de sua herança.

15. O marxismo em recessão, 1983-2000

Um século depois da morte de Marx, ficou óbvio que o marxismo decaía rapidamente, tanto do ponto de vista político quanto do intelectual, e o processo continuou durante os mais ou menos 25 anos seguintes, a despeito de alguns sinais de uma possível recuperação no fim desse período. Paradoxalmente, esse sinais ficaram mais evidentes para observadores do mundo dos negócios, como John Cassidy, da revista *The New Yorker*, que lembrou suas previsões de uma globalização incontrolável da economia capitalista. Seja como for, não pode haver dúvidas de que durante um quarto de século Marx deixou de ser visto como um pensador relevante para a época e de que na maior parte do mundo o marxismo reduziu-se a pouco mais que um conjunto de ideias de um grupo de sobreviventes de meia-idade ou idosos. Desde a década de 1970, estava em curso a publicação da tradução para o inglês das obras completas de Marx e Engels, em cinquenta volumes. A entrega do último volume, em 2004, foi recebida com um estrondoso silêncio. Outro projeto da década de 1970, a nova MEGA, a edição completa de todas as palavras escritas por Marx e Engels, em 122 volumes, prosseguia e até mais depressa. Não chamava a menor atenção, a não ser, talvez, como um estudo de continuidade intelectual — uma iniciativa planejada e financiada por regimes comunistas transformada num empreendimento acadêmico multinacional cujas implicações políticas e ideológicas, se existiam, caíram no limbo.

À primeira vista, os motivos desse terrível desastre para Marx e o marxismo parecem óbvios. Os regimes políticos identificados oficialmente com ambos estavam em crise aberta na década de 1980, na Europa, e mudaram de rumo de forma radical na China. Inevitavelmente, a derrocada da União Soviética e de seus satélites europeus varreu o "marxismo-leninismo" que havia se tornado a religião oficial desses Estados, religião cujos dogmas eram proclamados por uma autoridade política que reivindicava autoridade sobre teorias e fatos. Por si só isso não precisaria ter afetado o pensamento marxista além da região que chamava a si mesma de "socialismo real", pois longe estava o tempo que o *Breve curso*, de Stálin, era visto em geral como um compêndio padrão do "materialismo dialético e histórico", senão da história do partido bolchevique. Em todo caso, a dogmática ortodoxia soviética impedia qualquer análise marxista real do que tinha acontecido e estava acontecendo na sociedade soviética. Como mostraram os capítulos anteriores, desde 1956 a maior parte do pensamento marxista nos partidos comunistas fora do poder vinha criticando essa ortodoxia, de forma ostensiva ou por implicação, e as principais tendências políticas de marxistas, trotskistas e maoístas, nesse período, eram definidas por sua hostilidade à ideologia e ao regime soviéticos.

No entanto, a queda da União Soviética e do modelo soviético foi traumática não só para os comunistas como também para todos os socialistas, quando nada porque, com todos os seus defeitos patentes, fora a única iniciativa que lograra realmente construir uma sociedade socialista. Produzira também uma superpotência que durante quase meio século atuou como um contrapeso global aos velhos países capitalistas. Nesses dois aspectos, seu insucesso, para não falar de sua evidente inferioridade em relação ao capitalismo liberal ocidental na maioria dos aspectos, foi manifesto, mesmo para aqueles que não participavam do triunfalismo dos ideólogos de Washington depois de 1989. O capitalismo perdera seu *memento mori*. Os socialistas viam que o fim da União Soviética excluía qualquer esperança de que um socialismo diferente e melhor ("com um rosto humano", como se disse durante a Primavera de Praga) emergisse da herança da Revolução de Outubro. Após oitenta anos de prática, aqueles que ainda se apegavam à esperança de uma sociedade construída em nome da cooperação, e não da competição, tinham de retornar à especulação e à teoria. Os marxistas não tinham como fugir à evidência do fracasso das predições de sua teoria quanto ao futuro histórico.

Tudo isso deixou desvalidos e desalentados os socialistas que estavam fora do poder. Nos Estados do "socialismo real", a derrocada simplesmente acabou com todo o marxismo-leninismo não ancorado nos partidos que estavam no poder na Ásia e conseguiram sobreviver. Nesses países, o comunismo (o "partido da vanguarda") tinha sido projetado como doutrina para uma seleta minoria de líderes e ativistas, e não como uma fé para a conversão universal, como o catolicismo romano ou o islã. Isso bastava para despolitizar aqueles que se situavam fora da esfera em que se requeria ideologia. O que mantinha o grosso da população coesa eram, quando existiam, os laços tradicionais que ligam povos a Estados — continuidade histórica, patriotismo, um senso de identidade coletiva, étnica ou de outra natureza, e até o hábito de obediência formal ao poder instituído —, mas não uma crença no marxismo-leninismo, salvo como um resíduo da educação moral e política pela qual passavam todas as crianças. Quando o sistema ruiu, deixou atrás de si continuidades, lembranças e símbolos, mas não fidelidade a uma religião cívica.

Na década de 1980, a grande maioria dos intelectuais desses países tinha pouco tempo para pensar o sistema ou, nos casos em que haviam aderido com entusiasmo aos novos regimes que surgiram dos movimentos libertários — como ocorreu com muitos deles —, caíram na dissidência silenciosa ou ostensiva, como os comunistas universitários que se tornaram a equipe de especialistas do Solidariedade, na Polônia. Se ainda dedicados ao socialismo, no mínimo tinham passado a criticar os defeitos da versão "real" do sistema e desejavam reformá-la. Isso passou a ser válido, cada vez mais, até para os quadros dirigentes do próprio sistema. Por volta de 1980, uma estudante e pesquisadora americana na Polônia notou a total recusa de funcionários do partido polonês a se definirem como "comunistas". Quando, por acaso, pôde perguntar a um membro importante do Comitê Central se era comunista, ele respondeu, após uma pausa prolongada: "Sou um pragmático".[1]

Tampouco o marxismo (não os dogmas incontestáveis promulgados pela autoridade superior) tinha raízes profundas entre os membros do partido. Para a maioria dos filiados ou candidatos à filiação, o mais importante com relação a sua ideologia não era o fato de ser correta ou não, ou como podia ser aplicada, mas de ser compulsória. "E se a linha mudar, como mudou no tempo de Stálin?", perguntou um estudante britânico a um colega soviético no Colégio do Partido em Moscou. "Ele me olhou como se eu fosse um analfabeto em política.

'Nesse caso a linha nova passa a ser a verdade', ele respondeu."[2] Quando o sistema desmoronou, sem dúvida sua elite teve muito a lamentar, inclusive a perda de uma ideologia de Estado, mas poucos resistiram a abandonar sua versão marxista-leninista, a menos que pertencessem ao subgrupo dedicado à doutrina, o equivalente aos teólogos do Vaticano. Seja como for, eles se adaptaram com facilidade à combinação de clientelismo de Estado, capitalismo selvagem e máfia poderosa na Rússia pós-soviética.

Contudo, a renúncia ao marxismo não pode ser atribuída simplesmente ao colapso ou à transformação dos regimes marxista-leninistas ou maoístas, pois é evidente que ela começou muito antes disso. Um elemento importante foi a gradual decomposição e a mudança de caráter dos partidos comunistas fora do poder na Europa e, na França e na Itália, onde eles dominavam a esquerda, a perda de sua hegemonia sobre as gerações de intelectuais pós-1945. Tampouco devemos subestimar o fato de o grupo etário moldado pelo antifascismo, pela guerra mundial e pela resistência ter se retirado gradualmente do cenário público, na política e na cultura. A crise dos partidos comunistas europeus fora do poder e dos partidos e governos socialistas estava mais do que evidente no começo da década de 1980. Na verdade, já estava evidente, havia algum tempo, que Lênin tinha sido riscado da ordem do dia nos países ocidentais avançados, embora os movimentos de estudantes radicais só tenham percebido isso depois de 1968. Menos claro era o fato de que durante a retomada mundial das políticas de laissez-faire, depois de 1973, numa economia transnacional que se globalizava a uma velocidade vertiginosa, o alijamento já atingira Bernstein, o patrono do reformismo gradual fabiano mediante ação do Estado. Isso só ficou bem claro na era do presidente Reagan e de Margaret Thatcher, e, de forma ainda mais gritante, depois do fracasso do programa do presidente François Mitterrand em 1981. E, no entanto, na década de 1970, quando começara a nova era, a presença marxista nas livrarias e salas de aula estava no auge, e os militantes políticos e sindicais obtiveram alguns de seus mais retumbantes êxitos.

Mesmo fora da política, o marxismo já estava em regressão entre os intelectuais, mas isso só se tornou óbvio na década de 1980. E não somente o marxismo como toda a corrente de ideias sobre a sociedade humana, da qual o marxismo era um dos componentes, que havia dominado o pensamento ocidental desde a Segunda Guerra Mundial. Até as ciências naturais passaram a ser objeto de crítica, não só devido aos males reais ou potenciais causados pela tecnologia, mas porque se questionava a validade dessas ciências como meios de apreensão do mundo.

Talvez isso fosse menos marcado na economia, área em que o marxismo sempre fora periférico, ainda que entre os dez primeiros economistas laureados com o Nobel três tivessem sido formados, ao menos em parte, nos primeiros anos da União Soviética, ou ainda estavam ativos nesse país (Simon Kuznets, Wassily Leontief e Leonid Kantorovitch). Contudo, a partir de 1974, quando Friedrich von Hayek recebeu o prêmio, juntamente com seu oposto ideológico, o sueco Gunnar Myrdal, e de 1976, quando o prêmio foi concedido a Milton Friedman, a láurea ficou obviamente caracterizada por uma rejeição do keynesianismo e de outras teorias intervencionistas em favor de uma volta a um laissez-faire intransigente. Só no fim da década de 1990 começaram a aparecer rachaduras nesse consenso predominante.

Durante muito tempo, uma orientação puramente metodológica, mais que política ou ideológica, vinha se evidenciando nas ciências sociais e humanas — principalmente na sociologia e na história —, entre marxistas e não marxistas, pelo menos fora dos Estados Unidos. Desde o fim do século xix, a sociologia, criada para explicar os mecanismos da sociedade, tinha em comum com o marxismo a meta mais geral de transformar o mundo, e não apenas interpretá-lo. Durkheim, Marx e Max Weber substituíram Auguste Comte e Herbert Spencer como seus pais fundadores na academia, ainda que não haja motivo algum para crermos que o próprio Marx teria considerado a sociologia um campo separado de pesquisa. A extraordinária expansão da educação superior a partir da década de 1960 lhe conferira um destaque inusitado — atualmente 45 instituições de ensino superior na Grã-Bretanha oferecem cursos de sociologia — e a radicalização política encaminhara muitos estudantes para ela. Do ponto de vista intelectual, a disciplina decaiu bastante com a dissipação do espírito radical nas universidades.

A história esteve também associada ao radicalismo estudantil, mas sua evolução como campo de estudo é mais instrutiva. Nesse caso, os marxistas fizeram parte da corrente modernizadora que, mobilizando as ideias e os métodos das ciências sociais, em rápido desenvolvimento, pretendia fertilizar a árida historiografia convencional, hostil a generalizações de qualquer espécie e basicamente limitada a narrativas — políticas, militares e institucionais — de sequências cronológicas de acontecimentos em termos das ações de pessoas.

Oriundos de disciplinas e ideologias muito diferentes, os reformadores haviam conquistado reconhecimento no fim do século XIX, sem no entanto obter muitos resultados no assédio à fortaleza da história acadêmica, a não ser a criação de um posto avançado de "história econômica e social" em suas imediações. Fizeram algum progresso no entreguerras e sobretudo na década de 1930, mas só alcançaram a vitória depois da Segunda Guerra Mundial.

A partir de então, eles animaram e transformaram o campo da história, sobretudo por meio de revistas que promoviam a aproximação entre a história e as ciências sociais, notadamente a famosa *Annales d'Histoire Économique et Sociale*, de Marc Bloch e Lucien Febvre, que combateu a velha história convencional desde 1929. Com um novo nome, *Annales d'Histoire Sociale*, tornou-se a mais influente revista de história em todo o mundo sob a direção de Fernand Braudel, que também criou a École des Hautes Études en Sciences Sociales, na recém-construída Maison des Sciences de l'Homme, praticamente uma instituição rival da velha universidade. Em nenhum sentido a escola dos Annales era marxista em sua origem e inclinação, mas contribuiu para que historiadores marxistas britânicos fundassem a revista *Past & Present*, que, na falta de um órgão formal de oposição à academia ao velho estilo, tornou-se uma equivalente mais modesta desse órgão no mundo anglófono. Ambas influenciaram, depois de 1960, a reforma da historiografia alemã, dentro do programa da "Ciência Social Histórica", fortalecido institucionalmente pela fundação de novas e bem orientadas universidades, sobretudo a de Bielefeld. Max Weber, e não Marx, inspirou os reformadores alemães. Nesse ínterim, fundava-se nos Estados Unidos uma revista interdisciplinar, *Comparative Studies in Society and History*, que mais tarde gerou a ainda ativa Social Science History Association.

Não há como negar que em 1970 os reformadores ditavam as regras, deixando os historiadores tradicionais na defensiva. A enorme expansão de um corpo discente universitário cada vez mais radical reforçou a influência dos inovadores e fez da "história social", assim como da sociologia, mais teórica, a arma por excelência da intelectualidade jovem. É difícil avaliar o papel de Marx e do marxismo nesses fatos, mas eles estão muito à frente de qualquer outro historiador ou escola histórica em número de citações no índice de um estudo de 1971 sobre a área,[3] e foi uma obra marxista que, para o historiador da historiografia britânica entre 1907 e 2007, "por fim expulsou, até mesmo de estantes de bibliotecas mais remotas, alguns daqueles compêndios datadíssimos de uma era anterior".[4] Mas a minoria marxista (exceto nos países com governos comunistas, onde os historiadores não tinham opção) foi sempre apenas um dos componentes do grande movimento de modernização da historiografia, que agora parecia ter vencido.

Não é de admirar que a autoconfiança e, como aconteceu na França, as polêmicas simplificações dos modernizadores progressistas da historiografia os deixassem sujeitos a críticas. Para dar um exemplo óbvio, o desdém por aquilo que os franceses depreciavam como "a história de eventos" e os marxistas minimizavam como "o papel do indivíduo na história" significava que ainda não era possível escrever uma história satisfatória sobre a Alemanha de Hitler ou a União Soviética de Stálin.[5] No entanto, a partir de algum momento na primeira metade da década de 1970, encontramos algo mais do que isso. Ficou evidente que reinava um novo ceticismo quanto à tentativa de compreender a estrutura e a mudança da coletividade humana por meio das ciências sociais. Nessa mesma época, a sociologia e a antropologia social deram uma guinada antiobjetiva e antiestrutural, fundindo-se com versões da chamada "teoria crítica" para produzir algumas formas extremas de relativismo pós-modernista. A economia neoclássica reduziu a sociedade a aglomerações de pessoas que lutavam racionalmente por seus interesses, o que resultava num equilíbrio anistórico de mercado. Os novos historiadores fugiram dos métodos tão caros às ciências sociais e das "grandes questões" interdisciplinares, voltando à narrativa (sobretudo à narrativa política), e não à análise estrutural. Encaminharam-se, por um lado, para a cultura e as ideias e, por outro, para a empatia com as experiências históricas pessoais. Uma corrente importante rejeitou não só as generalizações e previsibilidades históricas e sociais como o próprio conceito de se estudar uma realidade objetiva. Esse afastamento crítico em relação aos modernistas, agora predominantes, não teve nenhuma orientação política ou ideológica em particular. Braudel e sua *Annales* foram tão vitimados por ele quanto Marx. Embora alguns conservadores acolhessem bem alguns aspectos do novo revisionismo, como a indeterminação histórica (que produziu vários exercícios de história contrafatual ou do tipo "e se?"), grande parte deles veio dos círculos do radicalismo pós-1968. Alguns dos que poderiam ser chamados de "pós-modernistas históricos" até ficaram na esquerda revolucionária.

O recuo em relação ao marxismo no mundo não comunista não foi, portanto, parte de uma mudança mais geral nas ciências sociais e humanas na década de 1970. Não teve nenhuma ligação óbvia com a ideologia da Guerra Fria, com hostilidade à União Soviética e denúncia dissidente deste ou daquele partido comunista. Por mais fortes que fossem essas coisas nos anos 1950 e 1960, coexistiam, como vimos, com um substancial surto de radicalismo político, que incluía um marxismo intelectual. A rejeição do marxismo foi menos ainda uma antecipação do colapso dos regimes comunistas europeus, que até bem pouco antes de ocorrer não estava nas previsões nem dos que os detestavam. Tampouco ela pode ser atribuída às crises da social-democracia, cujos partidos na verdade governavam mais países europeus na década de 1970 do que nunca, antes ou depois. Com raríssimas exceções, os nomes mais comumente associados ao antimarxismo e ao anticomunismo intelectual no último quarto do século não eram novos. Mesmo aqueles que denunciavam "o deus que falhou" haviam rompido com seus partidos comunistas antes de 1970. A tentativa sistemática por parte de combatentes ocidentais da Guerra Fria para enfrentar a "batalha de ideias" dos soviéticos por meio de Congressos de Liberdade Cultural não sobreviveu à revelação de financiamento pela CIA em 1967.

Na verdade, o recuo em relação ao marxismo ocorreu dentro da própria antiga esquerda radical, não sendo a menor das causas o conflito, inerente às versões revolucionárias do marxismo, entre a evolução histórica automática e o papel da ação revolucionária. Se era inevitável que o desenvolvimento histórico levasse ao fim do capitalismo e, portanto, presumia-se, ao triunfo inevitável do socialismo, a ação voluntária não podia ter nenhum papel decisivo, exceto quando a maçã estivesse madura o suficiente para cair da árvore da história. Mesmo então, poderia a ação revolucionária fazer algo mais do que pegá-la? Na prática, onde não havia perspectivas de revolução social, isso só criava problemas para revolucionários obstinados. Um pouco antes de 1914, ansiosa por ação, a esquerda radical rechaçou um marxismo associado às expectativas da social-democracia alemã. O jovem Gramsci chegou a propor "uma revolução contra *O capital*". Só a Primeira Guerra Mundial e a Revolução Russa, através de Lênin, trouxeram o ultrarradicalismo deles de volta a Marx. Os novos movimentos da esquerda radical da década de 1960, igualmente inclinada ao ativismo à *outrance*, tiveram lugar no auge do sucesso do capitalismo no Ocidente, estabilizado por rendas em ascensão, pela guerra e pela simbiose entre as grandes empresas e os sindicatos. Com certeza não descartavam Marx, cujo rosto barbudo já se firmara como um ícone revolucionário, embora cada vez mais substituído por uma imagem mais adequada de insurreição voluntarista, a de Che Guevara.

Contudo, o que lhes desagradava no marxismo não era tanto a inevitável "marcha avante do proletariado" que os social-democratas atribuíam a Marx, e sim a rígida e centralizada organização partidária criada por Lênin. Em termos da história da revolução, eles representavam um retorno de Marx para Bakunin. Tudo o que eles detestavam no comunismo soviético decorria de sua centralização disciplinada, desde verdades e ações impostas pelo Kremlin à mortandade das vítimas de Stálin. A espontaneidade, as iniciativas dos ativistas, para não falar da liberdade de expressão ("fazer as coisas a seu jeito"), deveriam ser as raízes da ação; a liderança era suspeita, as decisões deveriam brotar das múltiplas vozes nas assembleias. Por outro lado, aqueles que continuavam a buscar o objetivo tradicional dos revolucionários marxistas, a transferência do poder político, não podiam mais confiar em que a história gerasse as "situações revolucionárias" de Lênin na sociedade de opressão de classe. Por isso, depunham suas esperanças, cada vez mais, em ações insurrecionais ou terroristas planejadas, levadas a efeito por pequenos grupos, o que tradicionalmente tinha sido rejeitado pelos marxistas. Atos dessa natureza podiam justificar-se, em países pobres e subdesenvolvidos, pela presunção de que essas regiões estavam permanentemente à beira da conflagração social e explodiriam em chamas assim que "focalizadas" pela iniciativa de guerrilheiros como Che Guevara. (Na prática, essa teoria de inspiração cubana falhou redondamente nas décadas de 1960 e 1970 em seu continente escolhido, apesar do rigor de sua formulação por Régis Debray.)[6] Nas economias ricas, só podiam valer-se do velho lema anarquista da "propaganda pelo ato", o terrorismo levado a cabo por pequenos grupos, que viria a ter efeitos inesperadamente grandes numa sociedade faminta por manchetes e imagens espetaculares.

Da fermentação, depois de 1956, na velha esquerda (marxista) e no novo radicalismo cultural da década de 1960, surgiram diversas tendências que se afastaram da análise marxista tradicional, embora com frequência, mas nem sempre, continuassem a considerar-se esquerdistas: notadamente o movimento e a revista *History Workshop* na Grã-Bretanha, a *Alltagsgeschichte* (História da Vida Cotidiana ou Privada) na Alemanha, a "Escola Subalterna" na Índia, várias formas de "teoria crítica" e uma nova safra de histórias feministas e de outras identidades que alegavam representar "novos movimentos sociais" e, esperavam seus criadores, preencher a lacuna deixada pela crise dos movimentos operários tradicionais.

Ao mesmo tempo, a descoberta, destacada pelo Clube de Roma a partir do começo da década de 1970, de que o crescimento incontrolável na capacidade humana de produzir bens preparava o caminho para a futura catástrofe ambiental contradizia o atrativo do marxismo como uma teoria da evolução que previa um futuro melhor. A "crise do progresso" que os marxistas tinham descrito, na década de 1930, como característica de uma sociedade burguesa esgotada, agora se virava contra eles. As injustiças e opressões geradas pela natureza capitalista do progresso sempre tinham sido denunciadas, mas agora criticava-se o próprio progresso. Cada vez mais, as campanhas da esquerda visavam a proteger e preservar o meio ambiente contra os avanços no poder humano sobre a natureza, avanços que seus predecessores marxistas teriam aclamado ou pelo menos visto como inevitáveis (como ocorreria depois com a globalização). O marxismo mostrou-se particularmente vulnerável a essa reversão da perspectiva de "inevitabilidade histórica", de positiva para negativa.

É possível que uma guinada para a esquerda política, sobretudo entre as camadas crescentes e politicamente significativas, com educação superior, tivesse feito reviver o legado de Marx, uma vez que com muita frequência o interesse por suas teorias esteve historicamente ligado à radicalização política de pessoas ou grupos ou ao ressurgimento de países depois de submetidos a períodos de autoritarismo. Nada disso aconteceu no Ocidente, embora haja indícios de que em vários momentos depois de 1970 o ativismo político levou ao aumento do interesse por livros de alguma forma associados ao marxismo em alguns países fora da Europa, como Brasil, Coreia do Sul, Taiwan e Turquia.[7] Pelo contrário, a crise do repositório principal da esquerda ocidental, os movimentos social-democratas de base operária, eliminou neles quaisquer aspirações ao socialismo. Que eu saiba, nenhum líder de um partido da esquerda europeia declarou, nos últimos 25 anos, que o capitalismo como tal é inaceitável como sistema. A única figura pública a fazê-lo sem titubear foi o papa João Paulo II. Ademais, nada se mostrou mais fácil do que incorporar a geração rebelde de 1968 — dessa vez, os situacionistas — a um florescente sistema capitalista mais indulgente do que em qualquer época anterior em relação a gostos e estilos de vida pessoais e que, cada vez mais, operava e se apresentava como a economia e a sociedade do espetáculo público impulsionado pelos meios de comunicação.

Cada vez mais, o sucesso acadêmico rendia dinheiro. As décadas de 1990 e 2000 foram a primeira era de bilionários com diplomas em pesquisa. De fato, pelo menos um humorista comentou que a crise bancária mundial de 2008 se deveu ao fato de que, pela primeira vez, diplomados espertos, e não, como antes, pessoas menos intelectualizadas, tinham passado a atuar nas finanças, inventando algoritmos complexos demais para que a maioria dos capitalistas os entendessem.[8] O que estava no horizonte dos estudantes intelectualmente mais dinâmicos eram carreiras, e não mudança social.

Além disso, não nos esqueçamos de um fenômeno mais difuso: o abandono geral do que se poderia chamar de as ideologias de mudança social do Iluminismo setecentista e a ascensão ou o reavivamento de incentivos alternativos para o ativismo social, sobretudo versões silenciosamente modernizadas de religiões tradicionais. Embora não exercessem grande atração na Europa, conquistaram seu primeiro grande êxito na revolução iraniana de 1979, a última das grandes revoluções sociais do século xx. Mesmo que isso não houvesse acontecido, as mudanças históricas e intelectuais na segunda metade do século xx visivelmente corroeram as análises, os programas e as previsões políticas derivadas de Marx. A análise marxiana básica do desenvolvimento e do *modus operandi* do capitalismo conserva sua validade. Todavia, qualquer revivescência futura do interesse por Marx terá de basear-se, sem dúvida, em substanciais recalibragens das leituras tradicionais de seu pensamento.

Sem o colapso da maioria dos regimes comunistas e o abandono deliberado de seus métodos e objetivos tradicionais por outros, e sem as crises simultâneas da social-democracia baseada no proletariado, é provável que os vinte anos de marginalização quase total do marxismo no discurso intelectual não tivessem ocorrido. Como o sistema e os movimentos ostensivamente marxistas, no passado inspirados por Marx, não haviam conseguido sobreviver ou tinham abandonado seus objetivos, já não era importante, do ângulo político, nem parecia necessário, do ponto de vista intelectual, gastar muito tempo com teorias que a história parecia ter desacreditado. Em todo caso, a Guerra Fria acabara. Paradoxalmente, denúncias indignadas continuaram a ser ouvidas, mesmo quando seus objetos tinham desaparecido, do mesmo modo que o antissemitismo na Polônia sobreviveu ao desaparecimento dos judeus naquele país.

Prosseguiu a retórica do anticomunismo da Guerra Fria, menos contra um inimigo antes temido do que a favor da superioridade e supremacia do capitalismo liberal democrático ocidental. Cada vez mais seguro de si, esse capitalismo se via justificado, por meio da intervenção, armada ou não, por uma ideologia de direitos humanos universais, como o responsável por impor ordem em um mundo perturbado. O que se denunciava não eram as teorias e análises de Marx, e sim sua perspectiva de revolução, que, dizia-se, desencaminhava os jovens idealistas, bem como o totalitarismo que ele e qualquer outro desafiante do liberalismo supostamente implicavam ou propunham, para não falar dos obstáculos que as aspirações socialistas criavam para a racionalidade autorreguladora da sociedade de mercado. Numa palavra, Marx era sempre mostrado como o inspirador do terror e do gulag; e os comunistas, essencialmente como defensores do terror e da KGB, senão como partícipes deles. Não está claro até que ponto essa retórica convenceu aqueles que ainda não tinham sido convertidos, alguns renegando "o deus que falhou", no tempo da Guerra Fria. É difícil imaginar que esses exercícios de execração sobrevivam durante muito tempo num século em que, já hoje, apenas aqueles que estão na casa dos trinta ou mais têm alguma lembrança da Guerra Fria.

Por fim, porém, Marx faria um retorno meio inesperado num mundo em que o capitalismo foi advertido de que seu próprio futuro está sendo questionado não pela ameaça de revolução social, mas pela própria natureza de suas operações globais sem peias, em relação às quais o pensador alemão se mostrou um guia muito mais perspicaz do que aqueles que acreditam nas escolhas racionais e nos mecanismos autocorretores do mercado livre.

16. Marx e o trabalhismo: o longo século

Parece apropriado que uma coletânea de estudos sobre a história do marxismo encerre com um ensaio sobre o movimento organizado da classe operária. Para Marx, o proletariado era o predestinado "coveiro do capitalismo", o agente essencial da transformação social. No século XX, a maioria dos movimentos e partidos da classe operária foram associados ao sonho de Marx de uma nova sociedade ("socialismo"), e, por sua vez, os marxistas, quase sem exceção, viam os partidos e movimentos da classe operária como seu campo de ação política. No entanto, não se pode compreender nem o marxismo nem os movimentos operários a não ser como agentes históricos independentes, em relações complexas e cambiantes entre si. Na verdade, tampouco se pode compreender o impacto deles sobre a história do século XX.

Embora qualquer pessoa que tenha lido o *Manifesto comunista* saiba que os movimentos operários são muito mais antigos, há certa justificativa em começar este estudo dos movimentos operários e de suas ideologias pelo fim do século XIX. A crônica do movimento operário britânico começa para valer na década de 1890, sobretudo com os notáveis estudos de Sidney e Beatrice Webb sobre o sindicalismo. A primeira pesquisa global comparativa surgiu em 1900: *Die Gewerkschaftsbewegung. Darstellung der gewerkschaftlichen Organisation der Arbeiter und Arbeitgeber aller Länder* [Sindicalismo. Descrição da organização sindical de trabalhadores e empregadores em todo o mundo], de W. Kulemann. As primeiras histórias escritas de dentro dos novos partidos socialistas começaram a aparecer mais ou menos na mesma época — por exemplo, em 1898, a primeira versão da história de Mehring do Partido Social-Democrata da Alemanha.

Além disso, foi na década de 1890 que os governos europeus reconheceram a existência política de movimentos operários firmemente organizados. O governo britânico publicou seu primeiro *Abstract of Labour Statistics* em 1893-4; o governo belga começou a publicar uma *Revue du Travail* em 1896. Pela primeira vez, um primeiro-ministro britânico — lorde Rosebery, em 1894 — sentiu-se compelido a mediar um litígio entre empregadores e empregados. Cinco anos depois, o premier francês, Waldeck-Rousseau, seguiu seu exemplo, tendo sido convidado a fazê-lo pelos operários em greve da fábrica Schneider-Creusot. E, no mesmo ano, o governo francês deu um passo que deixou os partidos operários, ou ao menos os socialistas, em estado de choque. Nomeou um socialista, Alexandre Millerand, de quarenta anos, para ministro do Comércio. Até então, e na verdade ainda durante muitos anos, os socialistas davam como certo que nem formariam o governo nem fariam parte de nenhum deles até que a revolução ou uma greve geral houvesse posto o capitalismo de joelhos, ou pelo menos até que um partido social-democrata intransigente tivesse ganhado sozinho uma eleição. Essa foi a crise que, ideologicamente, deu início à história política do trabalhismo no século XX.

Por que os governos europeus concluíram que tinham de levar o operariado a sério? Não terá sido, seguramente, por sua força econômica, ainda que muitos empregadores alegassem que os sindicatos estavam prestes a asfixiar a indústria. A organização sindical ainda era modesta — digamos que reunisse de 15% a 20% dos trabalhadores na Grã-Bretanha e na França, e um pouco menos na Alemanha. Tampouco tinha forte presença política, exceto na Alemanha, onde o Partido Social-Democrata constituía, de longe, a maior força eleitoral, com seus 30% dos eleitores (do sexo masculino). Entretanto, se a democracia eleitoral fosse reimplantada, o que parecia provável, podia-se esperar que os partidos operários se tornassem importantes forças eleitorais, o que realmente aconteceu na Escandinávia e outras regiões nos anos que antecederam a eclosão da guerra em 1914. Todavia, o que realmente deixava os governos nervosos não eram cálculos eleitorais, e sim a evidente consciência de classe dos operários, que encontrou expressão nos partidos de classe, preponderantemente "vermelhos". Como disse Winston Churchill, presidente da Câmara de Comércio no novo governo liberal reformista de 1906, se o velho sistema bipartidário de conservadores e liberais se rompesse, a política britânica se tornaria uma aberta política de classes, ou seja, uma política dominada pelo conflito dos interesses de classe. Na Grã-Bretanha, onde, em sua maioria, os habitantes eram ou se viam como "trabalhadores", isso parecia uma questão de especial urgência, mas evitar a política de luta de classes era um problema geral.

Pela primeira, mas não pela última vez, a crise Millerand forçou os novos partidos operários a refletir sobre sua relação com o sistema em que atuavam. O momento era patentemente oportuno para se fazer uma pergunta central, pois, quase na mesma época (no outono de 1899), Eduard Bernstein, um dos primeiros pilares do marxismo alemão, publicou seu manifesto de reformismo, *Die Voraussetzungen des Sozialismus und die Aufgaben der Sozialdemokratie* [As premissas do socialismo e as tarefas da social-democracia], que levaria a um acrimonioso debate no movimento internacional. Nem é irrelevante que esse tenha sido o momento em que, também pela primeira vez, publicaram-se livros com títulos como *A crise do marxismo* (de Masaryk, mais tarde presidente da Tchecoslováquia).

A pergunta central que estava por trás da crise Millerand e do debate sobre o revisionismo de Bernstein era: reforma ou revolução? Uma vez que, no fim da década de 1890, não se esperava o colapso imediato do capitalismo, ao menos nas economias desenvolvidas, qual seria a função histórica dos movimentos operários? Em outras palavras, existiria uma via não revolucionária para o socialismo? Os casos de Millerand e Bernstein foram em especial escandalosos, porque não havia como fugir à forma peremptória com que eles faziam essa pergunta. Bernstein teve de ser rejeitado, porque afrontou todas as seções da Internacional ao propor claramente uma revisão do marxismo e, por isso, foi denunciado unanimemente. O movimento tratou o caso Millerand com muito mais circunspecção, pois dizia respeito a uma única pessoa, e a teoria socialista como tal não estava em questão. Propôs-se uma solução conciliatória, que na prática possibilitou a participação de pessoas, mas não de partidos, em "governos burgueses". Quanto a Bernstein, na prática a social-democracia aceitou a tese de que a melhoria nas condições de trabalho sob o capitalismo era a principal tarefa do movimento, ao mesmo tempo que repudiava categoricamente sua justificativa teórica do reformismo. De fato, a partir de 1900, os movimentos operários marxistas nos principais países do capitalismo viveram numa simbiose tácita com o capitalismo, e não num estado de guerra.

Embora trabalhismo e socialismo parecessem inseparáveis, os dois movimentos não eram idênticos. Millerand e Bernstein protagonizaram uma crise do socialismo, mas não dos movimentos operários. Uma conferência internacional de historiadores do trabalhismo debateu equivocadamente o tema "O movimento trabalhista como um projeto de modernidade que fracassou". Movimentos operários e consciência de classe não são "projetos", mas, numa certa fase da produção social, características de classe logicamente necessárias e, politicamente, quase inevitáveis de homens e mulheres que trabalham por salários. O termo "projeto" aplica-se antes ao socialismo, ou seja, à intenção de substituir o capitalismo por um novo sistema econômico e uma nova sociedade. Movimentos trabalhistas surgem em todas as sociedades que contem com uma classe operária, exceto quando impedidos pela coerção e o terror. Os movimentos trabalhistas desempenharam um papel importante na história dos Estados Unidos. Ainda o desempenham dentro do Partido Democrata. Ao mesmo tempo já se perguntava "Por que não existe socialismo nos Estados Unidos?" — como fez o então marxista Werner Sombart, em 1906 —, tomando como incontestável a ausência ou insignificância do socialismo naquele país, quer como ideologia, quer como movimento político. Na Grã-Bretanha, o movimento sindical Lib-Lab buscava apoio político junto ao Partido Liberal, com o qual não cortou inteiramente sua ligação até depois da Primeira Guerra Mundial. Na Argentina, socialistas e comunistas não conseguiam imaginar, na década de 1940, como seria possível o surgimento de um movimento trabalhista politicamente independente e radical num país cuja ideologia (o peronismo) consistia basicamente em lealdade a um general demagogo.

Além disso, tem havido movimentos operários de boa-fé e ativamente antissocialistas, como o Solidariedade polonês, e movimentos operários ligados a nacionalismos ou religiões específicos, com ou sem laços com outras ideologias. Assim, a tentativa do governo britânico, na década de 1970, de incluir os católicos no governo da Irlanda do Norte foi sabotada por uma greve geral da classe operária protestante. Por outro lado, a história registra movimentos socialistas e comunistas que não tinham nem buscavam uma base de classe, movimentos cristãos tradicionais e heréticos, e os vários "socialistas utópicos" criadores de comunidades no século XIX, paradoxalmente mais populares nos Estados Unidos do que em qualquer outro lugar.

É inegável, sem dúvida, que da época do *Manifesto comunista* até a década de 1970, foram raros os movimentos operários sem relação com o socialismo. Com efeito, na prática é quase impossível encontrar qualquer movimento operário, de qualquer natureza, em que socialistas ou pessoas formadas nos movimentos socialistas não tenham desempenhado um papel importante. É claro que essa simbiose entre os movimentos operários e o socialismo não foi fortuita. Ambos os lados tiravam vantagem dela, exceto nos sistemas de "socialismo real", que aboliu os movimentos operários em nome de partidos que alegavam representar a classe operária e em nome do socialismo.

Os movimentos operários e o socialismo não eram, porém, necessariamente congruentes. De fato, teóricos marxistas, de Kautsky a Lênin, sustentaram que o socialismo não era gerado espontaneamente pelos movimentos operários, mas tinha de ser trazido de fora e introduzido neles. Isso talvez fosse um exagero. Pode-se afirmar que a época da Revolução Americana, da Revolução Francesa e da Revolução Industrial fez com que a possibilidade de pôr fim à ordem vigente e substituí-la por uma sociedade inteiramente diferente e melhor passasse a fazer parte do panorama intelectual geral, ao menos no Ocidente. Por conseguinte, a luta dos trabalhadores por melhores condições, uma luta essencialmente coletiva, trazia em si, implicitamente, o potencial dessa sociedade melhor, isto é, com mais justiça social; uma sociedade baseada na comunidade e na cooperação, e não na competição. Os movimentos dos pobres tendiam a apoiar e fomentar essa perspectiva. O que tinha de ser trazido de fora e introduzido neles eram outras coisas: o nome e o conteúdo específicos da nova sociedade, uma estratégia que facilitasse a transição do capitalismo para o socialismo e, acima de tudo, o conceito de um partido de classe, politicamente independente e ativo em escala nacional. Organizações como sindicatos, centros de proteção mútua e cooperativas poderiam surgir espontaneamente da experiência de vida dos trabalhadores, mas não partidos políticos.

A contribuição fundamental de Marx e Engels, a partir do *Manifesto comunista*, foi a tese segundo a qual a organização de classe dos trabalhadores deveria necessariamente assumir a forma de um partido político ativo em todo o território do país, ou até além dele. (Na verdade, isso só seria viável em Estados constitucionais, liberais ou democrático-burgueses.) Essa foi uma proposição de imenso significado histórico, não só para o movimento operário, que não poderia avançar muito em suas metas sem mobilizar o apoio do Estado contra os empregadores, como também para a estrutura da política moderna em geral. Também se mostrou realista, pois vários desses partidos surgiram depois da morte de Marx, destinados a se tornar partidos governistas e manter-se como tais, ou como importantes partidos de oposição na maior parte da Europa não comunista. Alguns deles ainda mantêm sua filiação de classe original: o Labour Party na Grã-Bretanha, o Partido Socialista Obrero na Espanha, o Sveriges Socialdemokratiska Arbetareparti na Suécia, o Norske Arbeiderparti na Noruega. Esse é um caso de continuidade quase sem paralelo na Europa, que invalida a ideia de que os movimentos operários têm de se tornar ou permanecer revolucionários porque não poderiam chegar a lugar nenhum sob um regime capitalista. Já quanto à afirmativa de que, por necessidade histórica, o proletariado era ou viria a ser a "classe verdadeiramente revolucionária", hoje está evidente que essa presunção era infundada. Além disso, a história nos mostrou que as revoluções são conjuntos de eventos demasiado complexos para serem vistas apenas como transcrições da estrutura de classes. Os teóricos e historiadores do trabalhismo que, como os marxistas, tentaram explicar por que razão os partidos da classe operária se recusavam obstinadamente a cumprir o papel revolucionário que lhes foi imputado poderiam ter se poupado tanto tempo e esforço.

Em suma, nos países (constitucionais) do capitalismo avançado, nos quais não se esperavam revoluções por outras razões, havia revolucionários dentro ou fora dos movimentos operários, mas a maioria dos trabalhadores organizados, até os com mais consciência de classe, em geral não eram revolucionários, mesmo quando seus partidos estavam comprometidos com o socialismo. A situação, claro está, era diferente em países como os dos impérios russo ou otomano, nos quais só se poderia esperar qualquer mudança para melhor através de revolução.

Assim, nada nos Estados no centro do capitalismo avançado parecia obstar uma simbiose entre o trabalhismo e um florescente sistema econômico no começo do século XX. Não estava à vista o colapso do capitalismo ou das constituições liberais, cada vez mais democráticas, típicas dessa região. O modelo capitalista de desenvolvimento não parecia mais periclitante do que a estrutura imperialista do globo, pois no mundo "atrasado" era evidente a superioridade econômica, cultural e, em especial, militar do mundo "avançado". Com efeito, nos países "atrasados" em que a revolução era uma perspectiva real, e não um mero artifício retórico, estava claro para os marxistas que o desenvolvimento capitalista burguês era o único caminho do progresso. Por isso, na Rússia, os chamados "marxistas legais" transformaram o marxismo numa ideologia de industrialização capitalista, mas até 1917 os próprios bolcheviques estavam convencidos de que o objetivo imediato da revolução iminente era uma sociedade liberal burguesa, uma vez que somente ela poderia criar as condições históricas que permitissem um maior avanço no sentido da revolução proletária, isto é, para o socialismo.

A Primeira Guerra Mundial pareceu resolver todas essas expectativas. A "Era da Catástrofe", de 1914 ao fim da década de 1940, transcorreu à sombra da guerra, do colapso social e político e da revolução — principalmente da Revolução Russa de Outubro. Tudo deu errado para o Velho Mundo. Guerras acabaram em revoluções e agitação colonial. Estados constitucionais liberais burgueses e democráticos, até então sob o império da lei, deram lugar a regimes políticos quase inimagináveis antes de 1914, como a Alemanha de Hitler e a União Soviética de Stálin. Até mesmo a economia de mercado do liberalismo econômico ameaçava desabar na crise do começo da década de 1930. Conseguiria o capitalismo sobreviver, a não ser numa forma que abolisse tanto a democracia quanto o movimento operário? Só a extensão dos problemas do capitalismo explica que, mesmo no Ocidente, a débil economia industrial da União Soviética fosse vista, seriamente, como um sistema mais dinâmico do que o ocidental e uma possível alternativa global ao capitalismo. Ainda no começo da década de 1960 havia políticos burgueses, como o primeiro-ministro britânico Harold Macmillan, que acreditavam, como Kruchev, que as economias socialistas poderiam produzir mais do que as ocidentais. Mesmo aqueles que se mostravam mais céticos com relação às realizações e ao potencial econômicos da União Soviética não podiam negar seu peso político global e seu poder militar. A Primeira Guerra Mundial derrubou o tsarismo, e a Segunda transformou a Rússia numa superpotência. Para grandes áreas do mundo colonial, agora emancipado, e outras partes do "Terceiro Mundo", a União Soviética e, por meio dela, o socialismo tornaram-se um modelo econômico de como superar o subdesenvolvimento.

Diante disso, mudou a meta política dos movimentos socialistas e operários na Era da Catástrofe: se antes ela consistia em conviver com o capitalismo, passou a ser acabar com ele. A revolução e a posterior construção da nova sociedade pareciam uma perspectiva melhor do que a vagarosa marcha avante, por meio de reformas, rumo a um socialismo distante que sequer era buscado com afinco. Sidney e Beatrice Webb, inspiradores dos fabianos britânicos e apóstolos do reformismo gradual — a inspiração do revisionismo de Bernstein no fim do século XIX —, abjuraram o reformismo na década de 1930 e depuseram sua fé no socialismo soviético.

Entretanto, embora as coisas parecessem muito diferentes depois de 1917, o capitalismo, em seus principais redutos, não se viu ameaçado nem com o colapso final nem com uma revolução social — a qual se restringia a países na periferia do sistema. A revolução do soviete de Petrogrado não vingou em Berlim, e hoje vemos que era irrealista esperar o contrário. Por isso, os alicerces da simbiose reformista permaneceram firmes. De fato, ela se tornou mais atraente para os políticos e empreendedores como uma salvaguarda contra a revolução social e o espectro de um movimento comunista mundial, tanto mais porque havia agora uma distinção nítida entre os partidos social-democratas reformistas e os partidos comunistas revolucionários, mutuamente hostis. Tudo o que faltou entre as duas guerras foi a prosperidade que proporcionava os meios para as necessárias concessões aos movimentos operários. Em todo caso, mesmo nos piores dias de crise, a maioria dos membros desses movimentos nesses países recusou-se a trocar os partidos reformistas pelos revolucionários. Entre as guerras, os partidos comunistas só tiveram apoio da massa em três dos países em que eram legais, e mesmo neles continuaram mais fracos do que a social--democracia: Alemanha, França e Tchecoslováquia. Se o partido comunista fosse legal na Finlândia, poderiam ter sido quatro. Em outros países, os partidos comunistas obtiveram no máximo 6% dos votos (Bélgica, Noruega e Suécia) e durante pouco tempo.

Depois da Segunda Guerra Mundial, a simbiose foi promovida de maneira mais sistemática, como parte de uma política de reforma estrutural do capitalismo ocidental, por meio da política deliberada de pleno emprego e do que veio a ser o Estado de bem-estar social, com base no enorme crescimento das economias capitalistas no período 1947-73. Teria essa tentativa consciente de integrar o trabalhismo surgido sem as experiências traumáticas da grande depressão no entreguerras e da ascensão da Alemanha de Hitler? Quanto dela se deveu ao medo do comunismo, cujas forças haviam aumentado substancialmente nos anos da resistência antifascista? O que agora estava por trás dessas forças era uma superpotência. Teria o reformista Bernstein ("o movimento é tudo, o objetivo final, nada") vencido sem Stálin e Hitler? É improvável.

Assim, nos países do centro do capitalismo, o modelo revisionista do movimento operário prevaleceu na nova Era Áurea do capitalismo ocidental (1947-73). Sua vitória teve como símbolo o abandono formal do marxismo pelo Partido Social-Democrata da Alemanha, no programa de Godesberg (1959). Nada parecia ter sido perdido com isso, a não ser lembranças sentimentais, pois, quando a Era Áurea se aproximava do fim, os objetivos do reformismo tinham sido alcançados na prática, e os trabalhadores estavam em situação incomparavelmente melhor do que os mais otimistas representantes da reforma teriam sonhado antes de 1914. Não obstante, os partidos revisionistas permaneciam radicados na classe operária, embora tivessem renunciado ao "objetivo final" do socialismo e fossem criticados por esquerdistas tradicionais. A classe dos operários manuais, sua principal base eleitoral, continuou a votar neles, e só começou a abandonar seus partidos de classe mais tarde.

Até o fim da década de 1970, a expansão espetacular da produção ainda exigia uma vasta massa de operários industriais, que, portanto, continuaram a ser ou se tornaram uma parte importante dos eleitorados. É provável que na década de 1970 houvesse mais proletários na Europa capitalista, em números absolutos e relativos, do que no fim do século XIX, quando a nova consciência de classe do operariado de repente criou partidos proletários de massa. Contudo, hoje também está claro que esses partidos da classe operária, mesmo considerando todos eles, os reformistas e os revolucionários, nunca alcançaram mais que metade dos votos em eleições, e só depois da Segunda Guerra Mundial.

Excetuado o período entre as guerras, o desenvolvimento de movimentos operários nos países do centro do capitalismo, até a crise após a década de 1970, pode ser sintetizado como segue.

Antes até da Primeira Guerra Mundial, as políticas das classes dominantes, que se defrontavam com uma crescente democratização política (acelerada pela pressão dos novos partidos trabalhistas), haviam começado a se encaminhar para a reforma social. Nos países não fascistas, o processo acelerou-se no entreguerras, mas só se tornou sistemático depois da Segunda Guerra Mundial, com os lemas "pleno emprego" e "Estado de bem-estar social". Mesmo antes de 1914, a democratização e o crescimento econômico estimularam a franca admissão da importância dos movimentos operários moderados, embora a Alemanha imperial representasse uma relevante exceção. Por conseguinte, os movimentos e partidos operários identificaram-se na prática com seus Estados-nações. Isso ficou mais do que patente ao rebentar a guerra em 1914.

O fim do conflito assistiu a um aumento espetacular nos números e na força da classe operária organizada. Embora esse incremento não pudesse ser mantido no entreguerras, foi retomado durante e depois da Segunda Guerra Mundial. Salvo em países industriais tradicionalmente fracos ou instáveis, como, por exemplo, a França e a Espanha, o trabalhismo organizado alcançou força máxima na década de 1970. Com isso, os partidos trabalhistas tornaram-se forças mantenedoras do Estado e do sistema. Durante a Primeira Guerra Mundial e depois dela, representantes desses partidos participaram de governos e logo eles próprios formavam governos, ainda que só depois de 1945 tenham podido fazê-lo sem o apoio de partidos não socialistas. Essa mudança também chegou ao auge na década de 1970, quando, em uma época ou outra, governos social-democratas dirigiram a Alemanha Federal, a Áustria, a Bélgica, a Dinamarca, a Espanha pós-Franco, a Finlândia, a Noruega, Portugal, o Reino Unido e a Suécia. A esses países se juntaram a França e a Grécia em 1981. Sobreveio então a crise.

Que papel desempenharam os revolucionários nos movimentos trabalhistas dos países do centro do capitalismo ocidental? Quaisquer que fossem suas teorias, na prática não podiam ser revolucionários, uma vez que não havia expectativa de colapso do capitalismo ou de transição para o socialismo. Por outro lado, eram necessários, pois mesmo os movimentos operários não socialistas dependiam da combinação de luta de classes no local de trabalho e de pressão política sobre os governos nacionais, sem falar em ideias que expressassem suas aspirações. Onde os sindicatos eram fortes, os revolucionários puderam desempenhar um papel de relevo, de modo que pequenas minorias de comunistas podiam ter uma eficácia desproporcional a sua força em países como a Grã-Bretanha e os Estados Unidos, onde seus partidos eram politicamente desprezíveis. O apogeu da influência do Partido Comunista no sindicalismo britânico ocorreu na década de 1970, quando o partido estava com um pé na cova.

Nas ditaduras que sobraram da Era da Catástrofe — por exemplo, Espanha e Portugal —, os comunistas, ilegais, ainda eram a principal força de resistência e desempenharam um papel significativo na transição para a democracia na década de 1970, mas logo se viram marginalizados. Na Itália, o maior partido comunista de massa da Europa, sistematicamente excluído dos gabinetes por pressão de Washington, afastou-se da União Soviética e aproximou-se de um modelo social-democrata. Na França, o Partido Comunista adotou uma política reformista durante alguns anos na década de 1970, como parte de algo como uma nova Frente Popular iniciada por Mitterrand, o reconstrutor do Partido Socialista. O Partido Comunista participou do governo, com um presidente socialista, em 1981-4 — foi a primeira vez, desde 1947, que um partido comunista teve permissão de fazê-lo —, mas logo reverteu à linha dura costumeira. Derrotado nas eleições e suplantado por hábeis manobras do Partido Socialista a partir de 1974, seu apoio de massa ruiu nos anos 1980.

A situação era muito diferente nos países fora do centro do capitalismo, inclusive nos que agora tinham regimes oriundos das vitoriosas revoluções leninistas de 1917 e 1945-9. Os bolcheviques russos haviam chegado ao poder em nome do proletariado, e seus planos quinquenais criaram uma gigantesca classe operária, mas aboliram o movimento operário como o conhecemos. Até o fim, a União Soviética não permitiu a existência de nenhuma organização de trabalhadores que não fosse controlada pelo partido e pelo Estado, e esse modelo foi seguido pelos novos Estados comunistas depois de 1945 enquanto tiveram poder para impô-lo. Pode-se escrever a história da classe operária no mundo comunista e até uma história dos conflitos trabalhistas, mas não a história de movimentos trabalhistas, excetuado o caso relevante do Solidariedade na Polônia, na década de 1980.

Em outras partes do mundo, os movimentos operários, socialistas ou de outra linha (podemos considerar ou não os da Australásia e poucas outras exceções modestas), só começaram com a Revolução Russa. A Segunda Internacional era quase nula nessas regiões, e nelas simplesmente não havia base alguma para as políticas social-democratas, quanto mais as bernsteinianas. Por outro lado, em alguns países, sobretudo nas Américas, encontramos um fenômeno que, por motivos históricos, praticamente não existia no Velho Mundo — a disposição de chefes de Estado demagogos de favorecer movimentos operários como parte de sua luta contra as velhas elites de latifundiários. Esse foi o caso na Argentina e no Brasil. No México, o mesmo papel foi desempenhado pelo Partido Revolucionário Institucional, o PRI, que surgiu da revolução mexicana. De fato, até os primórdios da verdadeira industrialização, na década de 1970, era difícil encontrar uma classe operária organizável nessas regiões, salvo nos setores de mineração, energia, têxteis e transporte e navegação. Desde então, porém, ocorreram dois fatos comparáveis ao que sucedeu na Europa um século antes: na Coreia, o crescimento do sindicalismo de massa, e, no Brasil, o surgimento do Partido dos Trabalhadores (PT), ambos na década de 1980. A influência do leninismo (ortodoxo ou dissidente) foi importante nesses movimentos, mas só se tornou decisiva em alguns poucos países. Qualquer que fosse a ideologia ou a não ideologia por trás desses movimentos, praticamente todos tiveram lugar em países onde golpes militares, revoluções, violência urbana e armas eram mais corriqueiros do que a política democrática e pacífica. Na China e no Vietnã, assim como na União Soviética, a industrialização em massa não teve como levar a organizações trabalhistas independentes.

Então, depois da década de 1970, tudo mudou: tanto Lênin quanto Bernstein perderam as esperanças. Todo mundo sabe que o sistema soviético ruiu, enquanto os partidos comunistas fora do poder se desvaneceram. Menos notório é o fato de que a social-democracia bernsteiniana também sumiu. O edifício do reformismo assentava-se sobre três alicerces. O primeiro era a dimensão e o crescimento da classe operária, a consciência que soldava uma massa díspar de trabalhadores aos mais ou menos pobres, tornando-os uma classe única, e a disposição dos governos democrático-burgueses, já antes de 1914, a fazer concessões a esses relevantes blocos eleitorais, desde que não se conduzissem de modo demasiado radical. Mas, a partir da década de 1970, as classes operárias dos países do centro capitalista (o "Primeiro Mundo") encolheram, tanto em termos relativos quanto absolutos, e perderam grande parte de sua consciência de classe unida e unificante. Isso chegou a tal ponto que alguns grupos dessas classes operárias, no passado ligados ao movimento, bandearam-se para partidos do liberalismo econômico, como aconteceu na Grã-Bretanha de Thatcher e nos Estados Unidos de Reagan. Nos anos 1980 nota-se também a ascensão de partidos da direita nacionalista radical que atraem eleitores da classe operária, sobretudo na França (sob a liderança de Le Pen) e na Áustria (liderada por Haider). Ademais, o enorme incremento na riqueza das sociedades de consumo afluentes, que também beneficiou as classes operárias, solapou o princípio axiomático de que melhorias reais para o membro da classe operária só poderiam ser alcançadas por solidariedade e ação coletiva.

Não podemos ir além de imaginar a importância do declínio das ideologias de esquerda, inclusive o socialismo, que tinham raízes no Iluminismo do século XVIII. Ela terá sido, provavelmente, insignificante na Europa, mas não em partes da Ásia e da África, sobretudo nas regiões muçulmanas. A revolução iraniana de 1979 foi a primeira revolução importante, desde Cromwell, não inspirada por uma ideologia secular, mas apelou para as massas na linguagem da religião, no caso o idioma do islã xiita. Mais tarde, um politizado islã fundamentalista (sunita) começou a aparecer em várias regiões entre o Paquistão e o Marrocos e ganhou força. Ao mesmo tempo, como vimos, ocorreu um forte declínio no marxismo e na esquerda social-democrata, acompanhado de uma despolitização geral de trabalhadores e estudantes.

A Revolução Russa dera ao reformismo seu segundo alicerce: o medo do comunismo e da União Soviética. O avanço de ambos durante a Segunda Guerra Mundial e depois dela pareceu, ao menos na Europa, exigir de governos e empregadores uma contrapolítica de pleno emprego e seguridade social sistemática. Mas a União Soviética não existe mais, e com a queda do muro de Berlim o capitalismo pôde esquecer seus temores e, por isso, perdeu o interesse por pessoas que dificilmente comprarão ações. Em todo caso, até os episódios de desemprego em massa nas décadas de 1980 e 1990 pareceram ter perdido o velho poder de radicalizar suas vítimas.

Contudo, a partir de 1945, não foi só a política que se mostrou necessitada de reformas, mas também a economia e, principalmente, o pleno emprego — como Keynes e os economistas suecos da social-democracia escandinava haviam predito. Esse seria o terceiro alicerce do reformismo. Essa foi a política não só dos governos social-democratas, como de todos os governos (sem excluir o dos Estados Unidos). Isso valeu aos países ocidentais tanto estabilidade política quanto uma prosperidade econômica sem precedentes. Só ao sobrevir a nova era, depois de 1973, quando a economia e a política de reformas do pós-guerra já não rendiam resultados tão positivos, os governos foram seduzidos pelas ideologias individualistas de liberalismo econômico radical que a essa altura haviam tomado conta da escola de economia de Chicago. Para seus professores, os movimentos operários, os partidos operários e, com efeito, os sistemas públicos de bem-estar social não passavam de obstáculos ao mercado livre que garantia crescimento máximo dos lucros e da economia e, em consequência — assim argumentavam os ideólogos —, também do bem-estar geral. Idealmente, deveriam ser abolidos, embora na prática isso se mostrasse impossível. O "pleno emprego" foi agora substituído por flexibilidade do mercado de trabalho e pela doutrina da "taxa natural de desemprego".

Esse foi também o período em que os Estados-nações recuaram ante o avanço da economia global transnacional. Apesar de seu internacionalismo teórico, os movimentos operários só eram eficazes dentro dos limites de seu país, acorrentados a seu Estado-nação, sobretudo nas economias mistas estatais e nos Estados de bem-estar social da segunda metade do século xx. Com o recuo do Estado-nação, os movimentos operários e os partidos social-democratas perderam sua arma mais poderosa. Até hoje eles não foram muito bem-sucedidos em operações transnacionais.

Neste momento em que o capitalismo entra em mais um período de crise, constatamos o fim de uma fase peculiar na história dos movimentos operários. Nas "economias emergentes", em rápida industrialização, não há possibilidade alguma de declínio da mão de obra industrial. Nos países ricos do capitalismo antigo ainda existem movimentos operários, embora busquem forças nos serviços públicos, que, apesar das campanhas neoliberais, não mostram sinais de retração. Os movimentos ocidentais sobreviveram porque, como previu Marx, a grande maioria da população economicamente ativa depende de seus salários e, por isso, reconhece a diferença entre os interesses dos patrões e dos assalariados. Quando surgem conflitos entre os dois lados, são resolvidos mediante ação coletiva, em geral por iniciativa dos assalariados. Ou seja, a luta de classes continua, apoiada ou não por ideologias políticas.

Além disso, continua a existir o hiato entre ricos e pobres e divisões entre grupos sociais com interesses divergentes, não importa que chamemos ou não esses grupos de "classes". Quaisquer que sejam as hierarquias sociais, muito diferentes das de cem ou duzentos anos atrás, a política prossegue, ainda que só em parte como política de classe.

Por fim, os movimentos operários continuam porque o Estado-nação não está a caminho da extinção. O Estado e as demais autoridades públicas são as únicas instituições capazes de distribuir o produto social entre seu povo, em termos humanos, e atender a necessidades humanas que não podem ser satisfeitas pelo mercado. A política, por conseguinte, tem sido e continua a ser uma dimensão necessária da luta para melhoria social. Com efeito, a grande crise econômica que começou em 2008, como uma espécie de equivalente da direita à queda do muro de Berlim, trouxe uma compreensão imediata de que o Estado era essencial para uma economia em dificuldades, do mesmo modo como fora essencial para o triunfo do neoliberalismo quando os governos lançaram suas bases por meio de privatizações e desregulações sistemáticas.

Contudo, o grande efeito do período 1973-2008 foi o abandono de Bernstein pela social-democracia. Na Grã-Bretanha, os líderes social-democratas julgaram não ter opção senão confiar nos benefícios que o crescimento econômico do mercado livre global gerava automaticamente, e em uma rede de segurança social criada de cima para baixo. O "Novo Trabalhismo" estava identificado com a sociedade orientada para o mercado e assim continuou até a crise financeira de 2008, quase cortando seu vínculo orgânico com o movimento trabalhista. O caso é extremo, mas a posição da social-democracia reformista em outras praças-fortes (inclusive a do único partido comunista de massa restante, o da Itália) também se deteriorou fortemente, com a possível exceção da Alemanha reunificada e da Espanha. Os comunistas, divididos entre os "eurocomunistas" moderados e os tradicionalistas de linha dura, decaíram a ponto de o comunismo desaparecer como força política representativa no Ocidente.

Mas essa era também está chegando ao fim, já que em 2008 o mundo entrou de repente na mais séria crise do capitalismo desde a Era da Catástrofe. Quando começou, a situação do trabalhismo era estranha. Seus partidos ainda estavam no governo em diversos países europeus, sozinhos ou como partes de uma "grande coalizão" (Espanha, Portugal, Reino Unido, Noruega, Alemanha, Áustria e Suíça). O súbito colapso financeiro reabilitou o Estado como ator econômico, uma vez que tanto empregadores quanto trabalhadores pediram a seus governos que salvassem o que restava das indústrias nacionais. Além disso, já havia sinais claros de militância nas empresas e insatisfação pública, ainda que entre os trabalhadores a velha tradição de "ir para as ruas" (*descendre dans la rue*, dizem os franceses) já enfraquecera — embora ainda estivesse viva e fosse politicamente importante em alguns países europeus e em outros lugares, como na Argentina. Ainda havia fortes movimentos sindicais, em grande parte dirigidos por homens e mulheres que haviam se formado na tradição socialista, social-democrata ou comunista.

No papel, numa época dessas, parecia possível uma revitalização dos movimentos operários ligados à esquerda ideológica. Na prática, entretanto, suas perspectivas a curto prazo eram menos estimulantes, até para aqueles que não recordavam que o resultado político imediato da Grande Depressão de 1929-33 fora um generalizado esvaziamento dos movimentos operários e da esquerda em quase toda a Europa. Os socialistas, por tradição os especialistas do trabalhismo, não sabem o que fazer, como os demais, para superar a crise atual. Ao contrário do que ocorreu na década de 1930, não podem apontar exemplos de regimes comunistas ou social-democratas imunes à crise, nem têm propostas realistas para uma mudança socialista. Nos velhos países capitalistas do Ocidente, a desindustrialização já encolhera e continuaria a encolher a principal base, industrial e eleitoral, desses países: a classe operária. Nos países emergentes, onde a situação era diferente, os movimentos trabalhistas poderiam até crescer, mas não havia uma base real para uma aliança com as ideologias tradicionais de liberação social, ou porque essas ideologias estavam ligadas a regimes comunistas, presentes ou passados, ou porque os movimentos antes ligados aos "vermelhos" tinham se atrofiado com o tempo. (Deixemos de lado o caso inusitado da América Latina.)

A rigor, surgiram algumas teses radicais ou esquerdistas durante a fragmentação e o declínio das velhas ideologias da esquerda, mas com uma base muito mais de classe média. Suas preocupações — por exemplo, o meio ambiente, a veemente hostilidade contra as guerras do período — não eram diretamente relevantes para as ações dos movimentos operários. Podem ter até antagonizado seus integrantes. Onde esses movimentos pretendiam transformação social, elas representavam antes protestos que aspirações. Era fácil perceber contra o que se insurgiam — eram "anticapitalistas", embora sem nenhuma ideia clara sobre o capitalismo —, mas era quase impossível identificar o que propunham no lugar dele. Isso talvez explique uma revivescência de algo parecido com o anarquismo de Bakunin, o ramo das teorias socialistas do século XIX com menos ideias sobre o que aconteceria quando a velha sociedade tivesse sido derrubada, e, portanto, o mais fácil de adaptar a uma situação de intensa insatisfação social sem perspectiva. Se bem que isso tenha sido eficaz para gerar publicidade, graças à exibição, pelos meios de comunicação, de distúrbios, confrontos com a polícia e, talvez, algumas atividades terroristas, não tem hoje praticamente efeito algum sobre o futuro dos movimentos trabalhistas. Temos o equivalente à "propaganda pelo ato" do século XIX, mas nada que seja equivalente ao anarcossindicalismo.

Não está claro até que ponto o vácuo deixado pelo desvanecimento das velhas ideologias da esquerda socialista pode ser preenchido pelas imaginadas comunidades de identidade étnicas, religiosas, de gênero, de estilos de vida e outras. O nacionalismo politicamente étnico tem as melhores chances, uma vez que apresenta forte atrativo para os anseios políticos xenófobos e protecionistas da classe operária, anseios que ressoam mais do que nunca numa época em que a globalização e o desemprego em massa se aliam: "nossa" indústria para a nossa nação, não para estrangeiros; prioridade de empregos para os nacionais; abaixo a exploração pelos estrangeiros ricos e pelos imigrantes estrangeiros pobres etc. Em teoria, religiões universais como o catolicismo e o islã impõem seus próprios limites à xenofobia, mas tanto a etnia quanto a religião funcionam como barreiras potenciais à globalização capitalista desenfreada que destrói velhos estilos de vida e relações humanas sem oferecer nenhuma alternativa. O risco de uma guinada brusca da política para uma direita radical demagógica, de fundo nacionalista ou confessional, é provavelmente máximo nos países europeus ex-comunistas, no Sul e no Sudoeste da Ásia, e mínimo na América Latina. Nos Estados Unidos, a crise econômica pode acarretar um relativo desvio para a esquerda semelhante ao que ocorreu no governo de F. D. Roosevelt, durante a Grande Depressão, mas isso não é provável em outras partes do mundo.

Entretanto, uma coisa mudou para melhor. Redescobrimos que o capitalismo não é a solução, mas o problema. Durante meio século, seu êxito foi de tal forma aceito sem discussão que o próprio nome perdeu as associações tradicionalmente negativas e ganhou outras, positivas. Empresários e políticos podiam regozijar-se não só com a "livre-iniciativa", mas por serem francamente capitalistas.[1] A partir da década de 1970, esquecido dos temores que o levaram a reformar-se depois da Segunda Guerra Mundial e dos benefícios econômicos dessa reforma na subsequente "Era Áurea" das economias ocidentais, o sistema reverteu à versão extrema, poderíamos até dizer patológica, da política de laissez-faire ("o governo não é a solução, e sim o problema") que finalmente implodiu em 2007-8. Durante quase vinte anos depois do fim do sistema soviético, os ideólogos do laissez-faire acreditaram que haviam alcançado "o fim da história", "uma imperturbável vitória do liberalismo econômico e político" (Fukuyama),[2] o crescimento numa definitiva, permanente e autoestabilizadora ordem mundial do capitalismo, uma ordem social e política, incontestada e incontestável, tanto na teoria quanto na prática.

Tudo isso deixou de ser defensável. No século XX, as tentativas de tratar a história do mundo como um jogo econômico de soma zero entre o privado e o público, o puro individualismo e o puro coletivismo, não sobreviveram à patente falência da economia soviética e da economia do "fundamentalismo de mercado" do período que vai de 1980 a 2008. Tampouco uma volta ao primeiro é mais possível do que uma volta ao segundo. Desde a década de 1980 ficou evidente que os socialistas — marxistas ou não — tinham ficado sem sua tradicional alternativa ao capitalismo, pelo menos até que repensassem o que queriam dizer com "socialismo" e renunciassem à presunção de que a classe operária (manual) seria necessariamente o agente principal da transformação social. Contudo os fiéis do credo da *reductio ad absurdum* do período 1973--2008 também se viram desamparados. Um sistema alternativo sistemático pode não estar à vista, mas não se pode mais descartar a possibilidade de uma desintegração, até mesmo de um colapso, do sistema existente. Nenhum dos dois lados sabe o que aconteceria ou poderia acontecer nesse caso.

Paradoxalmente, ambos os lados têm interesse em voltar a um importante pensador cuja essência é a crítica do capitalismo e dos economistas que não perceberam aonde levaria a globalização capitalista, como ele previra em 1848. Mais uma vez é óbvio que as operações do sistema econômico devem ser analisadas tanto historicamente, como uma fase da história, e não como seu fim, quanto de forma realista, isto é, em termos não de um equilíbrio de mercado ideal, e sim de um mecanismo integrado que gera crises periódicas capazes de transformar o sistema. A crise atual pode ser uma dessas. Mais uma vez, fica patente que, mesmo no intervalo entre grandes crises, "o mercado" não tem nenhuma resposta para o principal problema com que se defronta o século XXI: o fato de que o crescimento econômico ilimitado e cada vez mais tecnológico, em busca de lucros insustentáveis, produz riqueza global, mas às custas de um fator de produção cada vez mais dispensável, o trabalho humano, e, talvez convenha acrescentar, dos recursos naturais do planeta. O liberalismo econômico e o liberalismo político, sozinhos ou combinados, não conseguem oferecer uma solução para os problemas do século XXI. Mais uma vez chegou a hora de levar Marx a sério.

Notas

2. MARX, ENGELS E O SOCIALISMO PRÉ-MARXIANO [pp. 25-52]

1. Ver Marx-Engels, *Collected works*, vol. 4, nota 242, p. 719.
2. Engels, *Beschreibung der in der neueren Zeit entstandenen und noch bestehenden kommunistischen Ansiedlungen*, Werke 2, pp. 521, 522.
3. *Werke* 3, pp. 508 ss.
4. Ainda que, para Marx, a forma original da propriedade fosse a "tribal", não existe em seus primeiros textos nenhuma sugestão de que isso represente uma fase de "comunismo primitivo". A conhecida nota de rodapé sobre a questão no *Manifesto comunista* foi acrescentada na década de 1880.
5. O primeiro esboço do *Anti-Dühring* começa com o seguinte período (*Werke* 20, p. 16, nota de rodapé): "Por mais que grande parte do socialismo moderno tenha se originado, em essência [*der Sache nach*], da observação das contradições de classes encontradas na sociedade existente, entre aqueles que possuem propriedades e os que não as têm, entre trabalhadores e exploradores, em sua forma teórica ela se apresenta, em primeira instância, como uma continuação e um desenvolvimento mais consistentes dos princípios expostos pelos grandes porta-vozes franceses do Iluminismo do século XVIII. Seus primeiros representantes, Morelly e Mably, pertenciam a esse grupo".
6. *Werke* 20, p. 17.
7. Advielle, *Histoire de Gracchus Babeuf* (Paris, 1884), II, 34.
8. *A sagrada família* (*Works* IV, p. 131; *A situação da classe trabalhadora na Inglaterra*, ibid., p. 528).
9. *Works* IV, p. 666; carta de Engels a Marx 17/3/1845 (*Werke* 27, p. 25). Contudo, não demo-

rou nada para que, claramente, a atitude de Marx em relação a esse pensador se tornasse menos favorável, embora sua avaliação em *A ideologia alemã* ainda seja positiva.

10. J. P. Brissot de Warville, *Recherches philosophiques sur le droit de propriété et le vol* (1780); cf. J. Schumpeter, *History of economic analysis* (Nova York, 1954, pp. 139-40).

11. Advielle, *op. cit.*, II, pp. 45, 47.

12. Cf. *Anti-Dühring*, edição inglesa, p. 116.

13. Para a opinião de Engels, ver *Progress of social reform on the continent* (*Werke* 1, pp. 484-5), escrito para o owenista *New Moral World*, 1843; para a opinião de Marx (1843), *Werke* 1, p. 344.

14. Cf. o prefácio de Engels (1888) para o *Manifesto comunista* (*Werke* 21, pp. 354 ss.).

15. O *Premier banquet communiste* foi realizado em 1840; *Comment se suis communiste* e *Mon crédo communiste*, de Cabet, datam de 18/1. Em 1842, Lorenz von Stein, em *Der Socialismus und Communismus des heutigen Frankreichs* — muito popular na Alemanha —, tentou pela primeira vez estabelecer uma diferença clara entre o socialismo e o comunismo.

16. Ver *A ideologia alemã* (*Werke* 3, p. 488) para uma orgulhosa exibição, provavelmente por parte de Engels, de seu conhecimento de "comunistas ingleses", contraposto à ignorância dos "verdadeiros comunistas" alemães. A lista — "More, os Levellers [niveladores], Owen, Thompson, Watts, Holyoake, Harney, Morgan, Southwell, J. G. Barmby, Greaves, Edmonds, Hobson, Spence" — é interessante não só pelo que contém como também pelo que não contém. Não faz nenhuma referência a vários "economistas do trabalho", bem conhecidos pelo Marx maduro, sobretudo J. F. Bray e Thomas Hodgskin. Por outro lado, inclui figuras hoje esquecidas, mas que eram familiares àqueles que, como Engels, frequentavam a esquerda radical da década de 1840, como John Goodwyn Barmby (1820-81), que afirmava ter criado a palavra "comunismo"; James Pierrepont Greaves (1777-1842), "o Socialista Sagrado"; Charles Southwell (1814-60), um "missionário social" owenista como John Watts (1818-87) e G. J. Holyoake (1817-1906) — uma figura muito menos obscura; e Joshua Hobson (1810-76), ativista owenista e responsável por dois periódicos, o *New Moral World* e o *Northern Star*. Owen, William Thompson, John Minter Morgan, T. R. Edmonds e Thomas Spence ainda são encontrados em qualquer história do pensamento socialista na Grã-Bretanha.

17. Franco Venturi, "Le mot 'socialista'" (Segunda Conferência Internacional de História Econômica, Aix, 1962; Haia, 1965, II, pp. 825-7).

18. G. Lichtheim, *The origins of socialism* (Nova York, 1969), p. 219.

19. O primeiro artigo sobre o tema, do saint-simoniano Pierre Leroux, considerou os dois termos em conjunto: "De l'individualisme et du socialisme" (1835).

20. *Anti-Dühring, Werke* 20, p. 246.

21. Engels, *Anti-Dühring, Werke* 20, pp. 272-3.

22. Para a questão da dívida geral para com os utópicos, ver *Manifesto comunista* (*Werke* 4, p. 491), que relaciona as "propostas positivas referentes à sociedade futura".

23. Engels, *Progress of social reform, Werke* 1, p. 482. Em *A ideologia alemã*, Engels faz uma longa defesa de Cabet com relação às deturpações de Grün.

24. Cf. a projetada "Biblioteca", em que já aparecem juntos.

25. *A situação da classe trabalhadora* (*Werke* 2, pp. 451-2).

26. Marx, *Peuchet on suicide* (1846) em *Works*, vol. IV, p. 597.

27. *Anti-Dühring, Werke* 20, p. 242.

28. Carta de Engels a F. Toennies, 24/1/1895 (*Werke* 39, pp. 394-5); *Anti-Dühring* (*Werke* 20, p. 23).

29. O jovem Engels observou que só muito tardiamente Fourier veio a escrever sobre os trabalhadores e suas condições de vida (*A fragment of Fourier's on trade*, em *Werke* 2, p. 608).

30. *Progress of social reform* (1843) em *Werke* 1, p. 483.

31. *A ideologia alemã* (*Werke* 3, p. 33).

32. *Grundrisse* (1953, edição de Berlim), pp. 505, 599.

33. *Werke* 1, p. 482.

34. *A situação da classe trabalhadora* (*Werke* 2, pp. 452-3).

35. Marx, *On P.-J. Proudhon* (1865), em *Werke* 16, p. 25.

36. *Werke* 1, pp. 499-524.

37. *Communism and the Augsburger Allgemeine Zeitung* (*Rheinische Zeitung*, 1842), *Werke* 1, p. 108. *Rh.Ztg* 4/1/1843 (Novo MEGA I, 1, p. 417).

38. *Kritische Randglossen zu dem Artikel eines Preussen* (*Werke* 1, pp. 404-5).

39. Marx, *On P.-J. Proudhon*, em *Werke* 16, pp. 25 ss.

40. *Kritische Randglossen*, em *Werke* 1, p. 405.

41. E. Roll, *A history of economic thought* (Londres, 1948), p. 249.

42. Cf. *Theorien uber den Mehrwert* III (*Werke* 26, iii, pp. 261-316) e as referências a Hodgskin em *O capital* I, em que Bray, Gray e Thompson são também citados.

43. *Umrisse einer Kritik* (*Werke* 1, p. 514). Marx também leu este autor, juntamente com Bray e Thompson, em Manchester, no ano de 1845 (*Grundrisse*, ed. de 1953, pp. 1069, 1070).

44. A tradução "pequena burguesia" parece errada.

45. Por duas vezes, em 1835-6 e 1837-41, Wilhelm Weitling morou em Paris, onde leu Pillot e vários periódicos comunistas.

46. Schumpeter, *History of economic analysis*, p. 506.

47. A parte sobre o "socialismo feudal" no *Manifesto comunista*, que examina tendências semelhantes, não faz nenhuma referência à Alemanha, mas apenas aos legitimistas franceses e à "Jovem Inglaterra" de Disraeli.

48. Marx, em *Neue Rheinische Zeitung*, 1/1/1849. *Collected works*, vol. 8, pp. 213-25. Cf. S. Avineri, *The social and political thought of Karl Marx* (Cambridge, 1968), p. 54.

49. Citado em Avineri, op. cit., p. 55. Para citações semelhantes, cf. J. Kuczynski, *Geschichte der Lage der Arbeiter unter dem Kapitalismus*, vol. 9 (Berlin, 1960) e C. Jandtke e D. Hilger (orgs.), *Die Eigentumslosen* (Munique, 1965).

50. E deixou vestígios no posterior movimento operário marxista, por exemplo, através do devotado fourierista Eugène Pottier, autor da letra da "Internacional", e até de August Bebel, que ainda em 1890 publicou *Charles Fourier: sua vida e suas teorias*.

51. Citado em W. Hofmann, *Ideengeschichte des sozialen Bewegung des 19. u. 20. Jahrhunderts* (Berlim, 1968), p. 90.

3. MARX, ENGELS E A POLÍTICA [pp. 53-87]

1. É verdade que o plano original de *O capital* previa três "livros" finais que abordariam o Estado, o comércio exterior e o mercado mundial (Roman Rosdolsky, *Zur Entstechungsgeschichte*

des Marxchen "Kapital" I (Frankfurt, 1968, capítulo 2), mas ao que parece o capítulo sobre o Estado pretendia apenas abordar "a relação de diferentes formas de Estado com diferentes estruturas econômicas da sociedade" (carta, Marx a Kugelmann, *Werke* 30, p. 639).

2. Cf. a ausência de citações específicas em Paschukanis, *Marxism and the general theory of law* (ed. francesa, EDI Paris, 1970), que tentou construir uma teoria marxista do direito para um Estado socialista.

3. L. Colletti, *From Rousseau to Lenin*, pp. 187-8. O estabelecimento de uma linha Rousseau-Marx foi tentado seriamente pela primeira vez por G. della Volpe, em *Rousseau e Marx* (Roma, 1957).

4. *Op. cit.*, *Werke* 1, p. 321.

5. *Op. cit.*, *Werke* 1, p. 323; Colletti, *op. cit.*, pp. 185-6.

6. *A origem da família*, Marx-Engels, *Collected works*, vol. 26, p. 29.

7. Engels, *Anti-Dühring*. Marx-Engels, *Collected works*, vol. 49, pp. 34-6.

8. Ver *Primeiro rascunho de A guerra civil na França* (*Werke* 17, p. 544): "Eliminação da falsa ideia de que a administração e a liderança política sejam segredos, funções transcendentes que só podem ser confiadas às mãos de uma casta treinada [*ausgebildeten*] [...]. Toda a fraude [...] foi varrida por uma Comuna composta, em sua maior parte, de simples trabalhadores que organizam a defesa de Paris, travam guerra contra os pretores de Bonaparte, garantem o abastecimento dessa cidade gigantesca e preenchem todos os postos até agora partilhados entre o governo, a polícia e a prefeitura".

9. Lênin, *Estado e revolução*, III, 4.

10. Essa análise foi feita em Kreuznach e em Paris, 1843-4.

11. Ver *A sagrada família*, *Werke* 2, pp. 127-31.

12. *Die moralisierende Kritik*, *Werke* 4, pp. 338-9. Com relação às origens dessa ideia, ver H. Förder, *Marx und Engels am Vorabend der Revolution* (Berlim, 1960), e W. Markov, *Jacques Roux und Karl Marx* (Sitzungsberichte der deutschen Akad. d. Wissenschaften zu Berlin, Klasse für Philos., Geschichte, Staats-, Rechts-u. Wirtschaftswissenschaften, Jg 1965, Berlim, 1965).

13. As principais referências aparecem numa carta de Marx a Weydemeyer (5/3/1852) (*Werke* 28, pp. 507-8) e em *Crítica ao programa de Gotha* (*Werke* 19, p. 28).

14. Cf. Wilhelm Mautner, *Zur Geschichte des Begriffes "Diktatur des Proletariats"* (Grünberg's Archiv, 280-3).

15. Carta de Marx a Nieuwenhuis 22/2/1881 (*Werke* 35, p. 161).

16. *Crítica do programa de Erfurt*, 1891 (*Werke* 22, p. 235).

17. Marx, discurso no sétimo aniversário da Associação Internacional dos Trabalhadores (AIT) ou Primeira Internacional, 1871, em *Werke* 17, p. 433.

18. Engels, prefácio a Marx, *Guerra civil 1891*, em *Werke* 22, pp. 197-8.

19. Marx, *Guerra civil*, Rascunho II, em *Werke* 17, p. 597.

20. Marx, *Programa de Gotha*, *Werke* 19, p. 19: "*Os custos gerais da administração, não relacionados diretamente à produção*. Desde o começo, esta parte [do produto social] se reduzirá notavelmente em comparação com a da sociedade atual, e diminuirá à proporção que a nova sociedade se desenvolver".

21. Marx, *Programa de Gotha*, *ibid.*, p. 21.

22. Carta de Marx a Nieuwenhuis, 22/2/1881, em *Werke* 35, pp. 160-1.

23. Marx, *Guerra civil*, Rascunho I, em *Werke* 17, p. 546.
24. Discurso de fundação da Associação Internacional dos Trabalhadores (*Werke* 16, p. 11).
25. Ver capítulo 4 e Marx, *Salário, preço e lucro* (*Werke* 16, pp. 147-9).
26. Resoluções da Conferência Delegada de Londres da AIT (IWMA), 1871, (*Werke* 17, pp. 421-2); notas para discurso de Engels, *ibid.*, pp. 416-7.
27. Carta de Marx a Bolte 25/11/1871 (*Werke* 33, p. 332).
28. Carta de Marx a Freiligrath, 1860 (*Werke* 30, pp. 490, 495).
29. *Werke* 17, p. 416.
30 Carta a Sorge, 29/11/1886, e a Nieuwenhuis, 11/1/1887 (*Werke* 36, pp. 579, 593).
31. Carta a P. e L. Lafargue (*Werke* 32, p. 671).
32. Marx, *Der politische Indifferentismus* (*Werke* 18, p. 300).
33. *Guerra civil*, Rascunho I (*Werke* 17, pp. 544-6).
34. *Guerra civil*, Rascunho I (*Werke* 17, pp. 341, 549-54).
35. Essa questão é exposta lucidamente em G. Lichtheim, *Marxism* (ed. de 1964), pp. 56-7, ainda que a distinção fundamental, feita pelo autor, entre o marxismo pré e pós-1850 não possa ser aceita.
36. Engels, introdução a *As lutas de classes na França de 1848 a 1850*, 1891 (*Werke* 22, pp. 513-4).
37. L. Perini (org.), *Karl Marx, rivoluzione e reazione in Francia 1848-1850* (Turim, 1976), Introduzione LIV, analisa com perspicácia as divergentes referências históricas em Marx, *As lutas de classes na França* e *O 18 de brumário*.
38. Discurso ao Conselho Central (*Werke* 7, pp. 244-54).
39. Compare-se sua atitude em relação ao campesinato russo (rascunhos e carta a Zasulich, *Werke* 19, pp. 242-3, 384-406) com a de Engels (*Nachwort zu "Soziales aus Russland"*, *Werke* 22, pp. 421-35), e sua extremada preocupação com manter o apoio dos camponeses e das camadas médias depois de uma revolução (*Guerra civil*, rascunho I, *Werke* 17, pp. 549-54) com a rejeição desdenhosa, por Engels, do perigo de que reacionários demagogos ganhassem o apoio dos camponeses e pequenos artesãos (*Die Bauernfrage in Frankreich und Deutschland, 1894, Werke* 22, pp. 485-505). É difícil imaginar que o autor de *O 18 de brumário* escrevesse o que se segue a respeito de pequenos lavradores e artesãos independentes que resistiam a aceitar a predição de seu desaparecimento: "Essas pessoas fazem parte dos antissemitas. Que eles procurem essa gente que lhes promete salvar suas empresinhas" (*Werke* 22, p. 499).
40. Carta, Bebel a Engels 24/11/1884, em *Briefwechsel mit Friedrich Engels*, de August Bebel, ed. W. Blumenberg (Haia, 1965), pp. 188-9. Ver também L. Longinotti, *Friedrich Engels e la "rivoluzione di maggioranza"* (*Studi Storici* XV, 4, 1974, p. 821).
41. *Konfidentielle Mitteilung, 1870* (*Werke* 16, pp. 414-5). Aqui a análise de Engels foi mais profunda. Mesmo em 1858 sua frase casual sobre o "proletariado burguês" criado pelo monopólio mundial britânico (carta a Marx, 7/10/1858, em *Werke* 29, p. 358) já antecipava algumas das linhas principais de sua análise nas décadas de 1880 e 1890 (cf. *England in 1845 and 1886*, *Werke* 21, pp. 191-7); e a introdução a *Socialismo, utópico e científico* (*Werke* 22 pp. 309-10).
42. Introdução a *As lutas de classes na França* (*Werke* 22, p. 519).
43. Introdução a *As lutas de classes na França* (*Werke* 22, p. 521).

44. Carta a R. Fischer, 8/3/1895 (*Werke* 39, pp. 424-6); Introdução a *As lutas de classes na França* (*Werke* 22, pp. 521-2); carta a Laura Lafargue (*Werke* 38, p. 545).

45. Discurso no Congresso de Haia (*Werke* 18, p. 160). Engels, prefácio à edição de *O capital* em inglês.

46. Marx, "Konspekt der Debatten über das Sozialistengesetz, 1878" in *Briefe and Bebel, Liebknecht, Kautsky und Andre* (Moscou-Leningrado, 1933) I, p. 516; entrevista ao *New York Tribune*, 1878 (*Werke* 34, p. 515).

47. *Crítica do programa de Erfurt*, rascunho de 1891 (*Werke* 22, pp. 227-40, esp. pp. 234-5).

48. Carta a Bebel, 1891 (*Werke* 38, p. 94), a propósito de objeções do partido à publicação de *Crítica ao programa de Gotha*.

49. Ver *The future Italian revolution*, 1894 (*Werke* 22, pp. 440, 441): "Não nos compete preparar diretamente um movimento que não seja exatamente o da classe que representamos".

50. Ver especialmente *The future Italian revolution* (*Werke* 22, pp. 439-42), *The peasant question in France and Germany* (*ibid.*, pp. 483-505).

51. *Critique do programa de Erfurt*, rascunho (*Werke* 22, p. 234).

52. Para a atitude de Marx em relação ao bonapartismo (formulada principalmente em *O 18 de brumário*, cuja argumentação prossegue em *Guerra civil*), cf. M. Rubel, *Karl Marx devant le Bonapartisme* (Haia, 1960).

53. *O 18 de brumário* VII (*Werke* 8, pp. 196-7).

54. *O 18 de brumário* VII (*Werke* 8, pp. 198-9).

55. *O 18 de brumário* VII (*Werke* 8, pp. 196-7; *Guerra civil*, Rascunho II (*Werke* 17, pp. 336-8; *ibid.*).

56. *O 18 de brumário* VII (*Werke* 8, pp. 178-85). Carta a Lafargue 12/11/1866 (*Werke* 31, p. 536); para uma versão mais elaborada, ver Engels, "As verdadeiras causas da relativa inação dos proletários franceses em dezembro passado" (1852) (*Werke* 8, pp. 224-7).

57. Carta a Marx, 13/4/1866 (*Werke* 31, p. 208).

58. "Parece ser uma lei do desenvolvimento histórico que em nenhum país europeu a burguesia seja capaz de conquistar o poder político — pelo menos durante um período prolongado — da mesma maneira excludente como a aristocracia feudal o manteve durante a Idade Média" (introdução à edição inglesa de *Socialismo, utópico e científico*, in *Werke* 22, p. 307).

59. Carta de Engels a Kautsky, 7/2/1882 (*Werke* 35, p. 269).

60. Carta de Engels a Marx, 15/8/1870, Marx a Engels 17/9/1870 (*Werke* 33, pp. 39-44).

61. *Nachwort zu "Soziales aus Russland"* (*Werke* 22, p. 433).

62. Carta a Bebel 13-14/9/1886 (*Werke* 36, p. 526). Com relação à questão, ver E. Wangermann, introdução a *The role of force in history* (Londres, 1968).

63. Carta de Engels a Bernstein 27/8/1883, 24/3/1884 (*Werke* 36, pp. 54-5, 128). É claro que Engels pode ter considerado apenas uma breve etapa da própria revolução futura: cf. carta a Bebel 11-12/12/1884 (*Werke* 36, pp. 252-3).

64. Cf. S. F. Bloom, *The world of nations*, pp. 17 ss.

65. Engels em *Neue Rh. Z.* 31/8/1848; ver também carta de Engels a Bernstein 24/3/1884 (*Werke* 35, p. 128).

66. Cf. Roman Rosdolsky, *Friedrich Engels und das Problem der "Geschichtslosen Völker"* (Sonderdruck aus Archiv f. Sozialgeschichte 4/1964, Hanover).

67. "Was hat die Arbeiter frage mit Polen zu tun?" 1866 (*Werke* 16, p. 157).
68. Marx, *A guerra civil na França* (*Werke* 17, p. 341).
69. Carta de Engels a Bernstein sobre os búlgaros, 27/8/1882 (*Werke* 35, pp. 280-2).
70. *Neue Rheinische Zeitung* 1/1/1849 (*Werke* 6, pp. 149-50).
71. Carta de Marx a Paul e Laura Lafargue 5/3/1870 (*Werke* 32, p. 659).
72. Carta de Engels to Bernstein 26/6/1882 (*Werke* 35, pp. 337-9).
73. Prefácio à edição russa do *Manifesto comunista* (*Werke* 19, p. 296).
74. Cf. E. H. Carr, "The Marxist attitude to war", em *History of the Bolshevik Revolution* III (Londres, 1953), pp. 549-66.
75. Carta de Engels a Marx, 9/9/1979, carta de Marx a Danielson, 12/9/1880 (*Werke* 34, pp. 105, 464); carta de Engels a Bebel, 16/12/1879 (*Werke* 34, p. 431); carta de Engels a Bebel, 22/12/1882 (*Werke* 35, p. 416).
76. Carta de Engels a Bebel 13/9/1886 (*Werke* 36, p. 525).
77. Carta a Bebel 17/11/1885 (*Werke* 36, p. 391).
78. Citado em Gustav Mayer, *Friedrich Engels* (Haia, 1934), II, p. 47.
79. Marx em *N. Rh. Zeitung*, 1/1/1849.
80. Para suas expectativas de uma revolução iminente, ver carta de Marx a Engels 26/9/1856, carta de Engels a Marx, "não antes de 27/9/1856", 15/11/1857, carta de Marx a Engels, 8/12/1857 (*Werke* 29, pp. 76, 78, 212, 225).
81. Cf. *On the Brussels Congress and the situation in Europe* (*Werke* 22, p. 243).
82. O debate é resumido em Gustav Mayer, *op. cit.*, II, pp. 81-93.
83. Carta de Engels a Lafargue, 24/3/1889 (*Werke* 37, p. 171).
84. Carta de Marx a Paul e Laura Lafargue (*Werke* 32, p. 659).
85. Prefácio à edição inglesa (1892) de *Socialismo, utópico e científico* (*Werke* 22, pp. 310-1).
86. Carta de Marx a Meyer e Vogt, 9/4/1870 (*Werke* 32, pp. 667-9).
87. Carta de Marx a Kugelmann, 29/11/1869 (*Werke* 32, p. 638). Mais pormenores: Conselho Geral ao Conselho Federal da Suisse Romande, 1/1/1870 (*Werke* 16, pp. 386-9).
88. Carta de Marx a P. e L. Lafargue 5/3/1870 (*Werke* 32, p. 659).
89. Por exemplo, carta a Adler 11/10/1893 (*Werke* 39, pp. 134 ss).
90. Carta a Bernstein, 9/8/1882, a propósito do Egito; a Kautsky, 12/9/1882 (*Werke* 35, pp. 349, 357-8).
91. Carta a Bernstein, 22-25/2/1882 (*Werke* 35, pp. 279-80).
92. Carta a Kautsky, 7/8/1882 (*Werke* 35, pp. 269-70).
93. Por exemplo, a propósito da Alsácia e de áreas em litígio entre a Rússia e a Polônia; carta a Zasulich, 3/4/1890 (*Werke* 37, p. 374).
94. G. Haupt, M. Lowy, C. Weill, *Les marxistes et la question nationale* (Paris, 1974), p. 21.
95. Carta de Engels a Kautsky, 7/2/1882 (*Werke* 35, p. 270).
96. Carta a Adler, 17/7/1894 (*Werke* 39, pp. 271 ss. Para a pouca frequência de contatos com franceses, exceto Lafargue, ver o registro da correspondência em *Marx-Engels, Verzeichnis* I, pp. 581-684.
97. Carta a Adler, 11/10/1893 (*Werke* 39, p. 136).
98. Carta a Kautsky, 7/2/1882 (*Werke* 35, p. 270).

99. Carta a Bebel, 29/9-1/10/1891 (*Werke* 38, pp. 159-63); *Der Sozialismus in Deutschland* (*Werke* 22, p. 247).

100. *O capital* I, capítulo 32.

101. Isso é exemplificado com particular clareza no *Anti-Dühring*, de Engels, sobretudo nas partes publicadas em separado como *Socialismo, utópico e científico*.

102. Citado em E. Weissel, *Die Ohnmacht des Sieges* (Viena, 1976), p. 117.

4. A SITUAÇÃO DA CLASSE TRABALHADORA NA INGLATERRA [pp. 88-97]

1. Além da *Situação*, os principais resultados de sua estada na Inglaterra foram *Umrisse zu einer Kritik der Nationaloekonomie*, um esboço ainda imperfeito de uma análise econômica marxista, e artigos sobre a Inglaterra para vários jornais da Europa continental e sobre acontecimentos na Europa para o periódico owenista *New Moral World*. Cf. Karl Marx-Friedrich Engels, *Werke* 1, pp. 454-592.

2. *Die Lage der arbeitenden Klasse in England. Nach eigener Anschauung und authentischen Quellen von Friedrich Engels*. Leipzig. Druck und Verlag von Otto Wigand. 1845. Uma segunda edição alemã foi publicada em 1892. A edição standard é Marx-Engels Gesamtausgabe (seção I, vol. 4, pp. 5-286), Berlim, 1932, na qual vários lapsos e erros tipográficos foram corrigidos. O texto básico em inglês utilizado aqui é o da edição britânica de 1892. A edição inglesa mais completa é a de W. O. Henderson e W. H. Chaloner (Oxford, 1958), em que o texto foi retraduzido, todas as referências de Engels verificadas e, onde necessário, corrigidas, acrescentando-se informações suplementares. Infelizmente, a tradução nem sempre é confiável e a obra foi prejudicada pelo intenso e infrutífero desejo dos editores de desacreditar o livro de Engels.

3. Principalmente por Buret. A acusação foi analisada e rejeitada em Gustav Mayer, *Friedrich Engels*, vol. I (Haia, 1934), p. 195, com base em dois argumentos: primeiro, as ideias de Buret não têm nada em comum com as de Engels; segundo, não há evidência alguma de que Engels tivesse cohecimento do livro de Buret antes de sua volta da Inglaterra.

4. As únicas outras obras anteriores ao *Manifesto comunista* que Engels considerou merecedoras de republicação em forma de livro durante sua vida foram *Teses sobre Feuerbach* e *Miséria da filosofia*, de Marx (1847). A dúvida quanto à pioridade da obra de Engels se deve ao fato de não sabermos quando foi exatamente, na primavera de 1845, que Marx esboçou suas grandes *Teses*. Não é impossível que o tenha feito antes de 15 de março, quando Engels assinou o prefácio a seu livro.

5. Do artigo "Frederick Engels", escrito em 1895. Ver *Marx-Engels-Marxism* (Londres, 1935), p. 37.

6. Com relação a esse ponto, talvez ele deva algo a Sismondi, e mais ainda a John Wade, *History of the middle and working classes* (1833), obra consultada na preparação deste livro. Wade propõe um ciclo de cinco a sete anos, que Engels adota, embora mais tarde o abandonasse em favor de um ciclo decenal.

7. V. A. Huber (*Janus*, 1845 II, p. 387); Bruno Hildebrand (*Nationaloekonomie d. Gegenwart u. Zukunft*, Frankfurt, 1848); Chaloner e Henderson (org., *Engels' Condition of the working class* (Oxford, 1958, p. xxxi). Para reações contemporâneas ao livro de Engels, ver J. Kuczynski, *Die*

Geschichte der Lage der Arbeiter unter dem Kapltalismus, vol. 8 (Berlim, l960), que republica diversas recensões.

8. Para um breve exame dessas acusações, ver E. J. Hobsbawm, *Labouring men* (Londres, 1962), capítulo 6.

5. O MANIFESTO COMUNISTA [pp. 98-115]

1. O guia mais completo para a Liga Comunista é Martin Hundt, *Geschichte des Bundes der Kommunisten 1836-52* (Frankfurt-sobre-o-Meno, 1993); para os antecedentes do *Manifesto*, ver Gareth Stedman Jones, *The communist manifesto: with an introduction and notes* (Penguin Classics, 2000). Para a edição original, ver Wolfgang Meiser, *Das Manifest der Kommunistichen Partei vom Februar 1848*; "Zur Entstehung und Ueberlieferung der ersten Ausgabe", em *MEGA Studien*, 1996, vol. I, pp. 66-107.

2. Só foram encontrados um plano para a seção III e o rascunho de uma página. Karl Marx e Frederick Engels, *Collected works*, vol. 6, pp. 576-7.

3. Durante a vida de Marx e Engels foram eles: (1) Prefácio à (segunda) edição alemã, 1872; (2) Prefácio à (segunda) edição russa (1882) — a primeira tradução russa, de Bakunin, aparecera em 1869, compreensivelmente sem o beneplácito de Marx ou Engels; (3) Prefácio à (terceira) edição alemã, 1883; (4) Prefácio à edição inglesa, 1888; (5) Prefácio à (quarta) edição alemã, 1890; (6) Prefácio à edição polonesa, 1892; e (7) Prefácio "A leitores italianos" (1893).

4. Paolo Favilli, *Storia del marxismo italiano. Dalle origini alla grande guerra* (Milan, 1996), pp. 252-4.

5. Cito números extraídos de uma obra de valor inestimável, Bert Andréas, *Le Manifeste Communiste de Marx et Engels. Histoire et bibliographie 1848-1918* (Milão, 1963).

6. Dados dos relatórios anuais dos *Parteitage* (SPD). Deles não constam, porém, dados numéricos sobre publicações teóricas relativas a 1899 e 1900.

7. Robert R. LaMonte, "The new intellectuals", em *New Review* II, 1914, citado em Paul Buhle, *Marxism in the USA: From 1870 to the present day* (Londres, 1987), p. 56.

8. Hal Draper, *The annotated Communist Manifesto* (Center for Socialist History, Berkeley, 1984) p. 64.

9. O texto alemão original começa essa parte examinando "*das Verhältniss der Kommunisten zu den bereits konstituierten Arbeiterparteien* [...] *also den Chartisten*" etc. A tradução inglesa oficial, de 1887, revisada por Engels, atenua o contraste.

10. "Os comunistas não formam um partido à parte, oposto aos outros partidos operários. [...] Não formulam quaisquer princípios particulares a fim de moldar o movimento proletário" (parte II).

11. A mais conhecida dessas mudanças, sublinhada por Lênin, foi a observação, no prefácio de 1872, de que a Comuna de Paris demonstrara que "não basta que a classe operária se apodere da máquina estatal pronta e a use para as suas próprias finalidades". Depois da morte de Marx, Engels acrescentou a nota de rodapé modificando a primeira oração da parte I, para excluir as sociedades pré-históricas do âmbito universal da luta de classes. Contudo, nem Marx nem Engels se deram ao trabalho de comentar ou modificar os trechos econômicos do documento. Pode-se

até duvidar que Marx e Engels realmente cogitassem em fazer uma "*Umarbeitung oder Ergänzung*" [revisão ou complementação] mais completa do *Manifesto* (prefácio à edição alemã de 1883), mas não que a morte de Marx o impossibilitasse.

12. Compare-se esta passagem na parte II do *Manifesto* — "Será preciso grande perspicácia para compreender que as ideias dos homens, suas noções e concepções, numa palavra, que a consciência do homem se modifica com cada mudança nas condições de sua existência material, em suas relações sociais, em sua vida social?" — com a passagem correspondente no prefácio a *Para a crítica da economia política* — "Não é a consciência dos homens que determina o seu ser, mas, inversamente, é o seu ser social que determina a sua consciência".

13. Embora essa seja a tradução (para o inglês) aprovada por Engels, não reflete com rigor o original alemão: "*Mögen die herrschenden Klassen vor einer kommunistischen Revolution zittern. Die Proletarier haben nichts* in ihr ["nela", ou seja, "na revolução"; grifo meu] *zu verlieren als ihre Ketten*".

14. Para uma análise estilística, ver S. S. Prawer, *Karl Marx and world literature* (Oxford, New York, Melbourne, 1978), pp. 148-9. As traduções do *Manifesto* que conheço não têm a força literária do texto alemão original.

15. Em *Die Lage Englands. Das 18. Jahrhundert* (*Werke* 1, pp. 566-8).

16. Ver, por exemplo, o exame do "Capital fixo e o desenvolvimento dos recursos produtivos da sociedade" nos manuscritos de 1857-8, *Collected works*, vol. 29 (Londres, 1987), pp. 80-99.

17. A frase em alemão, "*sich zur nationalen Klasse erheben*", tinha conotações hegelianas que a tradução para o inglês autorizada por Engels alterou, presumivelmente porque ele considerou que não seriam entendidas pelos leitores na década de 1880.

18. O termo pauperismo não deve ser visto como sinônimo de "pobreza". As palavras alemãs, tomadas de empréstimo ao inglês, são "*Pauper*" (indigente) e "*Pauperismus*" (estado de indigência).

19. Paradoxalmente, hoje em dia capitalistas e governos da área de mercado livre usam um argumento semelhante ao de Marx em 1848 para provar que as economias de Estados cujo PNB continua a duplicar a intervalos de poucas décadas irão à falência se não abolirem os sistemas de transferência de renda criados em épocas mais pobres, mediante os quais os que ganham mais mantêm os que não têm fonte de renda.

20. Leszek Kolakowski, *Main currents of Marxism* vol. 1, *The founders* (Oxford, 1978), p. 130.

21. George Lichtheim, *Marxism* (Londres, 1964), p. 45.

22. Publicada em 1844 com o título de *Outlines of a critique of political economy* (*Collected works*, vol. 3, pp. 418-43).

23. *On the history of the Communist League*, em *Collected works*, vol. 26 (Londres, 1990), p. 318.

24. *Outlines of a critique* (*Collected works*, vol. 3, pp. 433 ss.). Esses delineamentos parecem provir de autores britânicos radicais, notadamente John Wade, *History of the middle and working classes* (Londres, 1835), a quem Engels faz referência.

25. Isso fica ainda mais claro em duas formulações de Engels que são, na realidade, esboços do *Manifesto*: *Esboço de uma profissão de fé comunista* (*Collected works*, vol. 6, p. 102) e *Princípios do comunismo* (*ibid.*, p. 350).

26. "Tendência histórica da acumulação capitalista", em *O capital*, vol. I (*Collected works*, vol. 35, p. 750).
27. George Lichtheim, *op. cit.*, pp. 58-60.

7. MARX E AS FORMAÇÕES PRÉ-CAPITALISTAS [pp. 122-63]

1. Para a explicação de Engels da evolução do homem a partir de macacos e, por conseguinte, da diferença entre os homens e os demais primatas, ver o rascunho, feito em 1876, de "O papel do trabalho na transformação do macaco em homem", em *A dialética da natureza*, *Werke* 20, pp. 444-55.

2. À diferença de Hegel, Marx não se deixa seduzir pela possibilidade e, com efeito, em certas etapas do pensamento, pela necessidade de uma exposição abstrata e *a priori* de sua teoria. Ver a seção — brilhante, profunda e empolgante, como quase tudo que ele escreveu nesse período crucial de seu pensamento — sobre O Método da economia política, na introdução (não publicada) a *Para a crítica da economia política* (*Werke* 13, pp. 631-9), onde ele discute a validade desse procedimento.

3. Marx tinha perfeita consciência da possibilidade e do uso dessas simplificações, embora não lhes atribuísse excessiva importância. Daí sua sugestão de que um estudo do crescimento histórico da produtividade poderia ser uma forma de conferir algum significado científico aos comentários de Adam Smith sobre economias estagnadas e progressistas. Introdução a *Para a crítica da economia política*, *Werke* 1, p. 618.

4. Isso é reconhecido pelos melhores críticos do marxismo. Por exemplo, G. Lichtheim observa corretamente que as teorias sociológicas de Max Weber — sobre religião, capitalismo ou a sociedade oriental — não são alternativas a Marx. Elas foram vislumbradas por Marx ou podem ser facilmente inseridas em sua exposição. *Marxism* (1961), p. 385; "Marx and the Asiatic mode of production" (*St. Antony's Papers*, 14, 1963), p. 106.

5. Carta a Joseph Bloch, 21/9/1890.

6. É óbvio que há certos limites: é improvável que uma formação socioeconômica que repouse sobre, digamos, um nível de tecnologia que requeira máquinas a vapor pudesse ocorrer *antes* de outra que não as requeira.

7. *Marx and Engelss zur Deutschen Geschichte* (Berlim, 1953), I, pp. 88, 616, 49.

8. Carta de Engels a Marx, 18/5/1853, sobre a origem da Babilônia; de Engels a Marx, 6/6/1853.

9. Karl Marx, *Chronik Seines Lebens*, pp. 96, 103, 107, 110, 139.

10. Carta de Engels a Marx, 6/6/1853.

11. Correspondência, 18 de maio-14 de junho. Entre as demais fontes sobre a história do Oriente, mencionadas em textos de Marx entre março e dezembro de 1853, estão G. Campbell, *Modern India* (1852), *Treatise on the East India trade*, de J. Child (1681), *Geschichte des osmanischen Reiches*, de J. von Hammer (1835), *History of India*, de James Mill (1826), *A discourse on trade from England into the East Indies*, de Thomas Mun (1621), *England and East India...*, de J. Pollexfen (1697) e *Lettres sur l'Inde*, de Saltykow (1848). Ele também leu e copiou trechos de várias outras obras e relatórios parlamentares.

12. G. Hassen, *Die Aufhebung der Leibeigenschaf und die Umgestaltung der gutsherrlich--bäuerlichen Verhältnisse überhaupt in den Herzogthümern Schleswig und Holstein* (São Petersburgo, 1861); August Meitzen, *Der Boden und die landwirtschaftlichen Verhältnisse des preussischen Staates* (Berlim, 1866); G. von Maurer, *Einleitung zur Geschichte der Mark, Hof, Dorf, und Stadtverfassung und der öffentlichen Gewalt* (Munique, 1854); *Geschichte der Fronhöfe* etc., 4 vols. (Erlangen, 1862-3).

13. Carta de Marx a Engels, 14/3/1868; de Engels a Marx, 25/3/1868; de Marx a Vera Zasulich, 8/3/1881; de Engels a Bebel, 23/9/1882.

14. Carta de Engels a Marx, 15/12/1882; de Marx a Engels, 16/12/1882.

15. A obra de Thorold Rogers é elogiada como "a primeira história realmente autêntica dos preços" do período em *O capital* I (ed. Torr., p. 692 n.). K. D. Huellmann, *Städtewesen des Mittelalters* (Bonn, 1826-9) é extensamente citado em *O capital* III.

16. Como, por exemplo, Huellmann, Vincard, *Histoire du travail* [...] *en France* (1845) ou Kindlinger, *Geschichte der deutschen Hörigkeit* (1818).

17. Carta de Engels a Marx, 25/3/1868.

18. A. Soetbeer, *Edelmetall-Produktion und Wertverhältnis zwischen Golld u. Silber seit der Entdeckung Amerikas...* (Gotha, 1879), conhecido por Engels.

19. Marx-Engels, *Werke* 13 (Berlim, 1961), pp. 135-9, que, aliás, antecipa as modernas críticas à explicação puramente monetária dos aumentos de preço.

20. *Werke* 3, p. 22.

21. *Werke* 3, pp. 22-3.

22. Não há uma palavra inglesa adequada para traduzir o adjetivo *ständisch*, pois a palavra medieval "estado" pode hoje gerar confusão.

23. *Werke* 3, p. 24. Para toda a exposição, pp. 24-5.

24. *Werke* 3, pp. 50-61.

25. *Werke* 3, pp. 53-4.

26. *Werke* 3, pp. 56-7.

27. *Werke* 3, p. 59.

28. Principalmente carta de Marx a Engels, 2/6/1853; de Engels a Marx, 6/6/1853; de Marx a Engels, 14/6/1853; e *Werke*.

29. Esse nome talvez tenha desaparecido porque estudos subsequentes de trabalhos especializados levaram Marx a questionar a correção de sua primeira descrição da sociedade germânica.

30. Cf. G. C. Homans, "The rural sociology of medieval England", *Past and Present*, 4, 1953, para as diferentes tendências de desenvolvimento de assentamentos comunais e unifamiliares.

31. Como, por exemplo, nas pp. 87, 89, 99. O uso em *O capital* III também é, em geral, desse tipo, por exemplo (Berlim, ed. de 1956), pp. 357, 665, 684, 873, 885, 886, 937.

32. *O capital*, III, p. 841.

33. Mesmo em *O capital* III, onde analisa mais a fundo o tema da agricultura feudal, Marx nega taxativamente a intenção de analisar a propriedade fundiária em suas diversas formas históricas. Cf. cap. 37, p. 662, e também p. 842.

34. *O capital* III, pp. 843-5 (cap. 47, seção II).

35. P. M. Sweezy, M. H. Dobb, H. K. Takahashi, R. H. Hilton, C. Hill, *The transition from feudalism to capitalism* (Londres, 1954), p. 70.

36. Em geral os marxistas não negam essa assertiva, embora ela não deva ser confundida com a afirmação de que sistemas da produção de valores de uso são também, às vezes, sistemas de economia natural.

37. Expressões como *würdiges Zunftwesen* ("a dignidade do sistema de guildas"), "o trabalho é ainda metade artístico, executado como um fim em si", *staditscher Gewerbefleiss* ("atividade artesanal urbana") são utilizadas constantemente. Todas têm matizes emocionais e, de modo geral, aprovadores.

38. Marx subestima aqui a diferenciação nos ofícios urbanos que leva ao surgimento de empregadores virtuais e assalariados virtuais.

39. Engels registra no fim de 1870 a esperança de ambos numa revolução russa, e em 1894 antevê especificamente a possibilidade de "a revolução russa dar o sinal para a revolução dos trabalhadores no Ocidente, de modo que uma suplemente a outra" (*Werke* 18, p. 668). Para outras referências, ver carta de Marx a Sorge, 27/9/1877, e de Engels a Bernstein, 22/2/1882.

40. Numa carta a Vera Zasulich, 1881. Chegaram a nós quatro rascunhos dessa carta, três deles publicados em *Werke* 19, pp. 384-406.

41. *Nachwort* (1894) *zu "Soziales aus Russland"* (*Werke* 18, pp. 663-4).

42. *O capital* III, pp. 365-6.

43. Por exemplo, nos rascunhos de carta a Zasulich, *Werke* 19, pp. 387, 388, 402, 404.

44. G. Lichtheim (*Marxism*, p. 98) acerta ao chamar a atenção para essa crescente hostilidade ao capitalismo e esse apego às comunidades primitivas sobreviventes, mas erra ao dar a entender que o Marx de 1858 via essas comunidades sob um prisma inteiramente negativo. A ideia de que o comunismo fosse uma recriação, num nível superior, das virtudes sociais do comunalismo primitivo pertence à mais antiga herança do socialismo. "O gênio", disse Fourier, "deve descobrir os caminhos daquela primitiva felicidade e adaptá-la às condições da indústria moderna" (citado em J. Talmon, *Political messianism*, Londres, 1960, p. 127). Para as ideias do jovem Marx, ver *Das philosophische Manifest der historischen Rechtsschule*, de 1842 (*Werke* 1, p. 78): "Uma balela corrente no século XVIII via o estado natural como o verdadeiro estado da natureza humana. Os homens desejavam ver a Ideia do Homem com seus próprios olhos e, consequentemente, foram criados os 'homens naturais', os Papagenos, cuja ingenuidade estendia-se até a pele coberta de plumas. Nas últimas décadas do século XVIII suspeitava-se que os povos primitivos detinham uma sabedoria original, e por toda parte escutavam-se caçadores de aves imitando o canto dos iroqueses e índios, na crença de que dessa forma as próprias aves pudessem ser capturadas. Todas essas excentricidades apoiavam-se na ideia, correta, de que as condições *brutas* são pinturas ingênuas, como que à maneira holandesa, de condições *reais*". Ver também carta de Marx a Engels, 25/3/1868, sobre a contribuição de Maurer para a história.

45. Essa foi uma obra que Marx quis escrever e para a qual preparou um grande volume de anotações, nas quais o próprio Engels se baseou o quanto possível. Ver o prefácio à primeira edição, 1884 (*Werke* 21, p. 27).

46. Rascunhos de carta a Vera Zasulich, *Werke* 19, pp. 384-406.

47. "A escravidão é a *primeira* [grifo meu] forma de exploração e pertence à Antiguidade; foi seguida pela servidão, na Idade Média, e pelo trabalho assalariado nos tempos modernos.

Essas são as três grandes formas de servidão características das três grandes épocas de civilização" (*Origem*, em *Werke* 21, p. 170). Esse texto deixa evidente que não se fez aqui tentativa alguma de incluir em uma das três categorias listadas o que Marx chamava de modo "asiático". Ele é omitido, como pertencente à pré-história da "civilização".

48. *Werke* 3, pp. 29-30.

49. O *Anti-Dühring*, *A origem da família* e o pequeno ensaio *A marca* e *As guerras camponesas na Alemanha* são as principais obras publicadas, mas existem esboços e anotações (na maioria incompletos) sobre a história alemã e irlandesa na Idade Média. Ver *Werke* 16, pp. 459-500; 19, pp. 425-521; 21, pp. 392-401.

50. *A origem da família*, em *Werke* 21, p. 144.

51. *Anti-Dühring*, em *Werke* 20, pp. 164, 220, 618.

52. *A origem da família*, em *Werke* 21, pp. 148-9.

53. *Ibid.*, pp. 146-8.

54. *Ibid.*, pp. 146, 164, *A marca* (*Werke* 19, pp. 324-5).

55. *A marca*, *Werke* 19, pp. 326-7. Sobre a necessidade de armas de fabricação urbana, ver Engels, *Über den Verfall des Feudalismus und das Aufkommen der Bourgeoisie* (*Werke* 21, p. 392).

56. *A marca*, *Werke* 19, pp. 326-7.

57. Carta de Engels a Marx, 15/12/1882, 16/12/1882.

58. *A marca*, cujo tema só de passagem se relaciona com as idas e vindas da agricultura feudal, pretendia ser um apêndice de oito a dez páginas a *Anti-Dühring*; e o inédito *Über den Verfall* seria uma nota introdutória a uma nova edição de *As guerras camponesas na Alemanha*.

59. Ver *Zur Urgeschichte der Deutschen* (*Werke* 19, esp. pp. 450-60).

60. *Anti-Dühring*: notas preparatórias (*Werke* 20, pp. 587-8).

61. *Ibid.*, p. 588.

62. Citado em L. S. Gamayunov, R. A. Ulyanovsky, "The work of the Russian sociologist M. M. Kovalevsky [...] and K. Marx's criticism of the work", *XXV International Congress of Orientalists*, Moscou, 1960, p. 8.

63. *Anti-Dühring*, *Werke* 20, p. 164.

64. *Anti-Dühring*, *Werke* 20, p. 252.

65. "Todos os povos percorrem o que é, basicamente, o mesmo caminho [...]. O desenvolvimento da sociedade ocorre através da substituição consecutiva, de acordo com leis definidas, de uma formação socioeconômica por outra." O. Kuusinen (org.), *Fundamentals of Marxism-Leninism* (Londres, 1961), p. 153.

66. O medo de incentivar o "excepcionalismo asiático" e de desestimular uma oposição suficientemente firme à influência imperialista (ocidental) foi um componente forte, e talvez decisivo, no abandono do "modo asiático" pelo movimento comunista internacional depois de 1930. Cf. as discussões de Leningrado, em 1931, como relatadas (muito tendenciosamente) em K. A. Wittfogel, *Asiatic sespotism* (1957), pp. 402-4. Independentemente, o Partido Comunista da China seguira o mesmo caminho alguns anos antes. Para suas teses, que parecem muito convencionais e unilineares, ver Mao Tsé-tung, *Selected works*, III, pp. 74-7.

67. Para os debates soviéticos do começo da década de 1950, ver *Voprosi Istorit*, 6, 1953; 2, 1954; 2, 4 e 5, 1955. Para o debate ocidental sobre a transição do feudalismo, que em parte aborda

temas semelhantes, ver *The transition from feudalism to capitalism*. Também G. Lefebvre, *La Pensée*, 65, 1956; G. Procacci, *Società*, 1, 1955.

68. Ver Guenther & Schrot, *Problèmes théoriques de la société esclavagiste*, em *Recherches Internationales à la Lumière de Marxisme* (Paris) 2, maio-junho, 1957.

69. Por exemplo, E. M. S. Namboodiripad, *The national question in Kerala* (Bombaim, 1952).

70. D. D. Kosambi, *An introduction to the study of Indian History* (Bombaim, 1956), pp. 11-2.

71. Ver *Recherches Internationales*, loc. cit. (1957), para uma seleção de estudos.

72. E. Zhukov, "The periodization of world history", *International Historical Congress*, Stockholm, 1960: *Rapports* I, pp. 74-88, esp. p. 77.

73. Cf. "State and revolution in Tudor and Stuart England", *Communist Review*, julho de 1948. Contudo, essa ideia sempre teve seus críticos, entre os quais se destaca J. J. Kuczynski (*Geschichte d. Lage d. Arbeiter unter dem Kapitalismus*, vol. 22, capítulos 1-2).

74. Cf. Bogdanov, *Short course of economic science*, 1897, revisto em 1919 (Londres, 1927); e, de forma mais sofisticada, K. A. Wittfogel, *Geschichte der bürgerlichen Gesellschaft* (Viena, 1924).

75. O. Lattimore, "Feudalism in history", *Past and Present*, 12, 1957.

76. E. Zhukov, op. cit., p. 78.

77. *The transition from feudalism to capitalism*.

78. Cf. *Zur Periodisierung des Feudalismus und Kapitalismus in der Geschichtlichen Entwicklung der U. S. S. R.*, Berlim, 1952.

79. "Asiaticus, Il modo di produzione asiático" (*Rinascita*, Roma, 5 de outubro de 1963, p. 14).

80. *Recherches Internationales* 37 (maio-junho de 1963), que trata do feudalismo, contém algumas contribuições polêmicas relevantes. Para a sociedade antiga, ver os debates entre Welskopf (*Die Produktionsverhältnisse im Alten Orient und in der griechischrömischen Antike*, Berlim, 1957) e Guenther e Schrot (*Ztschr f. Gschichtswissenschaft*, 1957, e *Wissensch. Ztschr. d. Karl-Marx-Univ.*, Leipzig, 1963); para a sociedade oriental, F. Tökei, *Sur le mode de production asiatique*, Paris, Centre d'Etudes et de Recherches Marxistes, 1964, mimeografado.

8. A DIVULGAÇÃO DAS OBRAS DE MARX E ENGELS [pp. 164-81]

1. Bert Andréas, *Le Manifeste Communiste de Marx et Engels: Histoire et bibliographie 1848--1918* (Milão, 1963).

2. R. Michels, *Die italienische Literatur über den Marxismus* (*Archiv f. Sozialwissenschaft u. Sozialpolitik* 25ii, 1907, pp. 525-72).

3. *Neudrucke marxistischer Seltenheiten* (Verlag Rudolf Liebing, Leipzig).

4. Ainda na década de 1960 os editores das *Werke*, na RDA, embora não chegassem a abster--se de imprimir essas obras, publicaram-nas separadamente da série principal, e não como volumes numerados.

5. Os seguintes trabalhos de Marx e Engels foram citados textualmente nessa obra, inevitavelmente influente: *Anti-Dühring*, *O capital*, *Manifesto comunista*, *Para a crítica da economia po-*

lítica (prefácio), *A dialética da natureza, Feuerbach, Crítica da filosofia do direito de Hegel, Miséria da filosofia, Do socialismo utópico ao socialismo científico, Trabalho assalariado e capital*, além de uma ou duas cartas e prefácios de Engels.

9. DR. MARX E OS CRÍTICOS VITORIANOS [pp. 185-95]

1. *Problems of Communism* v (1956).
2. M. Kaufmann, *Utopias from sir Thomas More to Karl Marx* (1879), p. 241.
3. *Nineteenth Century* (abril de 1884), p. 639.
4. William Graham, *The social problem* (1886), p. 423.
5. M. Kaufmann, *Socialism* (1874), p. 165.
6. Ver o capítulo de Kaufmann em *Subjects of the day: Socialism, labour and capital* (1890-1), p. 44.
7. James Bonar, *Philosophy and political economy* (1893), p. 354.
8. *National review* (1931), p. 477.
9. *Report of the industrial remuneration conference* (1885), p. 344.
10. *Contemporary Socialism* (1884), reimpressão de artigos anteriores.
11. W. H. Dawson, *German socialism and Ferdinand Lassalle* (1888), pp. 96-7.
12. William Graham, *Socialism* (1890), p. 139.
13. Arquidiácono William Cunningham, *Politics and economics* (1885), p. 102.
14. Cunningham, "The progress of socialism in England", *Contemp. Rev.* (janeiro de 1879), p. 247.
15. J. Shield Nicholson, *Principles of political economy* I (1893), p. 105.
16. William Smart, *Factory industry and socialism* (s. d.), p. 1.
17. M. Prothero, *Political economy* (1895), p. 43.
18. H. S. Foxwell, "The economic movement in England", *Q. Jnl. Econ.* (1888), pp. 89, 100.
19. Shield Nicholson, *op. cit.*, p. 370.
20. Thomas Kirkup, *History of socialism* (1900), p. 159.
21. Bernard Bosanquet, *Philosophical theory of the State* (1899), p. 28.
22. Bonar, *op. cit.*, p. 358.
23. *Ibid.*, p. 367.
24. Toynbee discordou da afirmação de Marx segundo a qual a classe dos pequenos proprietários rurais desapareceu por volta de 1760 (edição de 1908, p. 38). No entanto, estudos mais recentes concordam mais com Marx que com Toynbee.
25. George Unwin, *Studies in economic history* (1927), xxiii, lxvi.
26. Robert Flint, *Socialism* (1895), p. 138.
27. Robert Flint, em *Athenaeum* (1887).
28. Cf. *Capitalism and the historians* e críticas de W. H. Chaloner e W. O. Henderson.
29. Kaufmann, *Utopias*, p. 225.
30. Llewellyn-Smith, *Esconomic aspects of state socialism* (1887), p. 77.
31. Shield Nicholson, *op. cit.*, p. 370.

32. J. R. Tanner e F. S. Carey, *Comments on the use of the Blue Books made by Karl Marx in chapter XV of Capital* (Cambridge Economic Club, período de maio, 1885).
33. Llewelllyn-Smith, *Two lectures on the books of political economy* (Londres, Birmingham e Leicester, 1888), p. 146.
34. Tanner e Carey, *op. cit.*, pp. 4, 12.
35. *Ibid.*, p. 12.
36. Foxwell, *op. cit.*, p. 99.
37. Flint, *Socialism*, p. 136.
38. E. C. K. Gonner, *Rodbertus* (1899).
39. Flint, *loc. cit.*
40. *Econ. Jnl.* v, p. 343.

10. A INFLUÊNCIA DO MARXISMO, 1880-1914 [pp. 196-238]

1. Para citações inglesas nesse sentido, ver E. J. Hobsbawm, *Labouring men* (Londres, 1964), pp. 241-2; para uma respeitável fonte alemã, ver o artigo de R. Stammler, "Materialistische Geschichtsauffassung", em *Handwörterbuch der Staatswissenschaften* (2ª ed., 1900).
2. Cf. Hobsbawm, *op. cit.*, pp. 242-3.
3. Para um bom levantamento dos estudos disponíveis, ver a bibliografia de K. Diehl em *Hwb. d. Staatswissenschaften* (2ª ed., 1900), artigo "Marx".
4. Cabe recordar que a expressão original de Masaryk, que a cunhou em 1898, foi "a crise *no* marxismo"; mas no decorrer do debate revisionista a frase logo mudou para "a crise *do* marxismo", como Labriola se apressou a observar. Cf. E. Santarelli, "La revisione del marxismo in Italia nel tempo della Seconda Internazionale" (*Riv. Stor. del Socialismo* 4, 1958, p. 383n).
5. Com exclusão dos sindicatos dos Estados Unidos, para os quais não se dispõe de dados antes de 1909. Fonte: W. Woytinsky, *Die Welt in Zahlen* II (Berlim, 1926), p. 102.
6. E. J. Hobsbawm, "La diffusione del marxismo" (*Studi Storici* xv, 1972, pp. 263-4).
7. No fim da década de 1880, os corifeus da Sociedade Fabiana romperam com a teoria marxista, que no começo tivera certa influência sobre os pequenos círculos da ultraesquerda britânica. No entanto, algumas partes dos *Ensaios fabianos* (1889), que expunham os pontos de vista do grupo, mostram ainda uma clara influência marxista, particularmente o capítulo assinado por William Clarke.
8. G. D. R. Cole, *The world of labour* (Londres, 1913), p. 167.
9. A. Gramsci, "La rivoluzione contro il *capitale*", em *Scritti giovanili* (Turim, 1958), p. 150.
10. R. Pipes, "La teoria dello sviluppo capitalistico in P. B. Struve" em Istituto G. Feltrinelli, *Storia del marxismo contemporaneo* (Milão, 1973), p. 485.
11. Em menor escala, a imigração (principalmente por motivos políticos) de um punhado de intelectuais de ambos os sexos, oriundos da Europa Oriental, contribuiu para espalhar a influência marxista em países pouco receptivos — por exemplo, Charles Rappoport na França, Theodore Rothstein na Inglaterra. Cf. G. Haupt, "Le rôle de l'exil dans la diffusion de l'image de l'intelligentsia révolutionnaire" (*Cahiers du Monde Russe et Soviétique* xix/3, 1978, pp. 235-50).

12. Artigo sobre Richard T. Ely em *The international encyclopaedia of the social sciences* (1968).

13. Cf. E. J. Hobsbawm, *Studi storici*, 1974, pp. 251-2. É bem conhecido o papel dos Cavaleiros do Trabalho na Bélgica, do marxista Daniel de Leon na Grã-Bretanha e, mais tarde, do sindicato Industrial Workers of the World em várias partes do mundo.

14. Contudo, vale observar que a escola de economistas britânicos que tendeu a demonstrar mais interesse por Marx nas décadas de 1880 e 1890 foi a minoria derrotada no famoso "Methodenstreit", e seus integrantes foram em grande medida expelidos do campo acadêmico da economia e se tornaram historiadores da economia, reformadores sociais ou funcionários públicos. Cambridge esteve do lado vencedor.

15. Ver Christophe Charle, *Les intellectuels en Europe au XIX siècle, essai d'histoire comparé* (Paris, 1996), parte 2, pp. 143-311; para o predomínio de intelectuais socialmente acríticos, ver Wolfgang J. Mommsen, *Bürgerliche Kultur und politische Ordnung: Künstler, Schriftsteller und Intellectuelle in der deutschen Geschichte 1830-1933* (Frankfurt, 2000), principalmente pp. 178--215, e Christophe Prochasson e Anne Rasmussen, *Au nom de la patrie: les intellectuels et la première guerre mondiale (1910-1919)* (Paris, 1996).

16. Tal avaliação foi tentada por Michels, *Soziologie des Parteiwesens*, que observa a relativa hostilidade (exceto na França e Itália) dos médicos ao socialismo na Europa Ocidental (Stuttgart, 1970), pp. 249-50.

17. Hobsbawm, *Labouring men*, capítulo 14.

18. Michels, *op. cit.*, pp. 99-100.

19. Dos numerosos Normaliens (estudantes da Ecole Normale Supérieure) que se tornaram socialistas durante esse período, o único guesdista conhecido era Bracke-Desrousseaux, eminente classicista e tradutor de Marx. Cf. H. Bourgin, *De Jaurès a Léon Blum* (Paris, 1938).

20. Em *De l'introduction du marxisme en France* (Paris, 1947), o Velho Guesdista Alexandre Zévaès observa que a tradução do volume I de *O capital* (1872-5) "*à l'époque, passa à peu près inaperçue*" ["na época, passou quase despercebida"]. Afora publicações no periódico guesdista e num livro de reportagens burguesas sobre o socialismo (1882, 1886), o *Manifesto comunista* só parece ter sido publicado separadamente em 1895 (com uma reimpressão em 1897) até à cuidadosa edição acadêmica do professor universitário Charles Andler em 1901. Segundo Zévaès, a primeira publicação separada de *A guerra civil na França* surgiu em 1900, a de *O 18 de brumário* em 1891, e a de *As lutas de classes na França* em 1900. Várias traduções foram publicadas na segunda metade da década de 1890: *Miséria da filosofia* (1896), *Para a crítica da economia política* (1899), *Valor, preço e lucro* (1899), *Revolução e contrarrevolução na Alemanha* (1901). É significativo que os volumes II e III de *O capital* (publicados em 1900-2) tenham sido traduzidos não na França, mas na Bélgica (Zévaès, *op. cit.*, capítulo 10). Pouco foi publicado entre 1902 e 1914.

21. Michels, *op. cit.*, p. 255.

22. Hobsbawm, *Studi storici*, p. 245.

23. Robert Michels, "Die deutsche Sozialdemokratie. Parteimitgliedschaft und soziale Zusammensetzung", *Archiv f. Sozialwissenschaft u. Sozialpolitik* 23, 1906, pp. 471-559.

24. Não há praticamente nenhuma correspondência entre Engels e qualquer líder socialista belga nesse período; a única carta, a Vandervelde (1894), adota um tom formal.

25. G. D. H. Cole, *History of socialist thought, the Second International*, II, p. 650.

26. Ver Marcel van der Linden (org.), *Die Rezeption der Marxschen Theorie in den Nederlanden* (Trier, 1992), esp. pp. 16 ss., e os capítulos de H. M. Bock e H. Buiting.

27. Os socialistas, inclusive os marxistas, descuraram do problema nacional na Europa Ocidental, embora ele fosse evidente. O Partido Operário Belga não deu atenção alguma ao problema flamengo, sem dúvida porque Ghent era seu reduto mais forte. A bibliografia de 48 páginas que consta de *Le socialisme en Belgique*, de Vandervelde e Destrée (Paris, 1903), não contém uma seção e, na verdade, nenhum título, sobre o assunto. Os movimentos regionais/nacionalistas eram vistos não só como basicamente pequeno-burgueses, mas também como politicamente secundários.

28. Na Hungria (1910), 22% dos judeus do sexo masculino, ou três vezes a proporção de qualquer outra religião, tinham passado por quatro anos de educação secundária; 10%, ou o dobro da proporção de qualquer outra religião, haviam completado oito anos de educação secundária (V. Karady e I. Kemény, "Les juifs dans la structure des classes en Hongrie", *Actes de la Recherche en Sciences Sociales* 22, 1978, p. 35).

29. Em Viena, o demagógico Partido Social-Cristão, que conquistou o governo municipal na década de 1890, era ruidosamente antissemita, embora seu líder, Karl Lueger, escolhesse seus alvos com cuidado: "Eu decido quem é judeu".

30. Robert Hunter, *Socialists at work* (Nova York, 1908).

31. Robert Michels, *Soziologie*, p. 259.

32. Max Adler, *Der Sozialismus und die Intellektuellen* (Viena, 1910).

33. A. V. Pešehonov, "Materialy dlya istorii russkoy intelligentsii", citado em M. Aucouturier, "L'intelligentsia vue par les publicistes marxistes" (*Cahiers du Monde Russe et Soviétique* XIX, 3, 1978, pp. 251-2).

34. *Intelligentsia i sotsializm* (1912), citado em Aucouturier, *op. cit.*, p. 256.

35. Aucouturier, *op. cit.*, pp. 253 ss.

36. Embora o teórico e líder socialista mais original, Dobrogeanu-Gherea (1855-1920), fosse um imigrante *narodnik*-marxista russo.

37. Cf. os dois artigos sobre "Socialismo e darwinismo" republicados na *Neue Zeit* 16/1, 1897-8, p. 709n. Ver também: artigo de K. Pearson em *Dictionary of Scientific Biography* x (New York, 1974), p. 448.

38. Cf. *Neue Zeit* 9/1, 1891, pp. 171 ss., "Ein Schüler Darwins als Verteidiger des Sozialismus".

39. Cf. G. von Below: "Com exceções mínimas, os historiadores têm rejeitado o esquema evolucionário de Hegel, tanto quanto qualquer outro rígido sistema dogmático [...]. Do mesmo modo, não têm mostrado nenhuma simpatia pelo esquema evolucionário materialista" ("Die neuere historische Methode", *Hist. Ztschr.* 81/1898, p. 241).

40. Haviam também contribuído para convencer os líderes da Sociedade Fabiana quanto à verdade da ortodoxia econômica, motivo pelo qual a London School of Economics, fundada pelos fabianos na década de 1890, tornou-se um reduto da economia ortodoxa e resistiu até à heterodoxia não marxista.

41. Ambos estavam envolvidos nessas discussões desde 1870. Curiosamente, um livro de Schäffle, *A quintessência do socialismo* (1874), era amplamente considerado uma exposição imparcial do socialismo e utilizado como introdução ao socialismo fora da Alemanha.

42. Cf. E. Gothein em *Hwb. d. Staatswissenschaften*, 2ª ed., "Gesellschaft und Gesells-

chaftswissenschaft", p. 207; H. Becker e H. E. Barnes, *Social thought from lore to science* (3ª ed., 1961) III, 1009: "muitos acadêmicos italianos parecem confundir sociologia com as doutrinas do materialismo histórico".

43. E. Gothein em *Hwb. d. Staatswissenschaften*, 2ª ed., "Gesellschaft und Gesellschaftswissdenschaft".

44. "Socialism in the light of social science", em *American Journal of Sociology* XVII, maio de 1912, pp. 809-10.

45. Becker e Barnes, *op. cit.*, p. 889; cf. também F. Tönnies, *Gemeinschaft und Gesellschaft*, 6-7 eds., 1926, pp. 55, 80-1, 163, 249.

46. "Uber individuelle und kollektivistische Geschichtsauffassung" (*Hist. Ztschr.* 78/1897, p. 60.)

47. *Hist. Ztschr.* 64/1890, p. 258.

48. Cf. a nota sobre o positivista Breysig em *Hist. Ztschr.* 78/1897, p. 522, e G. von Below em *Hist. Ztschr.* 65/1891, p. 294.

49. *Hist. Ztschr.* 81/1898, "Die neue historische Methode", pp. 265-6: Lamprecht "rejeitou solenemente a acusação de materialismo. É verdade que ele nada tem de marxista. Mas ninguém o acusou de sê-lo. No entanto, sua concepção da história é materialista. É verdade que ele não atribui tudo a motivações políticas. Mas nem os marxistas creem que os motivos econômicos se imponham imediatamente em toda parte; com frequência eles consideram que as motivações imediatas sejam políticas ou religiosas".

50. G. von Below, *op. cit.*, p. 262. Para as influências marxistas sobre Lamprecht, ver também L. Leclère, "La théorie historique de M. Karl Lamprecht", *Revue de l'Université de Bruxelles* IV (1899), pp. 575-99.

51. Cf. a crítica de Kautsky em *Hist. Ztschr.* 79/1897, p. 305. Contudo, trabalhos sérios de marxistas não podiam ser postos de lado com a mesma facilidade. O jurista F. Jellinek elogiou o estudo pioneiro de Bernstein sobre os Levellers e os Diggers (*Hist. Ztschr.* 81/1898, p. 117s), enquanto Robert Pöhlmann, muito hostil ao socialismo moderno e ao comunismo, não pôde deixar de tratar com respeito *Tramonto della schiavitù*, de E. Ciccotti's, e até admitir que o marxismo o ajudara. Mais ainda, admitiu que esse tipo de trabalho fazia avançar o estudo da Antiguidade (*Hist. Ztschr.* 82/1899, p. 110). Pöhlmann escreveu bastante sobre o socialismo antigo e o comunismo. Não mostrava nenhum conhecimento do marxismo em 1893, mas muito em 1897.

52. Bryce Lyon, *Henri Pirenne* (Ghent, 1974), pp. 128 ss.

53. "Une polémique historique en Allemagne" (*Revue Historique* LXIV/2, 1897, pp. 50-7).

54. R. H. Tawney (org.), *Studies in economic history* (Londres, 1927), pp. xxiii, lxvi.

55. E. J. Hobsbawm, "Karl Marx's contribution to historiography" (*Diogenes* 64, 1978).

56. E. Klebs, *Hist. Ztschr.* 82/1899, pp. 106-9; A. Vierkandt, *Hist. Ztschr.* 84/1900, pp. 467-8.

57. As peças *Os tecelões* e *Florian Geyer*, de Hauptmann, eram francamente sociopolíticas e muito admiradas como tal.

58. F. Mehring, *Gesammelte Schriften und Aufsätze*, E. Fuchs (org.), *Literaturgeschichte* II, p. 107 (Berlin, 1930).

59. Cf. "Was wollen die Modernen, von einem Modernen", 1893-4, pp. 132 ss., 168 ss.

60. Mehring, *op. cit.* (1898-9), p. 298.

61. Pelas mesmas razões, uma "ópera popular" nunca chegou a ganhar fôlego, ainda que

pelo menos um operista, o revolucionário Gustave Charpentier, tenha experimentado criar uma heroína operária (*Louise*, 1900), e um elemento de verismo tenha sido introduzido na ópera nesse período (*Cavalleria rusticana*).

62. E. P. Thompson, *William Morris, romantic to revolutionary* (Londres, 1955; 1977); Paul Meier, *La pensée utopique de William Morris* (Paris, 1972).

63. Stuart Merrill, citado em E. W. Herbert, *The artist and social reform: France and Belgium 1895-98* (New Haven, 1961), p. 100n.

64. O periódico anarquista *La Revolte*, em 1894, tinha entre seus assinantes Daudet, Anatole France, Huysmans, Leconte de Lisle, Mallarmé, Loti e a vanguarda teatral de Antoine e Lugné-Poe. Nenhuma revista socialista da época conseguia atrair tal plêiade. Mas mesmo um anarquista de primeira hora como o poeta Gustave Kahn respeitava Marx profundamente e defendia a união de todos os esquerdistas (Herbert, *op. cit.*, pp. 21, 110-1).

65. Max Ermers, *Victor Adler* (Viena, 1932) pp. 236-7.

66. H.-J. Steinberg, *Sozialismus und deutsche Sozialdemokratie* (Hanover, 1967), pp. 132-5.

67. Caroline Kohn, *Karl Kraus* (Stuttgart, 1966), pp. 65, 66.

68. Cf. G. Botz, G. Brandstetter, M. Pollak, *Im Schatten der Arbeiterbewegung* (Viena, 1977) pp. 83-5, com relação ao anarquismo austríaco-alemão.

69. Rosa Luxemburgo, *J'étais, je suis, je serai. Corréspondance 1914-1919* (Paris, 1977), pp. 306-7.

70. *Ibid.*

71. L. Trotski, (org.) V. Strada, *Letteratura e rivoluzione* (Turim, 1973) p. 467.

72. G. Plekhanov, *Kunst und Literatur* (Berlim, 1954), pp. 284-5.

73. J. C. Holl, *La jeune peinture contemporaine* (Paris, 1912), pp. 14-5.

74. Plekhanov, *op. cit.*, pp. 292, 295.

75. William Morris, *On art and socialism*, Holbrook Jackson (org.) (1946), p. 76.

76. Morris apareceu pela primeira vez numa reunião socialista em 1883 (para discutir a construção de casas populares).

77. "Considerando a relação do mundo moderno com a arte, nossa tarefa consiste hoje, e consistirá por muito tempo, menos em tentar produzir arte específica, mas sobretudo em limpar o terreno para dar à arte sua oportunidade": "The socialist ideal" em Morris, *op. cit.*, p. 323.

11. A ERA DO ANTIFASCISMO, 1929-45 [pp. 239-84]

1. Para a situação geral do movimento comunista, ver Aldo Agosti, *Bandiere rosse: Un profilo storico dei communismi europei* (Roma, 1999), pp. 35-40. Para a origem diversificada e o quadro ideológico dos intelectuais comunistas ocidentais, ver Thomas Kroll, *Kommunistische Intellektuelle in Westeuropa* (Colônia-Weimar-Viena, 2007), que compara a França, a Itália, a Áustria e a Grã-Bretanha no período 1945-56.

2. Nada menos que 95% dos membros do KPD — *Kommunistische Partei Deutschlands* (Partido Comunista Alemão) tinham apenas educação primária, e 1%, educação superior (H. Weber, *Die Wandlung des deutschen Kommunismus* (Frankfurt, 1969), II, p. 29). Para a situação dos intelectuais num partido muito proletário (ilegal), ver G. Amendola, *Un isola* (Milão, 1980).

3. *For peace and plenty. Report of the Fifteenth Congress of the CPGB* (Londres, 1938), p. 135. Há indícios de que a composição dos congressos traduz a do partido como um todo. Cf. K. Newton, *The sociology of British communism* (Londres, 1969), pp. 6-7.

4. Ver Georges Haupt, "Emigration et diffusion des idées socialistes: l'exemple d'Anna Kuliscioff" (*Pluriel* nº 14, 1978, pp. 2-12).

5. Maurice Dobb teve de escrever sua primeira obra importante sobre a economia soviética, *Russian economic development since the Revolution* (Londres, 1928), com a ajuda de um tradutor.

6. Foi esse o caso de figuras como Karl Korsch, Walter Benjamin, Karl Polany, Norbert Elias e outros, marxistas e não marxistas.

7. P. M. Sweezy, *The theory of capitalist development* (Nova York, 1942).

8. O *Unter dem Banner des Marxismus* (*Pod znameniem marksisma*), publicação que estava mais perto de ser uma revista internacional de discussão teórica, sumiu de vista em meados da década de 1930, e em todo caso vinha refletindo cada vez mais a ortodoxia soviética. Além disso, só era editado em alemão e russo.

9. Cf. o típico casuísmo de Radek: "Será necessário aprender com grandes artistas, como Proust, a capacidade de esboçar, de delinear o mais ligeiro movimento de um homem? Não é isso que está em questão. O que está em questão é se temos nosso próprio caminho ou se esse caminho é indicado por experiências feitas no exterior". *Problems of Soviet literature* (Moscou, 1935), p. 151.

10. Para um levantamento desse tipo de literatura, ver John Lehmann, *New writing in Europe* (Londres, 1940).

11. Para uma boa descrição desse clima político-cultural, ver J. M. Richards, *Autobiography of an unjust fella* (Londres, 1980), pp. 119-20. Richards foi editor da *Architectural Review* na Grã--Bretanha.

12. A Associação Internacional de Artistas (1933-9), organizada por comunistas, promovia exposições — em geral com um título como "Artistas contra o fascismo e a guerra" — de artistas acadêmicos, construtivistas, cubistas, surrealistas, realistas sociais e pós-impressionistas, de arte alemã do século xx, de artistas franceses (Gromaire, Léger, Lhote, Zadkine) etc. Seus próprios militantes eram, na maioria, realistas, mas influenciados pela arte mexicana (Rivera, Orozco) e americana (Gropper, Ben Shahn), e não por modelos soviéticos. Ver Tony Rickaby, "The Artists' International" (*History Workshop* 6, outono de 1978, pp. 154-68).

13. Beatrice Webb, *Our partnership* (Londres, 1948), pp. 489-91.

14. Absurda não necessariamente do ponto de vista dos interesses do Estado soviético, mas devido ao pressuposto de que os interesses do comunismo mundial, ou mesmo os da União Soviética, seriam mais bem atendidos pela imposição da nova política, uniformemente, sobre os partidos comunistas de todo o mundo.

15. Exceção feita à simpatia pelo nazismo por parte de um influente setor bôer na África do Sul.

16. O Sul e o Sudeste da Ásia foram, na realidade, as únicas regiões em que o comunismo heterodoxo conquistou algum apoio de massa, notadamente no Ceilão.

17. George Lansbury, líder do Partido Trabalhista britânico (1931-5), era um ardente pacifista.

18. Pascal Ory, *Les collaborateurs 1940-1945* (Paris, 1976), pp. 135-6.

19. Ver Gary Werskey, *The visible college* (Londres, 1972); S. Zuckerman, *From apes to warlords* (Londres, 1978); M. Goldsmith, J. D. Bernal: *the sage of science* (Oxford, 2005); Simon Winchester, *O homem que amava a China* (São Paulo, Companhia das Letras, 2009).

20. Mas em países ocupados pelos alemães os literatos resistiram às suas lisonjas melhor do que os artistas plásticos e, sobretudo, do que o pessoal das artes cênicas. Cf. Henri Michel, *The shadow war: Resistance in Europe 1939-1945* (Londres, 1972), p. 141.

21. Para a ação política da revista literária de Leavis, *Scrutiny*, ver Francis Mulhern, *The moment of "Scrutiny"* (Londres, 1979), parte II, capítulo 2.

22. Por exemplo, Aldo Garosci, *Gli intellettuali e la guerra di Spagna* (Turim, 1959).

23. Cf. o testemunho da polícia fascista em G. Amendola, *L'isola* (Milão, 1980), pp. 96-7. P. Spriano, *Storia del PCI* (Turim, 1970), III, pp. 194-201. Thomas Kroll, *op. cit.*, pp. 361-6, 382-90, 394-402.

24. Cf. Andrew Boyle, *The climate of treason* (Londres, 1980), capítulos 1-4. Para a "rebelião da escola pública", ver Esmond e Giles Romilly, *Out of bounds* (Londres, 1935) e Philip Toynbee, *Friends apart* (Londres, 1954). Miranda Carter, *Anthony Blunt: His lives* (Londres, 2001).

25. Stephen Spender, *Forward from liberalism* (Londres, 1937).

26. Para citar apenas algumas em que mais de um filho seguiram esse caminho: Edward Thompson (um conhecido campeão da independência indiana), E. F. Carritt (filósofo moral de Oxford), St. Loe Strachey (editor da influente revista *The Spectator*).

27. O autor se lembra de estudantes comunistas de ambos os sexos que eram parentes de destacados políticos ou juízes conservadores. Para a situação geral britânica, ver T. Kroll, *op. cit.*, pp. 511-3, 525-33.

28. Entre esses *agrégés* que se fizeram por si mesmos, podemos citar G. Cogniot e A. Parreaux, respectivamente primeiro diretor e secretário da revista *La Pensée*, e A. Soboul, o historiador da Revolução Francesa.

29. Stuart Samuels, "The Left Book Club" (*Journal of Contemporary History*); John Lewis, *The Left Book Club* (Londres, 1970). Para dados sobre o clube, extraídos dos arquivos da editora, ver Richard Overy, *The morbid age: Britain between the wars* (Londres, 2009), pp. 304-6.

30. Cf. Francis Newton, *The jazz scene* (Harmondsworth, 1961), capítulos 13, 14, Apêndice 1.

31. Para o impacto da década de 1930 sobre Hollywood, ver a excelente coletânea de 35 entrevistas feitas por Patrick McGilligan e Paul Buhle (orgs.), *Tender comrades: A backstory of the Hollywood blacklist* (Nova York, 1997).

32. Essa lista desdenhosa vem de Arthur M. Schlesinger Jr. (Harvard, Cambridge e a corte de J. F. Kennedy), *The age of Roosevelt: The politics of upheaval* (Boston, 1960), p. 165.

33. J. Fauvet, *Histoire du Parti Communiste Français* I (Paris, 1964), pp. 267-8.

34. Annie Kriegel, *The French communists* (Chicago e Londres, 1972), pp. 175-6.

35. Prefácio à edição russa do *Manifesto comunista*, Werke 19, p. 296.

36. Este cálculo baseia-se numa bibliografia compilada pelo Grupo de Historiadores do Partido Comunista Britânico em 1955 e inclui obras e traduções americanas.

37. Ver Stuart Macintyre, *A proletarian science* (Cambridge, 1980), e R. Samuel, "British Marxist historians I" (*New Left Review* 120/1980, pp. 21-96).

38. Principalmente a minimização deliberada dos elementos hegelianos em Marx e a elimi-

nação do "modo asiático de produção" em sua análise. Se tais revisões eram justificáveis ou não é uma questão que escapa dos limites deste capítulo.

39. Cf. K. Wittfogel, *Oriental despotism* (Yale University Press, New Haven, 1957), pp. 401 ss.

40. M. Shirokov e J. Lewis (orgs.), *A textbook of Marxist philosophy* (Londres, s. d. - 1937), p. 183; I. Luppol, *Diderot* (Paris, 1936).

41. P. Anderson, *Considerations on Western Marxism* (Londres, 1976).

42. C. Haden Guest (org.), *David Guest: A scientist fights for freedom. A memoir.* (Londres, 1939), p. 256.

43. H. Lefebvre, *Le nationalisme contre les nations* (Paris, 1937), p. 128. Na verdade o autor mais adiante denuncia Bauer de forma mais ortodoxa, mas ressalvando, em notas, que suas frases eram "inspiradas diretamente" pelo texto de Stálin "O marxismo e a questão nacional" (*ibid.*, p. 225).

44. H. Lefebvre, *Le matérialisme dialectique* (Paris, 1939), pp. 62-4.

45. Publicados, nos dois casos, postumamente em Paris (1946) e Londres (1939).

46. "*La 'philosophie' marxiste connaît aussi une vogue singulière. Lorsqu'il écrivait son Anti-Duhring, Engels cherchait avec soin tout ce qui, dans les sciences naturelles et dans la physique et la chimie nouvelles, paraissait révéler dans le monde de la nature cette même 'dialectique' que Marx et lui avaient appliquée à l'histoire et à l'évolution sociale. Maintenant des savants, et même des grands savants, leur rendent la pareille, en y découvrant la 'philosophie' de leurs sciences particulières*" [A "filosofia" marxista passou também por uma moda singular. À medida que escrevia seu *Anti-Dühring*, Engels procurava com zelo tudo aquilo que, nas ciências naturais e na física e na química novas, parecia mostrar no mundo essa mesma "dialética" que Marx e ele haviam aplicado à história e à evolução social. Hoje os sábios, e até mesmos os grandes sábios, lhe pagam na mesma moeda, buscando a "filosofia" de suas ciências particulares]. "A. Rossi", *Physiologie du Parti Communiste Français* (Paris, 1948), p. 335. O livro foi escrito em 1942.

47. E. H. S. Burhop em M. Goldsmith e A. Mackay (orgs.), *The science of science* (Londres, 1964), pp. 33.

48. C. P. Snow em John Raymond (org.) *The Baldwin age* (Londres, 1960), p. 248.

49. J. B. S. Haldane, biólogo comunista de imenso talento, reconheceu que a concepção que Lênin tinha do espaço e do tempo era incompatível com a teoria da relatividade, mas consolou-se ao saber que ele havia aceitado a relatividade, embora rejeitasse suas interpretações idealistas num artigo de 1922, do qual "não consegui obter uma tradução" (*The Marxist philosophy and the sciences*, Londres, 1938, p. 60). Haldane comparou isso com a aceitação da Nova Política Econômica por Lênin.

50. *Marx-Engels Archiv*, Band II (Erlangen, 1971) pp. 140-1. Ao que parece, o Partido Social-Democrata da Alemanha não providenciara a publicação do manuscrito a conselho (depois da morte de Engels) de um dos poucos cientistas naturais então ligados ao partido, mas que, embora "fortemente comprometido com o empiricismo, era hostil à dialética" (Ryazanov em *Marx-Engels Archiv* II). A própria defesa de Engels feita por Ryazanov, contra a acusação de obsolescência, é cuidadosa, e o manuscrito de fato foi publicado originalmente não como parte do projeto MEGA, e sim no *Marx-Engels Archiv*, reservado para os trabalhos acessórios e não às obras principais dos fundadores.

51. Informação pessoal.

52. Por exemplo, J. B. S. Haldane, *op. cit.*, e *A la lumiére du marxisme* (Paris, 1936).
53. Christopher Caudwell, *The crisis in physics* (Londres, 1939), p. 60.
54. Cf. J. B. S. Haldane, "A dialectical account of Evolution" (*Science and Society* I/4, 1937, pp. 473-86).
55. Joseph Needham, "On science and social change" (*Science and Society* x, 3, 1946, pp. 225-51), escrito na China em 1944. Needham — cristão, marxista, embriologista, historiador (da embriologia, da revolução inglesa e da ciência e civilização chinesas) — buscou continuamente uma concepção do mundo que fosse ao mesmo tempo científica e não galileana, e foi um exemplo particularmente interessante dessa insatisfação com os modelos oitocentistas.
56. Caudwell, *op. cit.*, pp. 21, 3.
57. Em *Science at the crossroads* (Londres, 1931).
58. S. Zuckerman, *From apes to warlords* (Londres, 1978), p. 394. O Apêndice I fornece detalhes sobre o Tots and Quots.
59. Entrevista em *New Statesman*, 28/1/1939.
60. D. Caute, *The fellow travellers: A postscript to the Enlightenment* (Londres, 1973).
61. B. Crick, *George Orwell: A life* (Londres, 1980), pp. 310-9, sobre as dificuldades de Orwell com *A revolução dos bichos*. Cf. Kingsley Martin, editor da revista *New Statesman & Nation*, com relação à sua recusa em publicar os artigos de Orwell a favor do Partido Obrero de Unificación Marxista (POUM): "Eu me *preocupava* mais com perder a guerra na Espanha do que com qualquer outra coisa que jamais aconteceu em minha vida [...]. Os dois lados se comportavam com horrenda crueldade; mas eu tinha de tomar minha decisão em consideração à opinião pública geral, *de modo a favorecer a vitória de um dos lados e não a do outro*". Citado por P. Johnson em *New Statesman*, 5/12/1980, p. 16.
62. Arnold Zweig denunciou um dos primeiros "julgamentos teatrais" em 1930 (D. Caute, *op. cit.*, p. 279).
63. Citado em J. Rühle, *Literatur und Revolution* (Munique, 1963), p. 136.
64. As Brigadas Internacionais não parecem ter contado com muitos intelectuais (salvo aqueles que se alistaram como parte de seu dever como revolucionários profissionais), embora o número deles pareça inusitadamente elevado entre os americanos e no pequeno contingente tcheco. Andreu Castells, *Las Brigadas Internacionales de la guerra de España* (Barcelona, 1974), pp. 68-9. Ver também N. Caroll, *The odissey of the Abraham Lincoln Brigade: Americans in the Spanish Civil War* (Stanford, 1994); Rémy Skoutelsky, *L'Espoir guidait leurs pas: les volontaires français dans les Brigades Internationales* (Paris, 1998); Richard Baxwell, *Volunteers in the Spanish Civil War: the British Battalion in the International Brigades, 1936-1939* (Londres, 1994).
65. Entre elas podemos mencionar, na França, revistas como *Commune* (*Revue littéraire française pour la défense de la culture*), *Europe*, *La Pensée* e o semanário *Vendredi*; na Grã-Bretanha, o *Left Book Club*, a efêmera *Left Review*, *Modern Quarterly* e, durante a guerra e depois dela, *Our Time*; nos Estados Unidos, *New Masses*, de mais longa duração, *Science and Society* e, por algum tempo, a *Partisan Review*.
66. Dimitrov no Sétimo Congresso da Internacional Comunista: "*Salvação final* este governo [da frente unida antifascista] não pode trazer [...]. Consequentemente, é necessário *preparar-nos para a revolução* social: o poder soviético e *só* o poder soviético pode trazer essa salvação".
67. Para citar um eminente classicista cujos dias como membro das Brigadas Internacionais

estão bem distantes: "A revolução social pode ter sido (para alguns) o Paraíso Agora, mas era um paraíso de tolos; sem um exército eficiente, seus dias estavam contados. As pessoas que fizeram a revolução mostraram-se incapazes de travar o tipo de guerra que Franco estava travando contra elas". Bernard Knox, "Remembering Madrid" (*New York Review of Books*, 6/11/1980, p. 34).

68. A possível análise crítica dos novos regimes socialistas não nos interessa aqui.

69. O artigo em que Jacques Duclos (*Cahiers du Communisme*, abril de 1945) criticava a dissolução do Partido Comunista americano, em 1944, foi recebido como a palavra oficial de Moscou, e o CPUSA foi recriado pouco depois.

70. Wolfgang Leonhard, *Child of the Revolution* (Londres, 1979), p. 208.

71. E. Lustmann, *Weg und Ziel: die Pollitik der österreichischen Kommunisten* (Londres, 1943, p. 36). Dimitrov em 1946, citado em F. Fejtö, *Histoire des démocraties populaires* (Paris, 1969) I, p. 126.

72. Fernando Claudin, *La crise du mouvement communiste: du Komintern au Kominform* (Paris, 1972), p. 533; Eugenio Reale, *Avec Jacques Duclos au banc des accusés* (Paris, 1958), pp. 75-6.

73. "Ela assegura a cada nação o direito supremo de determinar para si, dentro deste quadro, a forma de governo e de organização social que desejar." Earl Browder, *Teheran and America: Perspectives and tasks* (Nova York, 1944), p. 14.

74. *Ibid.*, pp. 13-4.

12. GRAMSCI [pp. 285-301]

1. Os *Cadernos do cárcere*, de Gramsci, foram organizados e traduzidos para o inglês, na íntegra, por Joseph A. Buttigieg (*Prison notebooks*, Nova York, 1992-7). Toda a correspondência que constitui as *Cartas do cárcere* foi publicada em inglês em dois volumes, pela Columbia University Press (Frank Rosengarten, org., *Letters from prison* (Nova York, 1993-4). O acesso mais conveniente em inglês ainda é Q. Hoare e G. Nowell-Smith (orgs.), *Selections from the Prison notebooks of Antonio Gramsci* (Londres, 1971). Ver também David Forgacs, *A Gramsci reader: Selected writings 1916-35*. James Martin (org.), *Antonio Gramsci: Critical assessments of leading political philosophers* 4 vols. (Londres e Nova York, 2001) proporciona uma boa gama de opiniões sobre esse pensador. Obras mais recentes são Anne Showstack Sassoon, *Gramsci and contemporary politics: Beyond pessimism of the intellect* (Londres e Nova York, 2000) e P. Ives, *Language and hegemony in Gramsci* (Londres e Ann Arbor, 2004).

2. A. Gramsci, *Lettere del carcere* (Turim, 1965), p. 481.

13. A RECEPÇÃO DAS IDEIAS DE GRAMSCI [pp. 302-10]

1. P. Spriano, *Gramsci in carcere e il partito*, Roma, 1988.

2. Q. Hoare e G. Nowell-Smith (orgs.), *Selections from the Prison notebooks of Antonio Gramsci* (Londres, 1971), p. 175.

3. A. Bullock e O. Stallybrass (orgs.), *The Fontana dictionary of modern thought*, Londres, 1977.

4. Q. Hoare e G. Nowell-Smith (orgs.), *Selections from the Prison notebooks of Antonio Gramsci*.

5. "The 250 most-cited authors in the Arts and Humanities Citations Index, 1976-1983" (em Eugene Garfield, Institute for Scientific Information, *Current Comments* 48, dezembro de 1986).

6. Q. Hoare e G. Nowell-Smith (orgs.), *Selections from the Prison notebooks of Antonio Gramsci*.

7. Gwyn A. Williams, *The Welsh in their history* (Londres, 1982), p. 200.

8. G. Lichtheim, *Marxism* (Londres, 1964), pp. 368-70. Ver também, do mesmo autor, *Europe in the twentieth century* (Londres, 1972), pp. 44, 218-20.

9. Georg G. Iggers, *Neue Geschichtswissenschaft* (Munique, 1978), p. 51.

10. Abelove, Blackmore, Dimock e Schneer (orgs.), *Visions of history* (Nova York, 1983), p. 38.

11. E. J. Hobsbawm, em *Società*, XVI, p. 456.

12. Peter Burke, "Revolution in popular culture", em R. Porter e M. Teich (orgs.), *Revolution in history* (Cambridge, 1986), p. 211.

14. A INFLUÊNCIA DO MARXISMO, 1945-83 [pp. 311-45]

1. Os únicos países industrialmente desenvolvidos com regimes marxistas não os teriam adquirido, depois da Segunda Guerra Mundial, sem o domínio russo.

2. John Rae, *Contemporary socialism* (Londres, 1884).

3. Por exemplo, o artigo "Socialismo", de Daniel Bell, em *International encyclopaedia of the social sciences* (Nova York, 1968).

4. Introdução de R. H. Hilton a *The transition from feudalism to capitalism* (Londres, 1954).

5. *Ibid.*, p. 41n.

6. Immanuel Wallerstein, *The modern world-aystem* (Nova York, 1974). Para uma análise da tese de Frank, ver Ernesto Laclau, "Feudalism and capitalism in Latin America" (*New Left Review* 67, 1971).

7. Entre os autores influentes podemos mencionar Eric Wolf, Teodor Shanin e Hamza Alavi. A redescoberta de Chayanov coube ao marxista Daniel Thorner.

8. Para uma lista de algumas dessas bibliotecas, seus acervos e frequentadores, ver Hywel Francis, "Survey of Miners' Institutes and Welfare Libraries, outubro de 1972-fevereiro de 1973" (*Llafur I*, 2, maio de 1973, pp. 55-64).

9. O aparente renascimento, a partir do começo da década de 1970, de alguns partidos socialistas fracos ou moribundos em países como França, Espanha ou Grécia não nos deve iludir. Não eram mais partidos de massa com uma base proletária, seguindo linhas tradicionais, e sim grupos apoiados por um eleitorado socialmente heterogêneo, insatisfeito com os regimes conservadores no poder e que desejava reformas no Estado, na economia e na sociedade.

10. H. Francis, *op. cit.*, p. 59.

11. O caso é mencionado por R. A. (lorde) Butler.

12. Como já vimos, um amplo setor da "nova esquerda" e seguramente a maioria de seus membros que se interessavam pela teoria marxista era formado de início por ex-comunistas que haviam deixado, espontaneamente ou não, partidos ou grupos formados na tradição bolchevique ou que estavam ligados a ela de outra forma.

13. G. Lichtheim, *Marxism* (Londres, 1961), p. 393; P. Baran e P. M. Sweezy, *Monopoly capital* (Nova York, 1966), p. 3.

14. Isso é válido não só para diversas seitas e grupos revolucionários, como também para pequenos partidos comunistas transformados, como o da Suécia.

15. Lichtheim, *op. cit.*, pp. 393-4.

16. *Ibid.*, p. 394.

17. Para uma discussão útil do desenvolvimento do termo "articulação" na teoria marxista a partir de Althusser, ver A. Foster-Carter, "The mode of production debate" (*New Left Review* 107, 1978, pp. 47-78).

18. N. Poulantzas, "The capitalist state: A reply to Miliband and Lacrau" (*New Left Review*, 95, 1976, pp. 65-6). As principais obras de Poulantzas foram *Political power and social classes* (Londres, 1973), *Fascism and dictatorship* (Londres, 1974) e *Classes in contemporary capitalism* (Londres, 1975).

19. Cf. a polida mas implacável análise de Althusser do ponto de vista de um veterano historiador marxista: P. Vilar, "Histoire marxiste, histoire en construction: essai de dialogue avec L. Althusser" (*Annales* 281, 1973, pp. 165-98).

20. Georg G. Iggers, *Neue Geschichtswissenschaft* (Munique, 1978), p. 157.

21. Paul A. Samuelson, *Economics* (10ª edição, 1976), capítulo 42.

22. G. A. Cohen, *Karl Marx' theory of history: A defence* (Oxford, 1978), p. ix.

23. Para um bom exemplo, ver O. Kuusinen (org.), *Fundamentals of Marxism-Leninism* (Moscou, 1960), parte III e capítulos 22, 23.

24. Para um dos primeiros exemplos disso, ver Oskar Lange, *Political economy I: General principles* (Varsóvia, 1963), cujo capítulo intitulado "O princípio da racionalidade econômica" contém um apêndice sobre "Fundamentos matemáticos da programação", que alude a trabalhos de Frisch, Samuelson e Solow, entre outros economistas ocidentais. Lange foi um eminente acadêmico socialista que voltou para a Polônia depois da guerra.

25. Em grande parte estimulado pela publicação, nesse ano, de *Produzione di merci a mezzo di merci* [Produção de mercadorias por meio de mercadorias], de Piero Strafa, que provocou uma acalorada polêmica entre marxistas "ricardianos" e "não ricardianos".

26. Essa frase vem de um livro que começa com as seguintes palavras: "Esta é uma obra de teoria marxista". B. Hindess e P. Q. Hirst, *Pre-capitalist modes of production* (Londres, 1975).

27. Não pretendo dizer que as doutrinas na corrente dominante do marxismo sejam, por isso, mais verdadeiras que as da periferia, mas apenas que são mais fiéis a Marx.

28. Por exemplo, *Finance capital*, de Hilferding, e *A acumulação do capital*, de Rosa Luxemburgo, que constantemente remetem a Marx.

29. A frase ocorre em *Estado e revolução*. Uma das consequências da utilização dessas palavras fortuitas para corroborar a análise das décadas de 1970 e 1980 foi que os leninistas fiéis sentiram-se obrigados a sustentar que o capitalismo monopolista estatal já florescia durante a Primeira Guerra Mundial e depois dela. (Cf. o artigo "Stattsmonopolistischer Kapitalismus", em *Wörterbuch der marxistisch-leninistischen Soziologie*, Berlin Oriental, 1977, pp. 624 ss.)

30. Nesse sentido, as discussões sobre a ruptura entre o jovem Marx e o Marx maduro, familiares na forma do "corte epistemológico" de Althusser — antecipadas pela relutância do marxismo soviético ortodoxo em reconhecer os *Frühschriften* como parte do *corpus* do marxismo —, são de genuína importância. O que está em jogo não é se Marx algum dia abandonou o

legado hegeliano ou os argumentos dos Manuscritos de Paris, de 1843. É seguro afirmar que nada disso aconteceu. O que está em jogo é o efeito de combinar duas formas inteiramente distintas de olhar para o futuro.

31. J. A. Schumpeter, *History of economic analysis*, p. 573.

32. P. M. Sweezy, *The theory of capitalist development* (Londres, 1946), p. vii.

33. Cf. M. Desai, *Marxian economic theory* (Londres, 1974), um bom exemplo de obras destinadas a estudantes, de um economista marxista: "Este livro trata a economia marxiana como um programa permanente de pesquisas, no qual muitas questões duvidosas ainda estão por ser resolvidas" (p. 6).

34. Cf. G. Lichtheim, "On the interpretation of Marx's thought", em *From Marx to Hegel* (Nova York, 1971), p. 69: "É evidente que para Marx a única 'natureza' que entra em consideração é a do homem, além de seu ambiente, que ele transforma com sua 'atividade prática'. O mundo externo, tal como existe em si e para si, é irrelevante".

35. Por exemplo, Sebastiano Timpanaro, *On materialism* (Londres, 1975).

15. O MARXISMO EM RECESSÃO, 1983-2000 [pp. 346-57]

1. Esse incidente foi narrado por Norman Davis em um colóquio na Academia Britânica sobre a queda do comunismo na Europa (15-16 de outubro de 2009).

2. Jim Riordan, "The last British comrade trained in Moscow: The higher party school, 1961-1963", Socialist History Society, SHS Occasional Paper 23, 2007.

3. Felix Gilbert e Stephen R. Graubard (orgs.), *Historical studies today* (W. W. Norton & Company, Nova York, 1971, 1972).

4. Robert Evans, "The Creighton Century: British historians and Europe 1907-2007", em David Bates, Jennifer Wallis, Jane Winters (orgs.), *The Creighton Century 1907-2007* (Londres, Institute of Historical Research, 2009), p. 15.

5. O alargamento da perspectiva social dos modernizadores produziu uma obra-prima histórica, mas não antes de 1998-2000 — *Hitler*, de Ian Kershaw, em dois volumes. Estamos ainda à espera de uma obra análoga sobre a União Soviética de Stálin.

6. Régis Debray, *Revolution dans la revolution, et autres essais* (Paris, 1967).

7. Estou utilizando como indicador o índice de tradução e circulação de minhas próprias obras.

8. Ver Calvin Trillin, "Wall Street smarts" (*International Herald Tribune*, 15/10/2009, p. 6).

16. MARX E O TRABALHISMO: O LONGO SÉCULO [pp. 358-75]

1. A nova atitude teve como pioneira a revista americana *Forbes*, que já na década de 1960 se descrevia orgulhosamente como um "instrumento capitalista".

2. F. Fukuyama, "The end of history", em *The National Interest* (verão de 1889), p. 3.

Datas e fontes de publicação original

1. Marx hoje
Não publicado anteriormente na forma como aparece aqui. Uma versão condensada da conversa em que se baseou saiu em *New Statesman* (13/3/2006, Eric Hobsbawm e Jacques Attali, "The new globalisation guru?"). © E. J. Hobsbawm 2006, 2010.

2. Marx, Engels e o socialismo pré-marxiano
E. J. Hobsbawm (org.), *The history of Marxism, vol. 1: Marxism in Marx's day* (Harvester Press, 1982), capítulo 1. © E. J. Hobsbawm, 1982.

3. Marx, Engels e a política
The history of Marxism, capítulo 8.

4. *A situação da classe trabalhadora na Inglaterra*
Introdução a F. Engels, *The condition of the working class in England* (Panther Books, 1969). Introdução © E. J. Hobsbawm.

5. O *Manifesto comunista*
Prólogo para K. Marx e F. Engels, *The communist manifesto: A modern edition* (Verso, 1998), pp. 3-29. Prólogo © E. J. Hobsbawm, 1998.

6. A descoberta dos *Grundrisse*
Prólogo para Marcello Musto (org.), *Karl Marx's* Grundrisse: *Foundations of the critique of political economy 150 years later* (Routledge, 2008), pp. xx-xiv. Prólogo © E. J. Hobsbawm 2008.

7. Marx e as formações pré-capitalistas
K. Marx, *Pre-capitalist economic formations* (os *Grundrisse*), tradução de Jack Cohen, introdução e organização de E. J. Hobsbawm (Lawrence & Wishart, 1964), pp. 9-65. © E. J. Hobsbawm 1964.

8. A divulgação das obras de Marx e Engels
The history of Marxism, capítulo 11.

9. Dr. Marx e os críticos vitorianos
The new reasoner 1 (1957). Publicado em E. J. Hobsbawm, *Labouring men* (Weidenfeld & Nicolson, 1964). © E. J. Hobsbawm 1957.

10. A influência do marxismo, 1880-1914
Não publicado anteriormente em inglês. Publicado em italiano em E. J. Hobsbawm, Georges Haupt, Franz Marek, Ernesto Ragioneri, Vittorio Strada e Corrado Vivanti (orgs.), *Storia del marxismo*, vol. 2 (Einaudi, 1979). © E. J. Hobsbawm 1979, 2008.

11. A era do antifascismo, 1929-45
Não publicado anteriormente em inglês. Publicado em italiano em E. J. Hobsbawm, Georges Haupt, Franz Marek, Ernesto Ragioneri, Vittorio Strada e Corrado Vivanti (orgs.), *Storia del marxismo*, vol. 3, parte 2 (Einaudi, 1979). © E. J. Hobsbawm 1979, 2010.

12. Gramsci
Não publicado anteriormente na forma como aparece aqui. Uma versão desse ensaio foi publicada em Anne Showstack Sassoon (org.), *Approaches to Gramsci* (Writers and Readers, 1982). © E. J. Hobsbawm 1982, 2008.

13. A recepção das ideias de Gramsci
Não publicado anteriormente em inglês. Publicado em italiano como introdução a Antonio A. Santucci (org.), *Gramsci in Europa e in America* (Laterza, 1995). Por engano, o livro foi publicado sob meu nome. © E. J. Hobsbawm, 1995, 2010.

14. A influência do marxismo, 1945-83
Não publicado anteriormente em inglês. Uma versão em italiano, bastante reescrita para o presente livro, foi publicada com o título de "Il marxismo oggi: un bilancio aperto", em E. J. Hobsbawm, Georges Haupt, Franz Marek, Ernesto Ragioneri, Vittorio Strada e Corrado Vivanti (orgs.), *Storia del marxismo*, vol. 4 (Einaudi, 1982). © E. J. Hobsbawm 1982, 2010.

15. O marxismo em recessão, 1983-2000
Não publicado anteriormente. © E. J. Hobsbawm 2010.

16. Marx e o trabalhismo: o longo século
Não publicado anteriormente em inglês. Publicado em alemão em 2000. Esse ensaio foi reescrito a partir de uma palestra feita em 1999 no Encontro Internacional de Historiadores do Trabalho, em Linz. © E. J. Hobsbawm 2000, 2010.

Índice remissivo

18 de brumário de Luís Bonaparte, O, 166, 287, 296, 308
acmeístas, 235
Adler, Max, 213, 215
Adler, Victor, 174, 206, 210, 212, 231
afluência, 21, 240, 369
África, 134, 198, 248, 318, 320, 322, 323, 370
agricultura, 132, 136, 140, 142, 144, 147, 148, 154, 155, 156, 157
Albânia, 323
Alemanha, 13, 25, 33, 43-6, 67, 69-70, 75, 81, 83, 88, 99-100, 103, 106, 110-1, 132, 154, 156, 166, 168-9, 172, 176-8, 197-8, 200, 204, 206, 208-9, 211, 215, 219-22, 224-5, 228, 230, 235-6, 241, 243, 245, 248-9, 251, 254, 262, 279, 288-9, 330, 333, 352, 354, 359, 364-5, 367, 372; *ver também* República Democrática Alemã (Alemanha Oriental); República Federal da Alemanha (Alemanha Ocidental)
Alexandre, tsar, 39
Althusser, Louis, 120, 302, 305, 306, 330, 331, 334, 335

Amendola, Giorgio, 255
América, descoberta da, 138
América Latina, 76, 181, 198, 247, 248, 302, 304, 316, 318, 320, 321, 328, 373, 374
Amsterdam, 165, 171, 200, 210, 230, 238
anabatistas, 26
anarcossindicalismo, 374
anarquismo, 101, 201, 202, 206, 208, 230, 373
anarquistas, 50, 52, 64, 84, 114, 178, 187, 202, 232, 233, 279, 324, 340; e as artes, 231, 232, 235
Andersen Nexö, Martin, 243
Anderson, Perry, 291
Anderson, Sherwood, 252
Anti-Dühring, 34, 45, 54, 58, 153, 154, 166, 167, 178, 342
Antiguidade clássica, 27, 130, 131, 134, 139
antissemitismo, 211, 212, 356
apaziguamento, 246
"Apóstolos, Os", 205
Aragon, Louis, 258
Argentina, 119, 180, 247, 361, 368, 372
Aristóteles, 14, 312

409

armas nucleares, 274
Armênia, 217
arquitetura, 229, 230, 237
art nouveau, 229, 230
artesãos, 34, 43, 44, 51, 98, 136, 146, 150, 229, 230, 238, 277
Arts and Crafts, movimento, 227, 229, 237
Ásia, 76, 134, 248, 318, 322, 348, 370, 374
Associação Internacional dos Trabalhadores, 100, 166
associacionismo, 34, 51
astecas, 162
Attali, Jacques, 13, 15, 21, 22, 23
Attlee, Clement, 110
Auden, W. H., 255
Austrália, 204, 205
Áustria, 9, 211, 214, 215, 246, 254, 367, 369, 372; e a Grande Alemanha, 211; e o austro--marxismo, 210; e o marxismo, 197, 210, 211, 212, 213, 214; e os judeus, 211, 212
Áustria-Hungria, 82, 208
austro-marxistas, 118, 220, 336, 337
Aveling, Edward, 168

Babeuf, François-Noël, 30
Bagehot, Walter, 223
Bahr, Hermann, 232
Bakunin, Mikhail, 51, 202, 231, 354, 373
Bálcãs, 81, 217
bancos medievais, 132
Baran, Paul, 327, 334
Barbusse, Henri, 243
Barmen, 88
Baroja, Pío, 206
Barone, Enrico, 18, 221
Bastiat e Carey, 117
Bauer, Otto, 213, 264, 305, 334
Bauer, Stefan, 213
Bazard, Amand, 35
Bebel, August, 55, 68, 73, 100, 110, 169, 174
Bélgica, 109, 206, 208, 209, 214, 215, 222, 228, 229, 231, 236, 365, 367
bem-estar social, 21, 365, 366, 370, 371
Benét, Stephen Vincent, 252

Bengala, 248, 254
Benjamin, Walter, 305, 334
Bennett, Arnold, 207
Bentham, Jeremy, 29
Berdyayev, Nikolai Aleksandrovich, 198
Berlage, H. P., 230, 238
Berlim, 88, 100, 117, 122, 165, 173, 220, 244, 365
Berlim Oriental, 118, 172, 176
Berlinguer, Enrico, 304
Bernal, J. D., 251, 267, 268, 269
Bernanos, Georges, 258
Bernier, François, 131
Bernstein, Eduard, 19, 22, 58, 76, 82, 170, 174, 176, 333, 337, 361, 369; e o fabianismo, 202, 365; e o reformismo do século xx, 349, 360, 366, 368, 372
bibliotecas de mineiros, 325, 326
Bismarck, Otto von, 45, 72, 73
Bjørnson, Bjørnstjerne Martinius, 228
Blackett, Patrick Maynard Stuart, 251
Blanc, Louis, 34, 51
Blanqui, Louis Auguste, 30, 31, 51, 60
Bloch, Joseph, 129
Bloch, Marc, 351
Blum, Léon, 244
Blunt, Anthony, 255
Bogdanov, Aleksandr, 236, 262
Böhm-Bawerk, Eugen von, 198, 212, 221
bolcheviques, 20, 110, 170, 260, 262, 278, 283, 298, 364, 368
Bolívia, 247
bonapartismo, 57, 71, 72
Bonar, J., 187, 190
Bonger, W., 210
Bose, Subhas, 248
Bossuet, Jacques-Bénigne, 27
Bradford, 96
Branting, Hjalmar, 206
Brasil, 247, 332, 355, 368, 369
Braudel, Fernand, 337, 351, 352
Bray, John Francis, 41
Brecht, Bertolt, 236, 242, 243, 325
Brentano, Lujo, 221

Brigadas Vermelhas, 324
Brissot, Jacques Pierre, 30
Brooks, Rupert, 205
Brouckère, Henri de, 209
browderismo, 275, 282
Bruckner, Anton, 231
Bruxelas, 209, 229, 230
Bryce, James, 223
Bucareste, 78
Buchez, Philippe, 51
Budapeste, 211
Bukharin, Nikolai, 262, 334
Bulgária, 217
Bund, 216
Buonarroti, Philippe, 30, 31
Buret, Eugène, 47, 89
Burgess, Guy, 255
Burke, Peter, 309, 310
Burns, Mary, 96
Buttigieg, Joseph, 306

Cabet, Etienne, 26, 27, 32, 34
Cafiero, Carlo, 168
Calcutá, 306
Calvino, João, 312
Camboja, 312, 323
Cammett, John M., 307
Campanella, Tommaso, 26, 29
campos de concentração, 118, 245
Capital, O: e a história, 132, 134; e o comunalismo primitivo, 152, 153; e os críticos vitorianos, 188, 189, 192; e os *Grundrisse*, 116, 119, 120, 122, 129, 173; publicação, 166, 167, 168, 172, 175, 178, 179, 180, 217
capitalismo: e crises econômicas, 68, 80, 92, 94, 112, 371, 372, 373; e nações, 74, 75; e o Manifesto comunista, 106, 107, 108, 109, 110, 111, 112; e o mercado mundial, 319, 320
Carey, F. S., 192
Carlos Magno, 155
Carlyle, Thomas, 35
Carpenter, Edward, 227
cartismo e cartistas, 48, 78, 93, 96, 104
Cassidy, John, 346

Castro, Fidel, 321
Cavour, Count, 73, 289
Chamson, André, 258
Chaplin, Charlie, 243
Chayanov, Alexander, 323
Chervenkov, Vulko, 282
Chile, 247, 297
China, 14, 120, 131, 162, 180, 301, 311, 317, 333, 347, 369; cisão com a União Soviética, 177, 316, 321; e o *corpus* das obras de Marx-Engels, 177, 179; invasão japonesa, 246, 248; Revolução Cultural, 317, 324
Churchill, Winston, 249, 255, 282, 360
cidades medievais, 137, 139, 141, 144, 146, 148, 155, 159
cidades-jardins, 230, 238
ciências naturais, 174, 219, 220, 242, 259, 260, 265, 266, 269, 342, 343, 349
ciências sociais, 220, 221, 222, 224, 225, 261, 337, 342, 350, 351, 352
City College, Nova York, 256
civilizações pré-colombianas, 134
classe operária, 35, 42, 44, 48, 49, 51, 61, 63-9, 71, 74, 77, 80, 83, 89, 90, 92, 94, 97, 100, 110-2, 138, 199, 200, 205, 207-8, 228, 233, 247, 260, 277, 281, 288, 294, 296-8, 310, 323, 324-6, 329, 340, 358, 361-3, 366, 367-70, 373-4
Clausewitz, Carl von, 78
Cohen, G. A., 335
Cole, G. D. H., 203, 209
Colette, 258
Colletti, Lucio, 334
Colman, Henry, 97
Comte, Auguste, 193, 222, 224, 225, 350
Comuna de Paris, 56, 60, 61, 65, 68, 100
comunismo: ascético, 31; babouvista e neobabouvista, 31; caráter proletário do, 31, 32; cristão, 26, 27; primitivo, 28
Condorcet, marquês de, 29
Conferência de Teerã, 282
Confúcio, 27
Congressos de Liberdade Cultural, 353

consciência de classe, 68, 91, 93, 109, 359, 361, 363
Considérant, Victor, 51
Constantinopla, 78
construção naval e navegação, 151, 369
Coreia do Norte, 334
Coreia do Sul, 355
Coutinho, Carlos Nelson, 302
Crane, Walter, 227, 230
cristianismo, 46, 314, 318, 339
Crítica da filosofia do direito de Hegel, 180
Crítica do programa de Gotha, 18, 52, 167, 178
Croácia, 217
Croce, Benedetto, 198, 214, 287
Cromwell, Oliver, 370
Crosland, Anthony, 19
Cruzadas, 190, 270
Cuba, 181, 247, 317, 321, 323
cubistas, 235
cultura popular, 309, 310
Cunningham, arcediago, 189, 190
Curie, Marie, 220

Darwin, Charles, 15, 197, 203, 267, 313
darwinismo, 196, 318
dashnaks, 217
Dawson, W. H., 188
Day-Lewis, Cecil, 255
De Amicis, Edmondo, 214
Deborin, Abram, 262
Debray, Régis, 354
Debreczen, 78
Declaração dos direitos do homem e do cidadão, 99
Della Volpe, Galvano, 330
democracia, 38, 44, 48, 51, 56, 74, 85, 104, 114, 256, 276, 280, 281, 282, 300, 312, 353, 359, 364, 368, 372; "nova" ou "popular", 276, 278, 280, 281, 282
Denis, Hector, 209
Descartes, René, 190
descolonização, 318, 322
desemprego, 188, 189, 197, 244, 245, 370, 371, 374

desestalinização, 162, 286, 314, 316
Destrée, Jules, 209, 231
"destruição criativa", 23
destruição de máquinas, 93
Deutsche Londoner Zeitung, 99
Deutsch-Französische Jahrbücher, 165
Deville, Gabriel, 168
Dézamy, Théodore, 31
Di Vittorio, Giuseppe, 288
Dialética da natureza, A, 173, 174, 219, 268
Die Neue Zeit, 117
Dietzgen, Joseph, 174, 204
Dimitrov, Georgi, 259, 281, 282
Dinamarca, 367
dinheiro *ver* moeda
Dirac, Paul, 268
direito natural, 27
direitos humanos, 357
Discurso inaugural, 166
Discursos do Conselho Geral, 86
Disraeli, Benjamim, 211
dissidentes, 14, 217, 226, 239, 245, 249, 250, 279, 280, 317, 318
Do socialismo utópico ao socialismo científico, 167, 168, 172, 178
Dobb, Maurice H., 149, 319
Dos Passos, John, 243, 252
Dostoievski, Fiodor, 228, 231
Doutrinas econômicas de Karl Marx, 168, 180
Dreiser, Theodore, 243, 252
Dreyfus, caso, 207, 273
Ducpétiaux, Edouard, 47, 89
Dühring, Eugen, 188
Durkheim, Emile, 20, 211, 223, 350

Eckstein, Gustav, 213
economia: escola austríaca, 212, 221; escola de Chicago, 370; escola de Wisconsin, 221; marxista, 218, 335, 336, 337
economia política, 29, 33, 35, 40, 41, 47, 48, 53, 105, 122, 127, 166, 194, 220, 221, 336, 342
Edgeworth, Francis Ysidro, 193
educação, 21, 40, 206, 253, 256, 261, 315, 325, 328, 329, 330, 335, 350

Eekhoud, Georges, 231
Egito antigo, 131, 159
Ehrenberg, R., 224
Einstein, Albert, 15, 220, 265, 268
Eisenstein, Sergei, 243
Elementarbücher des Kommunismus, 178
Ellis, Havelock, 227
Ely, Richard, 188, 204
emancipação feminina, 254
Enfantin, Barthélémy Prosper, 35
Engels, Friedrich: biografia, 262; conjunto de obras, 164-81, 346; correspondência, 174, 177, 178, 340; e *A situação da classe trabalhadora na Inglaterra*, 88-97; e o Estado e a política, 53-87; e o feudalismo, 154-8; e o *Manifesto comunista*, 98-114; e o socialismo primitivo, 25-51, 85; encontro com Marx, 89; seu comunismo, 95; seu conhecimento de história, 130-4
Enragés, 31
Ensaios fabianos, 193
Ensaios sobre "O capital", 178
Ercoli, relatório de, 276
Esboço de uma crítica da economia política, 40
Escandinávia, 81, 359
Escola de Frankfurt, 330, 336
escravos e escravidão, 36, 62, 110, 135, 136, 141, 143, 144, 145, 146, 147, 155, 156, 162
eslavos, 75, 254
Espanha, 110, 119, 179, 180, 205, 206, 243, 250, 255, 266, 273, 278, 279, 345, 363, 367, 372
Esparta, 31
espiritualistas, 226
Estados Unidos, 20, 25, 34, 56, 68, 81, 101, 107, 109, 118, 172, 180, 204, 221, 240-1, 243, 245, 250-2, 254-5, 257, 265, 275, 282-3, 286, 303, 323-4, 331, 350-1, 361-2, 367, 369-70, 374
Estados-nações, 20, 367, 371
estruturalismo, 218, 335
Ethnological Notebooks, 175
Etiópia, 246, 248, 249, 323
eugenia, 220
eurocomunismo, 304

evolução social, 124, 125, 153
Exército Vermelho, 279, 324
existencialismo, 335
"expropriação dos expropriadores", 23, 50, 83

fabianismo, 202, 244
"falsa consciência", 49
família, 23, 108, 190
fascismo, 14, 72, 243, 244, 245, 246, 247, 248, 249, 250, 251, 256, 259, 260, 269, 270, 272, 274, 275, 277, 278, 280, 281, 283, 284, 289, 345; antifascismo, 239, 244, 246, 247, 248, 249, 250, 251, 252, 254, 257, 258, 265, 267, 270, 271, 273, 275, 277, 279, 281, 283, 349
fatalismo, 202
Faulkner, William, 252
Febvre, Lucien, 351
federalismo, 58
felicidade, busca da, 29
feminina, emancipação, 254
feminismo, 38, 209, 354
Fénéon, Félix, 231
fenianismo, 77
Fernández Buey, Francisco, 302
ferro e aço, 94, 107
ferrovias, 94
Feuchtwanger, Lion, 271
feudalismo, 59, 131, 136-51, 154, 155, 156, 157, 158, 159, 160, 161, 162, 319, 320, 321
Feuerbach, Ludwig, 41, 44, 46, 167, 178, 259, 311
"filosofia natural", 45, 267
Finlândia, 200, 365, 367
Fiori, G., 286, 304
Flandres, 138
Flint, Robert, 191, 193
formações pré-capitalistas, 122-135
Forster, E. M., 205
Foster, reverendo C., 131
Fourier, Charles, 28, 31, 34, 35, 37, 38, 39, 41, 50
fourierismo, 48, 51
Foxwell, H. S., 189, 192, 193, 195
França: apaziguamento e colaboração, 246,

251; e anarquismo, 206, 230; e ciência, 269, 342; e *corpus* das obras de Marx-Engels, 176, 178, 179; e marxismo, 201, 202, 207, 223, 241, 335; e mercados, 138; e o socialismo primitivo, 25, 28, 29, 30, 31, 32, 33, 34, 35, 36, 37, 38, 39, 40, 47, 48; e revolução, 66, 75, 76, 77, 79, 82; movimento operário, 359, 367; Segundo Império, 79
Franco, general Francisco, 251, 279, 367
Franklin, Benjamin, 27
Frente Popular, 258, 269, 277, 278, 280, 368
Freud, Sigmund, 15, 197, 213, 313
Friedman, Milton, 350
Friedmann, Georges, 258
Frühschriften, 241, 263
Fukuyama, Francis, 374
Fustel de Coulanges, 190

Galbraith, J. K., 327
Gales do Sul, 325, 326
galeses, 254
Galileu, 222, 267
Gandhi, Mahatma, 250
Ganivet, Angel, 206
García Lorca, Federico, 243
Garibaldi, Giuseppe, 289
Geddes, Patrick, 230
Genebra, 312
genética, 197, 267, 343
George, Henry, 187, 192, 194
George, Stefan, 234
Geórgia, 216
Gerratana, Valentino, 286
Gerstaecker, Friedrich, 233
Glasgow, 189, 230
globalização, 20, 21, 107, 346, 355, 374, 375
Godelier, Maurice, 323
Godwin, William, 29
Gorbachev, Mikhail, 120
Gorki, Maxim, 228, 243, 272
Gorter, Herman, 210
Gothein, Eberhard, 222
Gould, Stephen Jay, 343
Grã-Bretanha (Inglaterra): apaziguamento e pacifismo, 246, 250; cientistas, 265, 342; classe operária, 23, 32, 66, 69, 89, 95, 96, 97, 109, 111, 326, 340; coexistência aristocrático-burguesa, 248; crise econômica, 94, 95; críticos vitorianos de, 186, 187, 188, 189, 190, 191, 192, 193, 194; e a guerra, 78, 79; e a revolução, 66, 77, 81, 94; e mercados, 138; e o corpus das obras de Marx-Engels, 178, 179, 345; e o marxismo, 204, 207, 218, 238, 243, 252; e o socialismo primitivo, 25, 42, 47, 48, 51; e refugiados políticos, 240; georgiana, 312; monopólio de mercado, 79, 80, 94; movimento trabalhista, 49, 59, 63, 197, 204, 359, 361, 367
Graham, W., 187
Gramsci, Antonio, 9, 119, 203, 285, 286, 287, 288, 289, 291, 292, 293, 294, 295, 296, 297, 298, 299, 300, 301, 302, 303, 304, 305, 306, 307, 308, 309, 310, 312, 334, 353
Grande Depressão, 243, 327, 373, 374
Gray, John, 41, 43
Grécia, 217, 345, 367
greves, 93, 95
Grigoreva, Irina, 303
Grün, Karl, 44
Grünberg, Carl, 213
Grundrisse, 9, 116, 117, 118, 119, 120, 122, 123, 169, 172, 173, 175, 180
Grupo de Cientistas de Cambridge Contra a Guerra, 251, 265
Guéhenno, Jean, 258
guerra: e fascismo, 246; e revolução, 78, 79, 83; mundial, 78, 81, 246
Guerra Civil Espanhola, 246, 247, 271, 277, 278, 280
Guerra civil na França, A, 100, 166, 167, 175, 178
Guerra de Secessão (Estados Unidos), 70, 80
Guerra do Vietnã, 331
Guerra dos Trinta Anos, 190
Guerra Franco-Prussiana, 73
Guerra Fria, 103, 270, 334, 353, 356, 357
Guerras camponesas na Alemanha, As, 166, 167
guerras revolucionárias francesas, 79

guesdistas, 207, 231
Guest, David, 264
Guevara, Che, 354
guildas medievais, 136, 138, 143, 151
Guizot, François, 104
Gumplowicz, Ludwig, 223

Habermas, Jürgen, 119, 334
Haider, Jörg, 369
Halbwachs, Maurice, 223
Haldane, J. B. S., 251, 267, 268
Hamsun, Knut, 228
Hanssen, G., 132
Harrington, James, 190
Hartmann, Ludo M., 213
Hauptmann, Gerhart, 228, 232
Hayek, Friedrich, 212, 350
Hébert, Jacques, 31
Hegel, Georg Wilhelm Friedrich, 25, 37, 41, 46, 47, 56, 88, 123, 127, 131, 218, 220, 264, 341
Heine, Heinrich, 35
Heisenberg, Werner, 268
Helsinki, 230
Helvétius, Claude Adrien, 27, 29, 47
Hemingway, Ernest, 252
Hepner, Adolf, 100
herança, abolição da, 42
Herkner, Heinrich, 198
Herkomer, H., 227
Hess, Moses, 25, 26, 44
Hessen, B., 241, 268
Hicks, sir John, 24
Hildebrand, B., 95
Hilferding, Rudolf, 208, 213, 312
Hilton, R. H., 149
Hintze, Otto, 224
história: concepção materialista da, 54, 105, 224, 290, 335; conhecimentos de Marx e Engels, 130, 131, 132, 133, 134; da ciência, 268; e luta de classes, 111, 112; e marxismo, 223, 224, 225; escola dos Annales, 337, 351; Gramsci e a, 307, 308; oriental, 131; períodos e evolução, 129, 134-43; tendências modernizantes na, 350, 351, 352, 354

História do PCUS(b): Breve curso, 172, 174, 179, 240, 263
Hitler, Adolf, 118, 244, 245, 246, 250, 251, 258, 259, 262, 271, 273, 352, 364, 365, 366
Hobbes, Thomas, 222
Hobson, J. A., 189, 207
Hodgskin, Thomas, 41, 42, 192
Hofmannsthal, Hugo von, 213, 234
Hogben, Lancelot, 268
Holanda, 22, 110, 202, 209, 248
Holbach, Baron d', 29, 47
Hollywood, 257
Horta, Victor, 230
Huber, V. A., 95
Hughes, H. Stuart, 304, 307
Hume, David, 190
Hungria, 120, 163, 211, 317
Huysmans, Camille, 209

Ibsen, Henrik, 227, 228, 231
Idade Média, 132, 133, 134, 137, 142, 144, 155, 156, 157
Ideologia alemã, A, 27, 37, 121, 135, 136, 138, 154, 173, 178
Iêmen do Sul, 323
Iluminismo, 28, 29, 32, 44, 245, 259, 260, 272, 356, 370
imigração, 93
imigrantes irlandeses, 92
imperialismo, 17, 82, 219, 247, 248, 320, 321, 322, 340
Império Otomano, 363
impressionistas, 228, 229, 230, 234
Índia, 14, 131, 134, 138, 140, 158, 161, 163, 179, 181, 198, 250, 354
individualismo, 27, 33, 44, 375
Indochina, 248
indústria elétrica, 18
industrialização, 18, 23, 32, 36, 48, 68, 77, 90, 92, 93, 107, 109, 244, 272, 320, 364, 369, 371
Inglaterra *ver* Grã-Bretanha
Instituto Internacional de História Social, 165
Instituto Marx-Engels, 117, 170, 171, 176
Internacional Comunista ver Terceira

Internacional, Sétimo Congresso Mundial da internacionalismo, 242, 324, 332, 371
International Press Correspondence, 241
Internationale Marx-Engels Stiflung, 165
Irlanda, 77, 81, 132, 154, 157, 248
Irlanda do Norte, 361
Irmino, abade, 133
Israel, 216
Itália, 73, 120, 138, 168, 169, 198, 203, 205, 211, 213, 214, 215, 220, 228, 244, 245, 248, 249, 250, 254, 280, 285, 286, 287, 288, 289, 299, 304, 305, 306, 307, 309, 324, 330
Iugoslávia, 254, 316, 323, 324

jacobinismo, 59, 60, 79, 294
jacobinos, 38, 43, 48, 66
Japão, 14, 134, 148, 163, 175, 198, 204, 248, 319
Jaurès, Jean, 206, 231
jazz, 243, 257, 261
Jerusalém, 312
Jesus Cristo, 312
Joana d'Arc, 249
João Paulo II, papa, 355
Jogiches, Leo, 216
Joliot-Curie, Irène, 269
Joll, James, 304
Jones, Richard, 131
Jones, sir William, 131
Joyce, James, 236, 243
judeus, 145, 208, 211, 212, 216, 245, 254, 356
jurisprudência, 55

Kant, Immanuel, 218, 220
Kantorovitch, Leonid, 350
Kapital, Das ver Capital, O
Kareiev, N. I., 225
Kathedersozialisten, 33
Kaufmann, reverendo M., 187, 191
Kautsky, Benedikt, 176
Kautsky, Karl, 22, 55, 82, 102, 117, 167, 168, 169, 170, 174, 180, 202, 208, 213, 231, 259, 290, 334, 362
Kepler, Johannes, 267

Keynes, John Maynard, 205, 270, 370
Khnopff, Fernand, 231
Kim Il-sung, 312
Kirkup, Thomas, 187
Klimt, Gustav, 213
Korolenko, Vladimir, 228
Korsch, Karl, 264, 265, 305, 334
Kovalevsky, M. M., 133, 154, 158
Kraus, Karl, 213, 233
Kruchev, Nikita, 14, 120, 364
Kugelmann, Dr., 169, 178
Kulemann, W., 359
Kuznets, Simon, 350

Labriola, Antonio, 214, 224, 225, 226
Lacan, Jacques, 335
Lafargue, Paul, 171, 174, 214
Lahautière, Richard, 31
Lamprecht, Karl, 224, 225
Lancashire, 95, 100
Langevin, Paul, 219, 269
Laponneraye, Albert, 31
Lassalle, Ferdinand, 45, 80, 123, 169
latifundiários, 155, 368
Lattimore, Owen, 162
Laveleye, Emile de, 191
Le Pen, Jean-Marie, 369
Leavis, F. R., 252
Leclerc, Théophile, 31
Lederer, E., 87
Leeds, 96
Lefebvre, Henry, 264, 305
Left Book Club, 256
lei natural, 27
Leibl, Wilhelm, 227
Leipzig, 89
Lênin, V. I., 18, 22, 55-8, 66, 76, 81, 83, 91, 102, 114, 117, 170, 173, 176, 178, 186, 206, 218, 236, 240, 260, 263-7, 278, 290, 294, 298, 305-6, 308, 311-2, 324, 340-2, 349, 353-4, 362, 369
leninismo, 14, 15, 261, 313, 316, 340, 347, 348, 369
Leontief, Wassily, 350

Leoutchisky, Ivan, 225
Lethaby, W. R., 230
Letônia, 180
Lévi-Strauss, Claude, 335
Levy, H., 268
liberação sexual, 38, 227
Lichtheim, George, 42, 111, 119, 308, 327, 330
Licurgo, 27
Liebermann, Max, 227
Liebknecht, Wilhelm, 73, 100, 174
Liga das Nações, 250
Liga dos Justos, 30, 98
Liga dos Proscritos, 98
Liszt, Franz, 35
Lituânia, 216
Llewellyn-Smith, Hubert, 191, 192
Locke, John, 27
Lombroso, Cesare, 214
London School of Economics, 256
Londres, 10, 13, 64, 96, 98, 99, 100, 269, 307, 309, 330
Loos, Adolf, 213
Loria, Achille, 223
Ludwig Feuerbach, 167, 178, 259
Luís Napoleão, 67
Lukács, György, 212, 236, 241, 242, 272, 305, 330, 334
Lunacharski, Anatoly, 236
Luppol, Ivan, 263
Lutas de classes na França, As, 86
Luxemburgo, Rosa, 206, 208, 209, 210, 216, 234, 290, 312, 334
Lyon, 46
Lysenko, caso, 269

Mably, Gabriel Bonnot de, 29, 31, 47
Macedônia, 217
Mach, Ernst, 213, 218
Machado, Antonio, 206
Machajski, Jan Waclaw, 216
Maclean, Donald, 255
MacLeish, Archibald, 252
Macmillan, Harold, 345, 364
Maeterlinck, Maurice, 231

Maeztu, Ramiro de, 206
Mahler, Gustav, 213, 231
Malraux, André, 243, 258
Manchester, 46, 49, 88, 95, 96, 97
Manifesto comunista: e interdependência de nações, 75; e movimentos operários, 358, 362; e partidos comunistas, 104, 105; e revoluções de 1848, 99, 103; estilo retórico, 106; linguagem e vocabulário, 103, 104; prefácios, 100; publicação, 100, 101, 102, 165, 166, 172, 178, 180
Mann, Heinrich, 271
Mann, Thomas, 271
Manuscritos econômico-filosóficos de 1844, 122, 173
Mao Tsé-Tung, 23, 120, 306, 312, 317, 333
maoísmo e maoístas, 291, 324, 347, 349
Maquiavel, Nicolau, 287, 289, 292, 294, 300, 307
Marca, A, 132, 133, 157
Marcuse, Herbert, 305, 330, 334
Mariátegui, José Carlos, 334
Maritain, Jacques, 258
Marks, Louis, 307
Marrocos, 370
Marshall, Alfred, 192, 193, 194, 195
Martov, Julius, 290
Marx, Eleanor, 167, 227
Marx, Karl: biografias, 177; conjunto de obras, 164-81, 346; correspondência, 174, 177, 178, 340; desprezo pela sociedade capitalista, 152, 153; e as formações econômicas pré-capitalistas, 122-63; e o Estado, 53-87; e o *Manifesto comunista*, 98-114; e o socialismo primitivo, 25-51, 85; e os *Grundrisse*, 116-20; encontro com Engels, 89; seus conhecimentos de história, 130-4; teoria da revolução, 58-61, 64-5
Marx-Engels Archiv, 171
Marxism Today, 163
marxismo: atração sobre intelectuais, 315, 325-36, 343; "crise" do, 198, 343, 360; e a era antifascista, 239-84; e as artes, 225-38, 243; e ciências naturais, 219; e ciências

sociais, 222, 223, 315, 329, 342, 350-2; e cientistas, 264, 265, 266, 267, 268, 269, 342; e economia, 218, 335, 336, 337; e história, 223, 224, 225; e movimentos operários, 358-73; e "simpatizantes", 270, 271; influência no período 1880-1914, 196-238; influência no período 1929-45, 239-84; influência no período 1945-83, 311-45; influência no período 1983-2000, 346-57; ocidental, 263, 264, 273, 305, 306, 309; ortodoxia soviética, 119, 261, 262, 347; reconsideração do, 337-345
"marxistas legais", 22, 204, 364
Masaryk, Tomáš, 211, 360
materialismo dialético e histórico, 244, 259, 263, 347
Materialismo e empiriocriticismo, 265
Matisse, Henri, 243
Maupassant, Guy de, 228
Maurer, Georg von, 132, 133, 152, 157, 158
Mayer, Gustav, 171, 262
Mehring, Franz, 54, 169, 170, 177, 228, 290, 359
Meillassoux, Claude, 323
meio ambiente, 21, 113, 355, 373
Meitzen, August, 132
Memorando de Ialta, 304
mencheviques, 216
mercado mundial, 78, 138, 139, 143, 320
mercantilismo, 138
Merleau-Ponty, Maurice, 335
Metternich, Klemens von, 104
Meunier, Constantin, 229
México, 247, 324, 368
Michels, Robert, 198, 207, 208, 223, 289
Milão, 214
Mill, John Stuart, 35, 131, 245
Millerand, Alexandre, 359, 360, 361
Milner, Alfred, 187
Miséria da filosofia, 41, 52, 165, 167, 178
Mises, irmãos, 212, 221
Mitterrand, François, 349, 368
modernismo, 242

moeda: barras de ouro, 134, 138; e salários, 159; invenção da, 125; manipulação da, 42
Mommsen, Theodor, 131
monarquias absolutistas, 71
Mongólia, 322
Montesquieu, 317
Montherlant, Henry de, 258
Moore, G. E., 205
More, Thomas, 26
Morelly, 29, 31, 47
Morgan, Lewis, 133, 134, 152, 154
Morozov, Ivan, 236
Morris, William, 207, 227, 229, 230, 237
Mosca, Gaetano, 223, 289
Mouffe, Chantal, 304
movimentos cooperativos, 84
movimentos de libertação nacional, 76
Munique, pacto de, 246
Munique, soviete de, 233
Muro de Berlim, queda do, 370, 372
Museu Britânico, 13, 105
"música tradicional", 257
Musil, Robert, 213
Mussolini, Benito, 245, 251, 287
Myrdal, Gunnar, 350

nacionalismo, 17, 75, 154, 211, 212, 216, 374
nacionalização, 18, 19, 46
Napoleão III, 57, 61, 73, 80, 296
Napoleão Bonaparte, 39, 59
Nápoles, 214, 255
narodniks, 152, 153, 202, 203, 204, 211, 215, 217, 225, 329
naturalismo, 228, 237
nazismo, 171, 236, 245, 246, 249, 251
Needham, Joseph, 267
Negri, Antonio, 120
Nehru, Jawaharlal, 248
Neue Rheinische Zeitung, 55, 63, 99
New Left Books, 345
New Left Review, 119
New York Daily Tribune, 131
Newton, Isaac, 241, 268, 313
Nicarágua, 323

Nicolaus, Martin, 119
Nietzsche, Friedrich, 233
Nigéria, 162
"nobre selvagem", 28, 317
Noruega, 110, 208, 363, 365, 367, 372
Nova Lei dos Pobres, 93
"Nova Mulher", 207
Nova Zelândia, 204
"Novo Trabalhismo", 372

Olivier, Sydney, 193
Oppenheimer, J. Robert, 274
Oriente Médio, 131, 134, 248
Origem da família, da propriedade privada e do Estado, A, 133, 167
Orwell, George, 271
Ostrogorski, Moisey, 223
Owen, Robert, 29, 32, 34, 35, 40, 41, 50, 51, 162
owenistas, 33, 34, 35, 40, 42

pacifismo, 250, 251
Pacto de Munique, 246
Países Baixos, 81, 209, 228
países coloniais, 81, 321
Palestina, 216
Palmerston, lorde, 79
Pannekoek, A., 210
Paquistão, 370
Para a crítica da economia política, 118, 134, 135, 142; prefácio (introdução), 129, 139, 158, 290
Pareto, Vilfredo, 214, 221, 223, 289
Paris, 43, 98, 112
Partido do Congresso indiano, 248
Partido Social-Democrata da Alemanha, 60, 70, 100, 101, 168, 169, 171, 176, 199, 201, 206, 222, 333, 366
Partido Trabalhista Belga, 209, 229
partidos comunistas: americano, 102, 367; britânico, 102, 240, 243, 244, 265, 367; entreguerras e pós-guerra, 365, 368; francês, 202, 258, 263, 264, 280, 334, 349, 368; italiano, 179, 254, 280, 285, 287, 295, 296, 303, 304, 345, 349, 368, 372; soviético, 102, 303, 316; Terceiro Mundo, 320
partidos social-democratas, 19, 20, 70, 101, 172, 177, 314, 365, 371
partidos socialistas, 68, 80, 164, 168, 199, 201, 359
partidos trabalhistas, 332, 366, 367
"Parvus", 208
Pearson, Karl, 220
Pecqueur, Constantin, 42
Pensée, La, 202
Perrin, Jean, 269
Peru, 311
Pešehonov, A. V., 215
Petrogrado, soviete de, 365
Philby, Kim, 255
Picard, Edmond, 209
Picasso, Pablo, 243
Pillot, J.-J., 31
Pirenne, Henri, 225
Pissarro, Camille, 230
Pitágoras, 27
Pivert, Marceau, 280
Planck, Max, 268
Platão, 26, 27
"Plebs League", 262
Plekhanov, Georgi, 22, 178, 206, 220, 229, 231, 235, 240, 290
Plutarco, 27
Pokrovsky, M. N., 319
Pol Pot, 312
Politzer, Georges, 264
poloneses, 82, 297, 317
Polônia, 78, 208, 216, 222, 317, 324, 332, 348, 356, 368; movimento Solidariedade, 348, 361, 368
população, crescimento da, 92, 138, 188
Porshnev, Boris, 149
Portugal, 297, 345, 367, 372
Poulantzas, Nicos, 331
Praga, 213, 230, 258
preços no século XVI, 134
pré-rafaelitas, 230
Prescott, William Hickling, 133

"Primavera de Praga", 317, 347
Primeira Guerra Mundial, 110, 168, 200, 222, 242, 248, 250, 353, 364, 366
Primeira Internacional, 13, 55, 74, 80, 100
Primeiro de Maio, 199
proletariado, 23, 29, 31, 40-1, 47, 48, 50, 53, 56, 59-62, 64-9, 72, 74, 77, 82-4, 86, 89-92, 94, 96, 98, 108-12, 114, 137, 143, 151, 203, 216, 235, 276, 278, 282, 325, 326, 341, 354, 356, 358, 363, 368
Prothero, M., 189
Proudhon, Pierre-Joseph, 30, 31, 34, 40, 41, 43, 50, 51, 52, 165, 192
Proust, Marcel, 243
Prússia, 56, 88, 221
psicanálise, 197, 218, 335

quacres, 251
Questão da habitação, A, 178
"questão nacional", 76, 219, 237, 325
Questão Oriental, 82
Quetelet, Adolphe, 222

racionalismo, 28, 29, 44, 202, 258, 270, 272
radicalismo, 65, 208, 219, 222, 233, 254, 265, 316, 328, 329, 345, 350, 352, 353, 354
Rae, John, 187, 189
Raffles, Stamford, 131
Ranke, Leopold von, 335
rappistas, 26
Raynal, Guillaume, 27
Reagan, Ronald, 349, 369
realismo socialista, 242, 243
Redesdale, lorde, 255
Redon, Odilon, 231
Reforma, 190, 270
reforma creditícia, 42
reformismo, 202, 276, 340, 349, 360, 361, 365, 366, 369, 370
regimes comunistas, 14, 17, 346, 353, 356, 373; colapso dos, 347, 349, 353, 356
relatório de Ercoli, 276
religião, 35, 46, 72, 93, 141, 148, 187, 260, 339, 347, 348, 370, 374

Renânia, 88, 246
Renascimento italiano, 288, 294
Renner, Karl, 213
República de Weimar, 102
República Democrática Alemã (Alemanha Oriental), 118, 165
República Federal da Alemanha (Alemanha Ocidental), 171, 304, 345
República Holandesa, 312
Resistência Francesa, 258
Resistência italiana, 303
Restauração Francesa, 37
revisionismo, 17, 19, 208, 218, 327, 333, 337, 340, 352, 360, 365
revolução: de "cima para baixo", 74; e campesinato, 67, 72; e continuidade, 299; e movimentos operários, 363, 365; e o socialismo primitivo, 31; internacional, 74, 75, 76, 77, 78, 79, 80, 81, 82, 83; permanente, 23, 59, 73; teoria de Marx sobre, 58, 59, 60, 61, 64, 65
Revolução Americana, 362
Revolução de Outubro, 101, 102, 180, 290, 296, 298, 304, 347
Revolução e contrarrevolução na Alemanha, 178
Revolução Francesa, 29, 30, 31, 32, 36, 37, 47, 51, 59, 60, 67, 70, 107, 111, 112, 133, 272, 273, 362
Revolução Industrial, 32, 35, 89, 90, 107, 111, 362
revolução iraniana, 356
Revolução Russa, 16, 101, 170, 180, 200, 233, 236, 239, 271, 277, 289, 311, 353, 364, 368, 370; *ver também* Revolução de Outubro
revoluções de 1848, 51, 55, 68, 95, 99, 100, 103, 105, 165, 323, 324
Ricardo, David, 42, 188, 195
Rilke, Rainer Maria, 213
Risorgimento, 215, 288
Rodbertus-Jagetzow, J. K., 45
Rogers, Thorold, 132, 190
Roland-Holst, Henrietta, 210
Rolland, Romain, 243, 271, 272
Romains, Jules, 258

Romantismo, 35
Romênia, 132, 211, 217
Roosevelt, Franklin D., 282, 374
Rosdolsky, Roman, 118, 120
Rosebery, lorde, 359
Rossi-Doria, Manlio, 255
Rousseau, Jan-Jacques, 28, 30, 32, 56, 85
Roux, Jacques, 31
Rubel, Maximilien, 176
Ruskin, John, 230, 238
Russell, Bertrand, 205
Rússia, 13, 18, 22, 75, 77, 78, 79, 80, 81, 82, 101, 132, 135, 152, 157, 162, 169, 171, 172, 173, 174, 179, 198, 199, 203, 204, 208, 211, 216, 217, 220, 236, 243, 245, 260, 262, 272, 274, 282, 290, 303, 318, 319, 349, 364; *ver também* Revolução Russa; União Soviética
Ryazanov, David, 118, 120, 164, 169, 170, 172, 174, 219, 265, 290

Sagrada família, A, 40, 59, 165, 180
Saint-Just, Louis Antoine de, 29
Saint-Simon, Henri de, 34, 35, 36, 37, 39, 41, 57
saint-simonianos, 34, 38, 39, 40, 42
Salário, preço e lucro, 178, 342
salários, 91, 94, 108, 189, 361, 371
Salgado, Plínio, 247
Salônica, 101
sans-culottes, 59
São Petersburgo, 78
Sardenha, 288
Sartre, Jean-Paul, 330, 334
Sassoon, Anne Showstack, 304
Saussure, Ferdinand de, 335
Say, lei de, 42
Schäffle, A.-E., 221, 222
Schliemann, Heinrich, 131
Schlumberger, Jean, 258
Schmoller, Gustav von, 221
Schnitzler, Arthur, 213
Schoenberg, Arnold, 213
Schonfield, Andrew, 327
Schrödinger, Erwin, 268
Schumpeter, Joseph, 16, 23, 128, 212, 221

sectarismo, 64, 298
Segunda Guerra Mundial, 103, 168, 175, 248, 285, 326, 341, 349, 351, 365, 366, 370, 374
Segunda Internacional, 55, 69, 84, 102, 110, 168, 176, 197, 201, 205, 216, 217, 236, 237, 238, 239, 240, 241, 259, 290, 368
separatismo nacional, 324
separatistas, 26
Sereni, Emilio, 255
servos e servidão, 36, 61, 132, 136, 137, 139, 140, 143, 145, 146, 147, 151, 156, 157, 158, 159, 319
Sétimo Congresso Mundial, 281, 303
shakers, 26, 312
Shaw, George Bernard, 193, 198, 207, 227, 231
Shchukin, Sergei, 236
Sheffield, 96
Shield Nicholson, J., 189
Sicília, 214
Sidgwick, Henry, 194, 205
Silone, Ignazio, 243
simbolismo, 229, 231, 237
Simmel, Georg, 222
Sinclair, Upton, 252
sindicalismo, 93, 200, 202, 294, 328, 358, 367, 369
sindicalistas, 52, 84, 233, 325
sindicatos, 62, 63, 200, 247, 293, 328, 353, 359, 362, 367
sionismo, 44, 212
Sismondi, Jean Charles Léonard de, 27, 42, 43
sistema socioeconômico germânico, 134, 136, 139, 141, 142, 143, 148, 151
situação da classe trabalhadora na Inglaterra, A, 88, 167
situacionistas, 355
Small, Albion, 222
Smart, William, 189
Smith, Adam, 15, 20, 131, 190, 313
social-democracia, 19, 110, 203, 205, 208, 210, 212, 213, 214, 216, 220, 221, 222, 224, 227, 228, 230, 231, 232, 233, 261, 276, 296, 353, 356, 360, 365, 369, 370, 372
socialismo: "ciência socialista", 71; "científico",

52, 167, 168, 172, 178; e movimentos operários, 358, 359, 360, 361, 362, 363, 364; pré-marxiano, 25-51, 188, 314; Terceiro Mundo, 318; transformação marxiana, 48, 49, 50; utópico, 31, 33, 40, 167, 168, 178
"socialistas ricardianos", 41, 42
Sociedade Fabiana, 202, 207
sociedade romana, 136
Sociedade Sociológica Alemã, 222
sociologia, 64, 205, 222, 223, 224, 225, 289, 329, 350, 351, 352
Sócrates, 27
Solidariedade, 348, 361, 368
Somália, 323
Sombart, Werner, 198, 361
Sorel, Georges, 203, 223, 287, 289
Spencer, Herbert, 14, 203, 350
Spender, Stephen, 255
Spengler, Oswald, 306
Spinoza, Baruch, 335
Stálin, Josef, 14, 102, 117, 120, 129, 160, 171, 173, 174, 175, 178, 179, 240, 245, 259, 262, 263, 264, 280, 282, 303, 306, 312, 316, 318, 347, 348, 352, 354, 364, 366
stalinismo, 263, 271, 303, 334, 344
Stein, Lorenz von, 31, 43, 48
Steinbeck, John, 252
Strachey, John, 327
Strachey, Lytton, 205
Strauss, David, 46
Strindberg, August, 228
Struve, Peter, 198
subalternidade, 297
Sudermann, Hermann, 228
Suécia, 200, 363, 365, 367
sufrágio universal, 60, 69, 233
Suíça, 372
Sweezy, Paul M., 149, 319, 320, 327, 334
Szabo, Erwin, 212

Taiwan, 355
Tanner, J. R., 192
tchecos, 76, 82, 210, 297
Tchecoslováquia, 120, 246, 324, 360, 365

tecelagem, 138, 151
Teorias da mais-valia, 42, 117, 167
teosofistas, 226
Terceira Internacional, 83, 325; *ver também* Sétimo Congresso
Terceiro Mundo, 14, 108, 119, 316, 318, 320, 322, 323, 345, 364
terrorismo, 324, 354
"Teses sobre Blum", 272
Teses sobre Feuerbach, 167, 311
têxteis, 94, 369
Thatcher, Margaret, 349, 369
Thierry, Augustin, 36, 37
Thompson, E. P., 310
Thompson, William, 41
Thorez, Maurice, 249, 280
Times Literary Supplement, 307
Tito, Josep Broz, 283
Tocqueville, Alexis de, 97
Togliatti, Palmiro, 179, 277, 278, 283, 285, 286, 295, 296, 303; *ver também* Ercoli
Tolstoi, Leo, 204, 228, 236
Tönnies, Ferdinand, 222
"Tots and Quots", 268
Toynbee, Arnold, 190
trabalho: divisão social do, 135, 136, 137, 139, 142; exército industrial de reserva, 92, 188, 197
Trabalho assalariado e capital, 167, 178
Trevor-Roper, Hugh, 186, 190
Troelstra, Pieter Jelles, 206, 210
Troeltsch, Ernst, 222
Trotski, Leon, 216, 234, 240, 250, 262, 290, 306
trotskismo, 239, 262, 263
trotskistas, 120, 250, 283, 336, 347
Tugan-Baranowsky, Mikhail, 198
Turati, Filippo, 206
Turgot, Anne-Robert-Jacques, 29
Turim, 214, 288, 292, 298
Turquia, 355

Unamuno, Miguel de, 206
União Soviética, 14-7, 103, 117, 118-9, 149, 165, 176-7, 180-1, 240-2, 244-5, 247, 259-

60, 262, 268-72, 275-6, 279-80, 282, 291, 295, 303-4, 314-7, 321, 327, 344, 347, 350, 352-3, 364, 368-70
Universidade de Cambridge, 191, 192, 244, 265
Unwin, George, 190, 225
urbanização, 91, 92, 93, 142; *ver também* cidades medievais
Uruguai, 297
usura, 150
utilitarismo, 41

Valle-Inclán, Ramón del, 206
valor, teoria do, 42, 188, 189, 190, 193, 338
Van de Velde, H., 230
Van Gogh, Vincent, 229
Vandervelde, Emile, 206, 209, 231
Varsóvia, 78
Veblen, Thorstein, 221
vegetarianos, 226
Verga, Giovanni, 228
Verhaeren, Emile, 231
Vico, Giambattista, 307
Viena, 211, 212, 213, 231, 233
Vierteljahrschrift für Sozial- und Wirtschaftsgeschichte, 213
Vietnã, 317, 323, 369
Villermé, Louis-René, 47, 89
Vinogradov, Paul, 225
Voltaire, 245
Vorländer, Karl, 220

Waddington, C. H., 267
Wade, John, 42
Wagner, Richard, 227, 231, 234
Waldeck-Rousseau, Pierre, 359
Wallas, Graham, 193
Wallerstein, I., 320
Webb, Sidney e Beatrice, 19, 193, 207, 244, 358, 365
Weber, Max, 20, 200, 222, 225, 335, 350, 351
Wedekind, Frank, 234
Weitling, Wilhelm, 25, 40
Weller, Paul, 117
Wells, H. G., 207
Wicksell, Knut, 209
Wicksteed, Philip, 193, 194
Wieser, Friedrich von, 212
Wilde, Oscar, 227
Wilder, Thornton, 252
Williams, Gwyn A., 307, 308
Williams, Raymond, 310, 326
Winiarski, Leon, 222, 223
Wittfogel, Karl August, 119
Workers' Education Association, 194

Zasulich, Vera, 154, 175
Zhdanov, Andrei, 242
Zola, Emile, 228, 271
Zurique, 220
Zweig, Arnold, 271

1ª EDIÇÃO [2011] 4 reimpressões

ESTA OBRA FOI COMPOSTA PELA SPRESS EM MINION E IMPRESSA EM OFSETE
PELA GEOGRÁFICA SOBRE PAPEL PÓLEN SOFT DA SUZANO S.A.
PARA A EDITORA SCHWARCZ EM OUTUBRO DE 2019

A marca FSC® é a garantia de que a madeira utilizada na fabricação do papel deste livro provém de florestas que foram gerenciadas de maneira ambientalmente correta, socialmente justa e economicamente viável, além de outras fontes de origem controlada.